Der Schutz der Versicherungsnehmer bei der Auslegung von Versicherungsbedingungen durch das Reichsgericht

Rechtshistorische Reihe

Band 279

Peter Lang
Frankfurt am Main · Berlin · Bern · Bruxelles · New York · Oxford · Wien

Tobias Prang

Der Schutz der Versicherungsnehmer bei der Auslegung von Versicherungsbedingungen durch das Reichsgericht

Peter Lang
Europäischer Verlag der Wissenschaften

Bibliografische Information Der Deutschen Bibliothek
Die Deutsche Bibliothek verzeichnet diese Publikation in der Deutschen Nationalbibliografie; detaillierte bibliografische Daten sind im Internet über <http://dnb.ddb.de> abrufbar.

Zugl.: Kiel, Univ., Diss., 2003

Die vorliegende Arbeit wurde von
Herrn Prof. Dr. Werner Schubert
zur Aufnahme in diese Reihe empfohlen.

D 8
ISSN 0344-290X
ISBN 3-631-51324-0

www.peterlang.de

Meinen
Eltern

Mein Dank gilt:

Herrn Prof. Dr. Schubert, für dessen geduldige und angenehme Betreuung während der Entstehung der Arbeit,

meinen Eltern, Christa und Günter Prang, für deren finanzielle Unterstützung meiner Promotion

und meiner Freundin Almut Elflein.

Inhaltsverzeichnis

Erster Teil: Die Erforderlichkeit des Schutzes der Versicherungsnehmer

Durch den Versicherungsvertrag gewährt der Versicherer dem Versicherungsnehmer für ein bestimmtes Ereignis, den sog. Versicherungsfall, Versicherungsschutz, d.h. er ersetzt dem Versicherungsnehmer den eingetretenen Schaden (bei der Schadensversicherung) oder leistet an den Versicherungsnehmer die für den Versicherungsfall vereinbarte Summe (bei der Summenversicherung).

Da die vom Versicherer angebotene Leistung „Versicherungsschutz" an kein sichtbares Produkt geknüpft und daher praktisch unsichtbar ist, begannen die Versicherer in der Seeversicherung bereits im 18. Jahrhundert[1] den Umfang und die Voraussetzungen ihrer Leistung in vorformulierten Vertragsbedingungen festzuhalten. Die von ihnen offerierte Leistung Versicherungsschutz boten sie allein unter der Voraussetzung an, dass diese vorformulierten Bedingungen Bestandteil des Versicherungsvertrages wurden. Mit der massenhaften Ausbreitung des Versicherungswesens auf dem Binnenmarkt im 19. Jahrhundert fanden auch in der Binnenversicherung derartige vorformulierte Versicherungsbedingungen in Form von Allgemeinen Versicherungsbedingungen Anwendung.[2] Da sämtliche Versicherungsunternehmen entsprechende vorformulierte Bedingungen verwendeten, konnte der versicherungswillige Kunde Versicherungsschutz nur noch dann erlangen, wenn er diese vorformulierten Bedingungen akzeptierte. Der Versicherer konnte auf seine Bedingungen beharren, denn er wusste, dass der versicherungswillige Kunde auch bei einem anderen Versicherer auf ähnliche Bestimmungen traf.

Die Versicherer waren den Versicherungsnehmer jedoch nicht in sämtlichen Versicherungszweigen im gleichen Maße überlegen. Besonders ausgeprägt war das Ungleichgewicht dann, wenn den Versicherern Privatpersonen als Versicherungsnehmer gegenüberstanden. Weniger ausgeprägt war es, wenn den Versicherern Versicherungsnehmer gegenüber standen, die vermöge ihres Berufs die erforderliche wirtschaftliche Macht besaßen, um ihre Interessen bei der rechtlichen Gestaltung der Versicherungsverhältnisse selbst wahrzunehmen. Derartige wirtschaftlich mächtige Versicherungsnehmer gab es vor allem in der Transportversicherung, in der Kreditversicherung, in der Versicherung gegen Kursverluste, der Rückversicherung und der sog. laufenden Schadensversicherung gegenüber.[3]

---

1 Neugebauer, S. 135.
2 Neugebauer, S. 136.
3 Hupka, Vertragsfreiheit, S. 5.

Die Herbeiführung eines gerechten Ausgleichs der Interessen der Parteien des Versicherungsvertrages durch Aushandeln der für ihren Vertrag maßgeblichen Bedingungen konnte auf diese Art und Weise nicht mehr stattfinden. Die Versicherer konnten die Bedingungen nach ihren wirtschaftlichen Interessen ausgestalten und die Interessen der Versicherungsnehmer vernachlässigen. Durch die Ausgestaltung der Versicherungsbedingungen in einem für die Versicherungsnehmer nachteiligen Sinn konnten die Versicherer ihre Kosten begrenzen. Möglich war dies zum einen durch eine enge Fassung des jeweiligen Begriffs des Versicherungsfalls, zum anderen durch eine weite Fassung der Obliegenheiten. Das entgegengesetzte Interesse des Versicherungsnehmers, für seine Prämie einen möglichst weitreichenden Versicherungsschutz zu erlangen, konnte der Versicherer infolge seiner wirtschaftlichen Macht bei den Vertragsverhandlungen demgegenüber vernachlässigen. Für den Versicherer hatte die Begrenzung seiner Leistungspflicht aus wirtschaftlicher Sicht eine Verringerung der Kostenwerte zur Folge. Das Verhältnis von Leistungswerten (Prämienerlösen und Kapitalgeschäft) zu Kostenwerten änderte sich damit zu seinen Gunsten. Dies wiederum entsprach dem wirtschaftlichen Zweck des Versicherungsgeschäfts aus Sicht des Versicherers, der Gewinnerzielung.

Um diesem Ungleichgewicht zu begegnen und einen gerechten Ausgleich herbeizuführen, bedurfte es eines speziellen Schutzes der Versicherungsnehmer. Ein derartiger Schutz konnte zum einen durch entsprechende gesetzliche Regelungen herbeigeführt werden, zum anderen mit Hilfe einer entsprechenden Rechtsprechung der Gerichte.

A) Die Ausgangssituation

Die Auslegung der Allgemeinen Versicherungsbedingungen durch das Reichsgericht kann nur in Kenntnis des wirtschaftlichen und gesetzlichen Rahmens, der im Zeitpunkt der jeweils getroffenen Entscheidung herrschte, richtig eingeordnet werden. Das Reichsgericht war von 1878 bis 1945 tätig und damit länger als 65 Jahre. In dieser Zeit war Deutschland politisch zunächst ein Kaiserreich, später eine Republik und schließlich eine Diktatur.

I. Der wirtschaftliche Rahmen

Mit Beginn des 19. Jahrhunderts endete das Zeitalter des Merkantilismus in Deutschland und eine Liberalisierung der Wirtschaftsordnung fand statt.[4] Ausgehend von einem Konzept gleicher Marktmacht[5] von Anbietern und Konsu-

4 Tigges, S. 20f.

5 Wissenschaftlicher Ausgangspunkt dieses Konzepts war vor Allem die Arbeit von Adam Smith: „An Inquiry into the Nature and Causes of the Wealth of Nations".

menten wurde die Wirtschaft dem freien Spiel der Marktkräfte überlassen. Diesem Konzept folgend überließ der Gesetzgeber die inhaltliche Ausgestaltung von Verträgen allein den Vertragsparteien. Sozialökonomische Analysen haben gezeigt, dass eine derartige gleiche Marktmacht der Verbraucher und Konsumenten nicht gegeben war. Ein freies Spiel der Kräfte des Marktes führte dazu, dass die Anbieter ihre wirtschaftliche Macht und Überlegenheit gegenüber den Verbrauchern ausspielten und damit ein strukturelles Ungleichgewicht herbeiführten.[6] Der private Verbraucher war gegenüber dem Anbieter zur Zeit der wirtschaftlichen Autonomie und uneingeschränkten Vertragsfreiheit im Nachteil. In diesem wirtschaftlichen Rahmen entwickelten sich die ersten privaten Versicherungsgesellschaften in Deutschland.[7]

Zu der Zeit, als das Reichsgericht seine Arbeit aufnahm, befanden sich die Versicherungsgesellschaften gegenüber der großen Mehrzahl der Versicherungsnehmer in einer bedeutenden geschäftlichen Überlegenheit.[8] Die Ursache hierfür folgt bereits aus dem Produkt „Versicherung" selbst. Mit dem Versicherungsvertrag übernimmt der Versicherer bestimmte Leistungen für den Fall eines ungewissen Ereignisses.[9] Bei welchem Ereignis der Versicherer leistet und wie die Leistung des Versicherers konkret ausgestaltet ist, bleibt der vertraglichen Ausgestaltung der Vertragsparteien überlassen. Vieles ist hierbei in den Allgemeinen Geschäftsbedingungen der Versicherer, den Allgemeinen Versicherungsbedingungen, geregelt. Der Versicherungsnehmer kann das Produkt, dass er mit dem Abschluss des Versicherungsvertrages erwirbt, nicht wie beispielsweise bei einem Kauf- oder Werkvertrag direkt bei Vertragsschluss mit seinen Augen auf etwaige Mängel überprüfen, vielmehr wird das Produkt „Versicherung" allein anhand der Allgemeinen Versicherungsbedingungen bestimmt. Diese wiederum werden von den Versicherungsnehmern selbst kaum verstanden, häufig nicht einmal gelesen.[10] Aber selbst wenn der Versicherungsnehmer die Möglichkeit zur Prüfung des ihm angebotenen Produkts besitzt, bleibt ihm aufgrund der häufig identischen Bedingungen nur die Möglichkeit den Versicherungsvertrag unter Einschluss der Allgemeinen Versicherungsbedingungen abzuschließen oder von seinem Entschluss, einen Versicherungsvertrag abzuschließen, wieder abzurücken. Eine konkrete Möglichkeit zur Einflussnahme auf den Inhalt des Versicherungsvertrages hat der private Versicherungsnehmer regelmäßig nicht. Der Versicherungsnehmer befindet sich gegenüber dem Versicherer ohne einen gesetzlichen Schutz in einer „schwächeren" Position.

---

6 Gärtner, Privatversicherungsrecht, S. 52; Reich, S. 181 - 185.

7 Zur anfänglichen Entwicklung des privaten Versicherungswesens in Deutschland vergleiche: Kellenbenz, in: Aubin/Zorn, Hdb. d. dt. Wirtschafts- und Sozialgeschichte, Bd. 2, S.420 - 422.

8 Bähr, AfB 1893, S. 36.

9 BVerwGE Bd. 75, S. 155 - 167, S. 160.

10 Steinbach, AssJb. 1885. S. 250 - 260, 251f.

An dieser Situation haben auch die gesetzgeberischen Maßnahmen, die bis zum Jahr der Arbeitsaufnahme des Reichsgerichts durchgeführt worden sind, nichts maßgebliches geändert.

II. Der gesetzliche Rahmen

Bei den gesetzlichen Rahmenbedingungen, unter denen das Reichsgericht im Jahr 1877 seine Tätigkeit aufnahm, sind die öffentlich-rechtlichen und die privatrechtlichen Gesetze zu unterscheiden. Die öffentlich-rechtlichen Gesetze regeln die Aufsicht des Staates über das Versicherungswesen, also das Verhältnis des Staates zu den Versicherungsgesellschaften. Demgegenüber regeln privatrechtliche Gesetze das Verhältnis der Vertragspartner Versicherer und Versicherungsnehmer zueinander.

1. Die öffentlich-rechtliche Seite des Versicherungswesen

Die öffentlich-rechtliche Seite des Versicherungswesens, also die rechtlichen Beziehungen der privaten Versicherungsunternehmen zum Staat, ist dem Verwaltungsrecht zuzuordnen.[11] Dieses Verwaltungsrecht für private Versicherungsunternehmen wurde in Deutschland im Gesetz über die privaten Versicherungsunternehmen (kurz: Versicherungsaufsichtsgesetz, VAG) vom 12.05.1901 zum ersten Mal einheitlich geregelt.

a) Die geschichtliche Entwicklung

Zuvor war, nachdem das Deutsche Reich im Jahr 1806 untergegangen war, in einem von Kleinstaatlichkeit geprägten Deutschland an eine einheitliche Gesetzgebung nicht zu denken. Folglich ergingen die ersten Gesetze zur Regelung der öffentlich-rechtlichen Seite des Versicherungswesens auf Landesebene. Inhaltlich reichten diese Gesetze unterschiedlich weit: Während einige Länder eine strenge Staatsaufsicht und Genehmigungspflicht regelten[12], herrschte in anderen Ländern völlige Genehmigungs- und Aufsichtsfreiheit.[13]

Genehmigungspflicht bedeutet insoweit, dass die Versicherungsunternehmen nur dann wirtschaftlich tätig werden durften, wenn ihnen zuvor eine staatliche

---

11 Prölss, VAG, Vorb. Rn. 154.

12 Eine Konzessionspflicht für sämtliche Versicherungsunternehmen bestand in Preußen, Bayern, Hessen, Sachsen-Weimar, Braunschweig, Anhalt, Sachsen-Meiningen, Sachsen-Altenburg, Schwarzburg-Rudolstadt, Schwarzburg-Sonderhausen. Reufs j. L. und Waldeck. In den preuß. Provinzen Schleswig-Holstein und Hessen-Nassau, in Sachsen, Württemberg, Baden, Mecklenburg, Reufs ä.L., Lippe-Detmold und Schaumburg-Lippe unterstand allein das Feuerversicherungsgewerbe der Konzessionspflicht. In Elsaß-Lothringen bestand eine Konzessionspflicht nur für Lebensversicherungsanstalten.

13 Völlige Aufsichtsfreiheit herrschte in: Oldenburg, Kotburg-Gotha und den freien Städten.

Genehmigung zum Betrieb erteilt worden war. Die Genehmigungspflicht diente der präventiven Kontrolle der Versicherungsunternehmen.

Unter Staatsaufsicht ist demgegenüber die repressive Kontrolle der Versicherungsunternehmen zu verstehen. Während des Betriebs wurde in regelmäßigen Abständen die Tätigkeit des Versicherers von staatlicher Seite überprüft.

Das System der Genehmigungs- und Aufsichtsfreiheit erwies sich für die Versicherungsnehmer als nachteilig.[14] In versicherungsgenehmigungs- und -aufsichtsfreien Gebieten fanden sogenannte Schwindelgründungen statt:[15] Versicherungsunternehmungen ohne ausreichende Deckungsgrundlage boten Versicherungsschutz zu Niedrigpreisen an, ohne später in der Lage zu sein, die bei Abschluss des Vertrages abgegebenen Versprechen tatsächlich einzuhalten. Die Verwaltungsbehörden konnten derartigen Geschäftspraktiken mangels gesetzlicher Grundlage erst nachträglich mit Hilfe des Strafgesetzbuchs entgegentreten.[16] Den Versicherungsnehmern half dies jedoch wenig. Mangels vorhandener finanzieller Mittel der Versicherungsunternehmen waren die Ansprüche der Versicherungsnehmer nicht durchsetzbar.

b) Das Versicherungsaufsichtsgesetz

Zum 01.01.1902 trat im gesamten Deutschen Reich zur Regelung der öffentlichrechtlichen Seite des Versicherungswesens das Gesetz über die privaten Versicherungsunternehmen, Versicherungsaufsichtsgesetz, in Kraft.

§ 4 Abs. 1[17] des Gesetzes machte den Betrieb eines Versicherungsunternehmens von der vorherigen staatlichen Genehmigung abhängig. Gemäß § 64 Abs. 1 des Gesetzes oblag der Aufsichtsbehörde die Überwachung des Geschäftsbetriebes, insbesondere die Aufsicht über die Befolgung der gesetzlichen Vorschriften und die Einhaltung des Geschäftsplans.

Dieses System doppelter Kontrolle, also anfänglicher Genehmigungspflicht und laufender Betriebsüberwachung wird als System der strengen Staatsaufsicht bezeichnet.[18]

Die Versicherungsnehmer schützte das Versicherungsaufsichtsgesetz vor allem vor der Errichtung unsolider und unsicherer Versicherungsunternehmen, indem

---

14 Motive zum VAG, Einl. der Begründung des Entwurfs, Sp. 29; Braun, S. 284.

15 Motive zum VAG, Einl. der Begründung des Entwurfs, Sp. 29.

16 Motive zum VAG, Einl. der Begründung des Entwurfs, Sp. 30.

17 Bei den zitierten Bestimmungen des VAG handelt es sich um die Paragraphen in der zur Zeit des Inkrafttretens geltenden Fassung.

18 Prölls, VAG, Vorbem. Rn. 107; Tigges, S. 81.

es die Überwachung der finanziellen und technischen Grundlagen des Unternehmens zum einen bei der Zulassung, zum anderen bei dem laufenden Geschäftsbetrieb anordnete.[19] Für die Versicherungsnehmer wurde der Schutz vor unsoliden Versicherungsunternehmen damit insbesondere in denjenigen Gebieten Deutschlands, in denen bis dahin völlige Aufsichtsfreiheit herrschte, entscheidend verbessert.[20]

Demgegenüber schützte das Versicherungsaufsichtsgesetz die Versicherungsnehmer nur begrenzt vor inhaltlich nachteiligen Allgemeinen Versicherungsbedingungen.

aa) Die Bestimmung des Inhalts der Allgemeinen Versicherungsbedingungen (§ 9 VAG)

Die Bestimmung des § 9 des Versicherungsaufsichtsgesetzes regelte den notwendigen Inhalt der Allgemeinen Versicherungsbedingungen. In der Vorschrift war jedoch lediglich festgelegt, welche Rechte und Pflichten der Versicherungsnehmer einen Bestandteil der Allgemeinen Versicherungsbedingungen zu bilden haben. Wie diese Rechte und Pflichten inhaltlich auszugestalten sind, legte § 9 des Versicherungsaufsichtsgesetzes demgegenüber nicht fest. Vor inhaltlich nachteiligen Allgemeinen Versicherungsbedingungen schützte die Bestimmung die Versicherungsnehmer nicht.

bb) Die inhaltliche Kontrolle Allgemeiner Versicherungsbedingungen nach dem VAG (§ 4 Abs. 2 Ziff. 2 i.V.m. § 4 Abs. 1 VAG)

Neben der Kontrolle des notwendigen Inhalts der Allgemeinen Versicherungsbedingungen gemäß § 9 VAG oblag dem Reichsaufsichtsamt zum einen gemäß § 4 Abs. 2 Ziff. 2 i.V.m. § 4 Abs. 1 VAG die inhaltliche Kontrolle Allgemeiner Versicherungsbedingungen im Rahmen der Erteilung der Erlaubnis zum Geschäftsbetrieb, zum anderen gemäß § 13 VAG die inhaltliche Kontrolle Allgemeiner Versicherungsbedingungen bei ihrer Änderung.

Dies folgte aus der Bestimmung des § 4 Abs. 2 VAG. Danach waren Allgemeine Versicherungsbedingungen Bestandteile des Geschäftsplans, mit der Folge, dass sie gemäß § 4 Abs. 1 VAG bei Beantragung der Erteilung der Erlaubnis zum Geschäftsbetrieb einzureichen waren und darüber hinaus ihre Änderung eine Änderung des Geschäftsplanes darstellte, welche gemäß § 13 VAG der Genehmigung bedurfte.

---

19 Motive zum VAG, S. 26.

20 So auch: Gärtner, Privatversicherungsrecht, S.24.

(1.) Die Voraussetzung der Versagung der Genehmigung

Die Versagung der Genehmigung setzt gemäß § 7 VAG voraus, dass die Allgemeinen Versicherungsbedingungen gesetzlichen Vorschriften zuwiderliefen (§ 7 Ziff. 1) bzw. die Interessen der Versicherten nicht hinreichend wahrten (§ 7 Ziff. 2 1. Alt).

Die Genehmigung der Änderung der Allgemeinen Versicherungsbedingungen war gemäß § 13 Satz 2 VAG aus den gleichen Gründen zu versagen.

Die gesetzlichen Vorschriften, an denen das Reichsaufsichtsamt die Allgemeinen Versicherungsbedingungen prüfte, waren vor allem die Vorschriften des Versicherungsaufsichts- und des Versicherungsvertragsgesetzes.

Einen Verstoß gegen die gesetzlichen Bestimmungen des Versicherungsvertragsgesetzes nahm das Reichsaufsichtsamt jedoch nicht nur bei einen Verstoß gegen zwingende gesetzliche Regelungen an, sondern bereits dann, wenn die Allgemeinen Versicherungsbedingungen von dem dispositiven Bestimmungen des Versicherungsvertragsgesetzes zum Nachteil der Versicherungsnehmer abwichen. Das Reichsaufsichtsamt führte dazu aus:

> „Die gesetzlichen Vorschriften sind, soweit sie nicht zwingender Natur sind, als Mindestbestimmungen anzusehen...“[21]

Darüber hinaus setzte das Reichsaufsichtsamt fest, dass von einem einmal erreichten Stand der Allgemeinen Versicherungsbedingungen nicht zum Nachteil der Versicherungsnehmer abgewichen werden durfte:

> „Denn einerseits ist dem von früheren Senaten, so auch in der angefochtenen Entscheidung, aufgestellten Grundsatze, dass wertvolle allgemein gültige Verbesserungen der Versicherungsbedingungen von der Aufsichtsbehörde - wenn nicht die Belange der Versicherungsnehmer verletzt werden sollen - ohne triftige Gründe nicht preisgegeben werden dürfen, beizupflichten.“[22]

Das Reichsaufsichtsamt dehnte damit seine Tätigkeit zugunsten der Versicherungsnehmer über den im Versicherungsaufsichtsgesetz vorgesehenen Rahmen hinaus aus, indem es sowohl die dispositiven gesetzlichen Bestimmungen als auch den bestehenden Stand der Allgemeinen Versicherungsbedingungen im Hinblick auf den Schutz der Interessen der Versicherungsnehmer als Mindeststand festschrieb.

---

21 VA 1933, S. 200.

22 VA 1933, S. 200.

Neben einem Verstoß gegen die gesetzlichen Vorschriften sah § 7 des Versicherungsaufsichtsgesetzes die unzureichende Wahrung der Interessen der Versicherten als Versagungsgrund vor. Eine derartige unzureichende Wahrung der Interessen der Versicherten wurde von dem Reichsaufsichtsamt dann angenommen, wenn die Allgemeinen Versicherungsbedingungen die rechtlichen oder wirtschaftlichen Interessen nicht genügend berücksichtigten.[23]

(2.) Die zulässigen Maßnahmen des Reichsaufsichtsamtes bei Verstößen gegen § 7 VAG

Die Maßnahmen, die dem Reichsaufsichtsamt vom Versicherungsaufsichtsgesetz in die Hand gegeben waren, um gegen unbillige Allgemeine Versicherungsbedingungen vorzugehen, waren in den §§ 7, 13, 64 Abs. 2 des Versicherungsaufsichtsgesetzes beschrieben.

Die §§ 7, 13 des Gesetzes boten dem Reichsaufsichtsamt im Rahmen des Genehmigungsverfahrens lediglich die Möglichkeit, die Genehmigung bzw. die Änderung der Allgemeinen Versicherungsbedingungen zu versagen. Eine Möglichkeit zur inhaltlichen Einflussnahme auf die Allgemeinen Versicherungsbedingungen enthielten sie nicht.[24]

§ 64 Abs. 2 des Versicherungsaufsichtsgesetzes ermöglichte dem Reichsaufsichtsamt demgegenüber, alle diejenigen Anordnungen zu treffen, welche geeignet waren, den Geschäftsbetrieb mit den gesetzlichen Vorschriften und dem Geschäftsplan im Einklang zu erhalten oder Missstände zu beseitigen, durch welche die Interessen der Versicherten gefährdet wurden oder der Geschäftsbetrieb mit den guten Sitten in Widerspruch geriet.

Sowohl eine Versagung der Genehmigung entsprechend §§ 7, 13 des Versicherungsaufsichtsgesetzes, als auch eine Anordnung zur Änderung Allgemeiner Versicherungsbedingungen fand nur in extremen Ausnahmefällen statt. Stattdessen begegnete das Reichsaufsichtsamt Allgemeinen Versicherungsbedingungen, die den Interessen der Versicherten widersprachen, regelmäßig mit der Äußerung von Anregungen, Empfehlungen, Wünschen und Rechtsansichten, welche dann ebenso regelmäßig durch die Versicherungsunternehmen berücksichtigt wurden.

c) Zusammenfassung

Mit dem Inkrafttreten des Versicherungsaufsichtsgesetzes im Jahr 1902 und der damit verbundenen Kontrolle der Allgemeinen Versicherungsbedingungen durch das Reichsaufsichtsamt für Versicherungswesen trat ein erster gesetzli-

---

23 Koenige-Petersen, § 7 VAG Rn. 4.
24 Gärtner, Privatversicherungsrecht, S.233.

cher Schutz der Versicherungsnehmer vor inhaltlich nachteiligen Allgemeinen Versicherungsbedingungen ein.

Der Schutz der Versicherungsnehmer vor inhaltlich nachteiligen Allgemeinen Versicherungsbedingungen durch die Tätigkeit des Reichsaufsichtsamtes stellte jedoch auf die Interessen der Gesamtheit der Versicherungsnehmer ab, nicht hingegen auf die Interessen des einzelnen Versicherungsnehmers.[25] Eine Möglichkeit zur Einflussnahme auf die Wirksamkeit des einzelnen Versicherungsvertrages hatte das Aufsichtsamt nicht.[26]

Entsprechend erklärt das Reichsaufsichtsamt in einer Veröffentlichung aus dem Jahr 1928:

„Wollte man jeden einzelnen Fall, in dem der Inhalt der Versicherungsbedingungen von dem Versicherungsnehmer mit mehr oder weniger Recht bemängelt wird, zum Anlasse nehmen, um eine Änderung der Allgemeinen Versicherungsbedingungen anzuordnen, so würden sich wegen des in der Versicherung aus berechtigten sachlichen Gründen herrschenden Massenbetriebs für die Gesellschaft eine außerordentliche Arbeitslast sowie nicht zu übersehende Aufwendungen an Druckkosten ergeben, die notwendig zu einer wesentlichen Erhöhung der Prämien führen und damit letzten Endes auch die Versicherten selbst in unerwünschter Weise belasten würden. Hat sich aus Ansicht von Versicherungsfällen die Verbesserungsbedürftigkeit einzelner Bestimmungen herausgestellt, so wird das Reichsaufsichtsamt bei den seiner Aufsicht unterstehenden Versicherungsunternehmungen auf eine Änderung der Allgemeinen Versicherungsbedingungen hinwirken."[27]

2. Die privatrechtliche Seite des Versicherungswesens

Auch auf privatrechtlicher Seite war nach dem Untergang des Deutschen Reiches im Jahr 1806 zunächst an eine einheitliche Gesetzgebung für Deutschland nicht zu denken. Die Zuständigkeit zum Erlass versicherungsrechtlicher Gesetze lag allein bei den Ländern. Diese übten ihre Zuständigkeit zum Erlass versicherungsrechtlicher Vorschriften hinsichtlich des privaten Versicherungsrechts, d.h. des Verhältnisses zwischen Versicherungsgesellschaft und Versicherungsnehmer, nur in einem äußerst spärlichen Umfange aus. Als einziges im beachtlichen Umfang versicherungs-rechtliche Normen enthaltendes Gesetz kann das Preußische Allgemeine Landrecht (preuß. ALR) genannt werden.[28]

a) Das Preuß. ALR - II. Teil, 8. Titel, 13. Abschnitt: „Von Versicherungen"

Das Preußische Allgemeine Landrecht wurde 1794 als gemeines Recht für den preußischen Staat eingeführt, um dort an die Stelle des Corpus iuris civilis als

25 Vassel, S. 51f.
26 Hupka, Vertragsfreiheit, S. 4.
27 VA 1928, S. 127.
28 Dörner, in: BK, Einl., Rn. 1.

gemeines Recht zu treten.[29] Gegenüber den vorhandenen Provinzialrechten sollte das Preußische Allgemeine Landrecht als gemeines Recht nur subsidiäre Funktion erhalten.[30] Obwohl das Allgemeine Landrecht für den gesamten preußischen Staat entworfen wurde, wurden aufgrund lokaler Besonderheiten in der Rheinprovinz der Code Civil und nach 1866 in einem Großteil der linkselbischen Gebiete Preußens der Corpus iuris civilis als Partikularrechte beibehalten.[31] Das Preußische Allgemeine Landrecht (preuß. ALR) galt daher bis zum Jahre 1900 in Preußen in den ostelbischen Gebieten ohne Neuvorpommern und Rügen, in Westfalen, in den Kreisen Essen, Duisburg und Rees der Rheinprovinz, sowie in den vor 1815 preußischen Teilen der Provinz Hannover und in den fränkischen Fürstentümern Ansbach und Bayreuth, die seit 1806 bzw. ab 1810 zu Bayern gehörten.[32]

Das preuß. ALR enthielt im zweiten Teil, achter Titel, zwölfter Abschnitt (§§ 1934 - 2358) Vorschriften für Versicherungen und stellte bis zum Inkrafttreten des Versicherungsvertragsgesetzes im Jahre 1910 die einzige vollständige Kodifikation des Versicherungsrechts in Deutschland dar.[33] Obwohl im preuß. ALR entsprechend der Entwicklung des Versicherungswesens die Seeversicherung im Vordergrund stand, enthielt das Gesetz ebenfalls Vorschriften für die Lebensversicherung[34], die Versicherung der Freiheit gegen Seeräuber und Türkengefahr[35], die Rückversicherung[36] und die Feuerversicherung[37].

Hinsichtlich des Schutzes des Versicherungsnehmers reichte das preuß. ALR in keiner Weise an das Versicherungsvertragsgesetz heran. Zwar war das ALR bestrebt, den Versicherungsnehmer vor übertriebener Gewinnsucht des Versicherers zu bewahren, den Missbrauch von Versicherungsgeschäften zu verhüten und den privaten Verbraucher insoweit zu schützen.[38] Da Allgemeine Versicherungsbedingungen in der Binnenversicherung erst in der zweiten Hälfte des 19. Jahrhunderts vermehrt Anwendung fanden, war im ALR an einen Schutz des Versicherungsnehmers vor überzogenen Versicherungsbedingungen jedoch noch nicht gedacht.[39]

---

29 Eccius, Preuß.Privatrecht I, S. 15.
30 Eccius, Preuß. Privatrecht I, S. 15.
31 Eccius, Preuß. Privatrecht I, S. 18.
32 Schlosser, S. 107.
33 Behrend, ZHR 55, S. 3; Gerhard, Einl. S. VII; Duvinage, S. 10.
34 §§ 1968 - 1974 II 8 ALR.
35 §§ 1975 - 1979 II 8 ALR.
36 §§ 2016 - 2023 II 8 ALR.
37 §§ 2235 - 2241 II 8 ALR.
38 Duvinage, S. 8.
39 Duvinage, S. 8.

b) *Der Code Civil*

Mit der Annektion der linksrheinischen Gebiete Deutschlands durch Frankreich und der Gründung des Rheinbundes, eines zwar formell souveränen aber unter französischem Einfluss stehenden Staates, kam es zur Einführung des Code Civil als Gesetzbuch in diesen Gebieten.[40] Während in den rechtsrheinischen Gebieten mit dem Ende der französischen Fremdherrschaft auch die Geltung des Code Civil beseitigt wurde, behielten die linksrheinischen Gebiete Preußens, Hessen-Darmstadts und Bayerns, sowie das Gebiet des ehemaligen Herzogtums Berg den Code Civil als Gesetzbuch bei.[41] In den linksrheinischen Gebieten des Deutschen Reiches wurde der Code Civil somit bis zum Inkrafttreten des BGB als Partikularrecht angewandt.

Eine umfassende Regelung des Versicherungsrechtes sucht man im Code Civil vergeblich. In Art. 1964 Code Civil läßt sich lediglich eine Definition des Versicherungsvertrages finden:

„Est une convention réciproque dont les effects, quant aux avantages et aux pertes, soit pour toutes les parties, soit pour l'une plusieurs d' entre elles, dépendent d'un événement incertain."

Dem Schutz des privaten Versicherungsnehmers dienende Vorschriften enthielt das Gesetz nicht.

c) *Das Römisch-gemeine Recht*

In denjenigen Gebieten Deutschlands, in denen es an einem geschriebenen Recht fehlte, galt das gemeine Recht, d.h. das im Rahmen der Rezeption in Deutschland entstandene auf dem römischen Recht aufbauende gelehrte Recht.[42] Im einzelnen waren dies in den preußischen Gebietsteilen der Regierungsbezirk Stralsund, die Provinz Schleswig-Holstein mit Ausnahme einiger zuvor Jütischer Bezirke, die Provinz Hannover mit Ausnahme des Regierungsbezirks Aurich sowie der Kreis Lingen und Duderstadt, die Kreise Wetzlar, Neuwied, Altenkirchen und Meisenheim des Regierungsbezirks Koblenz, die Provinz Hessen-Nassau, sowie der Regierungsbezirk Sigmaringen, weiterhin Bayern mit Ausnahme der Fürstentümer Ansbach und Bayreuth, einiger Orte im Amtsgerichtsbezirk Waldsassen, sowie der Mark Redwiz und der Pfalz, daneben Württemberg, Hessen mit Ausnahme der Provinz Rheinhessen, Mecklenburg-Schwerin, Sachsen-Weimar mit Ausnahme der früheren Erfurter Gebietsteile, Mecklenburg-Strelitz, Oldenburg mit Ausnahme des Fürstentums Birkenfeld, Braunschweig, Sachsen-Meiningen, Sachsen-Altenburg, Sachsen-Koburg-

---

40 Grilli, S. 67.

41 Schubert, Franz. Recht in Deutschland, S. 600f.

42 Neugebauer, S. 42f.

Gotha, Anhalt, Schwarzburg-Rudolfstadt, Schwarzburg-Sondershausen, Waldeck, Neuß ältere Linie, Neuß jüngere Linie, Schaumburg-Lippe, Lippe, Lübeck, Bremen und Hamburg.[43]

Dem alten römischen Recht war der Versicherungsvertrag fremd.[44] Auf geschriebene Quellen des corpus iuris civilis konnte damit nicht zurückgegriffen werden. Es musste damit auf diejenigen Rechtsgrundsätze zurückgegriffen werden, die sich gewohnheitsrechtlich entwickelt hatten.[45] Da diese gewohnheitsrechtliche Entwicklung sich an den gesetzlichen Kodifikationen orientierte, wichen sie von diesen nicht entscheidend ab.[46]

d) Das ADHGB und das HGB

Bereits in der ersten Hälfte des 19. Jahrhunderts fanden Bestrebungen statt, das Handelsrecht für ganz Deutschland zu vereinheitlichen. 1836 wurde der Erlass eines gemeinsamen Handelsgesetzes für den Deutschen Bund von der Würtembergischen Regierung angeregt.[47] Der daraufhin angefertigte württembergische Entwurf eines Handelsgesetzbuches von 1839 enthielt in den Art. 428 - 533 einen, jedoch noch unvollendeten, Versuch der Regelung des Binnenversicherungsrechts.[48] Der nächste, jedoch unvollendete, „Entwurf eines allgemeinen Handelsgesetzbuches für Deutschland", fiel in die Zeit der Deutschen Nationalversammlung 1848/1849.[49] Mit dem Scheitern der Reichsverfassung endete jedoch auch die Arbeit an diesem Gesetz.

Aus versicherungsrechtlicher Sicht ist insbesondere der Entwurf eines Handelsgesetzbuches für die preußischen Staaten von 1857 von Interesse. Der preußische Entwurf sah im sechsten und siebten Titel des dritten Buches (Art. 327 - 384) Regelungen für das Versicherungsrecht, und im 10. Titel des vierten Buches (Art. 603 - 680) Regelungen für das Seeversicherungsrecht vor.[50] Die Beratung des Versicherungsrechts wurde jedoch bei der ersten Nürnberger Lesung nach vollendeter Beratung über das Seerecht vertagt.[51] Die Beratung über das Seeversicherungsrecht fand im Zusammenhang mit der Beratung des Seerechts statt, womit das Seeversicherungsrecht Eingang in das Allgemeine Deutsche Handelsgesetzbuch fand. Der in dritter Lesung aufgenommene Antrag auf Bera-

43 Jäntsch, S. 330.
44 Lewis, S.1.
45 Neugebauer, S. 43.
46 Neugebauer, S. 43.
47 Endemann, Bd. 1, S. 27.
48 Behrend, ZHR 55, S. 4.
49 Ausführlich hierzu: Goldschmidt, Handbuch, 1. Band, S. 84ff.
50 Lewis, S.4; Grundlegend für diesen preuß. Entwurf war laut Behrend der württembergische Entwurf und dessen Vorgänger (Behrend, ZHR 55, S. 4.).
51 Lewis, S.4.

tung des Binnenversicherungsrechts wurde schließlich in der 585 Sitzung abgelehnt[52], mit der Folge, dass das Binnenversicherungsrecht keinen Eingang in das Allgemeine Deutsche Handelsgesetzbuch fand.

Gemäß Art. 271 Ziff. 3 ADHGB[53] stellte die Übernahme von Versicherungen gegen Prämie ein Handelsgeschäft dar. Gegen Prämie im Sinne des Art. 271 Ziff. 3 ADHGB übernahmen jedoch lediglich die privatrechtlichen Erwerbsversicherungsanstalten die Versicherung, wohingegen bei Versicherungsvereinen auf Gegenseitigkeit die Leistungen in der gegenseitigen Gefahrübernahme und nicht in der Entrichtung einer Prämie zu sehen war.[54] Folglich waren weder die Versicherungsvereine auf Gegenseitigkeit, noch die öffentlich-rechtlichen Versicherungsanstalten als Handelsgeschäfte anzusehen, sondern allein die Geschäfte der privatrechtlichen Erwerbsversicherungsanstalten.

Mit der Neufassung des HGB am 21. Mai 1897 wurden im § 343 HGB Handelsgeschäfte als Geschäfte eines Kaufmanns, die zu Betrieb seines Handelsgewerbes gehören, definiert. Kaufmann war gemäß § 1 Abs. 2 Ziff. 3 HGB jeder Gewerbebetrieb, der die Übernahme von Versicherung gegen Prämie zum Gegenstand hatte. Kaufleute waren damit alle Versicherungsgesellschaften mit Ausnahme der Versicherungsvereine auf Gegenseitigkeit und der öffentlich-rechtlichen Versicherungsgesellschaften. Mit dem Inkrafttreten des VAG im Jahr 1901 wurden gemäß § 16 VAG die Vorschriften für Handelsgeschäfte des HGB auch für große Versicherungsvereine auf Gegenseitigkeit für anwendbar erklärt. Nur die Geschäfte kleiner Versicherungsvereine auf Gegenseitigkeit, denen diese Eigenschaft durch das Aufsichtsamt zuerkannt wurde, stellten kein Handelsgeschäft dar.

Für das Versicherungsverhältnis sind insbesondere relevant Art. 278 ADHGB bzw. § 346 HGB (Auslegung) und Art. 282 ADHGB bzw. § 347 HGB (Sorgfalt eines ordentlichen Kaufmanns).

ADHGB und HGB enthielten keine speziellen Vorschriften für das Binnenversicherungsrecht. Allerdings waren die Bestimmungen für Handelsgeschäfte für Erwerbsversicherungsgesellschaften und nach dem Inkrafttreten des VAG auch für große Versicherungsvereine auf Gegenseitigkeit anwendbar. Der Versicherungsnehmer wurde durch die Vorschriften für Handelsgeschäfte insoweit geschützt, als die Versicherungsgesellschaften die Sorgfalt eines ordentlichen Kaufmanns anzuwenden und auf die im Handelsverkehr geltenden Gewohnheiten und Gebräuche Rücksicht zu nehmen hatten. Die Gerichte beriefen sich zum

52 Goldschmidt, Handbuch, 1. Band, S. 113.
53 Allgemeines Deutsches Handelsgesetzbuch vom 18. Dez. 1856.
54 Staub, HGB (12., 13. Aufl.), § 1 Anm. 60.

Schutz der Versicherungsnehmer nicht auf die anwendbaren Vorschriften der Handelsgesetzbücher.

e) Das Bürgerliche Gesetzbuch

Das Inkrafttreten des Bürgerlichen Gesetzbuches am 01.01.1900 war für den Schutz der Versicherungsnehmer vor der Verwendung für sie nachteiliger Allgemeiner Versicherungsbedingungen von nur geringer Bedeutung.

Das Versicherungsvertragsrecht selbst wurde in das Bürgerliche Gesetzbuch nicht aufgenommen. Bereits die 1873 eingesetzte Vorkommission hatte auf Vorschlag Goldschmidts, der das gesamte Versicherungsrecht dem Handelsrecht zuordnete, entschieden, dass das Versicherungsrecht ins Handelsgesetzbuch und nicht ins Bürgerliche Gesetzbuch gehört.[55]

Die Allgemeinen Bestimmungen des Bürgerlichen Gesetzbuches finden jedoch auch auf den Versicherungsvertrag Anwendung und damit auch die § 133, 157 BGB und der § 138 BGB.

aa) Die Auslegungsvorschriften der §§ 133, 157 BGB

Mit den §§ 133, 157 BGB wurden für das gesamte Deutsche Reich einheitliche Auslegungsvorschriften für Rechtsgeschäfte und damit auch für Versicherungsverträge geschaffen. Eine Verbesserung der Rechtsstellung des Versicherungsnehmers ist hierdurch jedoch nicht eingetreten, da der den Versicherungsnehmern durch die §§ 133, 157 BGB eingeräumte Schutz nicht über den bis zum Inkrafttreten des BGB bestehenden partikularrechtlichen Schutz hinausging.[56]

bb) Die Nichtigkeit wegen Verstoßes gegen ein gesetzliches Verbot gemäß § 134 BGB

Die Bestimmung des § 134 BGB, nach der Verträge nichtig sind, wenn sie gegen ein gesetzliches Verbot verstoßen, ist auch auf Versicherungsverträge anwendbar.[57] Folglich würde ein Verstoß gegen zwingende Bestimmungen des Versicherungsvertragsgesetzes die Nichtigkeit des Versicherungsvertrages nach sich ziehen. Das Reichsgericht nahm trotz dieser gesetzlichen Ausgangslage in der Regel eine bei Verstoß von Versicherungsverträgen gegen das Versicherungsvertragsgesetz eine Vertragskorrektur vor und erklärte entsprechende Verträge nicht für nichtig. Das Inkrafttreten des § 134 BGB verbesserte die rechtli-

---

55 Jacobs/Schubert, Beratung, Einführung S. 165.

56 Dieses Ergebnis entspricht der Absicht der Verfasser des BGB, insb. Plancks, durch das Bürgerliche Gesetzbuch das bestehende Recht reichseinheitlich festzuschreiben und nicht die wiederstreitenden sozialen Interessen zu lösen (vgl.: Planck, AcP Bd. 75 (1889), S. 407).

57 B/M, 1. Bd., Einl., Anm. 30.

che Situation für die Versicherungsnehmer gegenüber der Rechtslage vor Inkrafttreten des Bürgerlichen Gesetzbuches in tatsächlicher Hinsicht nicht.

cc) Die Sittenwidrigkeit gemäß § 138 BGB

Neben §§ 133, 157 BGB ist § 138 BGB ebenfalls auf Versicherungsverträge anwendbar. §138 BGB bestimmt in seinem ersten Absatz, dass Rechtsgeschäfte, die gegen die guten Sitten verstoßen, nichtig sind. Nach Abs. 2 ist insbesondere nichtig ein Rechtsgeschäft, durch das jemand unter Ausbeutung der Notlage, des Leichtsinns der Unerfahrenheit eines anderen sich oder einem Dritten für eine Leistung Vermögensvorteile versprechen oder gewähren lässt, welche den Wert der Leistung dergestalt übersteigen, dass den Umständen nach die Vermögensvorteile in auffälligem Missverhältnis zu der Leistung stehen. Versicherungsverträge sind mithin dann nach dem Bürgerlichen Gesetzbuch nichtig, wenn sie gegen die guten Sitten verstoßen, oder der Versicherer die Unerfahrenheit des Versicherungsnehmers dergestalt ausbeutet, dass Versicherungsleistung und -prämie in einem auffälligen Missverhältnis stehen.

Die Voraussetzungen, die an eine Sittenwidrigkeit eines Vertrages wegen eines auffälligen Missverhältnisses von Leistung und Gegenleistung gestellt werden, sind eng. Nicht ausreichend ist, dass Leistung und Gegenleistung nicht in einem angemessenen Verhältnis stehen. Das Missverhältnis muss vielmehr einen Umfang angenommen haben, der die Grenzen dessen, was sich nach den gesamten Umständen gerade noch rechtfertigen ließe, eindeutig überschritten hat.[58]

Zum Schutz der Versicherungsnehmer vor der Verwendung für ihn nachteiliger Allgemeiner Versicherungsbedingungen ist § 138 BGB daher nur wenig geeignet, da er nur die absoluten Grenzen rechts-geschäftlichen Handelns aufzeigt. Verwenden die Versicherer innerhalb dieser Grenzen für die Versicherungsnehmer nachteilige Allgemeine Versicherungsbedingungen, hilft § 138 BGB den Versicherungsnehmern nicht.

Das Reichsgericht setzte sich in einem Urteil vom 04.06.1907 - VII 379/06[59] und einem Urteil vom 15.11.1907 - VII 46/07[60] mit der Frage der Sittenwidrigkeit Allgemeiner Versicherungsbedingungen gemäß § 138 BGB auseinander. In beiden Entscheidungen verneinte es die Sittenwidrigkeit der Versicherungsbedingung im Ergebnis. Entscheidungen, in denen das Reichsgericht von einer Sittenwidrigkeit der Versicherungsbedingungen ausging, sind demgegenüber nicht bekannt.[61]

---

58 Larenz/Wolf, § 41 Rn. 65, S. 761; Hefermehl, in: Soergel, § 138 Rn. 74.
59 Schubert/Glöckner, Bd. 2, § 138 Nr. 125.
60 Schubert/Glöckner, Bd. 2, § 138 Nr. 140.
61 B/M, 1. Bd., Einl., Anm. 30.

Bereits die geringe Zahl an Entscheidungen, in denen das Reichsgericht die Vereinbarkeit Allgemeiner Versicherungsbedingungen mit den guten Sitten gemäß § 138 BGB geprüft hat, lässt erkennen, dass die Sittenwidrigkeitsgrenze für den Schutz der Versicherungsnehmer vor nachteiligen Allgemeinen Versicherungsbedingungen keine Bedeutung erlangt hat.

Auch inhaltlich lässt die Entscheidung des Reichsgerichts vom 15.11.1907 - VII 46/07 erkennen, dass das Reichsgericht den Versicherungsnehmern durch die Auslegung nach Treu und Glauben einen wesentlich weitreichenderen Schutz als über die Sittenwidrigkeitsgrenze des § 138 BGB gewährte. So erklärte das Reichsgericht, dass eine Versicherungsbedingung, nach der das Zuwiderhandeln des Versicherten gegen bestimmte Vertragspflichten die Verwirkung des Anspruchs unabhängig von dessen Verschulden zur Folge hatte, nicht gegen die guten Sitten verstoße, legte die Bedingung jedoch dahingehend aus, dass nur ein schuldhaftes Zuwiderhandeln die Verwirkung herbeiführen sollte.

Das Inkrafttreten der Bestimmung des § 138 BGB am 01.01.1900 führte folglich nicht zu einer Verbesserung des Schutzes der Versicherungsnehmer.

dd) Die Anfechtbarkeit gemäß §§ 119, 123 Abs. 1, 142 BGB

§§ 119, 123 Abs. 1 142 BGB berechtigten zunächst den Versicherungsnehmer und den Versicherer zur Anfechtung des Versicherungsvertrags. Mit Wirksamwerden des Versicherungsvertragsgesetz trat für den Versicherer die Sonderbestimmung des § 22 VVG in Kraft, der das Recht des Versicherers zur Irrtumsanfechtung umgestaltete, indem er das Recht des Versicherers zur Anfechtung wegen Irrtums über Gefahrumstände beseitigte. Für den Versicherungsnehmer enthielt das Versicherungsvertragsgesetz demgegenüber keine Sonderbestimmungen zu den Vorschriften des BGB.[62]

Die Vorschrift des § 123 Abs. 1 BGB, die das Recht zur Anfechtung wegen Täuschung bzw. arglistiger Drohung regelte, verbesserte die Rechte des Getäuschten bzw. Bedrohten nicht gegenüber der bereits vor Inkrafttreten des BGB geltenden Rechtslage.[63]

Die Bestimmung des § 119 BGB schränkte das Recht zur Irrtumsanfechtung gegenüber der Rechtslage vor Inkrafttreten des BGB zum einen durch Beschränkung des Rechts zur Irrtumsanfechtung auf die Fälle des beachtlichen Irrtums ein, auf der anderen Seite wurde anders als vor Inkrafttreten des BGB der Eigenschaftsirrtum im gewissen Umfang für beachtlich erklärt.[64]

---

62 Motive zum VVG, S. 36.
63 Dilcher, in: Staudinger, § 123, Anm. 2.
64 Schubert, AcP 175, S. 426 – 451.

Eine erhebliche Verbesserung des Schutzes der Versicherungsnehmer hatte das Inkrafttreten der Vorschriften des BGB über die Anfechtung demgemäß nicht zur Folge.

ee) Ergebnis

Im Ergebnis lässt sich feststellen, dass das Inkrafttreten des Bürgerlichen Gesetzbuches am 01.01.1900 auf den Schutz der Versicherungsnehmer vor nachteiligen Allgemeinen Versicherungsbedingungen kaum Einfluss hatte. Die Auslegungsbestimmungen der §§ 133, 157 BGB führten zu keiner Erweiterung des Schutzes der Versicherungsnehmer, ebensowenig die Vorschriften über die Anfechtung. Die Sittenwidrigkeitsgrenze des § 138 BGB wurde vom Reichsgericht zwar auch auf Versicherungsbedingungen angewandt, allerdings waren die Voraussetzungen für eine Sittenwidrigkeit so streng, dass ein wirksamer Versicherungsnehmerschutz allein über § 138 BGB nicht herbeigeführt werden konnte. Die Verbotsgrenze des § 134 BGB fand zwar ebenfalls Anwendung auf Versicherungsverträge, jedoch räumte das Reichsgericht einer inhaltlichen Korrektur des Vertrages gegenüber der Nichtigkeitserklärung den Vorrang ein.

f) Das Versicherungsvertragsgesetz

Das am 30. Mai 1908 erlassene zum 01. Januar 1910 in Kraft getretene Gesetz über den Versicherungsvertrag (kurz: Versicherungsvertragsgesetz, VVG) war das erste für das gesamte Deutsche Reich geltende Gesetz, das als Ziel die Regelung des Verhältnisses zwischen Versicherungsnehmer und Versicherer zur Aufgabe hatte. Der erste Entwurf des Gesetzes stammt aus dem Jahr 1903, der zweite aus dem März und der dritte aus dem November 1905.

Wie aus zahlreichen Stellungnahmen ersichtlich, verfolgten die Verfasser des VVG mit dem Gesetz auch einen wirksamen Schutz der Versicherungsnehmer.

Bereits im Jahr 1884 erklärte Otto Bähr zu seinem im Auftrag des Reichsjustizamtes angefertigten Entwurf eines Reichsgesetzes über den Versicherungsvertrag, dass das Ziel des entworfenen Versicherungsvertragsgesetzes neben dem Schutz der öffentlichen Ordnung und Sicherheit auch der Schutz der Versicherungsnehmer vor der geschäftlichen Überlegenheit der Versicherungsgesellschaften sei.[65]

Ebenso erklärten bei der Beratung zum Versicherungsvertragsgesetz Abgeordnete den Schutz der privaten Versicherungsnehmer zum Ziel des Versicherungsvertragsgesetzes. So äußerte beispielsweise der Abgeordnete Wellstein im Jahr 1907:

---

65 Bähr, AfB, Bd. 7 (1893), S. 26.

„... der Gesetzentwurf ist von der Absicht getragen, einen gerechten Ausgleich der beiden sich beim Vertragsschluß gegenüberstehenden Kräfte herbeizuführen.“[66]

Ähnlich auch der Abgeordnete Schultz:

„Der Gesetzentwurf darf wohl bezeichnet werden als ein staatlicher Eingriff in das Prinzip der Vertragsfreiheit. Es geht davon aus, daß der Versicherte in der Regel der wirtschaftlich schwächere und unerfahrenere Vertragsteil ist.“[67]

In der Begründung zum Versicherungsvertragsgesetz schließlich heißt es:

„Bei dem Versicherungsvertrag ist der Versicherungsnehmer im allgemeinen der schwächere Teil, insbesondere steht er an Geschäftserfahrung dem Versicherer regelmäßig nach.“[68]

Ob die im Versicherungsvertragsgesetz tatsächlich geschaffenen Vorschriften einen über den bei Inkrafttreten des Versicherungsvertragsgesetzes bereits im Form der ständigen Rechtsprechung des Reichsgerichts bestehenden Schutz des Versicherungsnehmers hinausgehenden Schutz der Versicherungsnehmer darstellen, bleibt im folgenden festzustellen.

3. Zusammenfassung

Zusammenfassend lässt sich feststellen, dass vor Inkrafttreten des Bürgerlichen Gesetzbuches, des Versicherungsaufsichtsgesetzes und des Versicherungsvertragsgesetzes der Versicherungsnehmer nicht gesetzlich vor Übervorteilungen durch den Gesetzgeber geschützt war.[69]

Mit Inkrafttreten des Bürgerlichen Gesetzbuches am 01.01.1900 war mit § 138 BGB zumindest eine gesetzliche Bestimmung vorhanden, die den Versicherern eine absolute Grenze rechtlich zulässigen Handelns aufzeigte. Die Versicherer konnten auch danach für die Versicherungsnehmer nachteilige Versicherungsbedingungen verwenden, sofern diese nicht über die Grenzen des gerade noch zu rechtfertigenden hinausgingen, was bei Bestimmungen in Allgemeinen Versicherungsbedingungen praktisch nie angenommen wurde.

Das am 01.01.1902[70] in Kraft getretene Versicherungsaufsichtsgesetz weitete den gesetzlichen Schutz der Versicherungsnehmer demgegenüber erheblich aus. Unter dem Gesichtspunkt des Schutzes der einzelnen Versicherungsnehmer wies das Versicherungsaufsichtsgesetz jedoch einen erheblichen Nachteil auf: die

---

66 Sten. Ber. RT 1907, Bd. 229, S. 1822.
67 Sten. Ber. RT 1907, Bd. 229, S. 1825.
68 Motive zum VVG, S. 63.
69 So auch: Neugebauer, S. 45.
70 Aufgrund kaiserlicher Verordnung vom 24.11.1901 (RGBl. S. 489).

Billigkeitskontrolle durch das Reichsaufsichtsamt beschränkte sich auf die Prüfung der Billigkeit der Allgemeinen Versicherungsbedingungen für die Gesamtheit der Versicherungsnehmer. Eine Berücksichtigung der Interessen einzelner Versicherungsnehmer durch das Reichsaufsichtsamt fand demgegenüber nicht statt.

B) Der prozessrechtliche Schutz

Streiten sich die Parteien eines Versicherungsvertrages über den Inhalt Allgemeiner Versicherungsbedingungen, gelangen diese Rechtsstreitigkeiten regelmäßig vor Gericht. Das Gericht stellt dann den rechtlich maßgebenden Inhalt der Versicherungsbedingungen durch Auslegung fest.

Von besonderer Bedeutung war dabei die Auslegung durch die Gerichte höherer Instanzen, insbesondere durch das Reichsoberhandelsgericht und das Reichsgericht.

I. Das Reichsoberhandelsgericht

Die Errichtung eines Bundeshandelsgerichtes wurde am 12.06.1869 vom Reichstag des Norddeutschen Bundes beschlossen.[71] Gemäß § 12 Gesetz betreffend die Errichtung eines obersten Gerichtshofes für Handelssachen[72] sollte dieses Gericht die Funktion eines obersten Gerichtshofes in Handelssachen für sämtliche Länder des norddeutschen Bundes ausüben.[73] Mit der Gründung des Deutschen Reiches am 18.04.1871 wurde das Bundesoberhandelsgericht des Norddeutschen Bundes zum Reichsoberhandelsgericht für das gesamte neugegründete Deutsche Reich.[74] Damit war seit dem Untergang des heiligen römischen Reiches deutscher Nation im Jahr 1806 erstmalig wieder eine einheitliche Gerichtsinstanz für ganz Deutschland geschaffen, allerdings nicht für das gesamte Zivilrecht, sondern nur für den begrenzten Bereich der Handelssachen. Die Übernahme von Versicherung gegen Prämie stellte gemäß Art. 271 Ziff. 3 ADHGB ein Handelsgeschäft und damit eine Handelssache im Sinne des § 12 des Gesetzes betreffend die Errichtung eines obersten Gerichtshofes in Handelssachen dar. Streitigkeiten zwischen Versicherungsnehmern und Erwerbsversicherungsgesellschaften gelangten somit von nun an vor das Reichsoberhandelsgericht.

---

71 Laufs, JuS 1969, S. 258; Achterberg, in: BK, Art. 92 Rn. 17; Buschmann, NJW 1979, S. 1969.

72 Bundesgesetzblatt 1869, S. 201 - 208 (203).

73 Laufs, JuS 1969, S. 259.

74 Laufs, JuS 1969, S. 259; Achterberg, in: BK, Art. 92 Rn. 17; Buschmann, NJW 1979, S. 1969.

Gemäß § 12 des Gesetzes betreffend die Errichtung eines obersten Gerichtshofes für Handelssachen[75] trat das Reichsoberhandelsgericht (zunächst Bundesoberhandelsgericht) in Handelssachen an die Stelle des obersten Gerichtshofes für das Gebiet, in welchem die Sache in erster Instanz anhängig geworden ist.[76]

Das Rechtsmittel, mit denen ein Prozess vor die obersten Gerichtshöfe der Länder und damit vor das ROHG gelangen konnte, war nach den Zivilprozessrechten der Länder in erster Linie die Oberappellation.[77] Als Rechtsmittel war die Oberappellation zumeist auf eine bestimmte Appellationssumme beschränkt. Bei Erreichen dieser Appellationssumme hatte der Beschwerte die Möglichkeit, das Oberappellationsgericht zur Entscheidung anzurufen. Das Oberappellationsgericht war dabei zur Tatsachenfeststellung und zur Feststellung von Rechtsverstößen befugt. Die Frage, ob es sich bei der Auslegung von Versicherungsbedingungen um Tatsachenfeststellung oder um die Feststellung von Rechtsverstößen handelt, war daher zur Zeit des Reichsoberhandelsgerichts nicht zu entscheiden, da das Reichsoberhandelsgericht sowohl zur Tatsachenfeststellung als auch zur Feststellung von Rechtsverstößen befugt war. Dieses Problem sollte sich jedoch für das Reichsgericht mit Einführung der ZPO stellen.

Somit bestand zur Zeit des Reichsoberhandelsgerichtes die Möglichkeit für sämtliche versicherungsrechtliche Streitigkeiten ab einer bestimmten Streitsumme bis zum Reichsoberhandelsgericht zu gelangen.

II. Das Reichsgericht

Mit Verabschiedung der Reichsjustizgesetze vom 21.12.1876 fiel die Entscheidung zur Errichtung des Reichsgerichts.[78] Die Hauptaufgabe des Reichsgerichts bestand in der Wahrung und der Erhaltung der Rechtseinheit des Reiches: Als Revisionsinstanz gegen Endurteile der Oberlandesgerichte sowie Beschwerdeinstanz gegen oberlandesgerichtliche Entscheidungen sollte das Reichsgericht die Einheitlichkeit der Rechtsanwendung in den Einzelstaaten garantieren.[79] Mit dem Reichsgericht bestand ab Oktober 1879 eine einheitliche oberste Gerichtsinstanz für alle Zivilsachen im gesamten Deutschen Reich. Das Reichsgericht bestand zunächst aus fünf ordentlichen Zivilsenaten und drei Strafsenaten. Daneben bestand eine Anzahl von Hilfssenaten. Die Zahl der ordentlichen Zivilsenate wurde am 1. Mai 1886 um einen sechsten und am 1. Mai 1899 um einen

---

75 Bundesgesetzblatt 1869, S. 201 - 208 (203).

76 § 12 S. 1: „Das Bundes=Oberhandelsgericht tritt in Handelssachen an die Stelle des für das Gebiet, in welchem die Sache in erster Instanz anhängig geworden ist, nach den Landesgesetzen bestehenden obersten Gerichtshofes mit derjenigen Zuständigkeit, welche nach diesen Landesgesetzen dem obersten Gerichtshofe gebührt."

77 Renaud, Civilprozeßrecht, S. 175 ff.

78 Buschmann, NJW 1979, S. 1969; Achterberg, in: BK, Art. 92 Rn. 20.

79 Buschmann, NJW 1979, S. 1970; Fischer, IheringsJB 38, S. 272.

siebten Zivilsenat erweitert. Mit dem Inkrafttreten des BGB endete die Zuweisung der Zivilrechtssachen an die Senate nach den verschiedenen deutschen Partikularrechtsgebieten. Die Geschäfte zwischen den Zivilsenaten unterteilten sich von nun an nach einzelnen Rechtsmaterien: dabei unterfielen die Versicherungssachen zunächst in erster Linie dem ersten, zweiten und sechsten Senat. Der erste Senat entschied insbesondere im See- und Transportversicherungsrecht, der zweite im sonstigen Recht der Versicherung von Handelssachen und der sechste Senat in sonstigen Fragen des Versicherungsrechts. Später teilten sich der erste und der siebte Senat die Entscheidungen in versicherungsrechtlichen Streitigkeiten: der erste Senat bzgl. der See- und Transportversicherung. Da See- und die Transportversicherungen in erster Linie von Kaufleuten abgeschlossen wurden, spielten die Entscheidungen des ersten Senates für die Frage des Schutzes der privaten Versicherungsnehmer keine Rolle. Der siebte Senat war demgegenüber zuständig für die sonstigen versicherungsrechtlichen Streitigkeiten, also auch für Streitigkeiten zwischen Versicherern und privaten Versicherungsnehmern.

Das Reichsgericht war in bürgerlichen Rechtsstreitigkeiten zuständig für die Revision gegen Urteile des OLG und Beschwerden gegen andere Entscheidungen des OLG.[80] Anders als das Reichsoberhandelsgericht, das als Oberappellationsgericht eine dritte Tatsacheninstanz darstellte, war das Reichsgericht als Revisionsinstanz gemäß § 549 Abs. 1 ZPO nur zur Feststellung von Rechtsverstößen befugt.

Ohne auf die Frage näher einzugehen, ob die fehlerhafte Auslegung Allgemeiner Versicherungsbedingungen einen Rechtsverstoß i.S.d. § 549 Abs. 1 ZPO darstellt, hat das Reichsgericht Allgemeine Versicherungsbedingungen regelmäßig selbständig ausgelegt.

Zur Begründung führte es in der Leitenscheidung vom 13.12.1912 - VII228/12[81] an:

„Die Frage ist vielmehr dahin zu stellen, welchen Sinn die betreffende Bestimmung in ihrer Allgemeinen Geltung hat; in dem so zu ermittelnden Sinne ist sie für und gegen jeden Versicherungsnehmer, der den Vertrag auf dieser Grundlage eingegangen ist, maßgebend. Hieraus folgt aber notwendig, dass in den in die Revisionsinstanz gelangenden Rechtsstreitigkeiten das Reichsgericht nicht an die, einander vielleicht widersprechenden Auslegungen der verschiedenen Berufungsgerichte gebunden sein kann, vielmehr in der Lage sein muß, selbständig den Sinn der Allgemeinen Versicherungsbedingungen festzustellen; nur auf diesen Wege kann, soweit das überhaupt möglich ist, die übereinstimmende Auslegung und Anwendung der Allgemeinen Versicherungsbedingungen für alle ihnen unterliegenden Vertragsverhältnisse sichergestellt werden."

---

80 §§ 125 GVG in der Fassung vom 07.02.1877.
81 RGZ Bd. 81, S. 117 - 120, S. 119.

Bei genauer Betrachtung enthält die Argumentation des Reichsgerichts einen Zirkelschluss: da die Allgemeinen Versicherungsbedingungen überall gleich ausgelegt werden sollen, müssen sie durch das Reichsgericht überprüfbar sein. Die Revisibilität Allgemeiner Versicherungsbedingungen ist verschiedentlich verneint wurden. Letztendlich entscheidend ist jedoch, dass eine Auslegung durch das Reichsgericht in den allermeisten Fällen stattgefunden hat.

Voraussetzung der Revisibilität war jedoch, dass es sich bei den streitigen Bestimmungen um typische Vertragsurkunden handelte, die über einen Oberlandesgerichtsbezirk hinaus Anwendung finden.[82] Allein in einem solchen Fall bestehe, so das Reichsgericht 1933, die Gefahr unterschiedlicher Auslegung der typischen Vertragsurkunden durch verschiedenen Oberlandesgerichte und damit das Bedürfnis nach einer einheitlichen höchstinstanzlichen Rechtsprechung.[83]

---

82 RG Urt. v. 17.10.1933 - III 128/33 (JW 1933, S. 346).

83 RG Urt. v. 17.10.1933 - III 128/33 (JW 1933, S. 346).

Zweiter Teil: Die Auslegung der Versicherungsbedingungen im Einzelnen

Im folgenden soll untersucht werden, ob und inwieweit das Reichsgericht bei der Auslegung allgemeiner Versicherungsbedingungen die Interessen der Versicherungsnehmer berücksichtigte. Teilweise wird in der Literatur behauptet, dass die Rechtsprechung des Reichsgerichts versichererfeindlich sei, weil sie zwar an die Treuepflichten des Versicherers strenge Anforderungen stelle, aber im Hinblick auf die Pflicht des Versicherungsnehmers zur Vertragstreue, Gewissenhaftigkeit und Unterstützungsbereitschaft sehr weitherzig urteile.[84]

Die folgende Untersuchung beschränkt sich auf die Versicherungssparten, in denen eine hinreichende Anzahl von Urteilen vorliegt: Feuerversicherung, Unfallversicherung, Risikolebensversicherung, Haftpflichtversicherung und Kraftfahrzeughaftpflichtversicherung.

Die Transportversicherung wurde nicht berücksichtigt, da hier die Versicherungsnehmer zumeist Kaufleute sind, die hinreichend wirtschaftliche Macht besitzen, um ihre rechtlichen Interessen bei der Ausgestaltung der Versicherungsverhältnisse selbst wahrzunehmen.[85] Die Frage des gerichtlichen Schutzes der Versicherungsnehmer spielt deshalb bei der Transportversicherung keine den anderen Versicherungssparten vergleichbare Rolle.

Weiterhin bleibt trotz ihrer Bedeutung in der Rechtsprechung des Reichsgerichts die Seeversicherung unberücksichtigt. Gegenüber den sonstigen Versicherungszweigen nimmt die Seeversicherung eine Sonderstellung ein und ist mit diesen nur begrenzt vergleichbar, da das Recht der Seeversicherung anders als das Recht der Binnenversicherung bereits frühzeitig im Allgemeinen Deutschen Handelsgesetzbuch (Art. 792 – 905, 910 ADHGB 1861) kodifiziert war. Darüber hinaus handelt es sich bei den Versicherungsnehmern in der Seeversicherung ebenso wie bei der Transportversicherung gemeinhin um Kaufleute, die eines geringeren gerichtlichen Schutzes bedürfen.

84 Hupka, Vertragsfreiheit, S. 3; Loppuch, JRPV 1937, S. 134.
85 Siehe S. 1.

A) Der Versicherungsfall

In den Allgemeinen Versicherungsbedingungen ist zunächst beschrieben, welches Ereignis die Leistungspflicht des Versicherers begründet (sog. Versicherungsfall). Bei der Feuerversicherung ist dies das Brandereignis, bei der Unfallversicherung das Unfallereignis, bei der Risikolebensversicherung der Todesfall und bei der Haftpflicht- und Kraftfahrzeughaftpflichtversicherung der Haftpflichtfall.

Da der Eintritt des Versicherungsfalls Voraussetzung der Leistungspflicht des Versicherers ist, hängt von der Auslegung der Merkmale des jeweiligen Versicherungsfalls ab, ob der Versicherungsnehmer eine Entschädigungsleistung durch den Versicherer erhält. Eine weite Auslegung der im Versicherungsfall verwendeten Formulierungen führt folglich zu einer Ausdehnung der Haftung des Versicherers und ist damit für den Versicherungsnehmer vorteilhaft. Eine enge Auslegung schränkt demgegenüber die Haftung des Versicherers ein und ist damit für den Versicherungsnehmer nachteilig.

I. Der Versicherungsfall in der Feuerversicherung

§ 1 der Allgemeinen Versicherungsbedingungen für die Feuerversicherung von 1874 (AFB 1874) beschrieb den Versicherungsfall in der Feuerversicherung wie folgt:

> „Die Gesellschaft versichert gegen den Schaden, welcher den versicherten Gegenständen durch Brand oder jede Art von Blitzschlag, sowie das dadurch veranlasste Löschen, Niederreissen, oder erwiesen nothwendige Ausräumen zugefügt wird, und in der Beschädigung, Vernichtung oder dem Abhandenkommen versicherter Gegenstände besteht."

In § 1 der Allgemeinen Versicherungsbedingungen für die Feuerversicherung des Jahres 1887 (AFB 1887) wurde der Begriff „jede Art von Blitz" durch „Blitzschlag" ersetzt. Mit dem Begriff „jede Art von Blitz" sollten auch sog. „kalte" Blitzschläge, d.h. nicht zündende Blitze von der Versicherung umfasst werden.[86] Bei den neueren AFB 1887 wurde die Umschreibung „jede Art von" für entbehrlich gehalten, ohne dass hierdurch eine inhaltliche Änderung der Versicherungsbedingungen stattfinden sollte.[87] Zusätzlich wurden durch die AFB 1887 Schäden durch „Explosion von Leuchtgas" miterfasst. Durch diese Neufassung ist eine Erweiterung des Versicherungsschutzes zu Gunsten der Versicherungsnehmer vorgenommen worden.

---

86 Ehrenzweig, Assecuranz-Jahrbuch 1888, II. Theil, S. 141.
87 Ehrenzweig, Assecuranz-Jahrbuch 1888, II. Theil, S. 141.

Mit der Neufassung der Allgemeinen Versicherungsbedingungen für die Feuerversicherung im Jahr 1910 (AFB 1910) wurde der Wortlaut des § 1 Satz 1 folgendermaßen geändert:

„Der Versicherer haftet ... für den Schaden, der an den versicherten Sachen durch Brand, Blitzschlag oder durch Explosion von Leuchtgas aller Art ... entsteht."

Eine Definition des Brandbegriffes wurde das erste Mal in die Allgemeinen Versicherungsbedingungen für die Feuerversicherung des Jahres 1930 (AFB 1930) aufgenommen. Der entsprechende § 1 Abs. 2 Satz 1 lautet:

„Als Brand gilt ein Feuer, das ohne einen bestimmungsgemäßen Herd entstanden ist oder ihn verlassen hat und sich aus eigener Kraft auszubreiten vermag (Schadensfeuer)."[88]

Darüber hinaus enthielt bereits § 1 AFB 1874 einen Ausschluss von Betriebsschäden:

„Wenn ein zu irgend einen Zweck des Haushaltes oder Gewerbebetriebes der Einwirkung der Wärme oder des Feuers ausgesetzter Gegenstand dadurch in Brand gerathen oder beschädigt ist, so wird nur der an den übrigen versicherten Gegenständen hierbei entstandene Schaden ersetzt."

Die AFB 1874 wiesen keinen dieser Bestimmung entsprechenden Ausschluss auf. § 1 Nr. 5 Satz 2 AFB 1909 regelte demgegenüber wiederum den Ausschluss von Betriebsschäden:

„Der Versicherer hat insbesondere solche Schäden nicht zu ersetzen, welche die versicherten Sachen durch ein Feuer erleiden, dem sie ihrer Bestimmung gemäß ausgesetzt werden."

§ 1 Abs. 2 Satz 2 AFB 1930 enthielt ebenfalls einen Ausschluss von Betriebsschäden:

„Sengschäden, die nicht durch einen Brand entstanden sind, sowie Schäden, die an den versicherten Sachen dadurch entstehen, dass sie einem Nutzfeuer oder der Wärme zur Bearbeitung oder zu sonstigen Zwecken (z.B. zum Räuchern, Rösten, Kochen, Braten, Trocknen, Plätten) ausgesetzt werden, fallen nicht unter den Versicherungsschutz."

Auch die aktuellen Allgemeinen Versicherungsbedingungen für die Feuerversicherung (AFB 1987) enthalten dieselbe Definition des Brandbegriffes und ebenfalls den Ausschluß von Betriebsschäden.[89]

---

88 Die Definition des Brandbegriffes in den AFB 1930 entspricht damit dem Begriff des Brandes im StGB (vgl. zum Brandbegriff des StGB: RG Urt. v. 11.10.1907 – V 476/07; JW 1908, S. 168).

Entscheidungen, in denen das Reichsgericht den Begriff „Brand" im Sinne der Allgemeinen Versicherungsbedingungen für die Feuerversicherung auslegte, sind nicht ergangen, so dass es nicht möglich ist, entsprechende Entscheidungen im Hinblick auf den Schutz der Versicherungsnehmer zu analysieren.

Allerdings hatte das Reichsgericht in den Entscheidungen RG Urt. v. 21.10.1907 - VII 435/07[90] und RG Urt. v. 20.06.1920 - VII 48/20[91] abzugrenzen, ob eine durch einen Brand verursachte Explosion ein von der Feuerversicherung umfasstes Brandereignis, oder ein aus-geschlossenes Explosionsereignis darstellte.

Grundsätzlich bestehen zwei Möglichkeiten der Definition des Brandschadens: Zum einen besteht die Möglichkeit, jeden Schaden, für den ein Brand ursächlich geworden ist, als Brandschaden anzusehen.[92] Danach wäre auch derjenige Schaden ein Brandschaden, der durch eine Explosion verursacht ist, die wiederum auf einen Brand zurückzuführen ist, da ursächlich für die Explosion ein Brandereignis war. Für eine dementsprechende Auslegung spricht der Wortlaut der Allgemeinen Versicherungsbedingungen für die Feuerversicherung.[93] In diesem Sinne entschied auch der BayVGH in einem Urteil vom 07. Mai 1928[94]: Der Versicherungsnehmer war nach der Versicherungspolice gegen Brandschaden, nicht jedoch gegen Explosionsschaden versichert. Es kam zu einer Explosion von Schwefelkohlenstoff. Der BayVGH stellte zu der Entschädigungspflicht des Versicherers fest, dass es nur durch die Einwirkung der Feuerstellen im Keller des Hauses auf das Gas zu einer Entzündung gekommen sein kann. Mithin sei ein Feuer für den Schaden kausal geworden und ein Brandschaden damit gegeben, der Versicherer folglich zur Entschädigung verpflichtet.

Andererseits besteht die Möglichkeit, nicht jeden Schaden als Brandschaden anzusehen, für den ein Brand kausal geworden ist, sondern nur denjenigen Schaden, für den ein Brand unmittelbar ursächlich geworden ist. Diesen Weg wählte das Reichsgericht in den Entscheidungen vom 21.10.1907 - VII 435/07[95] und vom 20.06.1920 - VII 48/20[96]. Dem Urteil vom 21.10.1907 - VII 435/07 lag folgender Sachverhalt zugrunde: Nach der dem Versicherungsverhältnis zugrundeliegenden Police war Versicherung gewährt für Explosion von Dampferzeugern, nicht jedoch für sonstige Explosionen. Am 28. 11.1906 war es in ei-

---

89 § 1 Nr.2 AFB 1987 (Brandbegriff), § 1 Nr. 5 a AFB 1987 (Ausschluss von Betriebsschäden).

90 LZ 1908, Sp. 170 - 172.

91 RGZ Bd. 99, S. 280 - 283.

92 In diesem Sinne: Prange, S. 69; BayVGH in JW 1929, S. 2082f.

93 Vgl. § 1 der AFB 1874, 1887, 1909 und 1930.

94 BayVGH 07.05.1928 - 72 III 26 (JW 1929, S. 2082f.).

95 LZ 1908, Sp. 170 - 172.

96 RGZ Bd. 99, S. 280 - 283.

ner einen halben Kilometer vom versicherten Grundstück entfernten Fabrik zu einem Brand gekommen, in dessen Verlauf zwei Explosionen stattfanden. Hierdurch erlitten das versicherte Gebäude und dessen Inhalt Beschädigungen. Das Reichsgericht stellte hierzu fest, dass der entstandene Schaden keinen Brandschaden darstellt. Es führte hierzu aus:

„Entscheidend sei aber, daß sprachüblich ein lediglich durch die Explosion, d.i. durch den Luftdruck, die Erschütterung verursachter Schaden nicht als Brandschaden bezeichnet werde, auch wenn die Explosion die Folge eines Brandes gewesen sei.“

Das Reichsgericht stellte damit auf den allgemeinen Sprachgebrauch ab, nach dem Brandschaden ein „durch einen Brand entstehender Schaden; Feuerschaden“[97] ist. Nach diesem allgemeinen Sprachgebrauch sind Schäden, für die ursprüngliche Ursache ein Feuer ist, bei denen dann jedoch eine Explosion den konkreten Schaden verursacht hat, demnach keine Brandschäden.

Der Entscheidung vom 29.06.1920 – VII 48/20 lag folgender Sachverhalt zugrunde: Am 05.06.1918 war es in der Sprengstoffabrik des Versicherungsnehmers zu einer Explosion gekommen. Der dadurch verursachte Luftdruck brachte die Wände und die Decken der Gebäude, in welcher sich die versicherten Sachen befanden, zum Einsturz. Die Sachen wurden z.T. beschädigt, z.T. zerstört. Das Gericht stellte fest, dass eine Explosion und nicht ein Brand den Schaden herbeigeführt habe und der Schaden daher nicht unter die Versicherung falle. Es führt aus:

Unterschieden „die Versicherungsbedingungen nun einmal zwischen Brandschäden, Blitzschäden und Explosionen, so ist an dieser Unterscheidung auch festzuhalten, wenn der Umfang der einzelnen Schadensart zu bestimmen ist“.

Beide Entscheidungen kamen damit zu dem Ergebnis, dass ein Schaden, der durch eine brandbedingte Explosion verursacht war, keinen Brandschaden darstellt.

Dadurch, dass das Reichsgericht für die Frage der Unterscheidung von Brand- und Explosionsschäden nicht auf die Kausalität eines Feuers für den entstandenen Schaden, sondern auf den gewöhnlichen Sprachgebrauch abstellte, legte es den § 1 der AFB 1887 in den genannten Entscheidungen in einem für den Versicherungsnehmer nachteiligem Sinne aus. Wie aus den Darlegungen Pranges[98] und des BayVGH ersichtlich, wäre eine für den Versicherungsnehmer günstigere Auslegung unter Bezugnahme auf den Wortlaut der Versicherungsbedingungen durchaus möglich gewesen.

97 Duden, Das große Wörterbuch der dt. Sprache, zu „Brandschaden“.
98 Prange, Kritische Betrachtungen, S. 69.

Durch das Inkrafttreten des Versicherungsvertragsgesetzes ergaben sich in dieser Hinsicht keine Verbesserungen für den Versicherungsnehmer: Dem Versicherer stand es weiterhin auch unter dem Versicherungsvertragsgesetz frei, seine Haftung auf unmittelbare Brandschäden zu beschränken.[99]

In der Entscheidung RG Urt. v. 20.05.1919 - VII 64/19[100] hatte das Reichsgericht die Frage zu beantworten, ob auch Schäden durch Löschwasser von dem Ausschluss der Explosionsschäden erfasst werden, die während eines Brandes zur Vermeidung einer Explosion entstanden waren. Das Reichsgericht kam zu dem Ergebnis, dass diese Schäden als Brand- und nicht als Explosionsschäden anzusehen sind. Eine abweichende Entscheidung war weder unter dem Gesichtspunkt der Kausalität noch unter Bezugnahme auf den Wortlaut der Allgemeinen Versicherungsbedingungen vertretbar. Ursache für den durch das Löschwasser entstandenen Schaden war allein das Brandereignis. Eine Explosion fand gerade nicht statt und schied daher als Ursache aus. Auch nach dem gewöhnlichen Wortlaut stellt nur ein durch eine Explosion selbst ausgelöster Schaden einen Schaden durch Explosion dar. Von einem Schaden durch Explosion kann demgegenüber nicht gesprochen werden, wenn ein Schaden durch Handlungen eingetreten ist, die zur Vermeidung einer Explosion vorgenommen worden sind.

Ob das Reichsgericht bezüglich der Auslegung des Gegenstandes der Feuerversicherung eher zu einer engeren oder zu einer weiteren und damit versicherungsnehmerfreundlicheren Auslegung tendierte, lässt sich infolge fehlender Entscheidungen des Reichsgerichts zum Brandbegriff nur schwer beantworten.

Allerdings lässt die Abgrenzung von versicherten Brand- und nicht versicherten Explosionsschäden erkennen, dass das Reichsgericht bei der Auslegung des Brandbegriffs auch dann auf den gewöhnlichen Wortlaut abstellte, wenn sich dieser als für den Versicherungsnehmer nachteilig erwies und eine versicherungsnehmerfreundlichere Auslegung durchaus möglich wäre. Von einer besonders versicherungsnehmerfreundlichen Rechtsprechung kann daher nicht gesprochen werden.

II. Der Versicherungsfall bei der Unfallversicherung

Versicherungsfall bei der Unfallversicherung ist das sog. Unfallereignis. Die Entschädigungspflicht des Versicherers ist von dem Vorliegen eines derartigen Unfallereignisses abhängig. Daneben erfassten die Allgemeinen Versicherungsbedingungen für die Unfallversicherung ab dem Jahr 1904 auch Schäden durch

99 Motive zum VVG, S. 156.
100 Recht 1919 Nr. 1757f.

ausströmende Gase oder Dämpfe unabhängig vom Vorliegen eines Unfallereignisses.

1. Das Unfallereignis als Versicherungsfall

Da die Entschädigungspflicht des Versicherers in erster Linie von dem Vorliegen eines Unfallereignisses abhängt, bestimmt sich der Umfang der Unfallversicherung primär nach der Definition des Unfallbegriffs. Ein inhaltlich weit gefasster Begriff des Unfalls führt zu einem weiten Umfang der Haftung des Versicherers, ein eng gefasster Begriff zu einem geringeren Haftungsumfang. Die Voraussetzungen eines Unfalls sind in den Allgemeinen Versicherungsbedingungen festgelegt. Der versicherungsrechtliche Unfallbegriff stimmt damit nicht mit dem Begriff „Unfall“ im Sinne des allgemeinen Sprachgebrauchs überein.[101] Bereits frühe Allgemeine Versicherungsbedingungen für die Unfallversicherung verlangten für das Vorliegen eines Unfalles ein unfreiwilliges, äußeres, gewaltsames Ereignis.[102] Ansonsten unterschieden sich die verwendeten Unfallbegriffe jedoch zum Teil noch erheblich.[103] Der erste einheitliche versicherungsrechtliche Unfallbegriff wurde in den ersten Allgemeinen Versicherungsbedingungen des Verbands der Unfallversicherer im Jahr 1904 (AUB 1904) aufgestellt. Als Unfälle im Sinne dieser Bedingungen galten nach § 1 AUB 1904:

„alle ärztlicherseits erkennbaren körperlichen Beschädigungen von welchen der Versicherte unfreiwillig durch ein von außen plötzlich auf ihn einwirkendes Ereignis, ferner auch durch Blitz, durch elektrischen Schlag oder durch Verbrennung betroffen wird.“[104]

Im Versicherungsvertragsgesetz wurde der Begriff des Unfalls ausdrücklich offengelassen.[105] Allerdings führte das Inkrafttreten des Gesetzes zu einer Neufassung des Unfallbegriffs in § 3 Abs. 2 der Allgemeinen Versicherungsbedingungen aus dem Jahr 1910 (AUB 1910):

„Unfall im Sinne dieser Versicherungsbedingungen ist jede ärztlicherseits sicher erkennbare Körperbeschädigung, von der der Versicherte unfreiwillig durch ein plötzliches, von außen

---

101 Das Wort „Unfall“ setzt sich zusammen aus der Vorsilbe „Un-“, die für „übel, schlecht, miß...“ steht und dem Wort „Fall“. Das Wort „Fall“ steht für „bedeutendes Geschehnis“. (Duden, Herkunftswörterbuch, zu „Un-“ (S. 730) und „Fall“ (S. 154)). Ein „Unfall“ im Sinne des Allgemeinen Sprachgebrauchs ist damit ein schlechtes bedeutendes Geschehnis.

102 So die bereits vor 1885 verwendeten Allgemeinen Versicherungsbedingungen der Transport- und Unfall-Versicherungs-Aktiengesellschaft in Zürich, der Prometheus in Berlin, der Magdeburger Allg. Versicherungsaktiengesellschaft, der Kölnischen Unfallversicherungs-Aktiengesellschaft, der Winterthur.

103 Vgl. Hiestand, S. 36ff.

104 VA 1904, S. 92 ff.

105 Motive zum VVG, S. 242.

mechanisch auf seinen Körper wirkendes Ereignis betroffen wird. Als solches Ereignis gelten auch Blitz und elektrischer Schlag."[106]

§ 2 I der Allgemeinen Versicherungsbedingungen für die Unfallversicherung aus dem Jahr 1920 (AUB 1920) definierte den Begriff „Unfall" bei Verwendung der gleichen Voraussetzungen folgendermaßen:

„Ein Unfall liegt vor, wenn der Versicherte durch ein plötzlich von außen auf seinen Körper wirkendes Ereignis unfreiwillig eine Gesundheitsbeschädigung erleidet."

a) Die Plötzlichkeit im Sinne des Unfallbegriffs

Sämtliche in Allgemeinen Versicherungsbedingungen verwendete Unfallbegriffe erforderten für das Vorliegen eines Unfalles im Sinne der Unfallversicherungsbedingungen ein **plötzliches** Ereignis.[107] Nach dem gewöhnlichen Sprachgebrauch bedeutet plötzlich „im Augenblick eines Knalls, wie ein mit Schall auffallender Schlag"[108]. Als solches setzt sich der Begriff der Plötzlichkeit im Sinne des gewöhnlichen Sprachgebrauchs aus einem objektiven Moment der Schnelligkeit und einem subjektiven Moment der Unerwartetheit zusammen.[109] Das Reichsgericht nahm in den Entscheidungen vom 03.06.1904 – VII, vom 28.01.1913 – VII 301/12, vom 10.05.1918 – VII 30/18, vom 21.11.1919 – VII 263/19 und vom 04.02.1944 – VI 114/43 zu der Frage Stellung, wann ein Ereignis als „plötzlich" im Sinne der Allgemeinen Versicherungsbedingungen für die Unfallversicherung anzusehen ist.

Das Reichsgericht legte in einigen dieser Entscheidungen den Begriff „plötzlich" im Sinne des Allgemeinen Sprachgebrauchs aus.[110] In anderen Entscheidungen erklärte das Reichsgericht demgegenüber das Merkmal der Schnelligkeit für den Begriff „plötzlich" im Sinne der Unfallversicherungsbedingungen für entbehrlich[111] und stellte auf das subjektive Moment der Unerwartetheit ab.

Der Verzicht auf das Merkmal der Schnelligkeit in den letztgenannten Entscheidungen durch das Reichsgericht kommt dem Interesse der Versicherungsnehmer an einem möglichst weitreichenden Versicherungsschutz entgegen, da hierdurch

---

106 VA 1910, S. 183.

107 § 1 Abs. 1 S. 1 AUB 1904; § 3 Abs. 2 AUB 1910; § 2 I AUB 1920; § 2 I AUB 1937; aus neuerer Zeit: § 1 III AUB 1988.

108 Duden, Herkunftswörterbuch, zu „plötzlich", S. 517; Grimm, zu „plötzlich" und zu „Plotz", Bd. N - Q, Sp. 1938.

109 Kluge, Etymologisches Wörterbuch, zu: „plötzlich", S. 556.

110 RG Urt. v. 03.06.1904 - VII, RG Urt. v. 28.01.1913 - VII 301/12.

111 RG Urt. v. 10.05.1918 - VII 30/18, RG Urt. v. 21.11.1919 - VII 263/19, RG Urt. v. 04.02.1944 - VI 114/43; nach dem BGH ist bis in heutige Zeit das Erfordernis der Schnelligkeit für ein plötzliches Ereignis nicht unbedingt erforderlich (vgl. BGH VersR 1954, S. 113 – 114, S. 114; BGH VersR 1985, S. 177f.).

der Versicherungsschutz abweichend vom allgemeinen Sprachgebrauch zugunsten des Versicherungsnehmers ausgedehnt wird. Ein derartiges Abweichen vom allgemeinen Sprachgebrauch zugunsten des Versicherungsnehmers muss als versicherungsnehmerfreundliche Auslegung angesehen werden.

Der BGH nimmt demgegenüber ein plötzliches Ereignis dann an, wenn dieses sich entweder in einem kurzen Zeitraum verwirklicht (objektives Moment) oder nicht in einem kurzen Zeitraum, jedoch für den Betroffenen unerwartet (subjektives Moment), eintritt.[112]

Der BGH begründete das Abstellen auf das Merkmal der Schnelligkeit wie folgt:

„Das Erfordernis des Plötzlichen dient zur Abgrenzung gegenüber solchen Ereignissen, die durch einen allmählichen, sich auf einen längeren Zeitraum erstreckenden Eintritt des schädigenden Umstands gekennzeichnet sind. ‚Plötzlich' stellt in erster Linie ein zeitliches Moment des Unfallbegriffs dar. Wenn sich das objektive Geschehen innerhalb eines kurzen Zeitraums verwirklicht hat, ist das Geschehen stets in diesem Sinne plötzlich. Wann daraus ein Schaden entsteht, spielt keine Rolle. Auf die Erwartungen und Vorstellungen kommt es dabei nicht an... .Wer sich ein schädigendes Ereignis als möglich vorstellt, aber darauf vertraut, es werde nicht eintreten, kann sinnvollerweise vom Unfallversicherungsschutz nicht ausgeschlossen sein, wenn das Ereignis – unerwartet – doch eintritt."

Der BGH legte damit abweichend vom Reichsgericht mehr Gewicht auf das Merkmal der Schnelligkeit, als auf das Merkmal der Unerwartetheit. Für den Versicherungsnehmer ist dadurch keine wesentliche Verbesserung eingetreten, da Ereignisse, die sich sehr schnell abspielen zumeist auch für den Versicherungsnehmer unerwartet sind.[113] Der BGH erfasst derartige Fälle über das Moment der Schnelligkeit, nach dem Reichsgericht wären sie aufgrund ihrer Unerwartetheit als plötzlich angesehen worden.

b) Die gewaltsame äußere mechanische Einwirkung im Sinne des Unfallbegriffs

Nach den Allgemeinen Versicherungsbedingungen für die Unfallversicherung aus dem Jahr 1910 erforderte ein Unfall im Sinne des Unfallbegriffes ein „**mechanisch**" wirkendes Ereignis:

„Unfall im Sinne dieser Versicherung ist jede ärztlicherseits sicher erkennbare Körperbeschädigung, von der der Versicherte unfreiwillig durch ein plötzliches, von außen mechanisch auf seinen Körper wirkendes Ereignis betroffen wird. Als solches Ereignis gelten auch Blitz und elektrischer Schlag."[114]

---

112 BGH Urt. v. 13.07.1988 – IVa 204/87 (VersR 1988, S. 951f.); BGH Urt. v. 12.12.1984 – IVa 88/83 (VersR 1985, S. 177f.).

113 OLG Nünrberg, VersR 1975, S. 897.

114 § 3 Abs. 2 AUB 1910.

Die Allgemeinen Versicherungsbedingungen für die Unfallversicherung aus späterer Zeit nahmen von diesem Erfordernis Abstand.[115]

Der Entscheidung des Reichsgerichts vom 28.01.1913 - VII 301/12[116] lag folgender Sachverhalt zugrunde: Der Versicherte hatte, nachdem beim Hantieren mit einer Plane ein unerwartetes Hindernis aufgetreten war, eine unvorhergesehene Körperbewegung oder Kraftanstrengung vorgenommen. Als er sich wieder aufrichtete, hatte er einen heftigen Schmerz im Leib und Rücken verspürt. Das Reichsgericht kam zu dem Ergebnis, dass auch eine freiwillig gewollte körperliche Anstrengung zur Überwindung eines äußeren Widerstandes eine mechanische Einwirkung darstellen kann und gewährte dem Versicherungsnehmer mit dieser Auslegung Versicherungsschutz. Es verstand das Wort „mechanisch" damit dem gewöhnlichen Wortsinn gemäß als „unbewußt, unwillkürlich, gewohnheitsgemäß".[117] Ein Abweichen von diesem Wortsinn im Interesse des Versicherungsnehmers war nicht erforderlich.

c) Die Äußerlichkeit der Einwirkung[118]

Ein Unfall setzte nach § 1 Abs. 1 S. 1 AVB 1904, § 3 Abs. 2 AVB 1910, § 2 I AVB 1920 bzw. § 2 AVB 1937 für die Unfallversicherung ferner ein „**äußerliches**" Ereignis voraus.

Ein Ereignis stellte sich nach der Rechtsprechung des Reichsgerichts in RG Urt. v. 25.10.1895 - III 178/95[119], RG Urt. v. 23.10.1903 - VII[120], RG Urt. v. 03.12.1909 - VII 52/09[121], RG Urt. v. 18.10.1921 - VII 125/21[122] dann als äußerlich dar, wenn es sich außerhalb des Körpers vollzieht und keinen allein im Inneren des Körpers stattfindenden Vorgang darstellt. Dieses Verständnis des Begriffs „äußerlich" im Sinne der Allgemeinen Unfallversicherungsbedingungen entspricht dem gewöhnlichen Wortsinn.[123] Folglich können sich auch auf

---

115 Vgl. § 2 I AUB 1920

116 LZ 1913, 634f.; VA 1913, S. 57f. Nr. 738.

117 „mechanisch" = den Gesetzen der Mechanik entsprechend, seit dem 18. Jahrhundert gebraucht im Sinne von unbewußt, unwillkürlich, gewohnheitsgemäß (Duden, Herkunftswörterbuch, zu „Mechanik", S . 430).

118 Vgl. Hiestand, S. 41 ff.

119 Bolze Bd. 21, S. 265 Nr. 529.

120 VA 1904, S. 66f. Nr. 45.

121 JW 1910, S. 70f.

122 JW 1922, S. 98 NR. 11.

123 „Äußerlich" hat nach dem gewöhnlichen Wortsinn die Bedeutung „an der Außenseite; außen wahrnehmbar, anwendbar" (Duden, Das große Wörterbuch der dt. Sprache, zu „äußerlich") bzw. „die Außenseite betreffend; von außen" (Brockhaus-Wahrig, Deutsches Wörterbuch, zu „äußerlich"). Äußerlich nach diesem gewöhnlichen Wortsinn sind danach auch Ereignisse, die auf der Versicherte selbst veranlasst hat, sofern sie an der Außenseite seines Körpers eine Wirkung zeigen.

Eigenbewegungen des Versicherten beruhende Vorgänge als äußerliches Ereignis darstellen, sofern sie nicht allein im Inneren des Körpers stattfinden. Das Reichsgericht entsprach dadurch, dass es auch derartige Vorgänge als „äußerlich“ eingeordnet hat, dem Interesse des Versicherungsnehmers an einer möglichst weiten Fassung des Unfallbegriffs.

d) Die Unfreiwilligkeit des Unfalls

Sämtliche Allgemeine Versicherungsbedingungen forderten für das Vorliegen eines Unfalles weiterhin, dass die körperliche Beschädigung des Versicherten **unfreiwillig** eingetreten ist.[124]

Das Reichsgericht hatte in den Urteilen vom 24.03.1913 - VII 4/14[125] und vom 18.10.1921 - VII 125/21[126] die Frage zu entscheiden, ob auch Eigenbewegungen des Versicherten selbst unfreiwillig sein können. Das Reichsgericht kam dabei zu dem Ergebnis, dass es für die Unfreiwilligkeit des Unfalls nicht darauf ankomme, ob die zum Unfallereignis führende Handlung des Versicherten freiwillig oder unfreiwillig erfolge, vielmehr sei darauf abzustellen, ob sich die Körperverletzung selbst als für den Versicherten unfreiwillig erweise. Diese Auslegung entspricht der Fassung der Versicherungsbedingungen: danach bezieht sich der Begriff „unfreiwillig“ auf den Begriff „Körperbeschädigung“.

Dem Urteil des Reichsgerichts vom 18.02.1938 - VII 146/37[127] lag folgender Sachverhalt zugrunde: Der klagende Versicherungsnehmer hatte seine Ehefrau für 20.000 M lebensversichert, hinzu trat eine Unfall-Zusatzversicherung für weitere 20.000 M. Bei einem Besuch an der Ostsee hatten der Versicherungsnehmer und seine Frau sich auf eine Landungsbrücke begeben, um das Meeresleuchten zu beobachten, woraufhin die Ehefrau des Versicherungsnehmers ins Meer gefallen und ertrunken war. Zu der Frage, ob der Unfall der Versicherten unfreiwillig eingetreten war, entschied das Berufungsgericht, „unfreiwillig“ sei ein Unfall auch dann, wenn er durch den Versicherungsnehmer herbeigeführt sei. In der Revisionsentscheidung kam es auf die Frage nicht an, ob ein Versicherungsfall unfreiwillig ist, der durch den Versicherungsnehmer herbeigeführt ist, da das Reichsgericht den fehlenden Vorsatz des Versicherungsnehmers in Bezug auf den Tod der Versicherten als bewiesen ansah.

---

124 § 1 Abs. 1 S. 1 AUB 1904; § 3 Abs. 2 AUB 1910, § 2 I AUB 1920; § 2 I AUB 1937; § 2 Abs. 1 AUB 1961; § 1 III AUB 1988.

125 JW 1914, S. 682f.

126 JW 1922, S. 98.

127 RGZ Bd. 157, S. 83 - 89.

Der BGH folgt der Rechtsprechung des Reichsgerichts, dass sich der Begriff der Unfreiwilligkeit auf den Begriff „Körperbeschädigung" bezieht.[128]

e) Die Kausalität des Unfalls für die Invalidität/den Tod[129]

Unfallversicherungen gewähren Versicherungsschutz im Invaliditäts- oder Todesfall nur für diejenigen Ereignisse, in denen die Invalidität oder der Tod des Versicherten Folge eines Unfalles ist. Dieses Erfordernis der Ursächlichkeit des Unfalls für die Invalidität / den Tod des Versicherten ist in den Allgemeinen Versicherungsbedingungen in der Formulierung ausgedrückt, dass die körperliche Beschädigung des Versicherten „**durch**" das Unfallereignis hervorgerufen sein muss.[130] Als problematisch für die Frage der Ursächlichkeit des Unfalls für die Verletzung des Versicherten sind insbesondere diejenigen Fälle anzusehen, in denen neben dem Unfall Krankheiten oder sonstige ungünstige körperliche Zustände die Verletzung des Versicherten herbeigeführt haben.

Ursächlich waren nach den Urteilen des Reichsgerichts vom 21.12.1896 - VI 254/96[131] und vom 05.07.1907 - VII 471/06[132] nur solche Unfallereignisse, durch die unmittelbar die Invalidität oder der Tod des Versicherten eingetreten war. Diese Auslegung entspricht dem Sinn und Zweck der Unfallversicherung, allein für die Folgen von Unfällen die Gefahr zu übernehmen und nicht für sämtliche mittelbaren Folgen von Unfällen.

Ob die Invalidität oder der Tod des Versicherten gerade „durch" den Unfall verursacht ist, war insbesondere in denjenigen Fällen problematisch, in denen neben dem Unfallereignis andere in den Gesundheitsverhältnissen des Versicherten liegende Umstände für die Gesundheitsbeschädigung kausal geworden sind, beispielsweise eine „abnorme Großzehstellung" (RG Urt. v. 10.11.1911 - VII 130/11)[133] oder die Zuckerkrankheit (RG Urt. v. 24.03.1908 - VII 306/07)[134] des Versicherten. In diesen Fällen war nicht allein der Unfall unmittelbar kausal für die Invalidität oder den Tod, sondern ebenfalls die in der Person des Versicherten liegenden Gesundheitsverhältnisse. Ein strenges Festhalten an der Voraussetzung der Unmittelbarkeit des Unfalls hätte in diese Fällen daher die Leistungspflicht des Versicherers entfallen lassen, da eben gerade nicht allein der Unfall unmittelbar für die Folge kausal war.

---

128 BGH Urt. v. 12.12.1984 – IVa 88/83 (VersR 1985, S. 177).

129 Zum Erfordernis der Kausalität bei der privaten Unfallversicherung vgl. Wagner, in: B/M/W, 6. Bd. 1. Hb, Anm. G 79 m.w.N.

130 Vgl. die Formulierungen in: § 1 Abs. 1 S. 1 AUB 1904; § 3 Abs. 2 AUB 1910; § 2 I AUB 1920; § 2 I AUB 1937; § 2 Abs. 1 AUB 1961; § 1 III AUB 1988.

131 Bolze Bd. 23, S. 294.

132 Recht 1907, Sp. 1081 Nr. 2641.

133 LZ 1912, Sp. 403 - 405.

134 LZ 1908, Sp. 790f.

Das Reichsgericht löste dies Problem über das Merkmal der Empfänglichkeit. Nach den Urteilen des Reichsgerichts vom 12.02.1907 - VII 198/06[135], vom 22.10.1907 - VII 24/07[136], vom 07.07.1908 - VII 412/07[137], vom 13.11.1908 - VII 09/08[138], vom 31.03.1911 - VII 262/10[139], vom 10.11.1911 - VII 130/11[140], vom 17.03.1908 - VII 255/07[141] und vom 24.03.1908 - VII 306/07[142] war ein Unfall auch dann für die Gesundheitsbeschädigung des Versicherten ursächlich, wenn bei diesem bereits eine bloße Empfänglichkeit für die negativen Folgen eines Unfallereignisses vorlag. Eine derartige bloße Empfänglichkeit sei gegeben, wenn allmählich eintretende natürliche Zustände zu einer Schwächung der Widerstandsfähigkeit des Körpers geführt haben. Keine bloße Empfänglichkeit sei andererseits gegeben, wenn der Versicherte zum Zeitpunkt des Unfalls bereits an einer in absehbarer Zeit zum Tode führenden Krankheit gelitten habe und der Unfall nur den Eintritt der Todesfolge beschleunigt habe.

Mit der Einführung des Merkmals der Empfänglichkeit lockerte das Reichsgericht die starre Grenze der Unmittelbarkeit des Unfalls für den Tod bzw. die Invalidität des Versicherten zugunsten des Versicherungsnehmers. Es erweiterte damit den Umfang des Versicherungsschutzes für Invaliditäts- und Todesfälle über den Wortlaut der Allgemeinen Versicherungsbedingungen hinaus erheblich.

2. Der Schaden durch ausströmende Gase oder Dämpfe als Versicherungsfall

Nach den Allgemeinen Versicherungsbedingungen für die Unfallversicherung von 1904 und von 1910, löste ein Schaden des Versicherungsnehmers, der durch ausströmende Gase oder Dämpfe entstanden ist, unabhängig vom Vorliegen eines Unfalls einen Versicherungsfall in der Unfallversicherung aus.[143] Die späteren Allgemeinen Versicherungsbedingungen für die Unfallversicherung enthielten einen entsprechenden Einschluss nicht mehr.

In dem der Entscheidung des Reichsgerichts vom 06.07.1909 - VII 517/08[144] zugrundeliegenden Sachverhalt war der Versicherte zu Boden gefallen und in einer dort befindlichen Gasschicht erstickt. Das Reichsgericht bejahte die Ent-

135 Recht 1907, Sp. 1335f., Nr. 3393.
136 DJZ 1908, Sp. 79f.
137 Recht 1908, Entscheidungsteil, Sp. 551, Nr. 3092.
138 LZ 1909, Sp. 484f.
139 Recht 1911 Nr. 3126.
140 LZ 1912, Sp. 403 - 405.
141 LZ 1908, 868f.
142 LZ 1908, 790f.
143 § 1 Abs. 1 S. 2 AUB 1904; § 4 Abs. 1 NR. 3 AUB 1910.
144 JW 1909, S. 487.

schädigungspflicht des Versicherers mit der Begründung, es könne keinen Unterschied machen, ob der Versicherte dadurch mit den Gasen in Berührung gekommen sei, dass diese plötzlich irgendwo entwichen seien, oder dadurch, dass er plötzlich in eine Gasschicht hineingeraten sei und dadurch zum Einatmen der Gase gezwungen worden sei.

Dem gewöhnlichen Wortsinn nach bedeutet „strömen" soviel wie „eine Flüssigkeit oder ein Gas fließt ununterbrochen stark, breitet sich aus"[145]. „Aus-" ist die Angabe der Richtung von innen nach außen.[146] Ausströmen bedeutet demnach das ununterbrochen starke Fließen, sich ausbreiten von Flüssigkeiten oder Gasen von innen nach außen. Fällt eine Person in eine Gasschicht, breiten sich die Gase nicht selbst aus. Die Person tritt durch ihre eigene Bewegung mit den Gasen in Kontakt und nicht durch die Bewegung der Gase. Ein Ausströmen der Gase nach dem gewöhnlichen Wortsinn ist folglich in einem solchen Fall nicht gegeben.

Das Reichsgericht legte den Begriff „ausströmende Gase und Dämpfe" damit in dieser Entscheidung im Interesse der Versicherungsnehmer über den Wortlaut hinaus aus. Die Entscheidung ist daher als für die Versicherungsnehmer günstig anzusehen.

3. Ergebnis

Anders als bei der Feuerversicherung lässt die Rechtsprechung des Reichsgerichts zum Versicherungsfall bei der Unfallversicherung die Tendenz erkennen, im Interesse des Schutzes der Versicherungsnehmer die Merkmale des Unfallbegriffs weit auszulegen. Deutlich wird dies anhand der Auslegung der Merkmale „plötzlich", „unfreiwillig" und „ausströmende" sowie bei der Frage der Ursächlichkeit des Unfallereignisses für den Tod bzw. die Invalidität des Versicherten.

III. Der Versicherungsfall bei der Risikolebensversicherung

Bei der Risikolebensversicherung ist Versicherungsfall der Tod des Versicherten. Anders als der Gegenstand der Versicherung bei der Feuer-, der Unfall- und der Haftpflichtversicherung bietet der Begriff „Tod" für eine Auslegung keinen Raum. Das Vorliegen des Todes eines Menschen bestimmt sich nach medizinischen und nicht nach juristischen Kriterien.[147] Eine Auslegung scheidet daher aus, so dass eine Untersuchung der Rechtsprechung des Reichsgerichts zum Begriff des Versicherungsfalls in der Risikolebensversicherung im Hinblick auf den Schutz der Versicherungsnehmer nicht vorgenommen werden kann.

---

145 Brockhaus-Wahrig, Deutsches Wörterbuch, zu „strömen".

146 Duden, Großes Wörterbuch, zu „aus-".

147 Winter, in: B/M/W, 5. Bd., 2. Hb. Anm. G 3 m.w.N.

IV. Der Versicherungsfall bei der Haftpflichtversicherung

Die ersten einheitlichen Allgemeinen Versicherungsbedingungen für die Haftpflichtversicherung stammen aus dem Jahr 1905 (AHB 1905). Der Versicherungsfall war in § 1 Abs. 1 AHB 1905 wie folgt geregelt:

„Die Gesellschaft ist verpflichtet, dem Versicherungsnehmer ... diejenigen Entschädigungszahlungen, einschließlich einer etwaigen Buße, zu ersetzen, welche er in seinen in der Police näher bezeichneten Eigenschaften wegen der durch Unfall während der Dauer dieser Versicherung erfolgten Tötung oder Beschädigung von Menschen auf Grund gesetzlicher Haftpflichtbestimmungen zu leisten hat."

Zum Inkrafttreten des Versicherungsvertragsgesetzes im Jahr 1910 ergingen im selben Jahr neue, diesem Gesetz angepasste Allgemeine Versicherungsbedingungen für die Haftpflichtversicherung (AHB 1910). Der Versicherungsfall wurde in § 2 AHB 1910 folgendermaßen neu gefasst:

„Die Gesellschaft gewährt Versicherungsschutz für den Fall, dass der Versicherungsnehmer in seinen gemäß §. 1 beurkundeten Eigenschaften wegen der während der Dauer des Versicherungsschutzes erfolgten Tötung oder Beschädigung von Menschen auf Grund gesetzlicher Haftpflichtbestimmungen in Anspruch genommen wird."

Auch die Allgemeinen Versicherungsbedingungen für die Haftpflichtversicherung aus dem Jahr 1921 (AHB 1921) enthielten wiederum in ihrem § 1 Ziff. 1 eine Neufassung des Versicherungsfalls:

„Die Gesellschaft gewährt dem Versicherungsnehmer Versicherungsschutz für den Fall, dass er wegen eines während der Wirksamkeit der Versicherung eingetretenen Ereignisses, das den Tod, die Verletzung oder Gesundheitsbeschädigung von Menschen (Personenschaden) oder die Beschädigung oder Vernichtung von Sachen (Sachschaden) zur Folge hatte, für diese Folgen auf Grund gesetzlicher Haftpflichtbestimmungen privatrechtlichen Inhalts von einem Dritten auf Schadensersatz in Anspruch genommen wird."

Neu an dieser Bestimmung war vor allem, dass das erste Mal auch Sachschäden in die Haftpflichtversicherung eingeschlossen waren.[148]

1. Der Begriff der gesetzlichen Haftpflicht

Zunächst ist hinsichtlich des Umfangs des Versicherungsschutzes fraglich, was unter dem in allen Allgemeinen Versicherungsbedingungen für die Haftpflichtversicherung verwendeten Begriff der gesetzlichen Haftpflicht zu verstehen ist.

---

148 Dieser Einschluss von Sachschäden wurde auch in den späteren Allgemeinen Versicherungsbedingungen für die Haftpflichtversicherung beibehalten (vgl. § 1 Ziff. 1 AHB 1941; § 1 Ziff. 1 AHB 1986).

Das Reichsgericht legte den in dem Allgemeinen Versicherungsbedingungen verwendeten Begriff der gesetzlichen Haftpflicht in den Entscheidungen vom 07.11.1914 - I 169/14[149] und vom 07.09.1939 - VII 162/38[150] dahingehend aus, dass nicht bloß die deliktische Haftpflicht als von der Versicherung umfasst sei, sondern auch die Haftung aus Vertrag, sofern diese auf Gesetz und nicht auf besonderen Zusagen oder Vereinbarungen beruhe.

Es führte dazu aus:

„Er [der Vorderrichter] läßt den Gegensatz Haftung aus Gesetz und Haftung aus Vertrag nicht gelten, weil letztere ebenfalls auf dem Gesetze beruhe. Der Betonung der gesetzlichen Haftung mißt er die Bedeutung bei, daß damit die Haftung aus besonderen Zusagen und Vereinbarungen, durch welche über den Rahmen Haftpflicht kraft allgemeiner dispositiver Rechtssätze hinaus eine erweiterte Haftpflicht übernommen werde, von dem Risiko habe ausgenommen werden sollen... .
Dem ist zuzustimmen. Hätte bei der Abfassung der Satzung die Absicht obgewaltet, nur wegen deliktischer Tatbestände Versicherung zu gewähren, so hätte den Verfasser der sichere, jeden Zweifel ausschließende Sprachgebrauch des bürgerlichen Gesetzbuchs zur Verfügung gestanden. Nichts hätte daher näher gelegen, als sich dahin auszudrücken, daß die Versicherung nur die Fälle deckt, wo der Versicherte aus unerlaubter Handlung in Anspruch genommen wird. Der Versicherungsnehmer wäre dadurch in den Stand gesetzt worden, bevor er sich entschließt, auf die Versicherung einzugehen, mit Sicherheit zu erkennen, was ihm diese bietet. So wie die Bestimmung lautet kann den Worten dieser Sinn um so weniger angenommen werden, als gerade die geflissentliche Häufung der Ausdrücke – auf Grund aller in Deutschland jeweils geltenden Reichs- und Landesgesetze, polizeilichen Verordnungen und sonst von einer Behörde erlassenen Bestimmungen – den Gedanken einer Einengung abzuweisen scheint... . Die Betonung, daß es sich um eine auf den Gesetzen beruhende Haftung handeln muß, wird dadurch nicht bedeutungslos. Denn wenn auch jede Haftung aus dem Vertrage schließlich auf dem Gesetze beruht, so macht es doch einen wesentlichen Unterschied aus, ob in dem einzelnen Vertragsverhältnis die Haftung des Schuldners sich lediglich nach der allgemeinen Rechtsordnung, dem dispositiven Rechte richtet, oder ob die Parteien besondere Vereinbarungen getroffen haben, durch welche die Haftung erweitert wird.“[151]

Zu der Zeit, als die genannten Urteile ergingen, war in der Lehre umstritten, ob die Haftpflichtversicherung auch vertragliche Ansprüche umfasst.[152] Dem Reichsgericht wäre es mithin bei entsprechender Begründung sehr wohl möglich gewesen, vertragliche Ansprüche auch dann, wenn sie auf Gesetz beruhten, als nicht unter die Haftpflichtversicherung fallend, anzuerkennen. Folge wäre eine Beschränkung der Haftung auf rein gesetzliche Ansprüche und damit eine erhebliche Einschränkung des Versicherungsschutzes gewesen. Mit seiner Auslegung, dass auch vertragliche Ansprüche, die auf Gesetz beruhen, von dem

149 RGZ Bd. 86, S. 1 - 6.
150 RGZ Bd. 160, S. 48 - 52.
151 RG, Urt. v. 07.11.1914 – I 169/14 (RGZ 86, S. 1 – 6, S. 2f.).
152 Dafür z.B.: Gierke, ZHR Bd. 60, S. 13 - 15; Prölss, JW 1937, S. 1497f.; dagegen z.B. Hiestand, S. 121; Peters, AssJb. 26, S. 160 ff.

gung, dass auch vertragliche Ansprüche, die auf Gesetz beruhen, von dem Begriff der gesetzlichen Haftpflicht erfasst sind, legte das Reichsgericht mithin den Umfang des Versicherungsschutzes im Interesse der Versicherungsnehmer weit aus.

Der BGH folgt dem Reichsgericht in der Ansicht, dass von dem Begriff der gesetzlichen Haftpflicht auch vertragliche Haftpflichtansprüche umfasst sind, sofern sie gesetzlich begründet sind.[153]

2. Der Begriff des Personen- oder Sachschadens

Versicherungsschutz wurde durch die Haftpflichtversicherung zunächst nur für Personen-, mit Inkrafttreten der AHB 1921 auch für Sachschäden gewährt. Nicht von der Haftpflichtversicherung umfasst waren demgegenüber Vermögensschäden. In § 1 Abs. 3 AHB 1921 war der Begriff Vermögensschaden definiert als Schädigung des Vermögens, die weder durch Personen-, noch durch Sachschaden entstanden ist. Zu der Abgrenzung Sach- bzw. Personenschaden und Vermögensschaden bei der Haftpflichtversicherung ergingen die Entscheidungen RG, Urt. v. 19.02.1937 – VII 231/36[154] und RG, Urt. v. 07.09.1939 – VII 162/38[155].

Dem Urteil des Reichsgerichts vom 19.02.1937 - VII 231/36 lag folgender Sachverhalt zugrunde: Die Versicherungsnehmerin lieferte einer Lagerhausgesellschaft eine Getreidespeichereinrichtung aus. Bei einer Besichtigung brach der Direktor der Lagerhausgesellschaft durch den Boden und fiel 9 m tief. Der Lagerhausgesellschaft entstand hierdurch ein Schaden, da sie für den Direktor einen Ersatz einstellen mußte. Das Reichsgericht entschied dazu, dass auch der durch einen Personenschaden verursachte Vermögensschaden von der Haftpflichtversicherung umfasst sei und nicht lediglich der unmittelbare Personenschaden. Der Versicherer sei daher verpflichtet, auch diejenigen Kosten zu tragen, die durch Einstellen einer Ersatzperson für den Geschädigten entstanden seien, da auch für diese ein Personenschaden ursächlich sei.

Dem Urteil des Reichsgerichts vom 07.09.1939 - VII 162/38[156] lag folgender Sachverhalt zugrunde: Der Versicherungsnehmer hatte Pappe und Klebemasse zur Herstellung des Fußbodenbelags in Räumen geliefert, die zur Lagerung von Getreide bestimmt waren. Die gelieferten Stoffe entwickelten später starken Ge-

---

153 BGH, Urt. v. 21.02.1957 – II 4/56 (BGHZ Bd. 23, S. 349 – 355, S. 351); BGH, Urt. v. 24.10.1960 – II 142/58 (NJW 1961, S. 269 f.); BGH, Urt. v. 20.09.1962 – II 171/61 (NJW 1962, S. 2106f.).

154 JW 1937, S. 1496f.

155 RGZ Bd. 160, S. 48 - 52.

156 RGZ Bd. 160, S. 48 - 52.

ruch und beeinträchtigten dadurch das eingelagerte Getreide. Die Empfängerin machte daher Schadensersatzansprüche gegen die Versicherungsnehmerin geltend. Der Versicherer lehnte die Übernahme der Haftpflicht mit der Begründung ab, die Geschädigte habe lediglich einen Vermögensschaden erlitten, indem sie von der Eigentümerin des beschädigten Getreides in Anspruch genommen worden war. Ein derartiger Vermögensschaden sei von der Haftpflichtversicherung nicht erfasst. Das Reichsgericht stellte demgegenüber fest, dass es sich bei dem geltend gemachten Schaden um einen Sachschaden handle, der von der Versicherung umfasst sei. Es führte dazu aus:

„Danach sind Vermögensschäden, die der Versicherungsschutz nur bei besonderen Bedingungen umfaßt (§ 1 Nr. 3 AVB.), solche Schäden, die weder Personenschäden noch Sachschäden sind noch sich aus solchen Schäden herleiten. Gegenstand der Versicherung nach § 1 Nr. 1 AVB. sind dagegen die Ansprüche auf Ersatz der Schäden, die sich aus dem Tode, der Verletzung und Gesundheitsbeschädigung von Menschen (Personenschäden) oder aus der Beschädigung und Vernichtung von Sachen (Sachschäden) ergeben, gleichviel, ob der auf Grund gesetzlicher Haftpflichtbestimmungen privatrechtlichen Inhalts (unerlaubter Handlung, Vertrags) Anspruchsberechtigte durch das schädigende Ereignis unmittelbar oder mittelbar betroffen ist.“[157]

Die in den Entscheidungen vom Reichsgericht vorgenommene Auslegung entspricht dem Wortlaut des § 1 Abs. 3 AHB 1921.[158] Denn wenn Vermögensschaden jede Schädigung des Vermögens ist, die weder durch einen Personen- noch durch einen Sachschaden entstanden ist, muss im Umkehrschluss jede Schädigung, die durch Personen- oder Sachschaden entstanden ist, Personen- oder Sachschaden sein.

3. Der Eintritt des Versicherungsfalls[159]

In welchem Zeitpunkt der Versicherungsfall in der Haftpflichtversicherung eingetreten ist, ist weder im Versicherungsvertragsgesetz noch in frühen allgemeinen Versicherungsbedingungen für die Haftpflichtversicherung[160] bestimmt.[161]

---

157 RGZ Bd. 160, S. 50.

158 So auch Süss, DR 1939, S. 1089f.

159 Vgl. zum Begriff des Versicherungsfall bei der Haftpflichtversicherung: Wachsmuth, Der Versicherungsfall bei der Haftpflichtversicherung.

160 Die aktuellen Allgemeinen Versicherungsbedingungen für die Haftpflichtversicherung (Stand Januar 1992, abgedruckt bei Späte, S. 1 - 11) definieren den Begriff des Versicherungsfalls in § 5 Ziff. 1 dahingehend, dass Versicherungsfall im Sinne des Haftpflichtvertrages das Schadensereignis ist, das Haftpflichtansprüche gegen den Versicherungsnehmer zur Folge haben könnte, also bereits das Ursachenereignis selbst. Eine derartige vertragliche Regelung wird von der h.M. als zulässig erachtet. In denjenigen Fällen, in denen durch diese vertragliche Definition in zwingende gesetzliche Regelungen (z.B. §§ 6, 38, 39 VVG) eingegriffen wird, erscheint dies kritikwürdig.

161 Zum VVG: Johannsen, in: B/M/J, 4. Bd., Anm. B 10.

Der Zeitpunkt, in dem ein Versicherungsfall als eingetreten anzusehen ist, entscheidet darüber, wann der Versicherungsnehmer seinen Anspruch geltend machen kann bzw. geltend machen muss. An den Eintritt des Versicherungsfalls sind darüber hinaus Fristen geknüpft, unter anderem die Frist zur Anzeige des Versicherungsfalls gemäß den Allgemeinen Versicherungsbedingungen für die Haftpflichtversicherung bzw. § 33 des Versicherungsvertragsgesetzes.

Problematisch ist bereits die Frage, ob überhaupt ein bestimmtes Ereignis als Versicherungsfall anzusehen ist, oder ob der Ausdruck Versicherungsfall in den verschiedenen Bestimmungen unterschiedliche Ereignisse ausdrückt. Zum Begriff des Versicherungsfalls bei der Haftpflichtversicherung entwickelten sich im Laufe der Zeit eine Reihe von Theorien.[162] Nach der sog. Schadensereignistheorie ist Versicherungsfall bereits das Unfallereignis, welches die spätere Geltendmachung von Ansprüchen auslöst. Dies hätte für die Anzeigepflicht gemäß § 33 VVG zur Folge, das der Versicherungsnehmer bereits das Unfallereignis dem Versicherer anzuzeigen hat. Nach der sog. Anspruchserhebungstheorie ist demgegenüber erst die Erhebung von Ansprüchen gegen den Versicherungsnehmer als Versicherungsfall anzusehen.[163] Die Anzeigefrist des § 33 VVG beginnt damit erst mit diesem Ereignis zu laufen. Dem Versicherungsnehmer bleibt nach der Anspruchserhebungstheorie mithin die längere Frist zur Anzeige des Versicherungsfalls.

In dem Urteil vom 18.04.1913 - VII 21/13[164] sah das Reichsgericht zunächst bereits das Unfallereignis als Versicherungsfall an. Im konkreten ging es um die Frage, ob die Ansprüche des Versicherungsnehmers nach der Bestimmung des § 5 Abs. 3 der Allgemeinen Versicherungsbedingungen erloschen waren, wobei der Beginn der Ausschlussfrist an das Schadensereignis anknüpft. Das Reichsgericht stellte fest, das Interesse der Versicherungsgesellschaft an einer zeitlichen Begrenzung der Möglichkeit zur Erhebung der Klage erfordere einen festen Fristbeginn, der alleine im Unfallereignis erblickt werden könne. Es entschied sich damit für das frühstmögliche Ereignis als Versicherungsfall und damit für diejenige Auslegung, die dem Interesse der Versicherungsnehmer an einer möglichst langen Klagefrist am wenigsten entsprach.

Abweichend vom dem Urteil des Reichsgerichts vom 18.04.1913 - VII 21/13[165] entschied das Reichsgericht in den Urteilen vom 05.03.1915 - VII 457/14[166],

---

162 Vgl. hierzu insbesondere: Wachsmuth, Der Versicherungsfall bei der Haftpflichtversicherung.
163 Vgl. zu den Theorien: Johannsen, in: B/M/J, 4. Bd. Anm. B 18 bis B 22 m.w.N.
164 JW 1913, S. 690 - 692.
165 JW 1913, S. 690 - 692.
166 LZ 1915, Sp. 839.

vom 13.02.1934 - VII 328/33[167] und vom 14.01.1938 - VII 151/37[168], dass erst die Erhebung von Ansprüchen gegen den Versicherungsnehmer als Versicherungsfall anzusehen sei und folgte der sog. Anspruchserhebungstheorie. Es entschied sich damit für diejenige Theorie zum Begriff des Schadensereignisses in der Haftpflichtversicherung, die für die Versicherungsnehmer günstiger war.

Der BGH vertrat demgegenüber zunächst die Schadensereignistheorie, d.h. er sah bereits den äußeren Vorgang, auf den die spätere Anspruchserhebung beruhte, als Versicherungsfall an.[169] Für die Entstehung und die Fälligkeit des Haftpflichtversicherungsanspruchs stellte der BGH demgegenüber in Übereinstimmung mit dem Reichsgericht auf die Anspruchserhebung durch den geschädigten Dritten ab.[170] In einer Entscheidung von 1980 folgte der BGH weder der Schadensereignis-, noch der Anspruchserhebungstheorie, sondern stellte bereits auf dasjenige Ereignis ab, das die spätere Schadenentstehung verursacht hat (sog. Ursachentheorie) und damit auf den frühstmöglichen Zeitpunkt.[171] Da die Versicherer mit dieser Rechtsprechung nicht einverstanden waren, ersetzten sie mittels Verordnung vom 15.01.1982 den Ausdruck „Ereignis" in §§ 1 Ziff. 1, 3 II 1 Abs. 2 Satz 1 der AHB durch den Ausdruck „Schadensereignis" mit Wirkung auch für bereits bestehende Verträge.[172]

4. Ergebnis

Ebenso wie bei der Rechtsprechung des Reichsgerichts zum Versicherungsfall bei der Unfallversicherung, lässt sich auch bei der Rechtsprechung des Reichsgerichts zum Versicherungsfall bei der Haftpflichtversicherung die Tendenz erkennen, die einzelnen Merkmale des Versicherungsfalls weit und damit versicherungsnehmerfreundlich auszulegen. So legte das Gericht die Begriffe „gesetzliche Haftpflicht" und „Personen- und Sachschaden" weit aus und wählte als Zeitpunkt des Eintritts des Versicherungsfalls das spätere und damit für die Versicherungsnehmer günstigere Ereignis.

V. Der Versicherungsfall bei der Kraftfahrzeughaftpflichtversicherung

Die Allgemeinen Versicherungsbedingungen für die Kraftfahrzeugversicherungen aus dem Jahr 1929 (AKB 1929) legten den Begriff des Versicherungsfalls in § 15 Abs. 1 für die Kraftfahrzeughaftpflichtversicherung wie folgt fest:

„1. Der Versicherungsschutz umfaßt die Befriedigung begründeter und die Abwehr unbegründeter Entschädigungsansprüche, die auf Grund gesetzlicher Haftpflichtbestimmungen

---

167 RGZ Bd. 143, S. 377 - 381.
168 RGZ Bd. 156, S. 378 - 384.
169 BGHZ Bd. 7, S. 34.
170 BGH, Urt. v. (VersR 1960, S. 73, 74).
171 BGH, Urt. v. (BGHZ Bd. 79, S. 76).
172 VerBAV 1982, S. 122f.

privatrechtlichen Inhalts gegen den Versicherungsnehmer erhoben werden, wenn infolge eines durch das Kraftfahrzeug verursachten Ereignisses Personen verletzt oder getötet (Personenschaden) oder Sachen beschädigt oder zerstört werden (Sachschaden) oder eine Vermögenseinbuße, die weder durch eine Personen- oder durch eine Sachbeschädigung herbeigeführt ist (reiner Vermögensschaden), eintritt."

§ 10 Abs. 1 AKB 1929 forderte darüber hinaus, dass der Schaden „bei dem Betrieb des Kraftfahrzeuges" entstanden sein muss. Mit der Neufassung der Allgemeinen Versicherungsbedingungen für die Kraftfahrzeugversicherungen im Jahr 1940 (AKB 1940) wurde der Umfang des Versicherungsschutzes in der Kraftfahrzeughaftpflichtversicherung in § 10 Abs. 1 AKB 1940 neu geregelt:

„Die Versicherung umfaßt die Befriedigung begründeter und die Abwehr unbegründeter Entschädigungsansprüche, die auf Grund gesetzlicher Haftpflichtbestimmungen privatrechtlichen Inhalts gegen den Versicherungsnehmer, den Halter und den berechtigten Fahrer erhoben werden, wenn durch den Gebrauch des Fahrzeugs
a) Personen verletzt oder getötet werden,
b) Sachen beschädigt oder zerstört werden oder abhanden kommen,
c) reine Vermögensschäden herbeigeführt werden, die weder mit einen Personen- noch mit einem Sachschaden mittelbar oder unmittelbar zusammenhängen."

Bei der Beurteilung des Versicherungsfalls bei der Kraftfahrzeughaftpflichtversicherung erwiesen sich insbesondere die Begriffe „Betrieb" bzw. „Gebrauch" des Kraftfahrzeugs und der Begriff des Versicherungsfalls als auslegungsbedürftig.

1. Der Gebrauch bzw. der Betrieb eines Kraftfahrzeugs

Die AKB 1929 legten als Voraussetzung für den Versicherungsschutz in § 10 Abs. 1 Satz 1 fest, dass der Schaden bei dem „Betrieb des Kraftfahrzeugs" entstanden sein muss. In den AKB aus dem Jahr 1940 wurde der Begriff „Betrieb" durch das Wort „Gebrauch" ersetzt.[173] Ob entsprechende Änderung des Wortlauts Einfluss auf den Begriff des Versicherungsfalls bei der Kraftfahrzeughaftpflichtversicherung hatte, entschied das Reichsgericht nicht mehr. Allgemein wurde jedoch der Begriff „Gebrauch" als weitreichender als der Begriff „Betrieb" angesehen.[174]

Zu der Frage, was „Betrieb des Kraftfahrzeugs" bedeutet, nahm das Reichsgericht in dem Urteil vom 29.03.1938 - VII 5/38[175] wie folgt Stellung: Für den Betrieb war danach nicht erforderlich, dass sich das Fahrzeug durch motorischen Antrieb selbst in Bewegung gesetzt oder zumindest der Motor als Kraftquelle in

173 Zum Begriff „Gebrauch des Fahrzeugs" vgl. Bauer, Rn, 702f.; Pienitz, § 10 Anm. E II, S. 219; Stiefel/Hofmann, § 10 Rn. 91 - 114; Hüschelrath, S. 78.
174 Hüschelrath, S. 78.
175 JW 1938, S. 1658f.

Gang gebracht war. Umfasst seien vielmehr alle Schädigungen, die mit dem Verwendungszweck des Fahrzeugs zeitlich und örtlich in unmittelbaren Zusammenhang stünden, also auch Maßnahmen, die ohne Ingangbringen der motorischen Antriebskraft die Fahrbarmachung des Fahrzeugs bezwecken. Das Reichsgericht folgte damit seiner Definition des Begriffes „Betrieb des Kraftfahrzeugs" im Sinne des Gesetzes über den Verkehr mit Kraftfahrzeugen (KFG)[176]. Ein Fahrzeug wurde danach betrieben, wenn es als Verkehrsmittel genutzt wurde (sog. verkehrstechnische Auffassung). Eine derartige Nutzung als Verkehrsmittel war auch dann gegeben, wenn der Motor zeitweilig abgestellt war, oder das Fahrzeug fahrbar gemacht wurde.[177] Demgegenüber setzte die in der Lehre vertretene sog. maschinentechnische Auffassung für einen „Betrieb des Kraftfahrzeugs" ein In-Kraft-Setzen des Motors voraus.[178] Das bloße Fahrbarmachen des Fahrzeugs fiel nach dieser Ansicht nicht mehr unter den Begriff des Betriebes. Indem das Reichsgericht der verkehrstechnischen Auffassung zum Begriff „Betrieb des Kraftfahrzeugs" folgte, entsprach es dem Grundsatz, dass in Allgemeinen Geschäftsbedingungen verwendete gesetzliche Ausdrücke in einem dem Gesetzesbegriff entsprechenden Sinne aufzufassen sind.

Den Gesetzesbegriff „Betrieb des Kraftfahrzeugs" fasste das Reichsgericht damit entgegen einer verbreiteten Lehre weit auf. Diese weite Auslegung des Gesetzesbegriffes kam auch den Versicherungsnehmern zugute, da in deren Versicherungsbedingungen der gleiche Begriff verwendet wurde.

2. Der Eintritt Versicherungsfalls in der Kraftfahrzeughaftpflichtversicherung

Der Begriff des Eintritts des Versicherungsfalls war in den AKB 1929 für die Haftpflichtversicherung nicht positiv bestimmt. In Rechtsprechung und Lehre war daher in der Kraftfahrzeughaftpflichtversicherung ebenso wie in der Allgemeinen Haftpflichtversicherung umstritten, ob als Versicherungsfall in der Haftpflichtversicherung bereits das Schadensersatzansprüche auslösende Ereignis[179] oder erst die Erhebung von Haftpflichtansprüchen[180] gegen den Versicherungsnehmer anzusehen war. Das Reichsgericht entschied in den Urteilen vom 17.03.1916 - VII 392/15[181], vom 13.06.1933 - VII 9/33[182], vom 03.01.1936 - VII 203/35[183], vom 23.10.1936 - VII 67/36[184] und vom 24.02.1939 - VII

176 Gesetz über den Verkehr mit Kraftfahrzeugen vom 03.05.1909 (RGBl. 1909, S. 437).
177 RG Urt. v. 09.12.1929 - VI 217/29 (RGZ Bd. 126, S. 333 – 337).
178 Niemann, DÖV 1938, S. 389.
179 B/M, Anm. 49 zu § 1 VVG; Prölls, Anm. 2 zu § 153; Hüschelrath, S. 72f.
180 OLG Düsseldorf, Urt. v. 16.06.1932 (JW 1932, S. 2553).
181 WarnRspr. 1916 (9. Jahrgang.), S. 276 - 278 (Nr. 176).
182 JRPV 1933, S. 202 - 204.
183 RGZ Bd. 150, S. 48 - 51.
184 RGZ Bd. 152, S. 235 - 248.

138/38[185] übereinstimmend mit der Rechtsprechung zum Begriff des Versicherungsfalls bei der Haftpflichtversicherung, dass als Versicherungsfall im Sinne der Allgemeinen Versicherungsbedingungen für die Kraftfahrzeugversicherungen nicht bereits das zu der Erhebung von Ansprüchen führende Ereignis anzusehen sei, sondern erst die Erhebung von Haftpflichtansprüchen gegen den Versicherungsnehmer. Es entschied sich damit für diejenige der beiden Ansichten, die im Hinblick auf die Verpflichtung zur Anzeige des Versicherungsfalls gemäß den Allgemeinen Versicherungsbedingungen bzw. § 33 VVG und auf die Verjährung von Ansprüchen gemäß § 12 Abs. 1 VVG für die Versicherungsnehmer günstiger war.

Die Versicherungsgesellschaften waren mit dem vom Reichsgericht festgelegten Begriff des Versicherungsfalls nicht einverstanden. Bei der Neufassung der Allgemeinen Versicherungsbedingungen für die Haftpflichtversicherung im Jahr 1940 fügten sie daher eine Definition des Begriff „Versicherungsfall" in § 7 Abs. 1 ein: „Versicherungsfall im Sinne dieses Vertrages ist das Ereignis, das ... Ansprüche gegen den Versicherungsnehmer zur Folge haben könnte". Die späteren Allgemeinen Versicherungsbedingungen für die Kraftfahrzeugversicherungen behielten diese Definition des Versicherungsfalls bei.[186]

Anders als nach dem Begriff des Versicherungsfalls, den das Reichsgericht entwickelt hatte, stellte damit nicht erst die Erhebung von Haftpflichtansprüchen den Versicherungsfall dar, sondern bereits dasjenige Ereignis, das eventuell später die Erhebung derartiger Haftpflichtansprüche auslösen konnte.

VI. Zusammenfassung

Bei den Entscheidungen des Reichsgerichts zum Versicherungsfalls bei der Unfallversicherung, der Haftpflichtversicherung und der Kraftfahrzeughaftpflichtversicherung ist eine Tendenz zu erkennen, den Begriff des Versicherungsfalls möglichst weit und damit versicherungsnehmerfreundlich auszulegen.

Dies lässt sich von der Rechtsprechung des Reichsgerichts zum Begriff des Versicherungsfalls in der Feuerversicherung nicht sagen. Da das Reichsgericht über den Brandbegriff im Sinne der Allgemeinen Feuerversicherungsbedingungen nicht zu entscheiden hatte, sondern lediglich die Begriffe „Brand" und „Explosion" voneinander abzugrenzen hatte, lässt sich ein Urteil über die Berücksichtigung der Versicherungsnehmerinteressen bei der Feuerversicherung nicht treffen.

---

185 DR 1939, S. 871f.

186 § 7 Abs. 1 AKB 1965; § 7 Abs. 1 AKB 1988.

Bei der Feuerversicherung handelt es sich um die älteste der genannten Versicherungssparten. Das Reichsoberhandelsgericht und das Reichsgericht konnten bereits bei Beginn ihrer Tätigkeit auf eine Vielzahl von Entscheidungen der Bundesstaaten zurückgreifen.[187] Diese hatten auf die Binnenversicherung die gleichen Grundsätze angewandt, die zuvor für die Seeversicherung entwickelt worden waren und demzufolge die Allgemeinen Versicherungsbedingungen regelmäßig streng und wenig versicherungsnehmerfreundlich ausgelegt. Letztendlich lässt sich aus der Rechtsprechung des Reichsoberhandels- und Reichsgerichts zur Feuerversicherung daher nur folgern, dass beide Gerichte in ihrer Anfangszeit unter dem Einfluss der früheren Rechtsprechung dem Versicherungsnehmerschutz weniger Bedeutung beigemessen haben als in späteren Zeiten.

B) Die Obliegenheiten des Versicherungsnehmers

Den Versicherungsnehmer treffen im Versicherungsvertrag bestimmte in den Allgemeinen Versicherungsbedingungen und ab Inkrafttreten des Versicherungsvertragsgesetzes auch in diesem Gesetz geregelte Obliegenheiten.

Obliegenheiten stellen Pflichten des Versicherungsnehmers dar, die für den Versicherer zwar weder einen Erfüllungsanspruch, noch bei ihrer Verletzung eine Schadensersatzforderung begründen. Ihre Befolgung liegt jedoch im Interesse des Versicherungsnehmers, da diesem bei ihrer Verletzung der Verlust des Versicherungsschutzes droht.[188]

Die Obliegenheiten lassen sich danach unterscheiden, auf welchen Abschnitt des Versicherungsverhältnisses sich die jeweiligen Pflichten beziehen. Es gibt danach Obliegenheiten bei Abschluss des Versicherungsvertrages, zwischen Abschluss des Versicherungsvertrages und Eintritt des Versicherungsfalls und Obliegenheiten im Versicherungsfall.

Bei Abschluss des Versicherungsvertrages trifft den Versicherungsnehmer die Obliegenheit zur Anzeige gefahrerheblicher Umstände. Nach Abschluss des Versicherungsvertrages, aber vor Eintritt eines Versicherungsfalls, trifft den Versicherungsnehmer die Obliegenheit Gefahrerhöhungen zu unterlassen bzw. diese anzuzeigen. Nach Eintritt des Versicherungsfalls treffen den Versicherungsnehmer die Rettungs-, Anzeige- und Auskunftsobliegenheit.

Vor Inkrafttreten des Versicherungsvertragsgesetzes waren diese Obliegenheiten allein in den Allgemeinen Versicherungsbedingungen geregelt. Welche Pflicht

---

187 Vgl. Malß, ZHR 13 (1869), S. 45 – 140 u. 418 – 515.
188 Schimikowski, Rn. 176.

den Versicherungsnehmer bzw. den Versicherer im jeweiligen Abschnitt des Versicherungsverhältnisses traf, war damit von der einseitigen Bestimmung der Pflicht durch den Versicherer abhängig.

Im Versicherungsvertragsgesetzes wurden eine Reihe dieser Obliegenheiten gesetzlich fixiert. Die Obliegenheit zur Anzeige gefahrerheblicher Umstände wurde in § 16 VVG, die Obliegenheiten, eine Gefahrerhöhung zu unterlassen bzw. diese anzuzeigen, wurden in den §§ 23 - 29 VVG und die Rettungs-, Anzeige- und Auskunftsobliegenheit wurden in den §§ 33, 34, 62 VVG geregelt.

Der Sinn und Zweck der Obliegenheiten ist stets darin zu sehen, den Versicherungsnehmer unter Androhung des Verlustes des Versicherungsschutzes zu einer Handlung zu bestimmen. Eine weite Auslegung der Klauseln in den Versicherungsbedingungen, die Obliegenheiten enthalten, führt zu einer Ausdehnung der Pflichten des Versicherungsnehmers und damit für den Fall der Obliegenheitsverletzung zu einer Einschränkung der Schadeneinstandspflicht des Versicherers. Für den Versicherungsnehmer günstig ist mithin eine einschränkende Auslegung der Obliegenheiten, für ihn nachteilig eine weite Auslegung.

I. Die Obliegenheit zur Anzeige gefahrerheblicher Umstände

Die Obliegenheit zur Anzeige gefahrerheblicher Umstände bei Abschluss des Versicherungsvertrages trifft den Versicherungsnehmer in jedem Versicherungszweig, da ohne eine entsprechende Anzeige die Einschätzung der zu versichernden Gefahr durch den Versicherer nicht möglich ist.

Die Obliegenheit zur Anzeige gefahrerheblicher Umstände dient dazu, dem Versicherer Kenntnis derjenigen individuellen gefahrerheblichen Umstände zu verschaffen, die ihm zur Einschätzung des zu versichernden Risikos dienen.[189] Der Versicherer ist darauf angewiesen, dass der Versicherungsnehmer ihm entsprechende Umstände mitteilt, da er ohne Hilfe des Versicherungsnehmers nicht in der Lage ist, das zu versichernde Risiko richtig einzuschätzen.

1. Die Obliegenheit zur Anzeige gefahrerheblicher Umstände in der Feuerversicherung

Die den Versicherten bei Vertragsschluss treffenden Anzeigepflichten waren in den Allgemeinen Versicherungsbedingungen für die Feuerversicherung von 1874 in § 4 folgendermaßen geregelt:

„ § 4. Wer versichern lässt, ist verpflichtet, im Versicherungs-Antrage, nach Anleitung seines gedruckten Inhaltes, und in den sonstigen, neben dem Antrage etwas der Gesellschaft eingereichten Schriftstücken sowohl die zu versichernden Gegenstände und deren Eigenthums-

---

189 Bruck, Privatversicherungsrecht, S. 179.

Verhältniss, als auch die Localitäten und jede anderweit schon auf den Versicherungs-Gegenstand geschlossene Versicherung richtig anzugeben, ferner jeden auf die Feuergefährlichkeit einwirkenden Umstand gewissenhaft anzuzeigen. - Ist diese Verpflichtung nicht erfüllt, so hat die Gesellschaft keine Entschädigungs-Verpflichtung."

§ 3 der Allgemeinen Versicherungsbedingungen für die Feuerversicherung aus dem Jahr 1887 wies demgegenüber folgenden geänderten Wortlaut auf:

„Wer eine Versicherung beantragt, ist verpflichtet, im Versicherungsantrage nach Anleitung seines eingedruckten Inhaltes und in den sonstigen neben dem Antrage etwa der Gesellschaft eingereichten Schriftstücken nicht nur

a) die zu versichernden Gegenstände,
b) deren Eigentumsverhältnis,
c) die Versicherungslokalitäten und
d) jede anderweit auf den Versicherungsgegenstand geschlossene Versicherung richtig anzugeben, sondern
e) nach jener Anleitung auch die auf die Feuergefährlichkeit einwirkenden Umstände gewissenhaft anzuzeigen.

Ist diese Verpflichtung nicht erfüllt, so hat die Gesellschaft keine Entschädigungsverpflichtung."

Eine inhaltliche Änderung zwischen den AFB 1874 und den AFB 1887 ist darin zu sehen, als die Pflicht des Versicherungsnehmers „jeden auf die Feuergefährlichkeit einwirkenden Umstand gewissenhaft anzuzeigen" dahingehend begrenzt wurde, dass diese Anzeige des Versicherungsnehmers nur „nach jener Anleitung", d.h. nach der im Versicherungsantrag bezeichneten Anleitung, erfolgen musste.

Die vorvertragliche Anzeigepflicht des Versicherungsnehmers wurde damit in den neueren Allgemeinen Versicherungsbedingungen für die Feuerversicherung zu seinen Gunsten abgemildert.

In den späteren Allgemeinen Versicherungsbedingungen für die Feuerversicherung (§ 4 AFB 1910, § 5 AFB 1930 bzw. § 6 Abs. 1 AFB 1987) sahen die Versicherer von einer Aufstellung der einzelnen anzuzeigenden Umstände ab und beschränkten die Anzeigepflicht des Versicherungsnehmers bei Vertragsschluss darauf, dass dieser „alle ihm bekannten Umstände, die für die Übernahme der Gefahr erheblich, dem Versicherer schriftlich anzuzeigen" hatte. Dabei durfte er „über solche Umstände keine unrichtige Anzeige machen."

Die in den AFB 1910, AFB 1930 und AFB 1987 gewählten Formulierungen entsprachen im wesentlichen der gesetzlichen Regelung der Anzeigepflicht in § 16 VVG in der seit 1908 unveränderten Fassung. Von der Norm des § 16 durfte gemäß § 31 VVG[190] bzw. § 34 a VVG[191] durch Allgemeine Versicherungsbedingungen nicht zum Nachteil des Versicherungsnehmers abgewichen werden. Allerdings verpflichtete die Bestimmung der Allgemeinen Versicherungsbedingungen den Versicherungsnehmer im Gegensatz zu § 16 VVG zur schriftlichen Anzeige. Dieses Erfordernis der Schriftform der Anzeige wurde allerdings von § 31 VVG[192] bzw. § 34 a VVG[193] ausdrücklich für zulässig erklärt.

a) Das Verschuldensprinzip

Vor Inkrafttreten des Versicherungsvertragsgesetzes sahen die Allgemeinen Versicherungsbedingungen für die Feuerversicherung ebenso wie die Bedingungen der übrigen Versicherungszweige den Verlust des Entschädigungsanspruchs bei Verletzung der Obliegenheit zur Gefahranzeige vor, unabhängig davon, ob den Versicherungsnehmer ein Verschulden an der Obliegenheitsverletzung traf.

Für den Versicherungsnehmer stellt die Verwirkung des Versicherungsanspruchs infolge Falschbeantwortung von Fragen im Versicherungsantrag einen erheblichen Nachteil dar, der bis zur Vernichtung der wirtschaftlichen Existenz des Versicherungsnehmers gehen kann, da der Versicherungsnehmer zusätzlich zu dem ihm entstandenen Schaden auch noch die vereinbarte Ersatzleistung seitens des Versicherers einbüßt.[194]

Andererseits stellt die Falschbeantwortung von Fragen im Versicherungsantrag auch für die Versicherungsgesellschaften eine erhebliche Gefahr dar, da die Gesellschaften aufgrund des Antrages das versicherte Risiko einschätzten und bei einem unrichtigen Antrag somit zu einer falschen Risikoeinschätzung kommen konnten und daher unter Umständen die Prämie falsch kalkulierten oder im Extremfall ein Risiko deckten, dessen Deckung sie bei Kenntnis von der wirklichen Lage abgelehnt hätten.

Grundsätzlich bestehen zwei Möglichkeiten, die Voraussetzungen des Eingreifens von Verwirkungsklauseln festzulegen. Zum einen bestände die Möglichkeit, derartige Verwirkungsklauseln rigoros auszulegen, d.h. beim Vorliegen der Falschbeantwortung einer Frage im Versicherungsantrag die Leistungspflicht des Versicherers entfallen zu lassen, unabhängig davon, ob die Falschangabe

---

190 VVG in der bis zum 18. 12. 1939 geltenden Fassung.

191 VVG in der seit dem 19.12.1939 geltenden Fassung (Änderung des VVG durch Verordnung zur Vereinheitlichung des Rechts der Vertragsversicherung vom 19.12.1939).

192 VVG in der bis zum 18. 12. 1939 geltenden Fassung..

193 VVG in der seit dem 19.12.1939 geltenden Fassung (Änderung des VVG durch Verordnung zur Vereinheitlichung des Rechts der Vertragsversicherung vom 19.12.1939).

194 Fuld, ZfVRW 1895, S. 197.

entschuldigt ist, oder ob sie für die Übernahme des Risikos relevant ist.[195] Andererseits bestände die Möglichkeit, die Verwirkung des Versicherungsanspruchs vom Verschulden des Versicherungsnehmers abhängig zu machen.[196] Die erste Möglichkeit entspricht dabei eher dem Interesse der Versicherungsgesellschaft, die zweite Möglichkeit eher dem Interesse des Versicherungsnehmers.

In der Entscheidung vom 09.10.1882 - I 343/82[197] stellte das Reichsgericht den Rechtssatz auf, dass Falschangaben des Versicherungsnehmers nur dann zu einer Verwirkung des Versicherungsanspruches führen sollten, wenn sie schuldhaft geschehen sind. Es führte damit die Rechtsprechung aus der vor 1879 fort. Zur Begründung führte es an, dass die für die Seeversicherung geltenden Grundsätze nicht auf die Binnenversicherung übertragen werden könnten und von „einer rigorosen Auslegung der in den Policen enthaltenen Verwirkungsklauseln Abstand genommen werden“ müsse.

Mit der Anerkenntnis des Verschuldensprinzips entschied sich das Reichsgericht für diejenige Auslegung von Verwirkungsklauseln und insbesondere der Anzeigepflicht bei Vertragsschluss, die für die Versicherungsnehmer günstiger war.

Diese für die Versicherungsnehmer günstige Rechtsprechung setzte das Reichsgericht in den Urteilen vom 05.02.1885 - II 361/85[198] und vom 18.09.1889 - I 159/89[199] fort. In dem letztgenannten Urteil entschied das Reichsgericht allerdings, dass die Beweislast hinsichtlich des Verschuldens nicht den Versicherer treffe, der sich auf die Anspruchsverwirkung berufe, vielmehr müsse der Versicherungsnehmer beweisen, dass ihn an der Falschbeantwortung kein Verschulden treffe, um den Nichteintritt der Verwirkung herbeizuführen. Mit dieser Entscheidung schränkte das Reichsgericht seine versicherungsnehmerfreundliche Rechtsprechung zum Verschuldensprinzip im erheblichen Maße wieder ein.

Der vom Reichsoberhandelsgericht und Reichsgericht aufgestellte Grundsatz, dass die Nicht- bzw. Falschbeantwortung von Fragen im Versicherungsantrag nur dann von Bedeutung sei, wenn sie nicht unverschuldet ist, wurde in § 16 Abs. 3 VVG für die Vertragsparteien mit zwingendem Charakter übernommen.

---

195 So z.B.: O.A.G. Lübeck Urt. v. 30.05.1849, ZHR 13 (1869), S. 102; O.A.G. Lübeck, Urt. v. 17.06.1850, ZHR 13 (1869), S. 103; Oberhofgericht Mannheim, Urt. v. 12.11.1867 , ZHR 12, S. 193.

196 So z.B.: H.A.G. Bayern, ZHR 13 (1869), S. 105; ROHG 4, 59 - 62 (Labauve, S. 109 - 113) - zur Lebensversicherung; ROHG 11, 134ff. (Labauve, S. 395 - 397) - zur Lebensversicherung.

197 RGZ Bd. 10, S. 158 - 161.

198 Bolze Bd. 2, S. 266.

199 JW 1889, S. 502.

Als wichtige für den Versicherungsnehmer positive Neuerung stellte sich jedoch der § 16 Abs. 2 des Versicherungsvertragsgesetzes dar, der für den Fall der Nicht- bzw. Falschanzeige bei Vertragsschluss dem Versicherer bloß noch ein Rücktrittsrecht und kein Recht zur Leistungsverweigerung im Schadensfall zubilligte.

b) Der Begriff der „Richtigkeit" bzw. „Unrichtigkeit" im Sinne der Anzeigeobliegenheit

Nach den Allgemeinen Versicherungsbedingungen für die Feuerversicherung aus den Jahren 1874 und 1887 hatte der Versicherungsnehmer die gefahrerheblichen Umstände „richtig" anzugeben, nach den späteren Allgemeinen Versicherungsbedingungen für die Feuerversicherung durfte der Versicherungsnehmer über gefahrerhebliche Umstände keine „unrichtigen" Angaben machen. Andere Versicherungsbedingungen für die Feuerversicherung verwendeten den Begriff „Falschbeantwortung".

Das Reichsgericht entschied in dem Urteil vom 21.02.1883 - I 462/82[200], dass eine Nichtbeantwortung einer Frage keine „Falschbeantwortung" im Sinne der Allgemeinen Versicherungsbedingungen sei. Diese Auslegung entspricht auch dem gewöhnlichen Verständnis des Begriffes „Falschbeantwortung". Eine „Nichtbeantwortung" ist danach keine „Falschbeantwortung", sondern überhaupt keine Beantwortung der Frage. In einem derartigen Fall der Nichtbeantwortung einer Frage ist dem Interesse des Versicherungsnehmers am Bestand des Versicherungsschutzes gegenüber dem Interesse der Versicherungsgesellschaft am Verlust des Versicherungsanspruchs Vorrang einzuräumen. Der Versicherer kann klar erkennen, dass der Versicherungsnehmer die Frage nicht beantwortet hat. Hieraus kann er zwei Konsequenzen ziehen: Er kann den Versicherungsantrag annehmen und damit zeigen, dass die Nichtbeantwortung der Frage für ihn keine Bedeutung hat, oder er kann den Versicherungsantrag aufgrund der Nichteinschätzbarkeit des Risikos bei Nichtbeantwortung der Fragen im Versicherungsantrag ablehnen. Demgegenüber berechtigt eine Nichtbeantwortung der Fragen im Versicherungsantrag im Gegensatz zu einer Falschbeantwortung den Versicherer nicht zur Ablehnung ihrer Leistung im Schadensfalle.

c) Die Erheblichkeit der nichtangezeigten Gefahrumstände

Gemäß den Allgemeinen Versicherungsbedingungen für die Feuerversicherung aus den Jahren 1874 und 1887 musste der Versicherungsnehmer alle „auf die Feuergefährlichkeit einwirkenden Umstände" anzeigen. Dieser Wortlaut der Allgemeinen Versicherungsbedingungen legt die Vermutung nahe, dass eine Verletzung der Anzeigeobliegenheit den Versicherer auch dann zum Rücktritt

200 RGZ Bd. 9, S. 237 - 243.

berechtigte wenn die Verletzung unerheblich war, d.h. wenn der Versicherer auch bei ordnungsgemäßer Anzeige den Vertrag zu den gleichen Bedingungen abgeschlossen hätte.

Erst die Allgemeinen Versicherungsbedingungen für die Feuerversicherung ab dem Jahr 1910 schränkten die Anzeigeobliegenheit dahingehend ein, dass der Versicherungsnehmer nunmehr nur noch diejenigen Umstände anzeigen musste, die für die Gefahr erheblich waren. Entscheidungen des Reichsgerichts zur Frage der Erheblichkeit der nichtangezeigten Gefahrumstände bei der Feuerversicherung sind nicht feststellbar.

d) Ergebnis

Die Rechtsprechung des Reichsgerichts zu den Obliegenheiten bei Vertragsschluss in der Feuerversicherung stellt sich als für die Versicherungsnehmer günstig dar. Dadurch, dass das Reichsgericht bei Falschanzeigen den Verlust des Versicherungsanspruchs von einem Verschulden des Versicherungsnehmers abhängig machte, wich es zugunsten der Versicherungsnehmer von dem starren Wortlaut der Allgemeinen Versicherungsbedingungen ab.

Darüber hinaus stellte sich auch die Auslegung des Wortes „Falschbeantwortung" in der Entscheidung des Reichsgerichts vom 21.02.1883 – I 462/82 als für den Versicherungsnehmer günstig dar.

2. Die Obliegenheit zur Anzeige gefahrerheblicher Umstände in der Unfallversicherung

Hinsichtlich der Obliegenheit zur Anzeige gefahrerheblicher Umstände enthielt § 11 Satz 1 der Allgemeinen Versicherungsbedingungen für die Unfallversicherung aus dem Jahr 1904 die Bestimmung, dass der Versicherer berechtigt ist, jede Entschädigung abzulehnen, wenn der Versicherte

> „im Antrage oder sonstigen Erklärungen, auf Grund deren die Versicherung abgeschlossen oder abgeändert worden ist, Umstände, welche auf den Entschluß der Gesellschaft, sich überhaupt oder bedungenermaßen auf die Versicherung einzulassen, von Einfluß gewesen sind oder von Einfluß hätten sein können, absichtlich oder fahrlässigerweise unrichtig angegeben oder verschwiegen hat".

Spätere, nach Inkrafttreten des Versicherungsvertragsgesetzes ergangene, Allgemeine Versicherungsbedingungen für die Unfallversicherung enthielten keine die Anzeigeobliegenheit bei Vertragsschluss regelnde Klausel mehr. Allein maßgebend für die Anzeigeobliegenheit waren dementsprechend die gesetzlichen Bestimmungen der §§ 16 bis 21 des Versicherungsvertragsgesetzes.

a) *Das Verschuldensprinzip*

Ebenso wie bei der Feuerversicherung führte auch nach dem Wortlaut der frühen Allgemeinen Versicherungsbedingungen für die Unfallversicherung die Verletzung der Obliegenheit zur Anzeige gefahrerheblicher Umstände unabhängig vom Verschulden des Versicherungsnehmers bzw. des Versicherten zum Verlust der Entschädigungspflicht.

Zur Anzeigeobliegenheit bei der Unfallversicherung bejahte das Reichsgericht in einem Urteil vom 22.10.1892 - I 211/92[201] die Anwendbarkeit des Verschuldensprinzips und übernahm damit die Grundsätze, die bereits das Reichsoberhandelsgericht für die Feuerversicherung[202] und die Lebensversicherung[203] aufgestellt hatte, auch auf die Unfallversicherung. Für die Versicherungsnehmer bei der Unfallversicherung stellte die Einführung dieses Verschuldensprinzips eine erhebliche Begünstigung gegenüber dem Wortlaut der Allgemeinen Versicherungsbedingungen dar.

Im Jahr 1904 glichen die Unfallversicherungen ihre Allgemeinen Versicherungsbedingungen dieser Rechtsprechung des Reichsgerichts an. § 11 Satz 1 der Allgemeinen Versicherungsbedingungen befreite den Versicherer demgemäss nur dann von der Entschädigungspflicht, wenn der Versicherte Angaben „absichtlich" oder „fahrlässig" falsch angegeben hat. Die unverschuldete Falschanzeige führte danach nicht mehr, wie nach dem Wortlaut der bisherigen Allgemeinen Versicherungsbedingungen für die Unfallversicherung, zum Verlust des Versicherungsanspruchs. Im Jahr 1908 schließlich schrieb § 16 Abs. 3 des Versicherungsvertragsgesetzes das Verschuldensprinzip gesetzlich fest.

b) *Der Begriff der „Richtigkeit", „Unrichtigkeit", „Falschheit" bzw. „Wahrheitswidrigkeit" im Sinne der Anzeigeobliegenheit*

Die Allgemeinen Versicherungsbedingungen für die Unfallversicherung aus dem Jahr 1904 berechtigten den Versicherer dann zum Rücktritt wegen Verletzung der Anzeigeobliegenheit durch den Versicherungsnehmer, wenn dieser eine „unrichtige" Angabe machte. Andere Versicherungsbedingungen für die Unfallversicherung verwendeten die Begriffe „falsch" bzw. „wahrheitswidrig".

Das Reichsgericht hatte in dem Urteil vom 19.01.1909 - VII 119/08[204] die Frage zu beantworten, ob der Versicherungsnehmer seine Anzeigeobliegenheit dadurch verletzt, dass er einen mäßigen und nüchternen Lebenswandel bejaht, tatsächlich jedoch ziemlich viel trinkt. Das Reichsgericht verneinte die Verletzung

201 Bolze Bd. 15, S. 264f.
202 Siehe S. 70.
203 Siehe S. 70
204 LZ 1909, Sp. 402.

der Anzeigeobliegenheit. Es führte dazu aus, die Beantwortung einer Frage sei dann nicht unrichtig, wenn in der Frage ein relativer Begriff verwendet würde, den der Versicherungsnehmer in einem anderen Sinn als der Versicherer verstehen könne. Der Versicherer formuliere die Fragen im Versicherungsantrag. Verwende er hierbei relative Begriffe, dürfe es dem Versicherungsnehmer nicht zum Nachteil gereichen, wenn er diese Begriffe in einem anderen Sinn als der Versicherer versteht.

Unter dem Gesichtspunkt des Schutzes des Versicherungsnehmers stellt sich die Entscheidung für die Versicherungsnehmer als günstig dar. Es entspricht seinem Interesse, wenn die Fragen im Versicherungsantrag klar und eindeutig formuliert sind. Verwendet der Versicherer unklare, relative Begriffe, darf es dem Versicherungsnehmer nicht zum Schaden gereichen, wenn er den verwendeten Begriff anders auffasst, als der Versicherer.

c) Die Erheblichkeit der nichtangezeigten Gefahrumstände

Nach dem Wortlaut der Allgemeinen Versicherungsbedingungen für die Unfallversicherung aus dem Jahr 1904 hatte der Versicherungsnehmer nur diejenigen Umstände anzuzeigen, die für den Entschluss des Versicherers zum Abschluss des Versicherungsvertrages „von Einfluß hätten sein können". Ähnlich drückte dies § 16 Abs. 1 des Versicherungsvertragsgesetzes aus. Der Versicherungsnehmer hatte danach diejenigen Umstände anzuzeigen, die für die Übernahme der Gefahr „erheblich" sind.

Dem hierzu ergangenen Urteil des Reichsgerichts vom 07.04.1908 - VII 271/07[205] lag folgender Sachverhalt zugrunde: Der Versicherte hatte die Frage im Versicherungsantrag, ob er bereits einen Unfall erlitten habe, mit „Nein" beantwortet, tatsächlich jedoch bereits einen Unfall erlitten, der bleibende Folgen an der verletzten Hand zurückgelassen hatte. Das Reichsgericht stellte insoweit fest, dass dem Versicherten ein Prüfungsrecht, was für den Versicherer erheblich oder unerheblich sei, nicht zusteht. „Erheblich" seien alle diejenigen Umstände, nach denen der Versicherer im Versicherungsantrag ausdrücklich gefragt hat. Der Versicherungsnehmer habe demnach auch diejenigen Fragen wahrheitsgemäß zu beantworten, von denen er der Ansicht sei, dass sie für die Entschluss des Versicherers zum Abschluss des Vertrages ohne Belang seien.

Die dadurch dem Wort „erheblich" vom Reichsgericht gegebene Bedeutung dürfte dem Sinn und Zweck der Anzeigeobliegenheit widersprechen, dem Versicherer Kenntnis von denjenigen Umständen zu verschaffen, die für seinen Entschluss zum Vertragsschluss von Bedeutung sind. Diesem Sinn und Zweck entsprechend erscheint es eher sachgerecht, die Obliegenheit zur Anzeige auf die

205 LZ 1908, Sp. 791f.

für den Entschluss des Versicherers zum Vertragsschluss bedeutsamen Frage zu beschränken.

Demgemäss wäre eine für die Versicherungsnehmer günstigere Entscheidung durchaus möglich gewesen. So vertritt der BGH den Standpunkt, dass die Falschbeantwortung von Fragen im Versicherungsantrag den Versicherer nur dann zum Rücktritt berechtigt, wenn er den Versicherungsvertrag bei Kenntnis der verschwiegenen Umstände überhaupt oder jedenfalls mit dem tatsächlich zustande gekommen Inhalt abgelehnt hätte.[206]

Letztendlich stellt daher die Auslegung des Wortes „erheblich" in dem vom Reichsgericht festgelegten Umfang eine Benachteiligung der Versicherungsnehmer entgegen dem Sinn und Zweck der Anzeigeobliegenheit dar.

d) Ergebnis

Ebenso wie bei der Feuerversicherung machte das Reichsgericht den Verlust des Versicherungsanspruchs infolge unrichtiger Anzeige bei Vertragsschluss abweichend vom starren Wortlaut der Allgemeinen Versicherungsbedingungen vom Verschulden des Versicherungsnehmers abhängig. Das Reichsgericht wich durch die Anwendung dieses Verschuldenserfordernis zugunsten der Versicherungsnehmer vom Wortlaut der Allgemeinen Versicherungsbedingungen ab.

Die Auffassung des Reichsgerichts in der Entscheidung vom 19.01.1909 - VII 119/08, dass der Versicherungsnehmer relative Begriffe anders verstehen dürfe als der Versicherer muss ebenfalls als für die Versicherungsnehmer günstig angesehen werden.

3. Die Obliegenheit zur Anzeige gefahrerheblicher Umstände in der Lebensversicherung

Die im Deutschen Reich tätigen Lebensversicherungsgesellschaften regelten erst im Jahr 1909 die vorvertragliche Obliegenheit des Versicherungsnehmers und die aus der Verletzung dieser Obliegenheit resultierenden Folgen einheitlich. Zuvor wiesen die Versicherungsbedingungen zu dieser Frage erhebliche Unterschiede auf.[207]

§ 7 Nr. 1 der Allgemeinen Versicherungsbedingungen für die Lebensversicherung aus dem Jahr 1909 regelte die vorvertragliche Anzeigeobliegenheit folgendermaßen:

---

206 BGH 28.03.1984 - IV a ZR 75/82 (VersR 1984, S. 629f.).

207 Endemann, Bd. 3, III. Buch, S. 794 ff. mit Beispielen.

„Hat der Versicherungsnehmer oder Versicherte bei Schließung, Abänderung oder Wiederinkraftsetzung der Versicherung ihm bekannte Umstände verschwiegen, die für die Übernahme der Gefahr erheblich sind, oder darüber falsche Angaben gemacht, so ist die Gesellschaft berechtigt, innerhalb eines Monats nach erlangter Kenntnis vom Vertrag zurückzutreten. Waren die Gefahrumstände an der Hand schriftlicher, von der Gesellschaft gestellter Frage anzuzeigen, so kann die Gesellschaft wegen unterbliebener Anzeige eines Umstandes, nach welchem nicht ausdrücklich gefragt worden ist, nur im Falle arglistiger Verschweigung zurücktreten."

Ihrem Inhalt nach entsprach die Anzeigeobliegenheit sowohl vom Tatbestand als auch von der Rechtsfolge weitgehend dem § 16 VVG. Dementsprechend führte die Verletzung der Anzeigeobliegenheit nicht zur Verwirkung des Versicherungsanspruchs, sondern berechtigte den Versicherer lediglich zum Rücktritt.

a) Das Verschuldensprinzip

Ebenso wie bei der Feuer- und der Unfallversicherung entschied das Reichsgericht auch bei der Lebensversicherung, dass der Versicherer dann nicht zum Rücktritt vom Versicherungsvertrag wegen Verletzung der Obliegenheit zur Anzeige gefahrerheblicher Umstände berechtigt ist, wenn die falsche Angabe bzw. die wahrheitswidrige Beantwortung unverschuldet war. Erstmalig entschied dies für die Lebensversicherung das Reichsgericht in dem Urteil vom 30.03.1900 - VIa 450/99[208]. Allerdings stellte es damit keinen neuen Grundsatz auf, sondern folgte der Rechtsprechung des Reichsoberhandelsgerichts[209], die bereits aus der Zeit vor Gründung des Reichsgerichts stammt.

Beachtlich ist jedoch die ausführliche Begründung, die das Reichsgericht für die Anwendbarkeit des Verschuldensprinzips in der Entscheidung vom 30.03.1900 - VIa 450/99[210] lieferte. Es führte insoweit aus:

Die Versicherungsgesellschaften „bilden im heutigen volkswirtschaftlichen Leben einen bedeutsamen und wertvollen Faktor und können mit Recht Berücksichtigung auch ihrer Interessen beanspruchen. Wenn nun der Inhalt der Versicherungsanträge die notwendige und wesentliche Unterlage für die von ihnen abzuschließenden Versicherungsgeschäfte darstellt, und im besonderen davon, wenn auch nicht allein, die Frage abhängt, ob überhaupt und unter welchen Voraussetzungen der Antragsteller von ihnen angenommen werden soll, welche Leistungen er also eventuell für ihre spätere Gegenleistung zu bewirken hat, so kann dieser Stützpunkt ihres Betriebes nicht auf den unsicheren Boden gestellt werden, dass im Falle der Unrichtigkeit jenes Inhaltes die Wirksamkeit des Vertrages und die Erfüllung ihrer erheblichen Verbindlichkeiten lediglich von dem Vorhandensein oder Nichtvorhandensein eines b e s o n d e r e n Verschuldens des Versicherungsnehmers bedingt würde. Der im Vorstehenden gekennzeichnete, die umfassende Regel bildende Grundsatz darf allerdings, wenn die Interessen der Versicherungsanstalten und der Versicherungsnehmer gerecht gegeneinander abgewogen

208 RGZ Bd. 46, S. 184 - 192, S. 189.

209 ROHG Bd. 9, S, 284 ff. (Labauve, S. 325 - 334, S. 325f); ROHG Bd. 11, S. 134ff. (Labauve, S. 395 - 397, S. 396).

210 RGZ Bd. 46, S. 184 - 192, 189.

werden sollen, nicht überspannt werden. Es ist anzuerkennen, dass es ausnahmsweise besondere Thatsachen und Verhältnisse giebt, die geeignet sind, dem Versicherungsnehmer von seiner Verantwortlichkeit für die unrichtige Beantwortung der gestellten Frage zu befreien".

Das Reichsgericht wich ebenso wie bereits früher das Reichsoberhandelsgericht im Interesse des Schutzes der Versicherungsnehmer vor überspannten Anforderungen in Allgemeinen Versicherungsbedingungen in dieser Entscheidung von dem eindeutigen Wortlaut der Versicherungsbedingungen ab.

Nachdem das Verschuldensprinzip in § 16 Abs. 3 des Versicherungsvertragsgesetzes für die Anzeigeobliegenheit des Versicherungsnehmers gesetzlich normiert war, nahmen es auch die Lebensversicherungsgesellschaften im Jahr 1930 in ihre Allgemeinen Versicherungsbedingungen auf. Voraussetzung für den Rücktritt des Versicherers war gemäß § 8 Nr. 3 b AFB 1930 dementsprechend, dass „weder den Versicherungsnehmer noch den Versicherten ein Verschulden trifft."

b) Der Begriff der „Richtigkeit", „Unrichtigkeit", „Falschheit" bzw. „Wahrheitswidrigkeit" im Sinne der Anzeigeobliegenheit

Nach dem Allgemeinen Versicherungsbedingungen für die Lebensversicherung aus dem Jahr 1909 war der Versicherer zum Rücktritt berechtigt, wenn der Versicherungsnehmer bzw. der Versicherte „falsche Angaben" gemacht hatte. Frühere Allgemeine Versicherungsbedingungen verwendeten davon abweichend die Begriffe „Richtigkeit", „Unrichtigkeit" bzw. „Wahrheitswidrigkeit".

Das Reichsgericht entschied in den Urteilen vom 23.10./17.11.1885 - III 157/85[211], vom 12.03.1892 - I 391/91[212] und vom 23.10.1908 - VII 526/07[213], unter welchen Voraussetzungen Angaben als objektiv falsch bzw. wahrheitswidrig anzusehen sind:

In dem Urteil RG vom 23.10./17.11.1885 - III 157/85[214] stellte es fest, dass das Ziehen eines Striches zur Beantwortung einer Frage zwei Bedeutungen haben kann: Zum einen eine Verweigerung, die Frage zu beantworten, und zum anderen eine Verneinung der Frage. Nach den dem Versicherungsvertrag zugrundeliegenden Allgemeinen Versicherungsbedingungen habe jedoch nur die wissentlich falsche Verneinung und nicht die Nichtbeantwortung einer Frage die Verwirkung des Versicherungsanspruchs zur Folge. Ob der Versicherungsnehmer die Frage nicht beantworten, oder verneinen wollte, sei eine Beweisfrage. Da die Versicherungsgesellschaft sich auf die Verwirkung berufen wolle, treffe sie der

211 Bolze Bd. 2, S. 272.
212 Bolze Bd. 14, S. 310 - 312.
213 LZ 1909, S. 78f.
214 Bolze Bd. 2, S. 272.

Beweis dafür, dass der Versicherungsnehmer eine Frage im Antrag wissentlich falsch beantwortet hat. Gelinge ihr dieser Beweis nicht, müsse im Zweifel angenommen werden, dass der Versicherungsnehmer mit dem Strich die Beantwortung der Frage verweigern wollte. In einem derartigen Fall bleibe die Versicherung zur Leistung verpflichtet. Den Versicherungsgesellschaften bleibe dann nur die Möglichkeit, die Annahme des Antrags abzulehnen.

Für den Versicherungsnehmer stellt sich diese Rechtsprechung als günstig dar: Den Versicherern wird ein Beweis darüber, dass der Versicherungsnehmer mit dem Ziehen eines Striches eine Antwort verneinen wollte, nur schwer gelingen. Nimmt der Versicherer trotz der Nichtbeantwortung einer Frage den Versicherungsantrag an, ist ihm der spätere Rücktritt unter Berufung auf diese Nichtbeantwortung versagt.

Das Reichsgericht kam in der Entscheidung vom 12.03.1892 - I 391/91[215] zu dem Ergebnis, dass der Versicherungsnehmer nach dem Wortlaut der dem Versicherungsverhältnis zugrundeliegenden Versicherungsbedingungen Fragen im Versicherungsantrag richtig zu beantworten hat, dass ihm eine falsche Beantwortung aber dann nicht zum Nachteil gereicht, wenn der Versicherer nach dem ordnungsgemäßen Gang der Dinge auf andere Weise Kenntnis von den zu nennenden Umständen erlangt haben könnte, der Versicherer diesen ordnungsgemäßen Gang jedoch unterlassen hat.

Das Reichsgericht erkannte das Interesse des Versicherers an der Nichtleistung infolge falscher Beantwortung von Frage im Versicherungsantrag in dieser Entscheidung somit dann nicht als schützenswert an, wenn er es selbst verschuldet hatte, auf andere Weise von den zu nennenden Umständen Kenntnis zu erlangen. Dem Interesse des Versicherungsnehmers an der Erlangung des Versicherungsschutzes wird in einem derartigen Fall mehr Gewicht als dem Interesse des Versicherers beigemessen.

Das Reichsgericht entschied in dem Urteil vom 23.10.1908 - VII 526/07[216], dass Beurteilungen des Versicherten über seine persönlichen Verhältnisse nicht bloße Urteile darstellen, die nur unzutreffend oder sachwidrig, nicht jedoch unwahr sein können. Es führte dazu aus:

„Der Antragsteller hat über seine persönlichen Verhältnisse Auskunft zu geben, sie bilden die tatsächliche Unterlage für Fragen und Antworten, letztere haben sich diesen Verhältnissen anzupassen. Das tut eine Antwort aber nur, wenn sie der tatsächlichen Lage entspricht. Gibt die Antwort eine mit der Wirklichkeit nicht übereinstimmende Auskunft, so steht der Umstand, dass sie sich dem Wortlaute nach als Urteil darstellt, der Anwendung des § 15 der Be-

---

215 Bolze Bd. 14, S. 310 - 312.

216 LZ 1909, S. 78f.

dingungen nicht entgegen. Es handelt sich auch dann nicht nur um Urteile, die unzutreffend und sachwidrig, aber nicht unwahr sein können, sondern in solcher Beurteilung seiner ihm wohl bekannten persönlichen Verhältnisse seitens des Antragstellers ist zugleich eine tatsächliche Auskunft über dieselben enthalten und diese kann ohne Rechtsirrtum als Erklärung im Sinne der Versicherungsbedingungen angesehen und auf ihre Wahrheit geprüft werden."

Das Reichsgericht vermittelt mit dieser Erklärung den Eindruck, der Wahrheitsgehalt der Antwort des Versicherungsnehmers könne objektiv ermittelt werden. Zum Schutz der Versicherungsnehmer ist demgegenüber zu berücksichtigen, dass unterschiedliche Situationen von verschiedenen Menschen in einem voneinander abweichenden Sinne eingeschätzt werden können. Erscheint die Einschätzung des Versicherungsnehmers im Hinblick auf die Beantwortung der Frage im Versicherungsantrag noch vertretbar, dürfte sich die Beantwortung der Frage in diesem Sinne nicht als unzutreffend darstellen. Bei Zugrundelegung dieser Erwägungen wäre dem Reichsgericht mithin auch eine für die Versicherungsnehmer günstigere Entscheidung möglich gewesen.

Abschließend lässt sich feststellen, dass trotz dieser letzten Entscheidung insbesondere aufgrund der Urteile des Reichsgerichts vom 23.10./17.11.1885 - III 157/85 und vom 12.03.1892 - I 391/91 die Auslegung der Begriffe „Richtigkeit", „Unrichtigkeit", „Falschheit" bzw. „Wahrheitswidrigkeit" bei der Anzeigeobliegenheit des Versicherungsnehmer im Rahmen der Lebensversicherung eher versicherungsnehmerfreundlich war.

c) Ergebnis

Ebenso wie bei der Feuerversicherung und der Unfallversicherung wich das Reichsgericht auch bei der Lebensversicherung durch das Abhängigmachen des Verlusts des Versicherungsanspruchs vom Verschulden des Versicherungsnehmers zugunsten der Versicherungsnehmer von dem starren Wortlaut der Versicherungsbedingungen ab. Da auch die Auslegung der Begriffe „Richtigkeit", „Unrichtigkeit", „Falschheit" und „Wahrheitswidrigkeit" zumeist zugunsten der Versicherungsnehmer erfolgte, kann die Rechtsprechung des Reichsgerichts zur Anzeigeobliegenheit bei Vertragsschluss in der Lebensversicherung als versicherungsnehmerfreundlich bezeichnet werden.

4. Die Obliegenheit zur Anzeige gefahrerheblicher Umstände in der Haftpflichtversicherung

Ebenso wie in den übrigen Versicherungszweigen trifft den Versicherungsnehmer auch in der Haftpflichtversicherung die Obliegenheit zur Anzeige gefahrerheblicher Umstände.

Entsprechend enthielt § 12 Satz 1 der Allgemeinen Versicherungsbedingungen für die Haftpflichtversicherung aus dem Jahr 1905 folgende Bestimmung:

„Hat der Versicherungsnehmer im Antrag oder in sonstigen Erklärungen, auf Grund deren die Versicherung abgeschlossen oder abgeändert worden ist, Umstände, welche auf den Entschluß der Gesellschaft, sich überhaupt oder bedungenermaßen auf die Versicherung einzulassen, von Einfluß gewesen sind oder von Einfluß hätten sein können, absichtlich oder fahrlässigerweise unrichtig angegeben oder verschwiegen, so ist die Gesellschaft berechtigt, jede Entschädigung abzulehnen."

Demgegenüber enthielten spätere Allgemeine Versicherungsbedingungen für die Haftpflichtversicherung keine Regelung der Obliegenheit zur Anzeige gefahrerheblicher Umstände mehr. Ent-sprechend fand allein die gesetzliche Bestimmung des § 16 VVG Anwendung.

Entscheidungen des Reichsgerichts zur Problematik der Obliegenheit zur Anzeige gefahrerheblicher Umstände in der Haftpflichtversicherung liegen nicht vor; insgesamt scheinen Streitigkeiten zwischen Haftpflichtversicherern und Versicherungsnehmern wegen Verletzung der Obliegenheit zur Anzeige gefahrerheblicher Umstände bei Vertragsschluss nur in geringer Zahl geführt worden zu sein.[217]

5. Die Obliegenheit zur Anzeige gefahrerheblicher Umstände in der Kraftfahrzeughaftpflichtversicherung

Eine Regelung der Obliegenheit zur Anzeige gefahrerheblicher Umstände war in den Allgemeinen Versicherungsbedingungen für die Kraftfahrzeugversicherungen nicht enthalten. Allein maßgeblich für diese Obliegenheit war damit die gesetzliche Bestimmung des § 16 des Versicherungsvertragsgesetzes. In der Rechtsprechung des Reichsgerichts war die Obliegenheit zur Anzeige gefahrerheblicher Umstände in der Kraftfahrzeughaftpflichtversicherung bedeutungslos.[218]

6. Zusammenfassung

Mit der Einführung des Grundsatzes, dass Falschangaben des Versicherungsnehmers im Versicherungsantrag nur dann die Verwirkung des Versicherungsanspruchs zur Folge haben, wenn sie verschuldet sind, leistete das Reichsgericht einen maßgeblichen Beitrag zum Schutz der Versicherungsnehmer.

Auch darüber hinaus muss die Rechtsprechung des Reichsgerichts zur Anzeigeobliegenheit als für die Versicherungsnehmer günstig angesehen werden. Anhand der vorgenannten Entscheidungen ist die Tendenz der Reichsgerichts zu erkennen, die Obliegenheit zur Anzeige gefahrerheblicher Umstände in einem für die Versicherungsnehmer günstigen Sinne auszulegen.

---

217 Johannsen, in B/M/J, 4. Bd., Anm. F 5.

218 Johannsen, in B/M/J, Bd. 5 1. Hb., Anm. F 3.

Der Gesetzgeber kodifizierte in § 16 Abs. 3 des Versicherungsvertragsgesetzes das vom Reichsgericht entwickelte Verschuldensprinzip und erweiterte den Schutz der Versicherungsnehmer gegenüber der Rechtslage vor Inkrafttreten des Versicherungsvertragsgesetzes weiterhin dadurch erheblich, dass der Fall der Verletzung der Anzeigeobliegenheit durch den Versicherungsnehmer nicht mehr, wie nach den früheren Allgemeinen Versicherungsbedingungen, zur Leistungsfreiheit des Versicherers führte. Seine Leistungsfreiheit konnte der Versicherer vielmehr nur noch mit dem Mittel der Anfechtung des Versicherungsvertrages wegen arglistiger Täuschung gemäß § 22 des Versicherungsvertragsgesetzes herbeiführen. In allen übrigen Fällen blieb der Versicherer gemäß § 21 des Versicherungsvertragsgesetzes zur Leistung verpflichtet, sofern der Umstand, bezüglich dessen die Anzeigepflicht verletzt ist, keinen Einfluss auf den Eintritt des Versicherungsfalls und auf den Umfang der Leistung des Versicherers hatte. Ihm blieb dann gemäß § 16 Abs. 2 Satz 1 des Versicherungsvertragsgesetzes nur die Möglichkeit, sich durch Rücktritt für die Zukunft von dem Versicherungsvertrag zu lösen.

II. Die Obliegenheit zum Unterlassen von Gefahrerhöhungen und zur Anzeige von Gefahrerhöhungen

Nach Vertragsschluss trifft den Versicherungsnehmer die Obliegenheit, Gefahrerhöhungen zu unterlassen bzw. erfolgte Gefahrerhöhungen dem Versicherer anzuzeigen. Hintergrund für diese Regelung ist, dass der Versicherer aufgrund bestimmter Angaben des Versicherungsnehmers im Versicherungsantrag eine Kalkulation des versicherten Risikos vorgenommen hat. Erhöht sich dieses Risiko, entspricht die vorgenommene Kalkulation nicht mehr den tatsächlichen Verhältnissen.

Vor Inkrafttreten des Versicherungsvertragsgesetzes waren die Obliegenheiten zum Unterlassen von Gefahrerhöhungen und zur Anzeige von Gefahrerhöhungen und die Rechtsfolgen entsprechender Obliegenheitsverletzungen allein in den Allgemeinen Versicherungsbedingungen geregelt.

Das im Jahr 1910 in Kraft getretene Versicherungsvertragsgesetz regelte die Obliegenheiten zum Unterlassen von Gefahrerhöhungen und zur Anzeige von Gefahrerhöhungen in den §§ 23 ff. Es unterschied dabei zwischen willkürlichen und ungewollten Gefahrerhöhungen. Bei willkürlichen Gefahrerhöhungen wurde der Versicherer gemäß § 25 Abs. 1 VVG von der Verpflichtung zur Leistung frei, wenn der Versicherungsfall nach der Gefahrerhöhung eintrat. Leistungsfreiheit trat nicht ein, wenn die Gefahrerhöhung nicht auf einem Verschulden des Versicherungsnehmers beruhte und dieser die Gefahrerhöhung unverzüglich anzeigte (Abs. 2), bzw. wenn die Kündigungsfrist des Versicherers abgelaufen war (Abs. 3 1. Hs.) bzw. wenn die Gefahrerhöhung keinen Einfluss auf den

Versicherungsfall und den Umfang der Leistungspflicht hatte (Abs. 3 2. Hs.). Bei ungewollten Gefahrerhöhungen blieb die Leistungspflicht gemäß § 27 f. VVG demgegenüber grundsätzlich bestehen, es sei denn, der Versicherungsnehmer hatte die unverzügliche Anzeige unterlassen und der Versicherungsfall trat später als einen Monat nach dem Anzeigezeitpunkt ein. Bei §§ 23 - 26 VVG war die Leistungsfreiheit mithin an die Gefahrerhöhung selbst, bei §§ 27f. VVG demgegenüber an die Nichtanzeige geknüpft.

1. Die Obliegenheit zum Unterlassen von Gefahrerhöhungen und zur Anzeige von Gefahrerhöhungen in der Feuerversicherung

Bereits die Allgemeinen Versicherungsbedingungen für die Feuerversicherung aus dem Jahr 1874 enthielten in § 5 die Obliegenheiten des Versicherungsnehmers zum Unterlassen und zur Anzeige von Gefahrerhöhungen. Die Bestimmung lautete:

„Wenn im Laufe der Versicherung die Feuergefährlichkeit sich vermehrt, oder versicherte Gegenstände noch anderswo versichert werden, so erlischt die Entschädigungs-Verpflichtung bezüglich aller versicherten Gegenstände. Wenn versicherte Gegenstände translocirt werden, oder, ausser Erschaftsfällen, den Eigenthümer wechseln, so erlischt die Entschädigungs-Verpflichtung bezüglich der betroffenen Gegenstände. Die Entschädigungs-Verpflichtung tritt jedoch in den obigen Fällen wieder in Kraft, wenn die Gesellschaft nach Kenntnissnahme des betreffenden Umstandes sich zur Fortsetzung der Versicherung schriftlich bereit erklärt hat."

Die Allgemeinen Versicherungsbedingungen für die Feuerversicherung von 1887 enthielten davon abweichend folgende Bestimmung:

„§ 5. Wenn der Versicherte im Laufe der Versicherung

1. eine Vermehrung der Feuergefährlichkeit herbeiführt oder zuläßt,
2. versicherte Gegenstände noch anderweitig versichert,
3. sie in eine andere Lokalität als diejenige, wo sie versichert sind, verbringt oder verbringen läßt oder wenn
4. versicherte Gegenstände, abgesehen von Erbschaftsfällen, den Eigentümer wechseln,

so ruht bis zur schriftlichen Genehmigung dieser Veränderungen seitens der Gesellschaft oder bis zur Wiederherstellung des früheren Zustandes die Entschädigungsverpflichtung der Gesellschaft, und zwar in den Fällen unter 1 und 2 bezüglich aller, in den Fällen unter 3 und 4 bezüglich der davon betroffenen versicherten Gegenstände.

Umstände, welche, unabhängig von dem Willen des Versicherten eintretend, die Feuergefährlichkeit vermehren, werden nur dann den unter 1 aufgeführten Umständen gleich geachtet, wenn der Versicherte unterläßt, der Gesellschaft nach erlangter Kenntnis davon ohne Verzug schriftlich Anzeige zu machen. Erstattet aber der Versicherte diese Anzeige ohne Verzug, so ist die Gesellschaft, falls sie die Versicherung nicht fortsetzen will, berechtigt, die letztere durch schriftliche Anzeige mit Ablauf von zwei Wochen nach Zustellung jener Anzeige aufzuheben."

Gegenüber den Allgemeinen Versicherungsbedingungen für die Feuerversicherung aus dem Jahr 1874 stellten diese Bedingungen eine wesentliche Verbesserung der Position des Versicherungsnehmers dar: Nach den Versicherungsbedingungen aus dem Jahr 1874 erlosch die Entschädigungsverpflichtung unabhängig davon, ob die Änderung im Versicherungsverhältnis mit oder ohne Wissen und Willen des Versicherten eintrat. Für den Versicherungsnehmer bestand damit die Gefahr, dass der Versicherungsschutz wegen zwischenzeitlich eingetretener Gefahrerhöhung bereits erloschen war, ohne dass er hiervon überhaupt Kenntnis hatte. Der neue § 5 AFB 1887 differenzierte demgegenüber wie folgt: Änderte der Versicherte selbst die Umstände ab oder ließ er sie abändern, blieb es bei der bisherigen Rechtsfolge. Traten die umschriebenen Umstände jedoch unabhängig vom Willen des Versicherten ein, so ruhte die Entschädigungsverpflichtung erst dann, wenn der Versicherte es unterließ, „nach erlangter Kenntnis davon ohne Verzug schriftlich Anzeige zum machen". Bei rechtzeitiger Anzeige bestand der Versicherungsschutz fort, jedoch war die Gesellschaft berechtigt, das Versicherungsverhältnis innerhalb von zwei Wochen nach Zustellung der Anzeige schriftlich aufzuheben.

Diese Differenzierung zwischen unverschuldeter und verschuldeter Gefahrerhöhung wurde in späteren Allgemeinen Versicherungsbedingungen beibehalten und auch im Versicherungsvertragsgesetz kodifiziert.

Der Begriff der Gefahrerhöhung ist weder in den Allgemeinen Versicherungsbedingungen noch im Versicherungsvertragsgesetz definiert.

Das Reichsgericht nahm zum ersten Mal in der Entscheidung vom 05.10.1889 - II 176/89[219] zum Begriff der Gefahrerhöhung bei der Feuerversicherung Stellung. Es kam dabei zu dem Ergebnis, dass eine einmalige Handlung keine Erhöhung der Feuergefahr darstellt. Es führte dazu aus, der Zweck der Pflicht zum Unterlassen von Gefahrerhöhungen sei im Schutz des Versicherers[220] vor nachteiligen Änderungen der Gefahrlage zu sehen.[221] Ein derartiger Schutz sei nur bei einmaliger Gefahrerhöhung nicht erforderlich.

219 Bolze Bd. 8, S. 239.

220 Der Versicherer ordnet das angezeigte Risiko in eine Gefahrengruppe ein (B/M, § 16 Anm. 4). Die richtige Kenntnis der Gefahrumstände ist folglich Grundlage der Risikoeinordnung (Dr. Böttger, 26. Sitzung des Reichstages, 23. Jan. 1906; Motive S. 578). Erhöht sich das Risiko ohne das der Versicherer davon Kenntnis erlangt und fällt das Risiko damit in eine neue Gefahrgruppe, erhält der Versicherer nicht mehr eine risikoentsprechende Prämie bzw. deckt er ein Risiko, welches er bei Kenntnis der Gefahrumstände nicht decken würde.

221 Motive zum VVG, S. 97; B/M, 1. Bd., § 23 Anm. 18.

Das Reichsgericht räumte im Widerstreit zwischen dem Interesse des Versicherungsnehmers an dem Bestehenbleiben des Versicherungsschutzes und dem Interesse des Versicherers am Eintritt der Leistungsfreiheit dem Interesse des Versicherungsnehmers im Falle einmaliger Gefahrerhöhung den Vorrang ein.[222]

Anders hatte dies noch das Reichsoberhandelsgericht in dem Urteil ROHG 10.11.1871 - I 448/71[223] für die Seeversicherung entschieden. Danach hatte die Deviation, also das Abweichen des Versicherungsnehmers vom versicherten Kurs, grundsätzlich den Verlust des Versicherungsanspruchs zur Folge, auch wenn später wieder auf den versicherten Kurs zurückgekehrt wurde. Somit führte bereits eine einmalige Handlung, das Abweichen vom Kurs, zum vollständigen Verlust jeglichen Anspruchs für den Versicherungsnehmer.

In dem der Entscheidung des Reichsgerichts vom 27.05.1904 - VII 2/04[224] zugrundeliegenden Fall lag unproblematisch eine Gefahrerhöhung durch den Versicherungsnehmer vor. Dem Wortlaut der Klausel nach wäre die Versicherungsgesellschaft mithin zur Leistungsverweigerung berechtigt gewesen. Das Reichsgericht lehnte jedoch trotz dieses Wortlauts ein Leistungsverweigerungsrecht des Versicherers mit folgender Begründung ab. Die Pflicht zur Anzeige von Gefahrerhöhungen habe den Zweck, den Versicherer vor nachteiligen Änderungen der Gefahrenlage zu schützen. Eines derartigen Schutzes bedürfe der Versicherer dann nicht, wenn die Gefahrerhöhung im Zeitpunkt des Versicherungsfalles bereits wieder beendet sei. In diesen Fällen trete das Interesse des Versicherungsnehmers an Versicherungsschutz wieder in den Vordergrund.

Das Reichsgericht begründete die Abweichung mithin mit dem Interesse des Versicherungsnehmers. Die vorrangige Berücksichtigung des Versicherungsnehmerinteresses gegenüber dem Wortlaut der Klausel muss als für die Versicherungsnehmer günstig bezeichnet werden.

Der Entscheidung des Reichsgerichts vom 27.06.1939 - VII 31/39[225] lag folgender Sachverhalt zugrunde: Bei der Versicherungsnehmerin war es zu einem Brandschaden gekommen. Ein Gläubiger der Versicherungsnehmerin hatte den Anspruch pfänden und zur Einziehung überweisen lassen. Die Versicherungsgesellschaft lehnte ihre Leistungspflicht u.a. mit der Begründung ab, dass die Versicherungsnehmerin die Gefahr nach Abschluss des Versicherungsvertrages ohne Einwilligung der Versicherungsgesellschaft dadurch erhöht habe, dass die

222 Nach den Motiven zum VVG dient die gesetzliche Regelung der Gefahrstandspflicht einen derartigen angemessenen Risikoausgleich (Motive zum VVG, S. 100).

223 ROHG Bd. 4, S. 82 ff. (Labauve, S. 119 ff.).

224 JW 1904, S. 420.

225 RGZ Bd. 161, S. 23 - 29.

Mieterin der Versicherungsnehmerin Kiefernreisigbündel und eine Anzahl Bretter im Fabrikraum gelagert habe. Sie sei daher gemäß § 6 AVB wegen einer tatsächlichen, nach Beginn der Versicherung eintretenden erheblichen Änderung der Gefahrenlage, welche den Eintritt des Versicherungsfalls wahrscheinlicher mache, von ihrer Leistungspflicht frei geworden. Das Reichsgericht gab dem Versicherer Recht.

Das Urteil zeigt die Problematik der Gefahrerhöhung auf: Bei größeren Betrieben ist es für den gewandten Versicherungstechniker ein leichtes, bei der Besichtigung des Betriebes ausreichend Umstände aufzufinden, die sich als Gefahrerhöhungen darstellen, um sich auf die Leistungsfreiheit zu berufen.[226] Es dürfte jedem gewerblichen Versicherungsnehmer schwer fallen, derartige Gefahrerhöhungen in seinem Betrieb gänzlich zu unterbinden. Andererseits darf auch das Risiko für den Versicherer nicht aus den Augen gelassen werden: Dieser kalkuliert seine Prämie nach einem bestehenden Zustand. Treten nachträgliche Änderungen in diesem Zustand ein, erfordert dieses gegebenenfalls eine erneute Prämienkalkulation. Eine Abwägung der Interessen des Versicherungsnehmers und des Versicherers bleibt damit vom jeweiligen Einzelfall abhängig.

Der Entscheidung des Reichsgerichts vom 29.04.1941 - VII 132/40[227] lag folgender Sachverhalt zugrunde: Am 24.11.1938 waren die versicherten Wohn- und Wirtschaftsgebäude des Versicherungsnehmers abgebrannt. Der Versicherer lehnte die Leistung wegen Gefahrerhöhung ab, da der Versicherungsnehmer sich „lange Zeit vor dem Brande dem Trunke ergeben“, aber nichts dagegen getan habe.

Das Reichsgericht kam zu dem Ergebnis, dass nicht nur äußere Umstände sondern auch subjektive, in der Person des Versicherungsnehmers liegende Umstände eine erhebliche Gefahrerhöhung darstellen können. Dieses Ergebnis entspricht sowohl dem Wortlaut der Allgemeinen Versicherungsbedingungen als auch dem berechtigten Interesse des Versicherers. Eine abweichende Entscheidung wäre auch unter dem Gesichtspunkt des Schutzes der Versicherungsnehmer kaum zu begründen gewesen.

Im Ergebnis lässt sich damit festhalten, dass das Reichsgericht den Begriff der Gefahrerhöhung bei der Feuerversicherung in einem für die Versicherungsnehmer günstigen Sinne auslegte, indem es eine Gefahrerhöhung nicht bereits bei einer bloß einmaligen Erhöhung der Feuergefährlichkeit als gegeben ansah, sondern einen Zustand von gewisser Dauer forderte. Weiterhin für die Versicherungsnehmer günstig war, dass das Reichsgericht eine bereits beendete Erhö-

---

226 Prange, S. 221.

227 Recht 1941, S. 334; DR 1941, S. 1786 - 1788.

hung der Feuergefährlichkeit nicht mehr als Gefahrerhöhung ansah. Die Rechtsprechung des Reichsgerichts zum Begriff der Gefahrerhöhung stellt sich als für den Versicherungsnehmer infolgedessen als günstig dar.

2. Die Obliegenheit zum Unterlassen von Gefahrerhöhungen und zur Anzeige von Gefahrerhöhungen in der Unfallversicherung

Die Ausgestaltung der Allgemeinen Versicherungsbedingungen für die Unfallversicherung ist in Hinblick auf die Obliegenheit zum Unterlassen von Gefahrerhöhungen und zur Anzeige von Gefahrerhöhungen bis heute nicht abschließend geklärt.[228]

Die AUB 1904 enthielten in § 4 Abs. 1 Satz 1 eine Bestimmung für die Frage der Änderung der Berufstätigkeit durch den Versicherten:

„Ändert der Versicherte im Laufe der Versicherung seine Berufstätigkeit oder seine Beschäftigung gegenüber den Angaben im Antrag und den Feststellungen in der Police oder der Nachträgen in der Weise, dass hierdurch eine erhebliche Erhöhung der Gefahr herbeigeführt wird, oder nimmt er eine der im § 1 Abs. 3 angeführten Nebenbeschäftigungen auf, so erstreckt sich die Versicherung auf Unfälle bei Ausübung der neuen Berufstätigkeit oder der neuen Beschäftigung erst dann, wenn die Gesellschaft auf Anzeige des Versicherten sich hiermit schriftlich einverstanden erklärt und der Versicherte die von der Gesellschaft geforderte Mehrprämie entrichtet hat".

Hinsichtlich dieser Bestimmung stellte sich zunächst das Problem, ob es sich hierbei um eine Obliegenheit oder eine Risikobegrenzung handelte.
In den Urteilen vom 17.12.1907 - VII 131/07[229], vom 15.01.1907 - VI 101/06[230] und vom 20.05.1910 -VII 416/09[231] sah das Reichsgericht entsprechende Bestimmung als Risikobegrenzung und nicht als Obliegenheit an.

Unter dem Gesichtspunkt des Versicherungsnehmerschutzes stellen sich diese Entscheidungen als für den Versicherungsnehmer nachteilig dar. Die Voraussetzungen, unter denen bei einer Risikobegrenzung der Versicherungsschutz entfällt, sind geringer als bei der Verletzung einer Obliegenheit. Anders als Obliegenheitsverletzungen greifen Risikobegrenzungen bereits bei Vorliegen ihrer objektiven Voraussetzungen an, d.h. sie lassen den Versicherungsschutz unabhängig von einem Verschulden des Versicherungsnehmers an der Erfüllung des Tatbestandes der Risikobegrenzung entfallen. Für die Ansicht des Reichsgerichts spricht zwar, dass die Versicherer in der Bestimmung des § 4 Abs. 1 Satz

---

228 Vgl. aus der aktuellen Literatur: Wagner, in: B/M/W, Bd. 6 1. Hb. Anm. F 23 ff.
229 Recht 1908, Sp. 107f. Nr. 634.
230 LZ 1907, Sp. 355 - 357.
231 RGZ Bd. 73, S. 359 - 362, S. 362.

1 AUB 1904 das Wort „Obliegenheit" nicht verwendet haben.[232] Demgegenüber ist heute jedoch anerkannt, dass für die Abgrenzung von Obliegenheiten und Risikobegrenzungen nicht der Wortlaut entscheidend ist[233], da es ansonsten dem Versicherer freistünde durch die Wahl des Wortlautes seiner Bestimmungen den Schutz des Versicherungsvertragsgesetzes zu umgehen, insbesondere den § 25 Abs. 2 VVG, nach dem nur eine verschuldete Gefahrerhöhung zur Leistungsfreiheit des Versicherers führt.

Obliegenheitsverletzungen sind Verhaltenspflichten, d.h. sie legen dem Versicherten bzw. dem Versicherungsnehmer ein bestimmtes sorgfältiges Verhalten auf.[234] Risikobegrenzungen enthalten demgegenüber eine objektive Beschreibung des versicherten Wagnisses, für das der Versicherungsschutz besteht.[235]

Im Hinblick auf diese Abgrenzung wäre es dem Reichsgericht daher durchaus möglich gewesen, die Bestimmung des § 4 Abs. 1 Satz 1 AUB 1904 als Obliegenheit aufzufassen, da sie an ein Verhalten des Versicherungsnehmers (Anzeige der Berufsänderung und Entrichtung des Mehrbeitrages) anknüpft und die Bestimmung damit in einem für die Versicherungsnehmer wesentlich günstigeren Sinne auszulegen.

§ 6 AUB 1910 enthält diesbezüglich folgende Bestimmung:

„Tritt im Laufe der Versicherung eine Änderung in der Berufstätigkeit oder Beschäftigung des Versicherten ein, so ist dies der Gesellschaft unverzüglich schriftlich anzuzeigen. Bedeutet diese Änderung eine Verminderung der Gefahr, für welche nach der Zeit des Abschlusses der Versicherung gültigen Tarif der Gesellschaft eine geringere als die bisher festgesetzte Prämie zu zahlen ist, so ist die Prämie vom nächsten Fälligkeitstermin an entsprechend zu ermäßigen. Erfordert die neue Berufstätigkeit oder Beschäftigung nach dem zur Zeit des Abschlusses der Versicherung gültigen Tarif eine höhere als die bisher festgesetzte Prämie, so wird die Versicherung auch auf das neue Risiko mit der Maßgabe erstreckt, dass sich die versicherten Beträge vom Eintritt der Änderung an im Verhältnisse der bisher festgesetzten zu der nach dem Tarif erforderlichen Prämie vermindern, solange nicht eine Vereinbarung über eine entsprechende Erhöhung der Prämie zustande gekommen ist".

Ähnliche Regelungen enthalten § 4 Abs. 1 AUB 1920 und § 4 Nr. 1 AUB 1937, § 4 Abs. 1 AUB 1961 und § 6 I AUB 1988.

Das Reichsgericht hat die Frage, ob auch diese Regelung, als Risikobegrenzung oder als Obliegenheit anzusehen ist, insbesondere vor dem Hintergrund, dass zwischenzeitlich das Versicherungsvertragsgesetz in den §§ 23 - 29 die Oblie-

---

232 Im gleichen Sinne: Gerhard, Zusatz zum vierten Abschnitt, § 4 Anm. 1, S. 745.
233 Schimikowski, Rn. 178 f.
234 Schimikowski, Rn. 179.
235 BGH, Urt. v. 31.01.1990 – IV 227/88 (VersR 1990, S. 482 – 484, S. 483).

genheiten zum Unterlassen und zur Anzeige von Gefahrerhöhungen geregelt hat, nicht entschieden.

Letztlich muss jedoch die Rechtsprechung des Reichsgerichts zur Frage der Änderung der Berufstätigkeit aufgrund der Urteile des Reichsgerichts vom 17.12.1907 - VII 131/07, vom 15.01.1907 - VI 101/06 und vom 20.05.1910 -VII 416/09 als eindeutig für die Versicherungsnehmer nachteilig angesehen werden.

3. Die Obliegenheit zum Unterlassen von Gefahrerhöhungen und zur Anzeige von Gefahrerhöhungen in der Risikolebensversicherung

Die Allgemeinen Versicherungsbedingungen für die Risikolebensversicherung verwendeten nicht ausdrücklich den Begriff „Gefahrerhöhung". Eine Gefahrerhöhung ist in der Risikolebensversicherung jedoch dann gegeben, wenn sich bei dem Versicherten das Risiko des Todeseintritts erhöht. Dieser Gefahr versuchten frühe Allgemeine Versicherungsbedingungen für die Risikolebensversicherung dadurch zu begegnen, dass sie den Versicherungsschutz dann entfallen ließen, wenn der Versicherte einem „ausschweifenden Lebenswandel" verfiel bzw. wenn der Versicherte sein Leben durch mutwillige oder unnötigerweise gefährdende Handlungen verkürzte.

Auf den ersten Blick erscheinen diese Klauseln aufgrund der verwendeten Formulierung eher als Risikoausschlüsse, denn als Obliegenheiten. Jedoch handelt es sich bei den aufgezählten Tatbeständen um Sonderfälle der Gefahrerhöhung, da sie vom Versicherten ein sorgfältiges Verhalten abverlangen.[236]

In dem der Entscheidung des Reichsgerichts vom 04.05.1887 - V 87/87[237] zugrundeliegenden Fall hatte der Versicherte infolge einer Wette einen ¾ Liter schwedischen Punsch in fünf Minuten getrunken und war etwa drei Stunden später an einem Herzschlag gestorben.

Das Reichsgericht schränkte in den Entscheidungsgründen die Obliegenheit zum Unterlassen einer Gefahrerhöhung dahingehend ein, dass ein ausschweifender Lebenswandel den Versicherungsschutz nur dann entfallen lässt, wenn sich der Versicherte der Lebensgefährlichkeit seiner Handlung bewusst gewesen ist oder bei gewöhnlicher Aufmerksamkeit hätte bewusst werden müssen.

Es wendete damit zugunsten der Versicherungsnehmer auf die Obliegenheit zum Unterlassen von Gefahrerhöhungen in der Risikolebensversicherung das Verschuldensprinzip an. Die Folge davon war, dass abweichend vom Wortlaut der

236 Zur Abgrenzung von Obliegenheiten und Risikoausschlüssen: Schimikowski, Rn. 179.
237 JW 1887, S. 275.

Allgemeinen Versicherungsbedingungen nur eine vorsätzliche oder grob fahrlässige Gefahrerhöhung den Versicherungsschutz entfallen ließ.

Gemäß dem Urteil des Reichsgerichts vom 02.10.1900 - II 150/00[238] führte eine einzelne Handlung nur dann zum Verlust des Versicherungsanspruchs wegen Lebensgefährdung, wenn sich der Versicherte der Lebensgefährlichkeit der Handlung bewusst war oder bei gewöhnlicher Aufmerksamkeit hätte bewusst werden müssen. Beim Vorliegen von Trunksucht sei eine darüber hinausgehende einmalige das Leben gefährdende Handlung für den Verlust des Versicherungsanspruchs jedoch nicht erforderlich, vielmehr stelle bereits das Vorliegen von Trunksucht eine Lebensgefährdung dar und führe zum Verlust des Versicherungsanspruchs.

Im gewöhnlichen Sprachgebrauch bedeutet Lebensgefährdung soviel wie „das in eine das Leben bedrohende Gefahr bringen".[239] „Gefahr" bedeutet die Möglichkeit, dass jemanden etwas zustößt, dass ein Schaden eintritt.[240] Der gewöhnliche Sprachgebrauch stellt somit nicht darauf ab, wodurch die Gefahr für das Leben droht, so dass es mit diesem gewöhnlichen Sprachgebrauch vereinbar ist, Trunksucht als Lebensgefährdung anzusehen, sofern hiermit die Möglichkeit einer Gefahr für das Leben einhergeht.

Der Entscheidung lässt sich jedoch entgegenhalten, dass es sich bei der bezeichneten Trunksucht um eine Sucht handelt, dem Versicherungsnehmer folglich trotz Einsicht in die Gefährlichkeit seines Tuns ein dieser Einsicht entsprechendes Verhalten nicht möglich ist. Unter dem Gesichtspunkt des Schutzes der Versicherungsnehmer hätte daher geprüft werden können, ob infolge der suchtbedingten Unmöglichkeit sich sorgfaltsgemäß zu verhalten, eine Gefahrerhöhung hätte verneint werden müssen.

Die Rechtsprechung des Reichsgerichts zu den Obliegenheiten zum Unterlassen von Gefahrerhöhungen und zur Anzeige von Gefahrerhöhungen ist zwar insoweit als für die Versicherungsnehmer günstig einzuordnen, als das Reichsgericht auch auf diese Obliegenheiten zugunsten der Versicherungsnehmer das Verschuldensprinzip angewandt hat. Ansonsten erscheint die Auslegung der Begriffsmerkmale bei diesen Obliegenheiten ebenso wie bei der Unfallversicherung streng zu sein, wie bei der Lebensversicherung die Auslegung des Merkmals

---

238 JW 1900, S. 758.

239 Gefährdung bedeutet „das Gefährden, Gefährdetsein" (Duden, Das große Wörterbuch der. dt. Sprache zu „Gefährdung"), „gefährden" wiederum bedeutet „in eine best. Gefahr bringen, einer best. Gefahr aussetzen" (Duden, Das große Wörterbuch der dt. Sprache zu „gefährden". Lebensgefährdung ist folglich „das in eine das Leben bedrohende Gefahr bringen".

240 Duden, Das große Wörterbuch der dt. Sprache zu „Gefahr".

„Lebensgefährdung" in der Entscheidung des Reichsgerichts vom 02.10.1900 - II 150/00 erkennen lässt.

4. Die Obliegenheit zum Unterlassen von Gefahrerhöhungen und zur Anzeige von Gefahrerhöhungen in der Haftpflichtversicherung

In der Allgemeinen Haftpflichtversicherung ist die Obliegenheit zum Unterlassen von Gefahrerhöhung und zur Anzeige von Gefahrerhöhungen von geringer Bedeutung.

Dies liegt vor allem daran, dass die Allgemeinen Versicherungsbedingungen für die Haftpflichtversicherung auch Erhöhungen oder Erweiterung des versicherten Risikos in die Versicherung mit einschlossen.

So bestimmte § 5 a der AHB 1905:

> „Der durch die Police gegebene Versicherungsschutz wird auf alle Haftpflichtgefahren, die für den Versicherungsnehmer zur Zeit seiner Antragstellung noch nicht vorhanden waren, sondern erst nach Stellung des Antrags eingetreten sind, ausgedehnt."

Ähnliche Regelung enthielten auch die späteren Allgemeinen Versicherungsbedingungen für die Haftpflichtversicherung.[241]
Entscheidungen des Reichsgerichts zu dem Problembereich der Obliegenheit zum Unterlassen von Gefahrerhöhungen und zur Anzeige von Gefahrerhöhungen sind daher nicht bekannt.

5. Die Obliegenheit zum Unterlassen von Gefahrerhöhungen und zur Anzeige von Gefahrerhöhungen in der Kraftfahrzeughaftpflichtversicherung

Als Obliegenheit zum Unterlassen von Gefahrerhöhungen und zur Anzeige von Gefahrerhöhungen können § 3 Nr. 2 der Allgemeinen Versicherungsbedingungen für die Kraftfahrzeugversicherungen aus dem Jahr 1929 bzw. § 2 Abs. 2 lit. b der Allgemeinen Versicherungsbedingungen für die Kraftfahrzeugversicherungen aus dem Jahr 1941 aufgefasst werden. Entsprechender § 3 Nr. 2 AKB 1929 lautete:

> „Der Versicherungsschutz wird nur dann gewährt, wenn der berechtigte Führer des Kraftfahrzeugs bei Eintritt des Schadens den zur Führung des Fahrzeugs vorgeschriebenen Führerschein hat oder der Versicherungsnehmer dies entschuldbarerweise annehmen konnte."

Eine ähnliche Klausel enthielten die AKB aus dem Jahr 1941 in § 2 Abs. 2 lit. b. Nach dieser Bestimmung ist der Versicherer von der Verpflichtung zur Leistung frei,

---

241 § 10 Abs. 1 AHB 1910, § 1 Nr. 2 b AHB 1921, § 1 Nr. 2 b AHB 1941.

„wenn der Fahrer des Fahrzeugs bei Eintritt des Versicherungsfalls nicht die vorgeschriebene Fahrerlaubnis hat. Die Verpflichtung zur Leistung bleibt gegenüber dem Versicherungsnehmer oder Halter bestehen, wenn dieser das Vorliegen der Fahrerlaubnis bei dem berechtigten Fahrer ohne Verschulden annehmen durfte oder wenn ein unberechtigter Fahrer das Fahrzeug geführt hat".

Das Reichsgericht stellte in den Entscheidungen vom 25.10.1938 - VII 75/38[242] und vom 04.05.1939 - VII 6/39[243] jeweils fest, dass es sich bei diesen Bestimmungen um Risikoausschlüsse und nicht um Obliegenheiten zum Unterlassen von Gefahrerhöhungen und zur Anzeige von Gefahrerhöhungen handelt.

Die Entscheidungen des Reichsgerichts zu dieser sog. Führerscheinklausel werden daher bei den Risikoausschlüssen besprochen.

Weitere vertragliche Obliegenheiten zum Unterlassen von Gefahrerhöhungen und zur Anzeige von Gefahrerhöhungen waren in den Allgemeinen Versicherungsbedingungen für die Kraftfahrzeugversicherungen nicht enthalten. Entsprechend fanden allein die gesetzlichen Vorschriften des Versicherungsvertragsgesetzes Anwendung.

6. Zusammenfassung

Auch bei den Obliegenheiten zum Unterlassen einer Gefahrerhöhung und zur Anzeige von Gefahrerhöhungen wendete das Reichsgericht zugunsten der Versicherungsnehmer das Verschuldensprinzip an.

Hinsichtlich der Frage der Abgrenzung von Obliegenheiten und Risikobegrenzungen stellte das Reichsgericht sowohl in der Unfallversicherung (Berufsänderung), als auch in der Kraftfahrzeughaftpflichtversicherung (Führerscheinklausel) jeweils auf den Wortlaut der Bestimmungen ab und kam dabei zu dem Ergebnis, dass entsprechende Bestimmungen Risikobegrenzungen und keine Obliegenheiten darstellen.

Für die Versicherungsnehmer stellt sich dieses Ergebnis als nachteilig dar, da Risikoausschlüsse im Gegensatz zu Obliegenheiten den Versicherungsschutz unabhängig vom Verschulden des Versicherungsnehmers entfallen lassen.

Demgegenüber grenzt der Bundesgerichtshof Obliegenheiten und Risikobegrenzungen heute nicht mehr nach ihrem Wortlaut, sondern nach ihrem materiellen Inhalt voneinander ab. Eine Klausel stellt danach dann eine Obliegenheit dar, wenn sie von dem Versicherungsnehmer ein sorgfältiges Verhalten fordert, wo-

242 RGZ Bd. 158, S. 284 - 291.
243 RGZ Bd. 160, S. 220 - 225.

hingegen Risikobegrenzungen eine individualisierende Beschreibung des Wagnisses darstellen.[244]

Das Versicherungsvertragsgesetz regelt die Obliegenheit zum Unterlassen eine Gefahrerhöhung und zur Anzeige von Gefahrerhöhungen in §§ 23 - 29. Es differenziert dabei zwischen Gefahrerhöhungen, die mit Willen des Versicherungsnehmers eintreten (§§ 23 - 26 VVG) und Gefahrerhöhungen, die unabhängig vom Willen des Versicherungsnehmers eintreten (§§ 27 - 29 VVG). In beiden Fällen steht dem Versicherer ein Kündigungsrecht zu (§§ 24 Abs. 1 Satz 1, 27 Abs. 1 Satz 1 VVG). Die Voraussetzungen, unter denen der Versicherer von der Verpflichtung zur Leistung frei wird sind für die Gefahrerhöhung, die mit Willen des Versicherungsnehmers eintritt in § 25 VVG geregelt, diejenige für die Gefahrerhöhung, die unabhängig vom Willen des Versicherungsnehmers eintritt in § 28 Abs. 1 VVG. Anders als nach den früheren Allgemeinen Versicherungsbedingungen und der Rechtsprechung des Reichsgerichts ist der Verlust des Versicherungsanspruchs danach an strenge Voraussetzungen geknüpft. Die §§ 23 - 29 des Versicherungsvertragsgesetzes stellen somit eine erhebliche Verbesserung der Rechtsstellung des Versicherungsnehmers im Vergleich zu der vorgesetzlichen Rechtslage dar.

III. Die Obliegenheiten nach Eintritt des Versicherungsfalls

Den Versicherungsnehmer treffen nach Eintritt des Versicherungsfalls bestimmte in den Allgemeinen Versicherungsbedingungen beschriebene Obliegenheiten, deren Verletzung nach dem Inhalt der Bedingungen regelmäßig zur Leistungsfreiheit der Versicherungsgesellschaft führt.

Die Allgemeinen Versicherungsbedingungen sämtlicher Versicherungszweige legen dem Versicherungsnehmer die Obliegenheit zur unverzüglichen Anzeige des Versicherungsfalls (sog. Anzeigeobliegenheit),die Obliegenheit zur Auskunftserteilung (sog. Auskunftsobliegenheit) und die Obliegenheit zur Schadensabwendung und -minderung (sog. Rettungsobliegenheit) auf.

Der Sinn und Zweck der Anzeigeobliegenheit ist darin zu sehen, dem Versicherer möglichst frühzeitig Kenntnis vom Eintritt des Versicherungsfalls zu verschaffen, damit dieser in der Lage ist, entsprechende Auskünfte und Belege einzuholen und gegebenenfalls Rettungsmaßnahmen zu veranlassen. die Auskunftsobliegenheit dient dem Versicherer zur Erlangung der für die Schadensermittlung notwendigen Kenntnisse.[245]

---

244 BGH 17.09.1986 - IV a ZR 232/84 (VersR 1986, S. 1097 - 1099, S. 1098); BGH 31.01.1990 - IV ZR 227/88 (VersR 1990, S. 482 - 484, S. 483).

245 Möller, in: B/M, § 34, Anm. 1.

Im Versicherungsvertragsgesetz ist die Anzeigeobliegenheit in § 33 und die Auskunftsobliegenheit in § 34 gesetzlich normiert. Die Rettungsobliegenheit ist für die Schadensversicherung in § 62 des Versicherungsvertragsgesetzes geregelt, für die Unfallversicherung in § 183 Satz 1 des Versicherungsvertragsgesetzes.

Neben der Anzeige-, Auskunfts- und Rettungsobliegenheit enthalten die Allgemeinen Versicherungsbedingungen der verschiedenen Versicherungszweige verschiedene andere Obliegenheiten, die den Versicherungsnehmer nach Eintritt des Versicherungsfalls treffen. Entsprechende Obliegenheiten werden im folgenden bei den einzelnen Sparten behandelt.

1. Die Obliegenheiten nach Eintritt des Versicherungsfalls in der Feuerversicherung

Die Allgemeinen Versicherungsbedingungen für die Feuerversicherung aus dem Jahr 1874 regelten in ihrem § 6 die Obliegenheit des Versicherungsnehmers im Versicherungsfall wie folgt:

„Im Falle eines Brandes ist der Versicherte verpflichtet:

a) die versicherten Gegenstände möglichst zu retten, und während des Rettens, sowie nach demselben, nach Kräften für ihre Sicherung und Erhaltung zu sorgen. Jedoch darf das Ausräumen beweglicher Gegenstände weder gegen das etwaige Geheiss des Agenten oder Beamten der Gesellschaft, noch gegen eine etwaige besondere Versicherungs-Bedingung stattfinden. Auch darf das Retten , mit Ausnahme des Viehs, nicht früher geschehen, als bis das, die versicherten Gegenstände enthaltende oder das unmittelbar anstossende Gebäude in Brand gerathen ist;

b) dem Agenten binnen 24 Stunden nach jedem Brande denselben anzuzeigen;

c) binnen drei Tagen nach dem Brande bei seiner Ortspolizei-Behörde seine Vernehmung über alle denselben betreffenden Umstände, bei beweglichen Gegenständen auch über die Art und ungefähre Höhe des Schadens zu beantragen, eine beglaubigte Abschrift des darüber aufgenommenen Protocolles nachzusuchen, und dieselbe nach Empfang unverzüglich dem Agenten einzusenden;

d) falls er Ersatz für Gegenstände, die durch Entwendung verloren gegangen oder sonst abhanden gekommen sein sollen, in Anspruch nehmen will, bei Verlust dieses Anspruchs binnen drei Tagen nach dem Brande der Ortspolizei-Behörde ein Verzeichnis dieser Gegenstände einzureichen und auf Verfolgung des Diebstahls anzutragen.

Die genannten Fristen beginnen im Falle erwiesener physischer Unmöglichkeit, sie inne zu halten, da, wo letztere aufhört."

Bereits bei diesen ersten Verbandsbedingungen sind die drei wichtigsten Obliegenheiten im Versicherungsfall, die Rettungsobliegenheit (§ 6 a), die Anzeigeobliegenheit (§ 6 b) und die Auskunftsobliegenheit (§ 6 c und d) klar zu erkennen.

Die Pflichten im Brandfalle waren in § 6 der Allgemeinen Versicherungsbedingungen für die Feuerversicherung aus dem Jahr 1887 sowohl hinsichtlich ihrer Formulierung als auch hinsichtlich ihres Inhaltes neugefasst:

„Der Versicherte hat dem Agenten binnen 24 Stunden, der Ortspolizei binnen drei Tagen nach einem Brande Anzeige von demselben zu machen.
Im Fall eines Brandes ist der Versicherte ferner verpflichtet, die versicherten Gegenstände, soweit es in seiner Macht steht, zu retten und während des Rettens, sowie nach demselben, für ihre Sicherung und Erhaltung zu sorgen. Jedoch dürfen bewegliche Gegenstände mit Ausnahme des Viehes, dessen frühzeitigere Rettung frei steht, erst bei unmittelbarer Gefahr und nicht gegen das etwaige Verbot des Agenten oder Beauftragten der Gesellschaft ausgeräumt werden. Handelt der Versicherte diesen Vorschriften zuwider, so hat die Gesellschaft für den daraus entstandenen Schaden, falls die Ersatzansprüche des Versicherten nach § 10 nicht überhaupt verwirkt sind, nicht aufzukommen.
Ersatz für abhandengekommene Gegenstände wird nur dann geleistet, wenn der Versicherte der Ortspolizei-Behörde unter Bezeichnung jener Gegenstände binnen drei Tagen nach dem Brande Anzeige von dem Abhandenkommen gemacht hat.
Die genannten Frist beginnen im Falle erwiesener Unmöglichkeit, sie inne zu halten, sobald letztere aufhört."

Der erste Absatz des § 6 AFB 1887 regelte die Anzeigeobliegenheit, der zweite Absatz die Rettungsobliegenheit und der dritte Absatz die Auskunftsobliegenheit.

Auch in den Allgemeinen Versicherungsbedingungen für die Feuerversicherung aus dem Jahr 1910 waren in § 11 diese drei Obliegenheiten geregelt, ebenso in § 14 der Allgemeinen Versicherungsbedingungen aus dem Jahr 1930.

a) Die Rettungsobliegenheit

Die Rettungsobliegenheit fordert von dem Versicherungsnehmer, nach Möglichkeit alles zur Rettung der versicherten Sache erforderliche zu unternehmen.

Ihren Ausgangspunkt hat die Rettungsobliegenheit im Grundsatz von Treu und Glauben.[246] Danach verhält der Versicherungsnehmer sich nur dann vertragstreu, wenn er das zur Rettung der versicherten Gegenstände erforderlich unternimmt, gleichgültig, ob die Gegenstände versichert sind oder nicht.

In dem Urteil vom 10.04.1885 - II 115/85[247] entschied das Reichsgericht, dass es sich bei dieser Pflicht des Versicherungsnehmers, alles zur Rettung der versicherten Gegenstände erforderliche zu unternehmen, nicht um eine Bedingung, sondern um eine Obliegenheit handelt.

---

246 Schimikowski, Rn. 237.
247 Bolze Bd. 1, S. 246.

Der Wortlaut der Allgemeinen Versicherungsbedingungen ist insoweit mehrdeutig, d.h. er ließe sowohl die Deutung als Bedingung, als auch die Deutung als Obliegenheit zu. Auf Grundlage dieses mehrdeutigen Wortlautes entschied sich das Reichsgericht für die Auslegung der Versicherungsbedingung als Obliegenheit und damit für die für den Versicherungsnehmer günstigere Auslegung. Anders als Bedingungen, die Voraussetzungen des Anspruchs darstellen und damit unabhängig vom Verschulden des Versicherungsnehmers eingreifen, führt die Verletzung einer Obliegenheit nur dann zum Anspruchsverlust, wenn sie verschuldet ist. Bei unverschuldeter Obliegenheitsverletzung bleibt die Leistungspflicht des Versicherers demgegenüber bestehen.

Dem Urteil des Reichsgerichts vom 22.12.1911 - VII 383/11[248] lag folgender Sachverhalt zugrunde: Bei dem Versicherungsnehmer war es zu einem Brandschaden gekommen, die Gebäude mit Ausnahme des Backhauses waren zerstört worden. Nach dem Brand sagte der Versicherungsnehmer zu einem Wächter: „Fahre den Wagen ins Feuer; ich darf das nicht machen" und später beim Backhaus: „Wir wollen den Giebelbalken oben herausziehen, dann fällt es zusammen, was soll ich mit dem Ding machen? Ich kann ja doch nichts damit anfangen."

Das Reichsgericht kam zu dem Ergebnis, dass der Versicherungsnehmer auch dann seine Rettungsobliegenheit verletzt, wenn er Dritte „ernstlich und bewusst" zur Zerstörung oder Beschädigung versicherter Gegenstände auffordert. Ausgehend vom Wortlaut der Rettungsobliegenheit erscheint dies zunächst nicht einleuchtend: derjenige, der Dritte zur Zerstörung der versicherten Gegenstände auffordert, unterlässt nicht ihre Rettung. Unter Beachtung des Sinns und Zwecks der Anzeigeobliegenheit ist eine gegenteilige Entscheidung jedoch kaum begründbar. Denn derjenige, der Dritte zur Zerstörung der versicherten Sache auffordert, handelt gegenüber den zum Ersatz verpflichteten Versicherer evident treuwidrig und würde sich bei Nichtbestehen einer Versicherung keineswegs entsprechend verhalten. Trotzdem bleibt festzustellen, dass das Reichsgericht in dieser Entscheidung vom Wortlaut der Rettungsobliegenheit zum Nachteil der Versicherungsnehmer abwich. Dem Versicherer wäre es dementsprechend möglich gewesen, dem Versicherungsnehmer die Obliegenheit aufzuerlegen, Dritte weder zur Beschädigung noch zur Zerstörung der versicherten Gegenstände aufzufordern. Da eine derartige Bestimmung in den Allgemeinen Versicherungsbedingungen nicht enthalten ist, besteht nach dem Wortlaut der Versicherungsbedingungen für diesen Fall Versicherungsschutz.

248 JW 1912, S. 312.

b) Die Anzeigeobliegenheit

Die Anzeigeobliegenheit fordert von dem Versicherungsnehmer die unverzügliche Anzeige eines Versicherungsfalls. Die Anzeigeobliegenheit dient damit dem dringenden Interesse des Versicherers, von dem Eintritt des Versicherungsfalls alsbald Nachricht zu erhalten, um dadurch in die Lage gesetzt zu sein, die Umstände des Versicherungsfalls zu prüfen, für die Feststellung des Tatbestandes zu sorgen sowie nötigenfalls Maßnahmen zur Abwendung und Minderung des Schadens einzuleiten.[249]

Entscheidungen des Reichsgerichts zur Anzeigeobliegenheit bei der Feuerversicherung sind nicht ergangen.

c) Die Auskunftsobliegenheit

Die Auskunftsobliegenheit verpflichtet den Versicherungsnehmer, dem Versicherer nach Eintritt des Versicherungsfalls jede Auskunft zu erteilen, die zur Feststellung des Versicherungsfalls oder des Umfangs der Leistungspflicht des Versicherers erforderlich ist.

Sinn und Zweck der Auskunftsobliegenheit ist es, dem Versicherer alle zur Prüfung des Versicherungsfalls und der Höhe seiner Leistungspflicht benötigten Informationen zu verschaffen.[250]

In dem Urteil vom 19.11.1907 - VII 103/07[251] legte das Reichsgericht die Auskunftsobliegenheit dahingehend aus, dass nur wissentlich falsche Angaben zum Verlust des Versicherungsanspruchs führen. Bei unverschuldeter Verletzung der Auskunftsobliegenheit bleibe der Versicherungsanspruch demgegenüber bestehen. Das Reichsgericht begründete seine Entscheidung damit, dass andernfalls eine Falschmeldung über Gegenstände von geringem Wert einen Verlust von hundert- oder tausendfachen Wert zur Folge habe. Dies sei nur bei einem auf absichtliche Übervorteilung der Gesellschaft gerichteten Verhalten erträglich, nicht jedoch bei bloßer Fahrlässigkeit.

Das Reichsgericht wendete damit auch auf die Auskunftsobliegenheit das Verschuldensprinzip an. Die Rechtsprechung ist insoweit für die Versicherungsnehmer als günstig zu bezeichnen, da hierdurch die für die Versicherungsnehmer nachteilige Auskunftsobliegenheit über ihren Wortlaut hinaus eingeschränkt wird.

249 Motive zum VVG, S. 104.
250 Dörner, in: BK, § 34 Rn. 1.
251 Recht 1908, Entscheidungsteil Sp. 106f.

d) Das Verschuldensprinzip

Ebenso wie bei der Verletzung vorvertraglicher Obliegenheiten und der Verletzung der Verpflichtung, Gefahrerhöhungen zu unterlassen sowie Gefahrerhöhungen anzuzeigen führte auch die Verletzungen der Obliegenheiten des Versicherungsnehmers im Schadensfall nur dann zur Verwirkung des Versicherungsanspruchs, wenn die Obliegenheitsverletzung verschuldet ist.

Mit dieser Rechtsprechung in dem Urteil vom 18./25.09.1885 - II 167/85[252] setzte das Reichsgericht die bereits vom Reichsoberhandelsgericht begründete Rechtsprechung[253] fort, wonach Obliegenheitsverletzungen nur dann die Verwirkung des Versicherungsanspruchs zur Folge haben, wenn sie verschuldet sind. Im Falle einer unverschuldeten Obliegenheitsverletzung gewinnt das Interesse des Versicherungsnehmers an der Aufrechterhaltung des mit Eintritt des Versicherungsfalls erworbenen Versicherungsanspruchs[254] gegenüber dem Schutz des Versicherers vor vermeidbaren Belastungen und ungerechtfertigten Ansprüchen und an der ordnungsgemäßen Abwicklung des Versicherungsfalls Vorrang.[255]

Die Anwendung des Verschuldensprinzips auch bei der Verletzung von Obliegenheiten nach Eintritt eines Versicherungsfalls ist als für die Versicherungsnehmer günstig anzusehen.

e) Ergebnis

Die Rechtsprechung des Reichsgericht zu den Obliegenheiten nach Eintritt des Versicherungsfalls in der Feuerversicherung begünstigte die Versicherungsnehmer.

Indem das Reichsgericht die Rettungspflicht als Obliegenheit und nicht als Bedingung einstufte, machte es den Weg für die spätere Anwendung des Verschuldensprinzips frei und damit für eine Einschränkung des Verlusts des Versicherungsanspruchs entgegen dem Wortlaut der Allgemeinen Versicherungsbedingungen.

---

252 Bolze Bd. 2, S. 264.

253 ROHG Bd. 4, S. 59 – 62 (Labauve, S. 109 – 113); ROHG Bd. 11, S. 134 ff. (Labauve, S. 395 – 397).

254 Motive zum VVG, S. 81.

255 Zum Zweck der Obliegenheiten nach Eintritt eines Versicherungsfalls vgl.: Motive zum VVG, S. 81; Schwintowski, in: BK, § 6, Rn. 119.

2. Die Obliegenheiten nach Eintritt des Versicherungsfalls in der Unfallversicherung

Ebenso wie bei der Feuerversicherung treffen den Versicherungsnehmer auch bei der Unfallversicherung die Rettungs-, Anzeige- und Auskunftsobliegenheit.

a) Die Rettungsobliegenheit

Die Rettungsobliegenheit, also die Verpflichtung nach Möglichkeit alles zur Rettung des Versicherten vorzunehmen, ist dabei konkretisiert in der Obliegenheit zur unverzüglichen Hinzuziehung eines Arztes und in der Obliegenheit, sich untersuchen zu lassen und angeordnete Heilmaßnahmen auf sich zu nehmen.[256]

Die gesetzliche Regelung der Rettungsobliegenheit in § 62 des Versicherungsvertragsgesetzes ist auf die Unfallversicherung nicht anwendbar, da diese regelmäßig nicht als Schadensversicherung ausgestaltet ist.[257] Daher ist die Rettungsobliegenheit im Versicherungsvertragsgesetz für die Unfallversicherung in § 183 Satz 1 gesondert fixiert:

> „Der Versicherungsnehmer hat für die Abwendung und Minderung der Folgen des Unfalls nach Möglichkeit zu sorgen und dabei die Weisungen des Versicherers zu befolgen, soweit ihm nicht etwas unbilliges zugemutet wird."

Der Sinn und Zweck der Rettungsobliegenheit ist ebenso wie bei der Feuerversicherung darin zu sehen, den Versicherungsnehmer zu denjenigen Maßnahmen zu veranlassen, die er auch ohne Bestehen der Versicherung in gleicher Weise treffen würde.[258]

aa) Die Obliegenheit zur unverzüglichen Hinzuziehung eines Arztes

Die Obliegenheit zur unverzüglichen Hinzuziehung eines Arztes war in den Allgemeinen Versicherungsbedingungen für die Unfallversicherung aus dem Jahr 1904 in § 5 Satz 2 geregelt. Danach traf den Versicherten nach einem Unfall die Pflicht

> „unverzüglich, spätestens am zweiten Tage nach dem Eintritt des Unfalls, und demnächst dauernd bis zum Abschluß des Heilverfahrens, einen approbierten Arzt zuzuziehen und für angemessene Krankenpflege zu sorgen".

Ähnlich beschrieb § 9 Nr. 2 AUB 1910 die Pflicht zur Hinzuziehung des Arztes. Beide Bestimmungen stellen einen Ausdruck der seit dem Jahr 1908 in § 183 des Versicherungsvertragsgesetzes gesetzlich geregelten Schadensminderungsobliegenheit des Versicherungsnehmers bzw. Versicherten dar.

---

256 Grimm, § 9 AUB, Rn. 5, Rn. 15.
257 Wagner, in B/M/W, 6. Bd. 1. Hb. Anm. F 50.
258 Schimikowski, Rn. 237.

Dem Urteil des Reichsgerichts vom 16.06.1908 - VII 364/07[259] lag folgender Sachverhalt zugrunde: Der Versicherte hatte sich sein Schienbein gestoßen und heftige Schmerzen empfunden, konnte sich aber zwei Tage noch bewegen. Erst am vierten Tag nach dem Unfallereignis suchte er einen Arzt auf. Er wurde daraufhin mehrfach operiert und verstarb einen Monat später. Das Reichsgericht sah die Verletzung der Obliegenheit zur unverzüglichen Hinzuziehung eines Arztes durch den Versicherten als unverschuldet an, „weil der Versicherte die Folgen des an sich unbedeutenden Unfalls anfangs nicht übersehen konnte, dann aber, sobald die Verletzung einen ernsten Charakter annahm, ärztlich Hilfe in Anspruch genommen habe"[260].

Das Reichsgericht wich insoweit zum Schutz der Versicherungsnehmer vom Wortlaut der Allgemeinen Versicherungsbedingungen ab.

bb) Die Obliegenheit, sich untersuchen zu lassen und angeordnete Heilmaßnahmen auf sich zu nehmen

Den Versicherten traf gemäß § 5 Nr. 4 AUB 1904 die Pflicht:

„den von dem Gesellschaftsarzt nach gewissenhaftem Ermessen zur Beförderung der Heilung getroffenen sachdienlichen Anordnungen, auch derjenigen, sich in einer Heilanstalt behandeln zu lassen, gewissenhaft Folge zu leisten".

Ähnliches regelte die Bestimmung des § 9 Nr. 4 AUB 1910. § 9 Nr. 6 AUB 1920 und AUB 1937 enthielten folgende Bestimmung:

„Den von den Ärzten nach gewissenhaften Ermessen zur Förderung der Heilung getroffenen sachdienlichen Anordnungen ist Folge zu leisten. Dies gilt insbesondere auch für den Fall, dass die Behandlung oder Untersuchung des Verletzten in einer Heilanstalt angeordnet wird".

Die Bestimmungen stellten sich als besondere Ausformungen der den Versicherten treffenden Schadensminderungspflicht dar[261], die in § 183 des Versicherungsvertragsgesetzes ihre gesetzliche Grundlage findet.

Das Reichsgericht hatte sich in einer Reihe von Entscheidungen mit der Frage der Zumutbarkeit der angeordneten Heilmaßnahme auseinander zu setzen.

In dem der Entscheidung des Reichsgerichts vom 27.02.1906 - VII 276/05[262] zugrundeliegenden Fall verweigerte der Versicherte eine durch den Versicherer angeordnete Operation unter Hinweis auf deren Gefährlichkeit. Das Reichsge-

259 DJZ 1908, Sp. 874f.
260 RG, Urt. v. 16.06.1908 – VII 364/07 (DJZ 1908, Sp. 874f.).
261 Wagner, in B/M/W, 6. Bd 1. Hb., Anm. F 52.
262 JW 1906, S. 206.

richt entschied dazu, dass der Versicherte dann berechtigt sei, eine Operation zu verweigern, wenn diese weder für sein Leben und seine Gesundheit gefahrlos sei noch als Heilung verheißend anzusehen sei. Darüber hinaus seien jedoch auch subjektive Empfindungen des Versicherten von Bedeutung, so auch eine übertriebene Vorstellung von der Gefährlichkeit einer Operation.

Mit dieser Entscheidung schränkte das Reichsgericht die in § 5 Nr. 4 AUB 1904 enthaltene Obliegenheit zur Befolgung ärztlicher Anordnungen entgegen deren Wortlaut im Interesse des Versicherten erheblich ein. Diesem Interesse entspricht es, die Obliegenheit, angeordnete Heilmaßnahmen auf sich zu nehmen, dahingehend auszulegen, dass diese Maßnahmen gefahrlos und gesundheitsfördernd sein müssen. Trifft dies nicht zu, ist die angeordnete Maßnahme für den Versicherten unzumutbar.

Dem Urteil des Reichsgericht vom 15.11.1907 - VII 78/07[263] lag folgender Sachverhalt zugrunde: Nach einem Unfallereignis war der Versicherte von seinem Arzt aufgefordert worden, sich in einer Klinik behandeln zu lassen. Dem Versicherer teilte er brieflich mit, seine geschäftliche Tätigkeit verhindere ihn derzeit, der Anordnung nachzukommen, „dies möchten die Herren günstig ansehen". Der Versicherer lehnte die Entschädigung wegen der Verweigerung des Versicherten ab, die angeordneten Heilmaßnahmen auf sich zu nehmen. Das Reichsgericht verpflichtete dem Versicherer demgegenüber zur Leistung. Es führte aus, dass eine entschuldbare Verweigerung einer angeordneten Maßnahme nicht zum Verlust des Versicherungsanspruchs führen dürfe. Entschuldbar sei eine Verweigerung dann, wenn die Anordnung des Arztes eine gegen Treu und Glauben verstoßende Härte darstelle, wenn sie also unzumutbar sei.

Nach dem Urteil des Reichsgerichts vom 02.03.1909 - VII 205/08[264] war eine Anordnung nicht allein dann unzumutbar, wenn sie nicht gefahrlos oder gesundheitsfördernd ist, sondern auch dann, wenn sie eine ungerechtfertigte Belästigung darstellt, was der Fall ist, wenn der Versicherte bereits zweifach ärztlich untersucht wurde und der Versicherer ohne erkennbaren Grund eine weitere Untersuchung anordnete. Das Reichsgericht fügte den beiden Fallgruppen der Unzumutbarkeit damit eine weitere hinzu. Da hierdurch die Obliegenheit, angeordnete Heilmaßnahmen auf sich zu nehmen, weiter eingeschränkt und auch die Möglichkeit des Versicherers zur Verweigerung der Versicherungsentschädigung begrenzt wurde, ist die Entscheidung als versicherungsnehmerfreundlich einzuordnen.

---

263 Recht 1908, Entscheidungsteil Sp. 29, Nr. 166; Schubert, Erkenntnisse, Jahrgang 1907, S. 603. Nr. 76.

264 LZ 1909, Sp. 787f.

Demgegenüber entschied das Reichsgericht in dem Urteil vom 16.03.1909 - VII 260/08[265], dass eine angeordnete Heilmaßnahme nicht deshalb unzumutbar ist, weil der mittellose Versicherte hierdurch in finanzielle Abhängigkeit von dem Versicherer gerät. Dies sei nicht unbillig und ihm daher zuzumuten.

Ob eine Maßnahme gefahrlos und gesundheitsfördernd sei und dem Versicherten daher zuzumuten sei, war regelmäßig durch Sachverständige zu ermitteln. Das Reichsgericht entschied in dem Urteil vom 12.07.1930 - IX 54/30[266], dass der Versicherte sich bei unterschiedlichen Meinungen verschiedener Sachverständiger über die Rätlichkeit einer Maßnahme auf die Ansicht des Arztes seines Vertrauens berufen darf. Verweigere er vor diesem Hintergrund eine Operation, sei die Verletzung der Obliegenheit, angeordnete Heilmaßnahmen auf sich zu nehmen, entschuldigt und der Versicherer damit zur Leistung verpflichtet.

Abschließend lässt sich feststellen, dass das Reichsgericht in seinen Entscheidungen von dem starren Wortlaut der Obliegenheit, angeordnete Heilmaßnahmen auf sich zu nehmen, abwich. Nach diesem Wortlaut würde der Versicherte auch dann den Versicherungsschutz verlieren, wenn er sich weigerte, eine angeordnete Heilmaßnahme auf sich zu nehmen, die weder seine Gesundheit zu fördern geeignet ist, noch gefahrlos durchzuführen ist. Dass dieses Ergebnis im hohen Maßnahme für die Versicherten unbillig wäre, liegt auf der Hand. Aus Billigkeitsgesichtspunkten machte das Reichsgericht im Interesse der Versicherungsnehmer daher die Obliegenheit des Versicherten zur Befolgung der angeordneten Heilmaßnahme von deren Zumutbarkeit abhängig.

b) Die Anzeigeobliegenheit

Sämtliche Allgemeine Versicherungsbedingungen für die Unfallversicherung legen dem Versicherungsnehmer die Obliegenheit auf, dem Versicherer innerhalb einer bestimmten Frist vom Zeitpunkt des Versicherungsfalls an Anzeige zu erstatten.

aa) Die Obliegenheit zur Unfallanzeige

Die Obliegenheit zur Unfallanzeige war in § 5 Nr. 1 AUB 1904 wie folgt geregelt:

„Hat ein Unfall stattgefunden, so ist der Versicherte verpflichtet, binnen drei Tagen nach dem Eintritt des Unfalls derjenigen Generalagentur, welche auf der Police genannt oder durch spätere schriftliche Mitteilung von der Gesellschaft dem Versicherten als zuständige bezeichnet ist, oder der Gesellschaft direkt schriftliche Anzeige zu machen...“.

---

265 LZ 1909, Sp. 699f.

266 DJZ 1931, Sp. 359f.

§ 9 Nr. 1 der Allgemeinen Versicherungsbedingungen für die Unfallversicherung aus dem Jahr 1910 verpflichtete demgegenüber:

„unverzüglich nach dem Eintritte des Unfalls der Gesellschaft ... schriftliche Anzeige zu machen".

Auch die AUB aus den Jahren 1920, 1937, 1961 und 1988 verpflichteten zur unverzüglichen Anzeige (§ 9 Nr. 1 AUB 1920, § 9 Nr. 1 AUB 1937, § 15 II Abs. 1 AUB 1961, § 9 I AUB 1988).

(1.) Der Fristbeginn

Der Beginn der Frist zur Unfallanzeige erwies sich in denjenigen Fällen als problematisch, in denen der Versicherte keine hinreichenden Kenntnisse vom Vorliegen eines Unfallereignisses hatte.

In dem der Entscheidung des Reichsgerichts vom 19.11.1909 - VII 26/09[267] zugrundeliegenden Sachverhalt war der Versicherte im Oktober 1902 mit seinem Kopf gegen eine Tischkante gestoßen. Nachdem sich eine blutunterlaufene Stelle gebildet und Schmerzen am linken Auge bemerkbar gemacht hatten, suchte der Versicherte am 12. Dezember 1902 einen Augenarzt auf. Dieser erklärte ihm, die Kopfschmerzen würden nicht von dem Stoß herrühren, sondern seien neuralgischer Natur. Erst bei einem Arztbesuch am 28. Januar 1903 diagnostizierte ein weiterer behandelnder Arzt eine Stirnhöhlenentzündung, die eine Operation erforderlich machen sollte, woraufhin der Versicherungsnehmer am 31. Januar 1903 das Unfallereignis anzeigte. Der Versicherer lehnte daraufhin die Entschädigung ab, da der Versicherungsnehmer nicht innerhalb der vertraglichen Frist von 30 Tagen nach dem Unfallereignis Anzeige erstattet hatte.

Noch deutlicher wird das Problem bei der Entscheidung des Reichsgerichts vom 08.02.1910 - VII 522/09[268]. In dem zugrundliegenden Sachverhalt hatte der Versicherte zunächst einen Unfall erlitten, diesen jedoch nicht für erheblich gehalten. Später, als sich der Unfall als erheblich herausgestellt hatte, war der Versicherte bereits geisteskrank und nicht mehr in der Lage, den Unfall anzuzeigen.

Das Reichsgericht stellte zu dieser Problematik den Grundsatz auf, dass die Frist zur Anzeige des Versicherungsfalls erst dann zu laufen beginnt, wenn ein besonnener Mensch sich bei verständiger Erwägung aller Umstände sagen muss, dass möglicherweise ein Unfallereignis vorliegt. Es schränkte damit die Anzei-

267 JW 1910, S. 33f.
268 LZ 1910, Sp. 479f.

geobliegenheit des Versicherungsnehmers entgegen ihren Wortlaut im Interesse der Versicherungsnehmer ein.

(2.) Die Form der Unfallanzeige

Hinsichtlich der Form der Anzeige enthielten die Allgemeinen Versicherungsbedingungen für die Unfallversicherung die Obliegenheit zur schriftlichen Anzeige (§ 5 Nr. 1 AUB 1904, § 9 Nr. 1 AUB 1910, § 9 Nr. 1 i.V.m. § 20 Abs. 1 AUB 1920, § 9 Nr. 1 i.V.m. § 20 Abs. 1 AUB 1937).

Im Hinblick auf dieses Schriftformerfordernis ergaben sich keine durch das Reichsgericht zu entscheiden Streitigkeiten zwischen den Versicherungsvertragsparteien.

bb) Die Obliegenheit zur telegraphischen Anzeige von Todesfall des Versicherten innerhalb 24 Stunden nach dem Todesereignis

Den Todesfall des Versicherten hatte der Versicherungsnehmer gemäß den Allgemeinen Versicherungsbedingungen für die Unfallversicherung binnen 24 Stunden nach dem Todesereignis telegraphisch anzuzeigen. Entsprechende Bestimmungen enthielten die § 5 Abs. 2 AUB 1904, § 9 Nr. 1 Satz 2 AUB 1910, § 9 Nr. 2 AUB 1920 und § 9 Nr. 2 AUB 1937.

Sinn und Zweck der Bestimmung ist, dass nur eine schnelle Kenntniserlangung vom Tod des Versicherten dem Versicherer ermöglicht, eine Beerdigung zu verhindern und eine Sektion der Leiche herbeizuführen.[269]

(1.) Die Fristversäumung durch Erben und Bezugsberechtigte

Dem Urteil des Reichsgerichts vom 07.05.1907 - VII 572/06[270] lag folgender Sachverhalt zugrunde: Der Versicherte war bei einem Unfall bei seiner Arbeitnehmerin gestorben; Versicherungsnehmerin war die Arbeitgeberin. Bezugsberechtigt waren die Angehörigen des Versicherten. Diese hatten erst mehrere Monate nach dem Unfallereignis die Police aufgefunden und erst dann Anzeige von Versicherungsfall erstattet. Das Reichsgericht bejahte die Leistungspflicht des Versicherers. Die Leistungspflicht entfalle nach den Allgemeinen Versicherungsbedingungen allein dann, wenn der „Versicherte“ bzw. „dessen (deren) Rechtsnachfolger“ die Anzeigeobliegenheit verletze. Die Anzeigeobliegenheit treffe danach allein die Angehörigen, nicht hingegen die Versicherungsnehmerin. Die Verspätung der Angehörigen wiederum sei durch das Nichtauffinden der Versicherungspolice entschuldigt.

---

269 RG Urt. v. 24.04.1908 - VII 334/07 (LZ 1908, S. 710).

270 LZ 1907, 600f.

Das Urteil befasste sich mit der grundsätzlichen Problematik, wer unter dem in den Allgemeinen Versicherungsbedingungen verwendeten Begriff „Versicherter" zu verstehen ist, und kam zu dem Ergebnis, dass der Versicherungsnehmer nicht Versicherter im Sinne der Versicherungsbedingungen und damit nicht zur Anzeige des Versicherungsfalls verpflichtet ist. Diese Auslegung entspricht der Bedeutung des Begriffs „Versicherter". Versicherter ist nach dem versicherungsrechtlichen Sprachgebrauch in der Unfallversicherung derjenige, auf dessen Person es hinsichtlich des Eintritt des Versicherungsfalls ankommt und der aus der Unfallversicherung begünstigt ist.[271] Diese Person ist nicht mit dem Versicherungsnehmer, der Person, die den Versicherungsvertrag abgeschlossen hat, gleichzusetzen. Hätte der Versicherer im vorliegenden Fall auch den Versicherungsnehmer die Anzeigeobliegenheit auferlegen wollen, hätte er dies in den Allgemeinen Versicherungsbedingungen anordnen müssen. Das Reichsgericht ging in seiner Entscheidung damit zugunsten der Versicherungsnehmer bzw. der Versicherten von dem Wortlaut der Allgemeinen Versicherungsbedingungen aus.

Die verspätete Anzeige durch Angehörige war gemäß dem Urteil des Reichsgerichts vom 16.06.1908 - VII 364/07[272] nicht bereits dadurch zu entschuldigen, dass die Angehörige „offenbar aufgeregt und mit anderen dringenden Obliegenheiten beschäftigt" gewesen war. Die Nichtanzeige sei vielmehr nur dann entschuldigt, „wenn im einzelnen Fall durch besondere Umstände die Unterlassung der Anzeige... unterblieben ist". Würde jede Erregung und Beschäftigung mit anderen Dingen als Entschuldigungsgrund ausreichen, würde dies dazu führen, dass „die vertragsmäßig getroffene Bestimmung ganz allgemein jeder Wirksamkeit entkleidet würde, was nicht angängig ist". Übereinstimmend urteilte das Reichsgericht in der Entscheidung vom 06.12.1912 - VII 249/12[273]: Unverschuldet ist die Nichtanzeige nur dann, wenn der Versicherungsnehmer vollständig unfähig gewesen war, rechtzeitig Anzeige zu erstatten.

Die Entscheidungen entsprechen dem zivilrechtlichen Verschuldensbegriff des § 276 Abs. 1 Satz 1 BGB. Der Schuldner hat danach, sofern nicht ein anderes bestimmt ist, Vorsatz und Fahrlässigkeit zu vertreten, wobei derjenige fahrlässig handelt, der die im Verkehr erforderliche Sorgfalt außer acht lässt. Die im Verkehr erforderliche Sorgfalt ist dabei ein allgemeines Normalmaß der von einem ordentlichen Menschen in dem konkreten Verhältnisse des Verkehrs anzuwendenden Sorgfalt.[274] Eine besondere Begünstigung oder Benachteiligung der

---

271 Hofmann, Privatversicherungsrecht, § 5 Rn. 39 und 51, S. 58, 61f.

272 RGZ Bd. 69, S. 175 - 177, S. 176.

273 JW 1913, S. 274f.

274 RG Urt. v. 25.01.1906 - VI 171/05 (Schubert/Glöckner, Nachschlagewerk des Reichsgerichts, § 276 Nr. 36).

Versicherungsnehmer kann in der Anwendung dieser Grundsätze nicht gesehen werden.

(2.) Die Form der Todesfallanzeige

Die Allgemeinen Versicherungsbedingungen für die Unfallversicherung enthielten für den Fall des unfallbedingten Todes des Versicherten die Pflicht zur telegraphischen Anzeige (§ 5 Abs. 2 AUB 1904, § 9 Nr. 1 a.E. AUB 1910, § 9 Nr. 2 AUB 1920, § 9 Nr. 2 AUB 1937).

Gemäß RG Urt. v. 24.04.1908 - VII 334/07[275] und RG Urt. v. 29.01.1909 - VII 114/08[276] führte die Verletzung der Obliegenheit zur telegraphischen Anzeige dann nicht zum Verlust des Versicherungsanspruchs, wenn der Versicherer auf brieflichen Wege in entsprechender Weise die Anzeigefrist eingehalten hatte.

Zur Begründung führte das Reichsgericht in dem Urteil vom 29.01.1909 - VII 114/08[277] an, dass der Sinn und Zweck der Obliegenheit zur telegraphischen Anzeige darin zu erblicken sei, dem Versicherer eine rasche Leichenöffnung zu ermöglichen. Dieser Zweck könne auch durch briefliche Anzeige innerhalb der Anzeigefrist erreicht werden. Der Versicherer dürfe sich daher nicht auf den starren Wortlaut der Allgemeinen Versicherungsbedingungen berufen.

Das Reichsgericht wich in beiden Entscheidungen damit ausgehend vom Sinn und Zweck zugunsten der Versicherungsnehmer von dem starren Wortlaut der Allgemeinen Versicherungsbedingungen ab.

c) Die Auskunftsobliegenheit

Die Allgemeinen Versicherungsbedingungen für die Unfallversicherung von 1904 regelten die Auskunftsobliegenheit in § 5 Nr. 1 wie folgt:

> „Hat ein Unfall stattgefunden, so ist der Versicherte verpflichtet... binnen einer Woche nach dem Eintritt des Unfalls eine Schadenmeldung auf dem von der Gesellschaft zu beziehenden Formular unter wahrheitsgemäßer Beantwortung aller Fragen desselben einzureichen, und alle etwa weiter von der Gesellschaft oder einem Beauftragten derselben verlangten sachdienlichen Auskünfte wahrheitsgemäß zu erteilen".

Eine ähnlich lautende Vorschrift enthielten die AUB 1910 in § 9 Nr. 1. In den AUB 1920 war die Auskunftsobliegenheit abweichend von den bisherigen Fassungen nicht mehr in einem Absatz mit der Anzeigeobliegenheit, sondern selbständig in § 9 Nr. 4 geregelt:

---

275 Recht 1908, Sp. 577.

276 LZ 1909, Sp. 403f.

277 LZ 1909, Sp. 403f.

„Binnen einer Woche nach Zustellung des von der Gesellschaft zu liefernden Vordrucks für Schadensanzeigen ist dieser sorgfältig auszufüllen und ihr zuzusenden; außerdem sind alle weiter verlangten sachdienlichen Auskünfte zu erteilen“.

§ 9 Nr. 4 AUB 1937 stimmte mit dieser Bestimmung wortgleich überein.

Entscheidungen des Reichsgerichts, die sich mit der Auskunftsobliegenheit bei der Unfallversicherung beschäftigen, sind nicht ergangen.

d) Ergebnis

Die Auslegung der Obliegenheiten nach Eintritt des Versicherungsfalls in der Unfallversicherung stellt sich als versicherungsnehmerfreundlich dar.

Zum einen wendete das Reichsgericht das Verschuldensprinzip auch auf die genannten Obliegenheiten an, d.h. der Versicherungsnehmer verlor nur dann seinen Versicherungsanspruch, wenn die Obliegenheitsverletzung verschuldet war.

Darüber hinaus ist auch die Auslegung der Voraussetzungen der einzelnen Obliegenheiten als versicherungsnehmerfreundlich anzusehen. Deutlich wird dies bei der Beschränkung der Obliegenheit, angeordnete Heilmaßnahmen auf sich zu nehmen mittels des Merkmals der Zumutbarkeit und bei dem Formerfordernis der telegraphischen Anzeige des Todesfalls des Versicherten.

3. Die Obliegenheiten nach Eintritt des Versicherungsfalls in der Risikolebensversicherung

In der Risikolebensversicherung treffen den Versicherten nach Eintritt des Versicherungsfalls gemäß den Allgemeinen Versicherungsbedingungen die Anzeige- und die Auskunftsobliegenheit.

Eine Rettungsobliegenheit besteht, anders als bei den Schadensversicherungen (§ 62 VVG) und der Unfallversicherung (§ 183 VVG), nicht.

a) Die Anzeigeobliegenheit

Die Anzeigeobliegenheit war in den Allgemeinen Versicherungsbedingungen für die Lebensversicherung aus dem Jahr 1910 in § 11 Nr. 1 und in den Allgemeinen Versicherungsbedingungen für die Lebensversicherung aus dem Jahr 1930 in § 11 Nr. 2 Satz 1 geregelt. Nach beiden Bestimmungen traf den Versicherungsnehmer die Obliegenheit, den Tod des Versicherten unverzüglich anzuzeigen.

Das Versicherungsvertragsgesetz verpflichtete den Versicherungsnehmer im Gegensatz dazu in der gesetzlichen Regelung des § 171 Abs. 1 Satz 2 VVG zur

Anzeige des Todes des Versicherten binnen drei Tagen nach dem Eintritt des Versicherungsfalls.

aa) Der Fristbeginn

Die Frist zur Anzeige des Versicherungsfalls in der Risikolebensversicherung begann gemäß § 11 Nr. 1 ALB 1909 bzw. § 11 Nr. 2 ALB 1930 mit dem Eintritt des Todes des Versicherten.

Gemäß RG Urt. v. 30.12.1901 - VII 405/01[278] war der Versicherer dann nicht wegen Verletzung der Anzeigeobliegenheit von der Entschädigungspflicht befreit, wenn den zur Anzeige Verpflichteten an der Nichtanzeige des Versicherungsfalls innerhalb der Anzeigefrist kein Verschulden traf.

Das Reichsgericht folgte damit dem Urteil des Reichsoberhandelsgerichts vom 24.11.1870 - II 53/70[279], wonach nur die unverschuldete Nichtanzeige des Versicherungsfalls den Verlust des Versicherungsanspruchs zur Folge haben sollte. Das Reichsoberhandelsgericht bezog sich insoweit unter anderem auf Malß, ZHR Bd. 13 (1869) S. 54ff. und S. 447 ff. und die bei ihm zitierte frühere Rechtsprechung.

bb) Die Fristdauer

Frühe Allgemeine Versicherungsbedingungen für die Lebensversicherung regelten entweder, dass die Anzeige des Todes des Versicherten „unverzüglich"[280] bzw. „sofort"[281] zu erfolgen hat oder enthielten eine bestimmte Fristangabe[282]. § 11 Nr. 1 der Allgemeinen Versicherungsbedingungen für die Risikolebensversicherung aus dem Jahr 1909 bzw. § 11 Nr. 2 der Allgemeinen Versicherungsbedingungen für die Risikolebensversicherung aus dem Jahr 1910 verpflichteten zur unverzüglichen Anzeige.

Davon abweichend wird gemäß § 171 Abs. 1 Satz 2 des Versicherungsvertragsgesetzes der Anzeigepflicht genügt, „wenn die Anzeige binnen drei Tagen nach Eintritte des Versicherungsfalls erfolgt". Um die Allgemeinen Versicherungsbedingungen für die Risikolebensversicherung mit dieser halbzwingenden Vor-

---

278 JW 1902, S. 152f.

279 ROHG Bd. 1, S. 107 ff. (Labauve, S. 1 ff.).

280 So beispielsweise die in der Entscheidung ROHG 24.11.1870 - II 53/70 (ROHG Bd. 1 S. 107 ff.; Labauve, S. 1ff.) zitierten Bedingungen der Allgemeinen Eisenbahner Versicherungsgesellschaft.

281 So die bei Gerhard zitierten Allgemeinen Versicherungsbedingungen der Nordstern Lebensversicherungs-Aktien-Gesellschaft (Gerhard, S. 710 ff. S. 711).

282 So die in RG Urt. v. 30.12.1901 - VII 405/01 (JW 1902 S. 152 f.) bezeichneten Allgemeinen Lebensversicherungsbedingungen der Allianz.

schrift in Einklang zu bringen, wurde der Begriff „unverzüglich" in der Lehre als „binnen drei Tagen" aufgefasst.[283]

Entscheidungen des Reichsgerichts hinsichtlich der Frist zur Anzeige eines Versicherungsfalls in der Risikolebensversicherung ergingen nicht, so dass eine Einordnung in Hinblick auf die Frage des Schutzes der Versicherungsnehmer nicht möglich erscheint.

b) Die Auskunftsobliegenheit

Die Auskunftsobliegenheit war in den Allgemeinen Versicherungsbedingungen für die Risikolebensversicherung aus dem Jahr 1910 in § 11 Nr. 1 und in den Allgemeinen Versicherungsbedingungen für die Risikolebensversicherung aus dem Jahr 1930 in § 11 Nr. 2 geregelt.

Veröffentlichte Urteile des Reichsgerichts zum Umfang der Auskunftsobliegenheit existieren nicht. Infolge des Fehlens entsprechender Urteile ist es daher nicht möglich zu entscheiden, inwieweit die Rechtsprechung des Reichsgerichts in dieser Frage für die Versicherungsnehmer günstig war.

c) Ergebnis

Auch bei den Obliegenheiten nach Eintritt des Versicherungsfalls in der Risikolebensversicherung wendete das Reichsgericht das Verschuldensprinzip zugunsten der Versicherungsnehmer an, so dass auch die Rechtsprechung des Reichsgerichts zu den Obliegenheiten nach Eintritt des Versicherungsfalls in der Lebensversicherung als für die Versicherungsnehmer günstig zu bezeichnen ist.

4. Die Obliegenheiten nach Eintritt des Versicherungsfalls in der Haftpflichtversicherung

Ebenso wie in den übrigen Versicherungssparten lassen sich auch in der Haftpflichtversicherung die Obliegenheiten nach Eintritt des Versicherungsfalls in Rettungsobliegenheit, Anzeigeobliegenheit und Auskunftsobliegenheit einteilen.

Darüber hinaus trifft den Versicherungsnehmer in der Haftpflichtversicherung die Obliegenheit, Ansprüche ohne vorherige Zustimmung des Versicherers weder anzuerkennen noch zu befriedigen (Anerkennungs- und Befriedigungsverbot).

Das Versicherungsvertragsgesetz beinhaltet für die Haftpflichtversicherung eine spezielle Regelung der Anzeigeobliegenheit in § 153 und eine Regelung des Anerkennungs- und Befriedigungsverbotes in § 154 Abs. 1.

---

283 Bruck-Doerstling, § 11 Rn. 15.

a) Die Rettungsobliegenheit

Eine Regelung der allgemeinen Rettungsobliegenheit fehlte in den Allgemeinen Versicherungsbedingungen für die Haftpflichtversicherung aus den Jahren 1905 und 1910. Erst die Allgemeinen Versicherungsbedingungen für die Haftpflichtversicherung aus den Jahr 1921 enthielten in § 5 Nr. 2 Satz 1 folgende Regelung der Rettungsobliegenheit:

„Der Versicherungsnehmer ist verpflichtet, unter Beachtung der Weisungen der Gesellschaft nach Möglichkeit für die Abwendung und Minderung des Schadens zu sorgen und alles zu tun, was zur Klarstellung des Schadens dient, sofern ihm dabei nichts Unbilliges zugemutet wird.“

Eine inhaltliche übereinstimmende Regelung enthielten die AHB 1941 in § 5 Nr. 3 Satz 1.

Eine besondere Ausprägung der Rettungsobliegenheit stellt die Obliegenheit dar, Haftpflichtprozesse nicht ohne den Versicherer zu führen (Prozessobliegenheit).[284]

aa) Die allgemeine Rettungsobliegenheit

Problematisch war, was unter dem Begriff „Schaden“ im Sinne der Rettungsobliegenheit in den Allgemeinen Versicherungsbedingungen für die Haftpflichtversicherung (§ 5 Nr. 2 Satz 1 AHB 1921, § 5 Nr. 3 Satz 1 AHB 1941) zu verstehen ist.

In der Literatur wurde vertreten, Schaden in diesem Sinne sei diejenige Schädigung, die dadurch entstehe, dass die Haftpflichtansprüche wirtschaftlich auf den Versicherer übergeleitet werden können.[285]

Demgegenüber vertrat des Reichsgericht in der Entscheidung vom 07.12.1934 - VII 199/34[286] die Ansicht, unter „Schaden“ sei dasjenige Schadensereignis zu verstehen, aus dem die Ansprüche hergeleitet werden. Es führte dazu aus:

„Ist in den Allg.VersBedingungen einer HaftpflVers, dem VersichNehmer zur Pfl. Gemacht, alles zu tun, was zur Minderung des Schadens dienen könne (§ 5 Z. 1 S. 2 AVB.), so ist unter Schaden i.S. des § 5 Ziff. 1 S. 2 AVB. diej. Schädigung des Dritten zu verstehen, aus der die Anspr. Hergeleitet werden, bezügl. deren nach § 10 Ziff. 1 AVB. der VersSchutz in der Abwehr, soweit sie unbegr., in der Befriedigung, soweit sie begr. sind, besteht.“

---

284 Zur Einordnung der Prozessobliegenheit als Rettungsobliegenheit: Johannsen in: B/M/J, Bd. 4 Anm. F 78.

285 Oberbach, Bd. 2, S. 80.

286 HRR 1935, Nr. 748.

Die Rechtsprechung des Reichsgerichts stellt sich insoweit für die Versicherungsnehmer als günstiger als die Literaturansicht dar. Indem der Versicherungsnehmer bei der Schadensaufstellung manipuliert, verletzt er anders als nach der Literatur nicht seine Rettungsobliegenheit, da die Verpflichtung zur Abwendung oder Minderung des Schadens sich nur auf das die Haftpflichtansprüche auslösende Ereignis, nicht hingegen auf die Geltendmachung des Haftpflichtanspruchs gegenüber dem Versicherer bezieht.

Dem Urteil des Reichsgerichts vom 09.03.1915 - VII 466/14[287] lag folgender Sachverhalt zugrunde: Der geschädigte Schwiegersohn des Versicherungsnehmers war als dessen Provisionsvertreter tätig. Er machte aus einem Unfallereignis gegen die OHG, die sich inzwischen aus der Firma des Versicherungsnehmers gebildet hatte, Schadensersatzansprüche geltend. Dabei erwirkte er zunächst eine einstweilige Verfügung, später ein Urteil. Der Versicherer behauptete, der Versicherungsnehmer habe für die einstweilige Verfügung des Geschädigten Unterschriften sammeln lassen und damit gegen die Rettungsobliegenheit verstoßen. Das Reichsgericht hob das angefochtene Urteil auf und wies die Sache an das Berufungsgericht zurück. Zur Begründung führte es an, in dem Sammeln von Unterschriften im Verfahren über die einstweilige Verfügung könnte eine Verletzung der Rettungspflicht gesehen werden; es sei daher entgegen der Auffassung des Berufungsrichters nicht unerheblich, ob der Versicherte tatsächlich Unterschriften gesammelt habe.

Bei objektiver Betrachtung stellt das Sammeln von Unterschriften durch den Versicherungsnehmer keinen Verstoß gegen die Obliegenheit dar, für die Abwendung und Minderung des Schadens zu sorgen. Denn durch das Sammeln von Unterschriften zur Erwirkung einer eidesstattlichen Versicherung zugunsten des Geschädigten hat der Versicherungsnehmer nicht ein Verhalten unterlassen, durch das er den Schaden hätte mindern können, sondern die Möglichkeit des Eintritts eines Schadens erst herbeigeführt. Dies wird nach dem Wortlaut von der Rettungsobliegenheit nicht erfasst. Die Entscheidung des Reichsgerichts entspricht jedoch dem Zweck der Obliegenheit, den Versicherungsnehmer zu veranlassen, sich dergestalt zu verhalten, als bestände kein Versicherungsschutz, d.h. der Versicherungsnehmer soll sich betragen, als würde er selbst und nicht die Versicherung für den Schaden aufkommen müssen. Wäre dies der Fall, würde der Versicherungsnehmer nicht nur schadensmindernd tätig werden, sondern es ebenso unterlassen, sich schadenserhöhend zu verhalten.

Das Reichsgericht war in dem Urteil vom 09.03.1915 - VII 466/14 folglich dem Sinn und Zweck der Rettungsobliegenheit entsprechend zum Nachteil der Versicherungsnehmer vom Wortlaut der Versicherungsbedingungen abgewichen.

---

287 VA 1915, Entscheidungsteil, S. 42f.

bb) Die Prozessobliegenheit

Die Obliegenheit des Versicherungsnehmers, keine Ersatzansprüche anzuerkennen und die Prozessführung der Versicherungsgesellschaft zu überlassen (Prozessobliegenheit), war in den AHB 1905 in § 7 geregelt:

„(Abs. 1.) Dem Versicherten ist es nicht gestattet, irgendwelche Ersatzansprüche, die gegen ihn erhoben werden, ohne vorherige Genehmigung der Gesellschaft anzuerkennen oder zu befriedigen, oder einen Vergleich über dieselben abzuschließen oder sonstwie die Abwehr dieser Ansprüche zu erschweren.(Abs. 2) Entsteht aus einem Schadensfall gegen den Versicherten ein Prozeß, so ist derselbe von der Gesellschaft im Namen des Versicherten zu führen..."

Bei Verletzung dieser Pflicht war die Versicherungsgesellschaft gemäß § 12 Satz 2 Nr. 1 AHB 1905 von der Leistung frei, sofern der Versicherungsnehmer nicht sein Nichtverschulden beweisen konnte.

In den AHB 1910[288] war die Obliegenheit des Versicherungsnehmers, die Prozessführung der Versicherungsgesellschaft zu überlassen, in § 13 Abs. 2 geregelt:

„Entsteht aus dem Versicherungsfall ein Prozeß, so ist derselbe von der Gesellschaft im Namen des Versicherten zu führen. Der letztere ist verpflichtet, dem ihm von der Gesellschaft zu bezeichnenden Rechtsanwalte Vollmacht zu erteilen und die Führung des Prozesses lediglich der Gesellschaft zu überlassen....".

Die AHB 1921 enthielten in § 5 Ziff. 3 eine inhaltlich übereinstimmende Bestimmung, ebenso die AHB 1941 in § 5 Nr. 4. Bei vorsätzlicher oder grob fahrlässiger Verletzung dieser Obliegenheit durch den Versicherungsnehmer war die Versicherungsgesellschaft gemäß § 18 Abs. 3 AHB 1910, § 6 AHB 1921 bzw. § 6 AHB 1941 von der Verpflichtung zur Leistung frei.

Die rechtliche Zulässigkeit der Vereinbarung eines derartigen Anerkennungs- und Befriedigungsverbotes im Rahmen der Allgemeinen Versicherungsbedingungen für die Haftpflichtversicherung ist in § 154 Abs. 2 VVG ausdrücklich bejaht.

Der Versicherer ist aus dem Haftpflichtversicherungsvertrag verpflichtet, die Ansprüche des im Prozess obsiegenden Prozessgegners zu befriedigen. Er trägt mithin die finanzielle Last eines verlorenen Prozesses. Es entspricht daher dem Interesse des Versicherers, maßgeblichen Einfluss auf den Ablauf des Haftpflichtprozesses auszuüben. Demgegenüber steht das in der allgemeinen Handlungsfreiheit begründete Interesse des Versicherungsnehmers zur selbständigen

288 VA 1910 S. 206.

Regelung seiner Angelegenheiten, das sich auch auf die selbständige Prozessführung erstreckt.

Das Urteil des Reichsgerichts vom 16.10.1917 - VII 204/17[289] enthielt die Feststellung, dass die Obliegenheit des Versicherungsnehmers, dem Versicherers die Führung des Prozesses zu überlassen, dem Versicherungsnehmer nicht jeden Einfluss auf den Rechtsstreit entzieht. Zumindest führe nur vorsätzliches oder grob fahrlässiges Eingreifen in das Prozessführungsrecht des Versicherers zur Leistungsfreiheit nach §§ 12 Abs. 2, 17 Abs. 3 AHB.

Anhand dieser Entscheidung ist ersichtlich, dass das Reichsgericht auch auf die Prozessführungsobliegenheit das Verschuldensprinzip anwendete, mit der Folge, dass eine Obliegenheitsverletzung dann nicht zum Verlust des Versicherungsanspruchs führt, wenn sie unverschuldet war.

In dem der Entscheidung des Reichsgerichts vom 04.12.1923 - VII 317/22[290] zugrundeliegenden Sachverhalt war eine Versicherungssumme von 300.000 Mark vereinbart gewesen, der tatsächlich entstandene Schaden betrug mehrere Millionen Mark. Die Versicherungsnehmerin hatte sich daher geweigert, die Prozessführung lediglich dem Versicherer zu überlassen. Das Reichsgericht führte hierzu aus, dass die Versicherungsnehmerin auch dann zur Überlassung der Prozessführung verpflichtet ist, wenn die Gesellschaft nicht für den gesamten Schaden haftet. Sie sei nicht dazu berechtigt, für den die Versicherungssumme übersteigenden Betrag selbst einen Anwalt zu nehmen. Hierfür spräche das Interesse der Versicherungsgesellschaft, nicht von einem zweiten, vom Versicherungsnehmer bestellten Anwalt behindert zu werden. Ein gegenteiliges Interesse des Versicherungsnehmers bestehe nicht, da die Versicherungsgesellschaft ein Interesse daran habe, den Schadensersatzanspruch des Geschädigten mit allen Mitteln abzuwehren und ihr die größere Erfahrung in der Führung solcher Prozesse zur Seite stehe.

Die Anwendung des Verschuldensprinzips auch auf die Prozessobliegenheit stellt sich für die Versicherungsnehmer als günstig dar: Die Prozessobliegenheit wird abweichend von ihrem Wortlaut auf Fälle vorsätzlicher bzw. grob fahrlässiger beschränkt.

b) Die Anzeigeobliegenheit

Dem Versicherungsnehmer trifft in der Haftpflichtversicherung im Rahmen der Anzeigeobliegenheit die Obliegenheit zur Anzeige der Erhebung von Haft-

---

289 LZ 1918, Sp. 218f.

290 LZ 1924, Sp. 89f.

pflichtansprüchen und zur Anzeige der Einleitung eines strafrechtlichen Verfahrens.

aa) Die Obliegenheit zur Anzeige der Geltendmachung von Haftpflichtansprüchen

Die Anzeigeobliegenheit in § 6 Abs. 1 der Allgemeinen Versicherungsbedingungen für die Haftpflichtversicherung aus dem Jahr 1905 lautete:

„Werden gegen den Versicherten Ersatzansprüche erhoben, welche den Gegenstand dieser Versicherung bilden, so ist er verpflichtet, der Gesellschaft (Direktion oder Generalagentur) nach erlangter Kenntnis unverzüglich hiervon ... mittels eingeschriebenen Briefes Kenntnis zu geben".

Ähnlich drückte dies § 12 Abs. 1 Satz 1 der Allgemeinen Versicherungsbedingungen für die Haftpflichtversicherung aus dem Jahr 1910 aus:

„Wird gegen den Versicherten ein Haftpflichtanspruch erhoben, welcher Gegenstand dieser Versicherung bildet, so ist innerhalb einer Woche der Gesellschaft (s. § 22) schriftlich Anzeige zu erstatten."

Abweichend davon verpflichtete § 5 Ziff. 1 Satz 1 der Allgemeinen Versicherungsbedingungen für die Haftpflichtversicherung aus dem Jahr 1920 zur Anzeige der Erhebung eines unter den Versicherungsvertrag fallenden Haftpflichtanspruchs „durch eingeschriebenen Brief", wohingegen § 5 Ziff. 2 der Allgemeinen Versicherungsbedingungen für die Haftpflichtversicherung aus dem Jahr 1941 wiederum die schriftliche Anzeige ausreichen ließ.

Eine Erhebung von Haftpflichtansprüchen im Sinne dieser Anzeigeobliegenheit war gemäß dem Urteil des Reichsgerichts vom 13.02.1934 - VII 328/33[291] in einer Streitverkündung nicht zu sehen. Zur Begründung führte das Reichsgericht an:

„Eine Streitverkündung, die ein vom Verletzten in Anspruch genommener Haftpflichtiger im Schadenersatzprozeß einem anderen für haftpflichtig angesehenen Beteiligten zustellen läßt, ist nicht ohne weiteres gleichbedeutend mit der 'Erhebung eines ... Haftpflichtanspruchs' ... oder - was dasselbe ist - mit den Eintritt des Versicherungsfalls erst begründenden Geltendmachung des Anspruchs seitens des Dritten gegenüber dem Versicherungsnehmer ... .Denn mit der Streitverkündung wird ... kein Anspruch verfahrens-rechtlicher oder sachlichrechtlicher Art erhoben ...; vielmehr enthält sie nur eine Benachrichtigung des Versicherungsnehmers von dem Schweben eines Schadensersatzstreites zu dem Zweck, ihm die Beteiligung an dem Prozesse zu ermöglichen. Nicht schon mit dieser Benachrichtigung tritt der Versicherungsfall ein, sondern erst dann, wenn ein Rückgriffsanspruch gegen den Versicherungsneh-

291 RGZ Bd. 143, S. 377 - 381.

mer selbst gerichtlich oder außergerichtlich geltend gemacht, d.h. eine Leistung von ihm gefordert wird."

Der Wortlaut des in den Allgemeinen Versicherungsbedingungen verwendeten Ausdrucks „Erhebung von Haftpflichtansprüchen" schließt nicht ausdrücklich die Streitverkündung aus.[292] Auch nach dem Sinn und Zweck der Anzeigeobliegenheit wäre es abweichend von der Entscheidung des Reichsgerichts durchaus möglich gewesen, die Streitverkündung von der Anzeigeobliegenheit zu erfassen. Denn das Interesse des Versicherers daran, von der Erhebung von Haftpflichtansprüchen alsbald Nachricht zu erhalten, besteht ebenso wie bei einer Klageerhebung auch bei der Streitverkündung, da die Streitverkündung infolge der Interventionswirkung (§ 68 ZPO) die Verteidigungsmittel des Versicherers im Prozess einschränkt.

Vor diesem Hintergrund stellt die Auffassung des Reichsgerichts, eine Streitverkündung stelle keine Erhebung von Haftpflichtansprüchen dar, eine Einschränkung der Anzeigeobliegenheit zugunsten der Versicherungsnehmer dar.

Mit Neufassung des § 153 VVG durch Gesetz vom 07.09.1939[293] wurde im § 153 Abs. 2 gesetzlich die Obliegenheit zur Anzeige der Geltendmachung von Haftpflichtansprüchen auch auf die Streitverkündung ausgedehnt.

bb) Die Obliegenheit zur Anzeige der Einleitung eines Strafverfahrens

In den Allgemeinen Versicherungsbedingungen für die Haftpflichtversicherung aus dem Jahr 1905 war die Obliegenheit zur Anzeige der Einleitung eines Strafverfahrens in § 6 Abs. 2 wie folgt geregelt:

„Dieselbe Verpflichtung liegt dem Versicherten ob, wenn wegen eines Ereignisses, aus welchem gegen ihn ein haftpflichtiger Anspruch hergeleitet werden könnte, ein strafrechtliches Verfahren eingeleitet wird."

Ähnlich bestimmte § 12 Abs. 3 der Allgemeinen Versicherungsbedingungen für die Haftpflichtversicherung aus dem Jahr 1910:

„Die gleiche Anzeige- und Auskunftspflicht besteht, wenn wegen eines Ereignisses, aus welchem ein Haftpflichtanspruch hergeleitet werden könnte, ein polizeiliches oder strafgerichtliches Verfahren eingeleitet wird."

Der gleiche Wortlaut wurde in § 5 Ziff. 2 Satz 3 der Allgemeinen Versicherungsbedingungen für die Haftpflichtversicherung aus dem Jahr 1920 verwendet. § 5 Ziff. 2 der Allgemeinen Versicherungsbedingungen für die Haftpflicht-

292 So wohl auch: Johannsen, in B/M/J, Bd. 4 Anm. F 88.
293 RGBl. I S. 2203.

versicherung aus dem Jahr 1941 sprach abweichend davon von der Verpflichtung zur unverzüglichen Anzeige der Einleitung eines „Strafverfahrens“ oder dem Erlass einer „Strafverfügung“.

In der Rechtsprechung des Reichsgerichts blieb die Obliegenheit zur Anzeige der Einleitung eines Strafverfahrens ohne Bedeutung.

c) Die Auskunftsobliegenheit

In den Allgemeinen Versicherungsbedingungen für die Haftpflichtversicherung aus dem Jahr 1905 war die Auskunftsobliegenheit in § 6 Abs. 1 zusammen mit der Anzeigeobliegenheit geregelt. Danach hatte der Versicherte, wenn gegen ihn Ersatzansprüche erhoben wurden, die den Gegenstand der Versicherung bildeten, der Gesellschaft

„unter Beifügung aller Briefe, Klageakten und sonstigen Schriftstücke, welche sich auf diese Ansprüche beziehen, mittels ein-geschriebenen Briefes Kenntnis zu geben, ihr auch jede verlangte Auskunft zu erteilen sowie alle ihm später noch zugehenden, diese Angelegenheit betreffenden Schriftstücke unverzüglich zu übersenden.“

In den Allgemeinen Versicherungsbedingungen für die Haftpflichtversicherung aus dem Jahr 1910 war die Auskunftsobliegenheit demgegenüber eigenständig in § 12 Abs. 2 geregelt:

„Der Versicherte ist verpflichtet, der Gesellschaft alle Briefe, Klageakten und alle ihm zugehenden Schriftstücke, welche sich auf einen gegen ihn erhobenen Haftpflichtanspruch beziehen, zu übermitteln und ihr jede von ihm verlangte Auskunft zu erteilen, die Nachweise, die er liefern kann, zu verschaffen...“.

Mit davon abweichenden Wortlaut regelte § 5 Nr. 2 der Allgemeinen Versicherungsbedingungen aus dem Jahr 1920 die Auskunftsobliegenheit:

„Der Versicherungsnehmer ist verpflichtet, ... alle Tatumstände, welche auf den Schadensfall Bezug haben, mitzuteilen und alle nach Ansicht der Gesellschaft für die Beurteilung des Schadensfalls erheblichen Schriftstücke einzusenden:“

In den Allgemeinen Versicherungsbedingungen für die Haftpflichtversicherung aus dem Jahr 1941 war die Auskunftsobliegenheit in § 5 Ziff. 3 enthalten und gegenüber den AHB 1920 um den Absatz „ihm ausführliche und wahrheitsgemäße Schadensberichte zu erstatten“ ergänzt.

Ebenso wie die Obliegenheit zur Anzeige der Einleitung eines Strafverfahrens blieb auch die Anzeigeobliegenheit in der Haftpflichtversicherung in der Rechtsprechung des Reichsgerichts ohne Bedeutung.

d) *Das Anerkennungs- und Befriedigungsverbot*

Die Allgemeinen Versicherungsbedingungen für die Haftpflichtversicherung enthalten das Verbot für den Versicherungsnehmer, Ansprüche ohne vorherige Genehmigung des Versicherers anzuerkennen oder zu befriedigen. Ein Verstoß gegen diese Obliegenheit hat den Verlust des Versicherungsanspruchs zur Folge.

In den AHB 1905 enthielt § 7 Abs. 1 folgende Regelung des Anerkenntnis- und Befriedigungsverbotes:

„Dem Versicherten ist es nicht gestattet, irgendwelche Ersatzansprüche, die gegen ihn erhoben werden, ohne vorherige Genehmigung der Gesellschaft anzuerkennen oder zu befriedigen, oder einen Vergleich über dieselben abzuschließen oder sonstwie die Abwehr dieser Ansprüche zu erschweren."

Dieses wurde in § 13 Abs. 1 AHB 1909 folgendermaßen neugefasst:

„Dem Versicherten ist es nicht gestattet, irgendwelche Haftpflichtansprüche, die gegen ihn erhoben werden, ohne vorherige Genehmigung der Gesellschaft anzuerkennen oder zu befriedigen, oder einen Vergleich über dieselben abzuschließen, widrigenfalls die Gesellschaft von der Verpflichtung zur Leistung frei ist, es sei denn, dass nach den Umständen der Versicherte die Befriedigung oder die Anerkennung nicht ohne offenbare Unbilligkeit verweigern kann."

§ 5 Ziff. 4 AHB 1921 regelte das Anerkenntnis- und Befriedigungsverbot davon abweichend wie folgt:

„Der Versicherungsnehmer ist nicht berechtigt, ohne vorherige Zustimmung der Gesellschaft einen Haftpflichtanspruch ganz oder zum Teil oder vergleichsweise anzuerkennen oder zu befriedigen. Bei Zuwiderhandlung ist die Gesellschaft von der Leistungspflicht frei, es sei denn, dass der Versicherungsnehmer nach dem Umständen die Befriedigung oder Anerkennung nicht ohne offenbare Unbilligkeit verweigern konnte".

Eine mit § 5 Ziff. 4 AHB 1921 inhaltlich übereinstimmende Regelung enthielten die AHB 1941 in § 5 Ziff. 5 Satz 1 und 2.

Seine Grenze findet das Anerkennungs- und Befriedigungsverbot in dem Grundsatz der Billigkeit. Ab dem Jahr 1909 war dies in den Allgemeinen Versicherungsbedingungen für die Haftpflichtversicherung ausdrücklich fixiert. Im Versicherungsvertragsgesetz war dies in § 154 Abs. 2 ebenfalls gesetzlich geregelt. Danach durfte der Versicherer die Leistung dann nicht verweigern, wenn der Versicherungsnehmer den Geschädigten befriedigt oder dessen Anspruch anerkannt hatte, falls nach den Umständen der Versicherungsnehmer die Befriedigung oder die Anerkennung nicht ohne offenbare Unbilligkeit verweigern konnte.

Rechtsstreitigkeiten zwischen Versicherungsnehmern und Versicherungsgesellschaften in Hinsicht auf die Obliegenheit des Versicherungsnehmer, Anerkenntnisse und die Befriedigung von Ansprüchen zu unterlassen, betrafen vor allem die Frage, unter welchen Umständen ein Anerkenntnis durch den Versicherungsnehmer gegeben war: Einerseits muss hierbei berücksichtigt werden, dass von dem Versicherungsnehmer ein völlig passives Verhalten nach einem Schadensfall nach Treu und Glauben nicht verlangt werden kann; andererseits muss der Versicherer davor geschützt werden, dass sich der Versicherungsnehmer und der geschädigte Dritte auf seine Kosten verständigen.[294]

Dem Urteil des Reichsgerichts vom 22.02.1935 - VII 319/34[295] lag folgender Sachverhalt zugrunde: Der Versicherungsnehmer hatte folgende Erklärung unterschrieben: „Am 5.8.32 ist die Frau G. durch einen Schuß verletzt worden. Ich kann nicht sagen, wer den Schuß abgegeben hat. Ich selbst habe den Schuß nicht abgegeben. Ob mein Sohn den Schuß gemacht hat, kann ich nicht sagen. Ich nehme an, daß er es nicht gemacht hat. Als Pächter der Jagd erkläre ich mich bereit, die Leute zu entschädigen, auch für den Fall, daß mir eine Schuld nicht nachgewiesen wird. Obige Erklr. mache ich aus Billigkeitsgründen. Ich selbst bin in der Haftpfl. versichert." Das Reichsgericht sah in dieser Erklärung keinen Verstoß gegen das Anerkennungs- und Befriedigungsverbot. Es erklärte, ein derartiger Verstoß ist dann nicht gegeben, wenn der Versicherungsnehmer sich unabhängig vom Bestehen eines Haftpflichtanspruchs aus Billigkeit zur Entschädigung verpflichtet. Diese versicherungsnehmerfreundliche Auslegung entspricht dem geschilderten Zweck der Bestimmung, eine Verständigung zwischen Versicherungsnehmer und Geschädigten auf Kosten des Versicherers zu verhindern. Eine Verständigung auf Kosten des Versicherers ist nicht gegeben, wenn die Entschädigungspflicht durch den Versicherungsnehmer aus Billigkeit übernommen und damit nicht unter die Entschädigungspflicht des Versicherers fällt.

In dem der Entscheidung des Reichsgerichts vom 26.07.1935 - VII 17/35[296] zugrundeliegenden Sachverhalt hatte der Versicherungsnehmer eine ihm vom Geschädigten zugesandte Beschreibung des Unfallhergangs unterschrieben. Der Versicherer lehnte daraufhin die Entschädigung mit der Begründung ab, der Versicherungsnehmer habe gegen das Anerkenntnis- und Befriedigungsverbot verstoßen. Das Reichsgericht entschied demgegenüber, dass in der wahrheitsgemäßen Darstellung des Unfallgeschehens kein Anerkenntnis des Haftpflichtanspruchs liegt.

---

294 Johannsen, in: B/M/J, Bd. 4, Anm. F 92.
295 HRR 1935, Nr. 941; JRPV 1935, 121f.
296 JRPV 1935, 262 - 264.

Das Reichsgericht entsprach mit seiner Entscheidung dem gewöhnlichen Wortsinn des Wortes „Anerkenntnis". Anerkenntnis bedeutet danach so viel wie „Anerkennung, Billigung"[297], „Anerkennung" bedeutet „Bestätigung, Erklärung der Gültigkeit, der Rechtmäßigkeit, Billigung, Zustimmung"[298]. Eine derartige Bestätigung oder Billigung der Entschädigungspflicht kann in einer bloßen Sachverhaltsschilderung nicht erblickt werden. Anders als ein „Anerkenntnis", das ein billigendes Moment enthält, wird mit eine Sachverhaltsschilderung allein eine Erklärung über ein tatsächliches Geschehen abgegeben, ohne dieses rechtlich zu werten.

e) Ergebnis

Die Rechtsprechung des Reichsgerichts zu den Obliegenheiten nach Eintritt eines Versicherungsfalls in der Haftpflichtversicherung ist für die Versicherungsnehmer als günstig zu bezeichnen. Dies wird zum einen aus der Anwendung des Verschuldensprinzips in den Entscheidungen RG, Urt. v. 16.10.1917 - VII 204/17[299] und RG, Urt. v. 04.12.1923 - VII 317/22[300] deutlich, darüber hinaus aus der Auslegung des Begriffs „Erhebung von Haftpflichtansprüchen" bei der Anzeigeobliegenheit.

5. Die Obliegenheiten nach Eintritt des Versicherungsfalls in der Kraftfahrzeughaftpflichtversicherung

Die Obliegenheiten des Versicherungsnehmers im Schadensfall waren in § 5 der Allgemeinen Versicherungsbedingungen für die Kraftfahrzeugversicherungen aus dem Jahr 1929 bzw. § 7 Allgemeinen Versicherungsbedingungen für die Kraftfahrzeugversicherungen aus dem Jahr 1940 aufgeführt.

a) Die Rettungsobliegenheit

Die Rettungsobliegenheit umfasst in der Kraftfahrzeughaftpflichtversicherung ebenso wie in der Allgemeinen Haftpflichtversicherung die allgemeine Rettungsobliegenheit und als Spezialfall die Prozessobliegenheit.

aa) Die allgemeine Rettungsobliegenheit

Die Allgemeine Rettungsobliegenheit regelten die Allgemeinen Versicherungsbedingungen für die Kraftfahrzeugversicherungen aus dem Jahr 1929 in § 5 Ziffer 1 Satz 2 wie folgt:

„Der Versicherungsnehmer ist verpflichtet, alles zu tun, was ... zur Minderung des Schadens dienen kann; er hat dabei die etwaigen Weisungen der Gesellschaft zu befolgen."

---

297 Duden, Das große Wörterbuch der dt. Sprache, zu „Anerkenntnis".
298 Duden, Das große Wörterbuch der dt. Sprache, zu „Anerkennung".
299 Siehe S. 112.
300 Siehe S. 112.

§ 7 I Abs. 2 Satz 2 der Allgemeinen Versicherungsbedingungen für die Kraftfahrzeugversicherungen aus dem Jahr 1940 regelte die Allgemeine Rettungsobliegenheit bei gering abweichenden Wortlaut inhaltlich übereinstimmend.

In dem der Entscheidung des Reichsgerichts vom 24.09.1915 - VII 119/15[301] zugrundeliegenden Fall hatte der Versicherungsnehmer den Geschädigten aufgefordert, einen von ihm selbst gar nicht erlittenen und auch nicht unter die Versicherung fallenden Sachschaden als einen von ihm in seiner Person erlittenen, der Versicherung unterliegenden Schaden dem Versicherer gegenüber geltend zu machen. Das Reichsgericht sah in diesem Verhalten einen vorsätzlichen Verstoß gegen die Allgemeine Rettungsobliegenheit. Es begründete dies damit, dass das auf Verdunkelung des Tatbestandes gerichtete Ansinnen des Klägers gegen die Verpflichtung zur Aufklärung des Tatbestandes und Minderung des Schadens verstoßen habe. Das spätere auf Rückgängigmachung der vertragswidrigen Handlung gerichtete Verhalten beseitige den Verlust des Versicherungsanspruchs nicht nachträglich. Für eine derartige Möglichkeit würden weder die Versicherungsbedingungen noch allgemeine Rechtsgrundsätze irgendeinen Anhalt bieten.

Das Reichsgericht legte mit dieser Entscheidung die Rettungsobliegenheit des Versicherungsnehmers über den Wortlaut der All-gemeinen Versicherungsbedingungen hinaus ihrem Sinn und Zweck entsprechend aus. Der Wortlaut verpflichtete den Versicherungsnehmer zu Handlungen, die zur Schadensminderung dienlich sind, verpflichtet ihn jedoch nicht zum Unterlassen von Handlungen, die sich als schadenserhöhend darstellen. Das Ansinnen des Versicherungsnehmers an den Geschädigten, einen tatsächlich nicht erlittenen Schaden geltend zu machen, würde danach keine Verletzung der Rettungsobliegenheit darstellen. Stellt man demgegenüber auf den Sinn und Zweck der Rettungsobliegenheit ab, den Versicherungsnehmer zu veranlassen, das zur Rettung der versicherten Gegenstände Erforderliche zu tun, gleichgültig, ob diese versichert sind oder nicht[302], stellt das Verhalten des Versicherungsnehmer sehr wohl eine Verletzung der Rettungsobliegenheit dar. Denn die Aufforderung an den Geschädigten, einen tatsächlich nicht eingetretenen Schaden geltend zu machen, erscheint allein vor dem Hintergrund sinnvoll, dass der Versicherer und nicht der Versicherungsnehmer selbst den Schaden zu tragen hat. Ein Versicherungsnehmer, der den Schaden selbst tragen müßte, würde eine entsprechende Aufforderung nicht abgegeben haben.

---

301 VA 1915, Entscheidungsteil, S. 90f; JW 1915, S. 1363.

302 Siehe S. 94 f. zur Rettungsobliegenheit bei der Feuerversicherung,

bb) Die Prozessobliegenheit

§ 5 Nr. 2 Satz 2 der Allgemeinen Versicherungsbedingungen für die Kraftfahrzeugversicherungen aus dem Jahr 1929 und § 7 II Abs. 5 der Allgemeinen Versicherungsbedingungen für die Kraftfahrzeugversicherungen aus dem Jahr 1940 regelten die Obliegenheit des Versicherungsnehmers, den Haftpflichtprozess nicht ohne den Versicherer zu führen. § 5 Ziff. 2 Satz 2 AKB 1929 lautete:

„Wenn es zum Prozesse kommt, hat er [der Versicherungsnehmer] die Prozeßführung der Gesellschaft zu überlassen, auch den von der Gesellschaft bestellten Anwälten Vollmacht und jede verlangte Aufklärung zu geben."

§ 7 II Abs. 5 der Allgemeinen Versicherungsbedingungen für die Kraftfahrzeugversicherungen aus dem Jahr 1941 bestimmte:

„Wenn es zu einem Rechtsstreit kommt, hat der Versicherungsnehmer die Führung des Rechtsstreites dem Versicherer zu überlassen, auch dem vom Versicherer bestellten Anwalt Vollmacht und jede verlangte Aufklärung zu geben."

Eine schuldhafte Verletzung dieser Obliegenheit hatte gemäß § 6 der Allgemeinen Versicherungsbedingungen für die Kraftfahrzeugversicherungen aus dem Jahr 1929 bzw. § 7 V der Allgemeinen Versicherungsbedingungen für die Kraftfahrzeugversicherungen aus dem Jahr 1940 die Leistungsfreiheit des Versicherers zur Folge.

Dem Urteil des Reichsgerichts vom 14.01.1921 - VII 246/20[303] lag folgender Sachverhalt zugrunde: Der Chauffeur des Versicherungsnehmers hatte als Fahrer einen Haftpflichtfall verursacht. Die Kraftfahrzeughaftpflichtversicherung umfasste sowohl den Fahrer, als auch den Versicherungsnehmer als Halter. Nachdem der Versicherungsnehmer zunächst zwei Anwälte mit der Wahrnehmung seiner Interessen beauftragt hatte, entzog er diesen seine Vertretung und beauftragte zwei neue Anwälte. Da der Versicherer hiermit nicht einverstanden war, entzog der den beiden neuen Anwälten seine Vertretung und beauftragte wiederum die bisher tätigen Anwälte, jedoch nur hinsichtlich seiner Vertretung, nicht hingegen hinsichtlich der Vertretung des Chauffeurs als Fahrer. Der Versicherer lehnte die Leistung mit der Begründung ab, der Versicherungsnehmer habe ihm nicht die Prozessführung überlassen, da zwei Anwälte in dessen Auftrag für den Fahrer tätig gewesen seien, mit deren Beauftragung der Versicherer nicht einverstanden gewesen sei.

Das Reichsgericht gab dem Versicherer Recht und begründete dies damit, dass der Versicherungsnehmer mit seinem Verhalten der Obliegenheit zuwiderge-

---

303 JW 1921, S. 633f.

handelt habe, das Führen des Haftpflichtprozesses dem Versicherer zu überlassen.

Die Mitversicherung des Fahrers in der Kraftfahrzeughaftpflichtversicherung hat zur Folge, dass zwei unterschiedliche Versicherungen bestehen, eine Eigenversicherung des Versicherungsnehmers als Halter und eine Fremdversicherung des Fahrers als mitversicherter Dritter.[304] Problematisch ist, inwieweit der Bestand der einen Versicherung von dem Bestand der anderen abhängig ist. Das Reichsgericht hat dies in dieser Entscheidung dahingehend beantwortet, dass eine Obliegenheitsverletzung des Versicherungsnehmers auch zur Leistungsfreiheit im Verhältnis zum mitversicherten Fahrer führt.

Für den Versicherungsnehmer wäre es demgegenüber günstiger, wenn eine Obliegenheitsverletzung des Versicherungsnehmers bzw. des mitversicherten Fahrers allein im jeweiligen Versicherungsverhältnis zur Leistungsfreiheit führt und der Versicherungsschutz demgegenüber im jeweils anderen Versicherungsverhältnis fortbesteht. Dementsprechend entschied der BGH im Jahr 1967, dass die Verletzung einer Obliegenheit durch den Versicherungsnehmer im Schadensfall die Leistungspflicht des Versicherers gegenüber dem mitversicherten Fahrer nicht berührt.[305]

Das Reichsgericht entschied sich in dem Urteil vom 14.01.1921 - VII 246/20[306] damit zwischen diesen beiden Alternativen für die weniger versicherungsnehmerfreundliche.

b) Die Anzeigeobliegenheit

In dem Allgemeinen Versicherungsbedingungen für die Kraftfahrzeugversicherungen aus dem Jahr 1929 war die Obliegenheit zur Anzeige eines Versicherungsfalls in § 5 Ziff. 1 Satz 1, in den Allgemeinen Versicherungsbedingungen für die Kraftfahrzeugversicherungen aus dem Jahr 1940 in § 7 I Abs. 2 Satz 1 geregelt. Die Obliegenheit zur Anzeige der Einleitung eines Strafverfahrens regelten § 5 Ziff. 2 Satz 3 der Allgemeinen Versicherungsbedingungen für die Kraftfahrzeugversicherungen von 1929 und § 7 I Abs. 2 Satz 4 der Allgemeinen Versicherungsbedingungen für die Kraftfahrzeugversicherungen von 1941.

Die Anzeigeobliegenheit in der Kraftfahrzeughaftpflichtversicherung blieb in der Rechtsprechung des Reichsgerichts ohne Bedeutung.

---

304 Kisch, JW 1921, S. 633.
305 BGHZ Bd. 49, S. 130 - 140.
306 JW 1921, S. 633f.

c) Die Auskunftsobliegenheit

§ 5 Ziff. 1 Satz 2 der Allgemeinen Versicherungsbedingungen für die Kraftfahrzeugversicherungen von 1929 bestimmte die Auskunftsobliegenheit wie folgt:

„Der Versicherungsnehmer ist verpflichtet, alles zu tun, was zur Aufklärung des Tatbestandes ... dienen kann; er hat hierbei die etwaigen Weisungen der Gesellschaft zu befolgen".

§ 7 I Abs. 2 Satz 2 der Allgemeinen Versicherungsbedingungen für die Kraftfahrzeugversicherung aus dem Jahr 1941 regelte die Auskunftsobliegenheit bei gering abweichenden Wortlaut inhaltlich gleich.

In dem der Entscheidung des Reichsgerichts vom 03.01.1939 - VII 168/38[307] zugrundeliegenden Sachverhalt war der Versicherungsnehmer nach einem von ihm verursachten Kraftfahrzeugunfall aus Deutschland fortgezogen, nachdem er zuvor dem Versicherer einen Bericht über den Unfallhergang erstattet hatte. Das Reichsgericht sah in diesem Verhalten einen Verstoß gegen die Auskunftsobliegenheit. Es führt dazu aus,

der Versicherungsnehmer „mußte, unabhängig von der Erfüllung seiner Verpflichtung, schon vorher alles zur Klarstellung des Schadensfalls erforderliche tun, für weitere Aufklärungen während des Rechtsstreits zur Verfügung stehen. ... Die Revision weist mit Recht darauf hin, daß eine Versicherungsgesellschaft auf die Möglichkeit einer weiteren Aufklärung, die sich im Laufe des Rechtsstreits ergeben und durch persönliche Anhörung des Versicherten zum Erfolge führen kann, nicht zu verzichten mag."

Das Reichsgericht fasste die Reichweite der Auskunftsobliegenheit in dieser Entscheidung zum Nachteil der Versicherungsnehmer weit auf. Ein gewöhnlicher Versicherungsnehmer geht regelmäßig davon aus, dass er mit dem Absenden eines ausgefüllten Fragebogens zum Versicherungsfall seiner Auskunftslast genüge getan hat. Es entspricht jedoch sowohl der Rechtsprechung, als auch der Lehre[308] die Auskunftsobliegenheit erst mit Erbringung bzw. endgültiger Verweigerung der Versicherungsleistung enden zu lassen.

Die Auslegung des Reichsgerichts entspricht auch dem Sinn und Zweck der Auskunftsobliegenheit. Allein dadurch, dass der Versicherungsnehmer bis zum Ende eines evtl. Prozesses auskunftspflichtig bleibt, kann der Versicherer die für den jeweiligen Verfahrensschritt relevanten Tatsachen bei dem Versicherungsnehmer erfragen und sein prozessuales Verhalten entsprechend anpassen.

---

307 JW 1939, S. 493f.

308 Möller, in: B/M, Band 1, § 34 Anm. 18.

Eine für die Versicherungsnehmer günstigere Entscheidung wäre mithin weder mithilfe des Wortlautes noch des Sinns und Zwecks der Auskunftsobliegenheit begründbar gewesen.

d) Das Anerkennungs- und Befriedigungsverbot

Die Obliegenheit des Versicherungsnehmers, Ansprüche nicht ohne Zustimmung des Versicherers anzuerkennen oder zu befriedigen, war in den AKB 1929 in § 5 Ziff. 2 Satz 1 und bei den AKB 1940 in § 7 II Abs. 1 mit gleichem Wortlaut festgelegt:

„Bei Haftpflichtschäden ist der Versicherungsnehmer nicht berechtigt, ohne vorherige Zustimmung der Gesellschaft seinen Anspruch ganz oder zum Teil anzuerkennen oder zu befriedigen".

Anders als die Allgemeinen Versicherungsbedingungen für die Haftpflichtversicherung sah die Regelung in den Allgemeinen Versicherungsbedingungen für die Kraftfahrzeughaftpflichtversicherung keine Ausnahme von der Obliegenheit für den Fall vor, dass der Versicherungsnehmer die Anerkennung- oder Befriedigung nicht ohne offenbare Unbilligkeit verweigern konnte. Der Versicherungsnehmer war nach den Allgemeinen Versicherungsbedingungen für die Kraftfahrzeughaftpflichtversicherung damit schlechter gestellt als nach den Allgemeinen Versicherungsbedingungen für die Haftpflichtversicherung.

In dem der Entscheidung des Reichsgerichts vom 13.06.1933 - VII 9/33[309] zugrundeliegenden Sachverhalt hatte der Versicherungsnehmer, statt die Führung des Haftpflichtprozesses dem Versicherer zu überlassen, den Prozess selbst geführt und ein Versäumnisurteil gegen sich ergehen lassen. Nach Ansicht des Reichsgerichts stellte dieses Verhalten ein Anerkenntnis dar.

Das Reichsgericht hatte in dieser Entscheidung das Anerkennungs- und Befriedigungsverbot abweichend vom Wortlaut der Allgemeinen Versicherungsbedingungen für die Kraftfahrzeughaftpflichtversicherung zum Nachteil des Versicherungsnehmers ausgelegt. Ein Anerkennen oder Befriedigen setzt ein bewusstes Tätigwerden des Versicherungsnehmers voraus, wohingegen ein Versäumnisurteil gerade ohne ein derartiges Tätigwerden ergeht. Indem der Versicherungsnehmer ein Versäumnisurteil gegen sich ergehen ließ, hat er damit den Versicherungsanspruch weder anerkannt noch befriedigt. Das Anerkennungs- und Befriedigungsverbot in Allgemeinen Versicherungsbedingungen bezweckt den Schutz des Versicherers davor, dass durch eigenmächtige Maßnahmen des Versicherungsnehmers die Rechtslage des Versicherers in den weiteren Verhand-

---

309 JRPV 1933, S. 202 - 204.

lungen oder in einem späteren Prozess verschlechtert wird.[310] Eine derartige eigenmächtige Maßnahme stellt auch das Wirksamwerden eines Versäumnisurteils durch den Versicherungsnehmer dar, da der Geschädigte hierdurch einen Titel gegen den Versicherungsnehmer in der Hand hält, für den der Versicherer zur Entschädigung verpflichtet ist.

Unter dem Gesichtspunkt des Schutzes der Versicherungsnehmer wäre ausgehend vom Wortlaut der Bestimmung eine andere Auslegung möglich gewesen. Ein wirksamer Schutz des Versicherers davor, dass der Versicherungsnehmer ein Versäumnisurteil gegen sich ergehen lässt, ist bereits durch die Obliegenheit, die Führung des Haftpflichtprozesses dem Versicherer zu überlassen, gewährleistet. Hat der Versicherer keine entsprechende Bestimmung in seinen Versicherungsbedingungen, erscheint es nicht billig das Anerkennungs- und Befriedigungsverbot anzuwenden und den Versicherer dadurch von der Entschädigungspflicht zu befreien.

In dem Sachverhalt, der dem Urteil des Reichsgerichts vom 24.02.1939 - VII 138/38[311] zugrunde lag, hatte der Versicherungsnehmer nach einen Straßenverkehrsunfall den verletzten Geschädigten vorsätzlich in hilflose Lage verlassen. Das Reichsgericht verneinte eine Verletzung der Rettungsobliegenheit mit folgender Begründung: Die Rettungsobliegenheit trifft den Versicherungsnehmer erst nach Eintritt des Versicherungsfalls, also nach Inanspruchnahme des Versicherungsnehmers durch den Geschädigten. Zu einer derartigen Inanspruchnahme sei es vorliegend noch nicht gekommen, so dass die Obliegenheit aus § 5 Abs. 1 Satz 1 AHB noch nicht eingreifen könne.

Die Einstufung des Begriffs „Schadens“ als Inanspruchnahme des Versicherungsnehmers stellt sich für diesen günstig dar, da ihn hierdurch die Rettungsobliegenheit erst nach der Anspruchserhebung durch den Geschädigten und nicht bereits nach dem die Haftpflichtansprüche auslösenden Schadensereignis trifft, wodurch die zeitliche Reichweite der Rettungsobliegenheit zugunsten des Versicherungsnehmers eingeschränkt wird.

Soweit das Reichsgericht in dem Urteil vom 24.02.1939 - VII 138/38[312] in dem Verhalten des Versicherungsnehmers die Verletzung „tragender Obliegenheiten“ sah und daher an die Möglichkeit dachte, dem Versicherungsnehmer mit dieser Begründung den Versicherungsanspruch ganz oder teilweise abzuerkennen, stellt dies eine erhebliche Benachteiligung der Versicherungsnehmer dar. Denn das Reichsgericht wendete mit dieser Begründung Obliegenheiten an, die

310 Stiefel/Hofmann, § 7, Rn. 163; Pienitz, § 7 Anm. D II, S. 178.
311 DR 1939, S. 871f.
312 DR 1939, S. 871f.

weder im Versicherungsvertragsgesetz noch in den Allgemeinen Versicherungsbedingungen schriftlich verfasst worden sind und begründete diese mit dem Grundsatz von Treu und Glauben. Es formulierte damit für den Versicherer einen neuen Rücktrittsgrund zum Nachteil der Versicherungsnehmer, der weder im Versicherungsvertragsgesetz noch in den Allgemeinen Versicherungsbedingungen eine Grundlage hatte.

e) Ergebnis

Die Rechtsprechung des Reichsgerichts zu den Obliegenheiten im Schadensfall bei der Kraftfahrzeughaftpflichtversicherung begünstigte die Versicherungsnehmer nicht über den Wortlaut der Allgemeinen Versicherungsbedingungen hinaus.

Warum gerade die Entscheidungen zur Kraftfahrzeughaftpflichtversicherung zumeist an dem Wortlaut der Allgemeinen Versicherungsbedingungen festhalten und seltener als in den anderen Versicherungssparten die für die Versicherungsnehmer günstigere Auslegung wählen, erscheint zunächst nicht einleuchtend. Allerdings lässt sich feststellen, dass es sich bei den zitierten Entscheidungen des Reichsgerichts um zeitlich späte Entscheidungen handelt. Sie sind alle fünf nach 1915, drei sogar erst nach 1933 ergangen.

Letztendlich kann daraus nur der Schluss gezogen werden, das die Rechtsprechung des Reichsgerichts gegen Ende seiner Tätigkeit dem Anliegen des Schutzes der Versicherungsnehmer weniger Bedeutung beimaß.
Das Reichsgericht begründete dies mit dem Gedanken der Gefahrengemeinschaft, dem es gegen Ende seiner Tätigkeit gegenüber dem Sicherungsinteresse des einzelnen Versicherungsnehmers gesteigerte Bedeutung beimaß.[313] Das Reichsgericht führte in der Entscheidung vom 08.10.1935 – VII 71/35[314] dazu aus:

„Die Begünstigung eines einzelnen Versicherten, die auf Kosten der übrigen gehen würde, wäre ... gewiß ebensowenig vertretbar, wie ein Abweichen von den grundlegenden Erfordernissen eines wirtschaftlichen Geschäftsbetriebs zugunsten eines Versicherten."

6. Zusammenfassung

Das Reichsgericht wendete auch auf die Obliegenheiten der Versicherungsnehmer im Schadensfall das Verschuldensprinzip an mit der Folge, dass die Verletzung dieser Obliegenheit abweichend vom Wortlaut der Versicherungsbedingungen nur dann den Verlust des Versicherungsanspruchs zur Folge hatte, wenn die Obliegenheitsverletzung verschuldet war.

---

313 So auch: B/M, Bd. 1, Einl. Anm. 66.
314 JW 1936, S. 177.

Es ist damit zugunsten der Versicherungsnehmer von dem strengen Wortlaut der Allgemeinen Versicherungsbedingungen abgewichen.

Trotzdem bleibt im Ergebnis festzustellen, dass das Reichsgericht bei der Auslegung der Obliegenheiten im Schadensfall einen strengeren Maßstab als bei der Auslegung des Versicherungsfalls anlegte, was besonders deutlich bei der Rechtsprechung zu den Obliegenheiten im Schadensfall bei der Kraftfahrzeughaftpflichtversicherung wird.

C) Die Klagefrist

Die Allgemeinen Versicherungsbedingungen sämtlicher Versicherungszweige enthalten eine Bestimmung, nach welcher der Anspruch des Versicherungsnehmers erlischt, wenn der Versicherungsanspruch nicht innerhalb einer bestimmten Frist nach Ablehnung der Leistung durch den Versicherer gerichtlich geltend gemacht wird (sog. Klagefrist, Präklusionsfrist).

Der Sinn dieser Klagefrist ist darin zu sehen, dass die Rechtmäßigkeit der Deckungsablehnung im Interesse des Versicherers möglichst rasch gerichtlich geklärt werden soll, da

> „durch jede Verzögerung in der Erledigung zweifelhafter Ansprüche die zuverlässige Feststellung der maßgebenden Tatsachen erschwert und zugleich die Übersicht über den wahren Stand des Vermögens des Versicherten beeinträchtigt wird“[315].

Für den Versicherungsnehmer stellt sich diese als nachteilig dar[316], da sie den Anspruch des Versicherungsnehmers durch bloßen Zeitablauf entfallen lässt.

Das im Jahr 1910 in Kraft getretenen Versicherungsvertragsgesetz enthielt in § 12 Abs. 2 eine gesetzliche Bestimmung der Klagefrist. Diese beträgt sechs Monate ab dem Zeitpunkt der schriftlichen und mit Rechtsfolgenbelehrung versehenen Ablehnung durch den Versicherer. Mit Verordnung vom 19.12.1939[317] wurde die Klagefrist aus § 12 Abs. 2 in § 12 Abs. 3 verschoben.

Die Kodifizierung der Klagefrist im Versicherungsvertragsgesetz wird rechtspolitisch als fragwürdig eingestuft.[318] Durch sie wird der Versicherungsnehmer

---

315 Zur Klagefrist in Allgemeinen Versicherungsbedingungen bereits: ROHG Urt. v. 24.06.1871 - 310/71 (ROHG Bd. 2, S. 395f.; Labauve, S. 49f.); zur Klagefrist des VVG: Motive zum VVG, S. 27.

316 Prange, S. 310.

317 RGBl. 1939 I, S. 2443; zur Begründung vgl. die Hinweise in der DJ 1940 Nr. 3.

318 Schimikowski, Rn. 383.

schlechter gestellt als sonstige Vertragsparteien im Zivilrecht. Der bloße Hinweis auf das Interesse der anderen Vertragspartei an einer möglichst raschen Klärung seiner Leistungspflichten kann diese Abweichung nicht rechtfertigen.

Die Bestimmung ist gemäß § 15 a des Versicherungsvertragsgesetzes halbzwingend, d.h. zu Lasten des Versicherungsnehmers darf von ihr nicht abgewichen werden. Eine längere als sechsmonatige Frist ist in den Versicherungsbedingungen mithin zulässig, eine kürzere ist es nicht.

I. Die Klagefrist bei der Feuerversicherung

Bereits die Allgemeinen Versicherungsbedingungen für die Feuerversicherung aus dem Jahr 1874 enthielten in § 13 Abs. 1 eine Bestimmung der Klagefrist:

„Alle nicht innerhalb sechs Monaten nach dem Brande entweder rechtsgiltig von der Gesellschaft anerkannten oder vermittelst vollständiger Klage vor den zuständigen Richter (§ 14) gebrachten Ansprüche auf Entschädigung sind durch den blossen Ablauf jener Frist erloschen."

§ 11 Abs. 4 AFB 1887 wich von dem § 13 Abs. 1 AFB 1874 nur insofern ab, als der Begriff „rechtsgiltig" durch die Formulierung „schriftlich und vorbehaltlos" und „vor den zuständigen Richter" durch „bei dem zuständigen Gerichte und deren Zustellung" ersetzt wurde. Ansonsten stimmten die Bestimmungen inhaltlich überein.

§ 15 Abs. 3 AFB 1910 wies demgegenüber folgenden Wortlaut auf:

„Wenn der Anspruch auf Leistung nicht innerhalb einer Frist von sechs Monaten gerichtlich geltend gemacht wird, nachdem der Versicherer dem Versicherungsnehmer gegenüber den erhobenen Anspruch unter Angabe der mit dem Ablauf der Frist verbundenen Rechtsfolge schriftlich abgelehnt hat, so ist der Versicherer von der Verpflichtung zur Leistung frei."

Damit wurde für den Ablauf der Klagefrist neben der schriftlichen und vorbehaltlosen Ablehnung der Entschädigung eine Angabe der mit dem Ablauf der Frist verbundene Rechtsfolge verlangt. § 18 Abs. 4 AFB 1930 wich im Wortlaut zwar von § 15 Abs. 3 AFB 1910 ab, stimmt jedoch inhaltlich mit dieser Bestimmung überein.

1. Der Fristbeginn

Gemäß den AFB 1874 und den AFB 1887 begann die Klagefrist mit dem Brandereignis zu laufen. Abweichend davon bestimmten die AFB 1910 bzw. 1930 übereinstimmend mit dem § 12 Abs. 2 des Versicherungsvertragsgesetzes die Ablehnung des Anspruchs durch den Versicherer als Fristbeginn.

Eine derartige Ablehnung musste gemäß RG Urt. v. 9.11.1934 - VII 196/34[319] keine Begründung enthalten. Als Argument hierfür führte das Reichsgericht an, dass das Versicherungsvertragsgesetz keine entsprechende Begründungspflicht für den Versicherer enthält.

2. Die Erhebung der Klage

Die Klagefrist ist gemäß den Allgemeinen Versicherungsbedingungen mit Anerkenntnis durch den Versicherer bzw. Klageerhebung durch den Versicherungsnehmer gewahrt.

Ein Anerkenntnis des Versicherungsanspruchs, das nach den AFB 1886 die Klagefrist beendet, ist der Entscheidung des Reichsgerichts vom 10.12.1907 - VII 88/07[320] zufolge in der Erklärung des Versicherers zu erblicken, dass der Entschädigungsanspruch im Falle des Wiederaufbaus auf 3034 M und im Falle des Nichtwiederaufbaus auf 955 M vorgemerkt sei.

Das Reichsgericht legte das Wort „Anerkenntnis“ im Sinne der All-gemeinen Versicherungsbedingungen damit dem gewöhnlichen Wortsinn entsprechend aus. Anerkenntnis bedeutet danach so viel wie „Anerkennung, Billigung“[321], „Anerkennung“ bedeutet „Bestätigung, Erklärung der Gültigkeit, der Rechtmäßigkeit, Billigung, Zustimmung“[322]. Mit seiner Erklärung, eine bestimmte Summe sei für den Wiederaufbau vorgesehen, eine andere Summe für den Fall des Nichtwiederaufbaus, gab der Versicherer zu erkennen, dass er seine Verpflichtung zur Entschädigung als rechtmäßig ansehe oder billige, mithin dass er den Versicherungsanspruch anerkenne.

Das Einreichen eines Armenrechtsgesuchs reichte nach der Entscheidung RG Urt. v. 03.03.1908 - VII 244/07[323] zufolge für eine gerichtliche Geltendmachung des Versicherungsanspruchs nicht aus. Auch als Entschuldigungsgrund für den Ablauf der Klagefrist könne das Einreichen des Armenrechtsgesuchs nicht geltend gemacht werden.

Das Armenrecht war in §§ 114 - 127 ZPO 1898 geregelt. Mit dem Armenrecht wurde die Armenpartei einstweilig von bestimmen mit der Prozessführung verbundenen Kosten befreit. Die Gewährung des Armenrechts wurde in einem gesonderten Bewilligungsverfahren geprüft. Dieses Verfahren betraf nicht den Rechtsstreit selbst; das Armenrechtsgesuch stellte folglich keine Prozessfüh-

---

319 VA 1935, S. 26 f.
320 Recht 1908, S. 107.
321 Duden, Das große Wörterbuch der dt. Sprache, zu „Anerkenntnis“.
322 Duden, Das große Wörterbuch der dt. Sprache, zu „Anerkennung“.
323 Recht 1908, Sp. 287 Entscheidungsteil.

rungshandlung dar[324], da es nicht selbst der Einleitung, Betreibung oder Beendigung des Prozesses dient. Es bildete folglich nicht schon den Prozessbeginn und unterbrach daher auch nicht die Verjährung.[325] Dementsprechend hatte das Reichsgericht das Gesuch des Armenrechts auch nicht als Geltendmachung des Anspruchs im Sinne der Präklusionsklausel angesehen.

Andererseits wäre es unter dem Gesichtspunkt des Schutzes der Versicherungsnehmer durchaus begründbar gewesen, bereits das Einreichen des Armenrechtsgesuchs als Erhebung der Klage im Sinne der Allgemeinen Versicherungsbedingungen anzusehen. Dafür sprechen zunächst Rechtsschutzgesichtspunkte, da eine mittellose Partei ohne eine derartige Bewilligung in tatsächlicher Hinsicht keinen Rechtsschutz erlangen kann. Darüber hinaus fällt die Verzögerung, die durch das Armenrechtsverfahren eintritt, nicht in die Sphäre des Versicherungsnehmers. Er hat vielmehr keinerlei Möglichkeit, auf die Dauer des Armenrechtsverfahrens Einfluss zu nehmen.

Dem Reichsgericht war diese Problematik durchaus bewusst. Es ist ihr in der Entscheidung RG Urt. v. 24.03.1908 - VII 306/07[326] mithilfe des Verschuldenserfordernisses begegnet. Die Nichteinlegung der Klage innerhalb der Klagefrist führt danach nicht zum Verlust des Versicherungsanspruchs, wenn der Versicherungsnehmer das Armenrechtsgesuch früh genug anbrachte, so dass er damit rechnen konnte, die Bewilligung werde so rechtzeitig erfolgen, dass die gerichtliche Geltendmachung noch vor Fristablauf möglich sei.

Nachdem der BGH zunächst der Ansicht des Reichsgerichts folgte[327], vertritt er seit einem Urteil von 1986[328] die Meinung, auch das Einreichen eines Antrags auf Prozesskostenhilfe (früheres Armenrecht) würde zur Wahrung der Klagefrist ausreichen. Zur Begründung führt er an, dass das Einreichen eines Prozesskostenhilfegesuchs zwar keine gerichtliche Geltendmachung darstellt, aus dem Allgemeinen Gleichheitssatz (Art. 3 Abs. 1 GG) i.V.m. dem Sozialstaatsprinzip (Art. 20 Abs. 1 GG) erwächst jedoch die Pflicht, die prozessuale Stellung von Bemittelten und Unbemittelten weitgehend anzugleichen. Die Wahrung der Klagefrist durch Einreichung eines Antrags auf Prozesskostenhilfe setze jedoch voraus, dass der Versicherungsnehmer alles unternimmt, um die demnächstige Zustellung der Klage (§ 270 Abs. 3 ZPO[329]) zu erreichen.

---

324 Schott, S. 45; Hellwig, Zivilprozeßrecht, Erster Teil, § 95, S. 236.
325 Schott, S. 45.
326 LZ 1908, Sp. 623; Recht 1908, S. 350.
327 BGH Urt. v. 21.11.1963 – II 64/61 (VersR 1964, S. 58f.).
328 BGH Urt. v. 01.10.1986 – IVa 108/85 (BGHZ Bd. 98, S. 295 – 302).
329 Entsprechend § 167 ZPO in der seit dem 01.07.2002 geltenden Fassung.

3. Das Verschuldenserfordernis

In der Entscheidung vom 08.12.1888 - I 274/88[330] sprach das Reichsgericht den Grundsatz aus, dass der Ablauf der Präklusionsklausel dann nicht zu einer Verwirkung des Entschädigungsanspruchs führt, wenn die Versicherungsgesellschaft die Erhebung der Klage durch den Versicherungsnehmer schuldhaft verzögert hatte.[331]

Es folgte damit dem Reichsoberhandelsgericht, dass zum Verschuldenserfordernis beim Verstreichenlassen der Klagefrist in der Feuerversicherung durch den Versicherer bereits in der Entscheidung ROHG 18.01.1873 - II 926/72[332] festgestellt hatte:

> „Denn obwohl eine rigoristische Auslegung dieser Bestimmung, nach welcher alle, nicht innerhalb sechs Kalendermonaten nach dem Brande entweder rechtsgültig von der Gesellschaft anerkannten oder mittelst vollständiger Klage vor das ordentliche Gericht gebrachten Ansprüche auf Entschädigung erloschen sind, dem Zwecke des Versicherungsinstituts und dem vernünftigen Willen der Contrahenten nach nicht gerechtfertigt sein würde und vielmehr davon auszugehen ist, dass eine verschuldete Versäumung der stipulirten Frist die Verwirkung des Anspruchs des Versicherten nicht nach sich ziehen soll...“.

Diese Rechtsprechung setzte das Reichsgericht in den Entscheidungen vom 11.03.1893 - I 449/92[333], vom 23.10.1894 - III 154/94[334] und vom 12.02.1907 - VII 154/06[335] fort.

Das Reichsgericht trat damit dem für die Versicherungsnehmer höchst nachteiligen Wortlaut der Klagefristklausel mit der Anwendung des Verschuldensprinzips entgegen. Für die Versicherungsnehmer stellte sich die Anwendung des Verschuldensprinzips auch auf die Klagefrist als vorteilhaft dar, da eine unverschuldete Versäumnis der Klagefrist durch den Versicherungsnehmer damit entgegen dem Wortlaut der Allgemeinen Versicherungsbedingungen nicht zum Verlust des Versicherungsanspruchs führte.

Auch nach Inkrafttreten des Versicherungsvertragsgesetzes hielt die Rechtsprechung an der Anwendung des Verschuldensprinzips auf die Klagefrist fest. Für die Sparte Haftpflichtversicherung entschied das Reichsgericht dies in dem Urteil vom 25.02.1913 - VII 510/12[336]. Eine entsprechende Entscheidung zur

---

330 Bolze Bd. 7, S. 225f.
331 Dazu: Fuld, ZfVRW 1895, S. 204 ff.
332 ROHG Bd. 8, S. 408 ff. (Labauve, S. 308 ff.).
333 Bolze Bd. 16, S. 267f.
334 Bolze Bd. 19, S. 330.
335 Recht 1907, S. 389.
336 LZ 1914, Sp. 289 - 291.

Sparte Feuerversicherung fehlt zwar, allerdings ist davon auszugehen, dass das Reichsgericht das Verschuldensprinzip auch auf die Klagefrist bei der Feuerversicherung angewandt hätte.[337]

In der Literatur wurde dieses Festhalten am Verschuldensprinzip unter anderem von Prölls kritisiert: Zum Schutz der Versicherungsnehmer sei es ausreichend, dass das Ablehnungsschreiben sehr strenge Erfordernisse erfüllen müsse. Damit sei den Anforderungen von Treu und Glauben bereits genüge getan, ein weitreichenderer Schutz der Versicherungsnehmer sei nicht erforderlich.[338]

Für die Versicherungsnehmer stellt sich das Festhalten des Reichsgerichts am Verschuldensprinzip bei der Klagefrist auch nach Inkrafttreten des Versicherungsvertragsgesetzes als günstig dar.

4. Ergebnis

Unter dem Gesichtspunkt des Schutzes der Versicherungsnehmer ist vor allem die Anwendung des Verschuldensprinzips auf den Verlust des Versicherungsanspruchs durch Ablauf der Klagefrist von Bedeutung. Durch die Anwendung dieses Prinzips ist das Reichsgericht zum Schutz der Versicherungsnehmer von dem eindeutigen Wortlaut der Allgemeinen Versicherungsbedingungen abgewichen, die Rechtsprechung muss daher als versicherungsnehmerfreundlich bezeichnet werden.

II. Die Klagefrist bei der Unfallversicherung

In den AUB aus dem Jahr 1904 ist die Klagefrist in § 12 Abs. 2 geregelt. Beginn der Klagefrist war danach die Ablehnung der Entschädigung durch den Versicherer, Dauer der Frist waren drei Monate. In den AUB 1910[339] wurde die Frist dem Versicherungsvertragsgesetz angepasst und auf sechs Monate verlängert.

1. Der Fristbeginn

Nach dem Wortlaut der Allgemeinen Versicherungsbedingungen für die Unfallversicherung setzt der Beginn der Klagefrist die Ablehnung der Entschädigung durch den Versicherer voraus.

Nicht ausreichend für eine Ablehnung war gemäß RG Urt. v. 02.03.1909 - VII 205/08[340] das bloße Bestreiten des Anspruchs des Versicherungsnehmers durch den Versicherten, vielmehr müsse der Anspruch „ausdrücklich und definitiv“ abgelehnt werden.

---

337 Raiser, § 18 AFB, Anm. 81.
338 Prölls, JW 1937, S. 536f.
339 VA 1910, S.190.
340 LZ 1909, Sp. 787f.

Das Reichsgericht legte das Wort „Ablehnung“ mit dieser Entscheidung abweichend von dem gewöhnlichen Wortlaut aus. Nach dem gewöhnlichen Wortlaut bedeutet Ablehnung „das Ablehnen“[341], was wiederum die Bedeutung hat „Angebotenes nicht annehmen, einer Forderung nicht stattgeben, nicht gelten lassen, nicht gutheißen, als nicht in Betracht kommend zurückweisen, sich weigern etwas zu tun, abwehren, fernhalten“[342]. Einer besonders ausdrücklichen und definitiven Erklärung bedarf es dem gewöhnlichen Wortsinn zufolge für eine „Ablehnung“ nicht, ausreichend ist vielmehr die Kenntniserlangung des Empfängers von der Nichtannahme des Erklärenden.

Die Abweichung von dem gewöhnlichen Wortlaut durch das Reichsgericht dient dem Schutz des Versicherungsnehmers. Der Ablauf der Klagefrist löst die schwerwiegende Folge des Verlusts des Versicherungsanspruchs aus. Diese schwere Folge kann nur dann gerechtfertigt erscheinen, wenn die Frist an einen erkennbaren und eindeutigen Beginn anknüpft. Ein solcher kann allein in einer ausdrücklichen und definitiven Ablehnung, wie das Reichsgericht unzweideutig ausführt, gesehen werden.

2. Die Erhebung der Klage

Gewahrt ist die Klagefrist nach den Allgemeinen Versicherungsbedingungen für die Unfallversicherung durch Klageerhebung innerhalb der vertraglichen Klagefrist.

Ausreichend war dafür gemäß RG Urt. v. 03.03.1886 - I 430/85[343] bereits die Geltendmachung eines Teilbetrags der Versicherungssumme im Klageweg. Das Reichsgericht begründete dies mit dem Sinn und Zweck der Klagefrist. Dieser sei in einer schnellen Klärung der Haftung des Versicherers zu sehen. Eine derartige schnelle Klärung werde bereits dann erreicht, wenn in einem Prozess über einen Teil des Versicherungsanspruchs über alle Voraussetzungen des gesamten Versicherungsanspruchs entschieden werde.

Das Reichsgericht legte mit diesem Urteil zum Schutz der Versicherungsnehmer die in den allgemeinen Versicherungsbedingungen geregelte Klagefrist entgegen dem Wortlaut einschränkend aus. Nicht, wie der Wortlaut nahe legt, die Geltendmachung des vollen Versicherungsanspruchs war erforderlich, sondern nur die Geltendmachung eines Teilbetrags.

---

341 Duden, Das große Wörterbuch der dt. Sprache zu „Ablehnung“.
342 Duden, Das große Wörterbuch der dt. Sprach zu „ablehnen“.
343 Bolze Bd. 2, S. 269f. Nr. 1066f.

3. Das Verschuldenserfordernis

Vor Inkrafttreten des Versicherungsvertragsgesetzes wendete das Reichsgericht in der Entscheidung vom 10.10.1910 - VII 563/09[344] das Verschuldensprinzip auf die Einhaltung der Klagefrist bei der Unfallversicherung an.

Für die Zeit nach Inkrafttreten des Versicherungsvertragsgesetzes ist deshalb davon auszugehen, dass das Reichsgericht für die Sparte Unfallversicherung, ebenso wie in den sonstigen Versicherungssparten, am Verschuldensprinzip festgehalten hätte.[345]

4. Ergebnis

Die Entscheidungen des Reichsgerichts zur Klagefrist bei der Unfallversicherung lassen die versicherungsnehmerfreundliche Neigung des Reichsgericht erkennen, die für die Versicherungsnehmer im erheblichen Maße nachteilige Klagefristbestimmung nach Möglichkeiten einschränkend auszulegen. Erreicht wird dies dadurch, dass zum einen hohe Anforderungen an die Ablehnung der Entschädigung durch den Versicherer gestellt werden, auf der anderen Seite jedoch nur geringe Anforderungen an die Klageerhebung des Versicherungsnehmers.

Darüber hinaus führte auch die Anwendung des Verschuldensprinzips dazu, die Folge des Verlusts des Versicherungsanspruchs durch bloßen Fristablauf zu begrenzen.

III. Die Klagefrist bei der Risikolebensversicherung

Ebenso wie die Allgemeinen Versicherungsbedingungen der übrigen Versicherungssparten enthielten auch die Allgemeinen Versicherungsbedingungen für die Risikolebensversicherung eine vertragliche Klagefristbestimmung. § 18 Abs. 1 ALB 1932 bestimmte:

> „Lehnt die Gesellschaft eine Leistung ab, so wird sie von ihrer Verpflichtung frei, wenn nicht der Berechtigte binnen sechs Monaten beim zuständigen Gericht Klage erhebt. Die Frist beginnt zu laufen, sobald die Gesellschaft die Leistung schriftlich ablehnt und dabei auf die Rechtsfolgen der Fristversäumnis hinweist."

Gegenüber der Rechtsprechung zu den Sparten Feuer- und Lebensversicherung, wies die Rechtsprechung des Reichsgerichts zur Klagefrist bei der Risikolebensversicherung keine Besonderheiten auf.

---

344 DJZ 1911, Sp. 90f.

345 Vgl. zur Feuerversicherung: S. 127.

IV. Die Klagefrist bei der Haftpflichtversicherung

Die Allgemeinen Versicherungsbedingungen für die Haftpflichtversicherung aus dem Jahr 1905 enthielten noch keine Klagefristbestimmung. Demgegenüber sah § 21 AHB 1910, § 11 AHB 1921 bzw. § 8 Abs. 1 AHB 1940 das Erlöschen des Versicherungsanspruchs für den Fall vor, dass der Versicherungsnehmer seinen Anspruch nicht binnen einer Frist von sechs Monaten ab Ablehnung durch Erhebung einer Klage geltend macht.

1. Der Fristbeginn

Nach den Allgemeinen Versicherungsbedingungen für die Haftpflichtversicherung beginnt die Klagefrist mit der Ablehnung des Anspruchs durch den Versicherer.

Gemäß dem Urteil des Reichsgerichts vom 02.02.1909 - VII 134/08[346] setzte eine derartige Ablehnung des Anspruchs eine klare, unzweideutige Erklärung des Versicherers voraus. Ein Schreiben des Versicherers mit dem Inhalt, dass eine Haftpflichtverbindlichkeit nicht bestehe und der Versicherungsnehmer außerdem gegen die Versicherungsbedingungen verstoßen habe, genüge hierfür nicht. Eine derartige Erklärung stelle nur die Ablehnung etwaiger Ansprüche in Aussicht, enthalte jedoch keinen endgültigen Bescheid.

Vom Standpunkt des Schutzes der Versicherungsnehmer ist diese Entscheidung als günstig zu bezeichnen: Die Rechtsfolge des Verlusts des Versicherungsanspruchs greift im beträchtlichen Umfang in bereits erworbene Rechte des Versicherungsnehmers ein. Ein Eingreifen der Präklusionsklausel kann daher nur dann als zulässig erachtet werden, wenn ihre Voraussetzungen klar und unzweifelhaft erfüllt sind.

2. Die Erhebung der Klage

Gewahrt ist die Klagefrist gemäß § 21 AHB 1910 mit rechtzeitiger Erhebung der Klage.

Gemäß RG Urt. v. 20.06.1911 - VII 617/10[347] stellte eine Streitverkündung keine derartige Klageerhebung dar und verhindert den Ablauf der Klagefrist daher nicht. Zur Begründung führte das Reichsgericht den Wortlaut der Allgemeinen Versicherungsbedingungen an, der „unzweideutig und auch für einen Nichtjuristen erkennbar" die Erhebung und Zustellung der Klage voraussetzt.

Ausgehend vom Zweck der Klagefrist, eine möglichst rasche Klärung der Rechtslage herbeizuführen, ließe sich auch eine andere Auslegung rechtfertigen:

---

346 LZ 1909, Sp. 696 - 698.
347 LZ 1912, Sp. 86 - 88.

Der Versicherungsnehmer gibt mit einer Streitverkündung ebenso wie mit einer Klage unzweideutig zu erkennen, dass er den Rechtsstreit auf dem Prozesswege fortsetzen will. Ebenso wie die Klageerhebung muss daher die Streitverkündung ausreichen, den Verlust des Versicherungsanspruchs zu verhindern. Auch erscheint es widersinnig, dass der Versicherungsnehmer durch die Klagefrist gezwungen wird, zwei getrennte Prozesse zu führen, eine Situation, die durch die Streitverkündung gerade vermieden werden soll.[348] Es wäre dem Reichsgericht bei entsprechender Begründung mithin sehr wohl möglich gewesen, die Streitverkündung als Erhebung der Klage im Sinne der Klagefrist anzusehen. Mit seiner entgegengesetzten Entscheidung entschied sich das Reichsgericht für die weniger versicherungsnehmerfreundlichere Auslegung.

3. Das Verschuldenserfordernis

Das Reichsgericht entschied für die Haftpflichtversicherung vor Inkrafttreten des Versicherungsvertragsgesetzes in den Urteilen vom 02.02.1909 - VII 134/08[349] und vom 20.06.1911 - VII 617/10[350] , dass der Ablauf der Klagefrist dann nicht zum Verlust des Versicherungsanspruchs führt, wenn den Versicherungsnehmer am Fristablauf kein Verschulden trifft.

Es folgte damit dem Reichsoberhandelsgericht, dass bereits in dem Urteil vom 18.01.1873 - 926/72[351] entschieden hatte, dass die Rechtsfolge des Verlusts des Versicherungsanspruchs nur an das verschuldete Verstreichenlassen der Klagefrist geknüpft sein soll.

Auch für die Zeit nach Inkrafttreten des Versicherungsvertragsgesetzes hielt das Reichsgericht in dem Urteil vom 15.01.1915 - VII 306/14[352] an diesem Verschuldensprinzip festgehalten.

4. Ergebnis

Auch für die Sparte Haftpflichtversicherung wendete das Reichsgericht auf den Ablauf der Klagefrist das Verschuldensprinzip an und wich damit im Interesse des Schutzes der Versicherungsnehmer von dem Wortlaut der Allgemeinen Versicherungsbedingungen ab.

---

348 Vgl. zur gesetzl. Präklusionsbestimmung des § 12 Abs. 3 VVG: Putzier, AnwBl. 1973, S. 377, 378.
349 LZ 1909, Sp. 696 - 698.
350 LZ 1912, Sp. 86 - 88.
351 ROHG Bd. 8, S. 408 (Labauve, S. 308 - 310).
352 LZ 1915, Sp. 764f.

V. Die Klagefrist bei der Kraftfahrzeughaftpflichtversicherung

Ebenso wie in den übrigen Versicherungssparten ist auch in den Allgemeinen Versicherungsbedingungen für die Kraftfahrzeughaftpflichtversicherung eine Klagefrist geregelt. Entsprechender § 8 Abs. 1 AKB 1929 lautete:

> „Hat die Gesellschaft im Schadenfalle den Versicherungsschutz dem Grunde nach abgelehnt, so ist der Anspruch des Versicherungsnehmers zur Vermeidung des Verlustes binnen 6 Monaten im Wege der ordentlichen Klage bei dem zuständigen Gerichte geltend zu machen. Die Frist beginnt erst, nachdem die Gesellschaft dem Versicherungsnehmer den erhobenen Anspruch unter Angabe der mit dem Ablaufe der Frist verbundenen Rechtsfolgen schriftlich abgelehnt hat."

§ 8 Abs. 1 AKB 1940 wich von dieser Fassung bei nur gering abweichendem Wortlaut inhaltlich nicht ab.

Die Allgemeinen Bedingungen für die Kraftfahrzeughaftpflichtversicherung wichen insoweit von § 12 Abs. 2 des Versicherungsvertragsgesetzes[353] ab, nach dessen Wortlaut die Leistungsfreiheit eintritt, wenn der Anspruch auf Leistung nicht innerhalb einer Frist von 6 Monaten „gerichtlich geltend gemacht wird" und gerade nicht „bei dem zuständigen Gerichte" geltend gemacht wird.

1. Der Fristbeginn

Ebenso wie in den übrigen Versicherungszweigen knüpfen auch die Allgemeinen Versicherungsbedingungen für die Kraftfahrzeughaftpflichtversicherung in Übereinstimmung mit dem Versicherungsvertragsgesetz den Beginn der Klagefrist an die Ablehnung des Anspruchs durch den Versicherer.

Entscheidungen, in denen sich das Reichsgericht mit dem Fristbeginn in der Kraftfahrzeughaftpflichtversicherung auseinandersetzte, sind nicht bekannt.

2. Die Erhebung der Klage

Nach dem Versicherungsvertragsgesetz ist die Klagefrist gewahrt, wenn der Anspruch innerhalb der Klagefrist „gerichtlich geltend gemacht" wird, nach § 8 Abs. 1 AKB 1929 musste der Anspruch innerhalb der Klagefrist „im Wege der ordentlichen Klage bei den zuständigen Gericht geltend" gemacht werden.

In der Entscheidung vom 07.04.1933 - VII 357/32[354] hatte das Reichsgericht eine Klausel auszulegen, welche die Fristwahrung abweichend vom Wortlaut des Versicherungsvertragsgesetzes und der Verbandsbedingungen an die „Erhebung der Klage" knüpfte. Aufgrund der Abweichung der gewählten Formulierung von dem Wortlaut des Versicherungsvertragsgesetzes und den Verbands-

---

353 VVG in der zur Zeit des Inkrafttretens geltenden Fassung, heutiger § 12 Abs. 3.

354 JW 1933, S. 2125 - 2127.

bedingungen, der sich der Versicherer bewusst gewesen sein muss, entschied das Reichsgericht, könne auch der Antrag auf Erlass eines Zahlungsbefehls als „Erhebung der Klage“ im Sinne dieser Bestimmung angesehen werden.

Die Entscheidung stellt sich aus Sicht der Versicherungsnehmer als günstig dar. Der Mindestschutz der Versicherungsnehmer ist im Versicherungsvertragsgesetz geregelt. Weicht der vom Versicherer in den Allgemeinen Versicherungsbedingungen verwendete Wortlaut hiervon ab, kann sich der Versicherer nicht darauf berufen, dass er nur diesen Mindestschutz habe regeln wollen. Vielmehr muss er dann den für den Versicherungsnehmer günstigeren vertraglichen Wortlaut auch gegen sich gelten lassen.

3. Das Verschuldenserfordernis

Entscheidungen in der Kraftfahrzeughaftpflichtversicherung zur Frage des Verschuldens des Fristablaufs aus der Zeit vor Inkrafttreten des Versicherungsvertragsgesetzes sind nicht bekannt. Jedoch ist davon auszugehen, dass das Reichsgericht die Verwirkung des Versicherungsanspruchs ebenso wie in den übrigen Versicherungssparten an den verschuldeten Fristablauf geknüpft hätte.

Für die Zeit nach Inkrafttreten des Versicherungsvertragsgesetzes bejahte das Reichsgericht in dem Urteil vom 01.02.1935 - VII 270/34[355] die Anwendbarkeit des Verschuldensprinzips auf den Ablauf der Klagefrist in der Kraftfahrzeughaftpflichtversicherung.

4. Ergebnis

Ebenso wie in den übrigen Versicherungssparten hat das Reichsgericht auch in der Kraftfahrzeughaftpflichtversicherung die harten Folgen des Ablaufs der Klagefrist durch das Verschuldensprinzip abgemildert.[356]

VI. Zusammenfassung

Bereits im Jahr 1873 erkannte das Reichsoberhandelsgericht, dass Klagefristen eine erhebliche Benachteiligung der Versicherungsnehmer darstellen und entschied daher, dass nach dem „Zwecke des Versicherungsinstitutes“ und dem „vernünftigen Willen der Contrahenten“ der Verlust des Versicherungsanspruchs nur an das verschuldete Verstreichenlassen der Präklusionsfrist geknüpft sein kann.[357] Das Reichsgericht folgte dieser Beurteilung und knüpfte in seinen Entscheidungen den Verlust des Versicherungsanspruchs durch Ablauf der Klagefrist an den verschuldeten Fristablauf.

---

355 VA 1935, S. 205f.

356 Vgl. zur Feuerversicherung S. 130 und zur Unfallversicherung S. 133.

357 ROHG Urt. v. 18.01.1873 - 926/72 (ROHG Bd. 8, S. 408 ff.; Labauve, S. 308 - 310).

Das Versicherungsvertragsgesetz enthielt auf die Frage, ob der Ablauf der Klagefrist den Versicherungsanspruch dann nicht entfallen lässt, wenn der Fristablauf durch den Versicherungsnehmer verschuldet ist, keine Antwort.

Nach Inkrafttreten des Versicherungsvertragsgesetzes wurde des Festhalten des Reichsgerichts am Verschuldensprinzip für die Klagefrist in der Literatur daher heftig kritisiert.[358] Im Hinblick auf die Interessen der Versicherungsnehmer stellt sich das Festhalten des Reichsgerichts am Verschuldensprinzip als günstig dar, da durch das Verschuldensprinzip die für die Versicherungsnehmer im erheblichen Maße nachteilige Klagefrist gemildert wird.

Der BGH wendet dem Reichsgericht folgend das Verschuldensprinzip sowohl auf vertragliche Klagefristen als auch auf die gesetzliche Klagefrist des § 12 Abs. 3 VVG[359] an.[360]

Hinsichtlich der Begriffsmerkmale der in den Allgemeinen Versicherungsbedingungen geregelten Klagefrist ist festzustellen, dass das Reichsgericht an dem Wortlaut der Klagefristbestimmung auch dann festhielt, wenn sich dieser für die Versicherungsnehmer als nachteilig erwies. Lediglich in dem Urteil vom 02.03.1909 - VII 205/08[361] wich das Reichsgericht bei der Auslegung des Wortes „Ablehnung" im Interesse der Versicherungsnehmer vom gewöhnlichen Wortlaut ab. Differenzierungen des Reichsgerichts hinsichtlich des Schutzes der Versicherungsnehmer in den verschiedenen Versicherungssparten sind nicht zu erkennen.

Im Versicherungsvertragsgesetz war die Klagefrist in § 12 Abs. 2[362] halbzwingend auf mindestens sechs Monate festgelegt. Gegenüber den Allgemeinen Versicherungsbedingungen stellte dies eine Verbesserung dar, da die Bedingungen zum Teil eine Frist von lediglich drei Monaten enthielten.[363] Die Bestimmung des § 12 Abs. 2[364] des Versicherungsvertragsgesetzes wich jedoch zum Nachteil der Versicherungsnehmer von der vorherigen Rechtsprechung des Reichsgerichts ab, da sie ihrem Wortlaut nach den Verlust des Versicherungsanspruchs an den Ablauf der Sechs-Monats-Frist unabhängig vom Verschulden des Versicherungsnehmers knüpfte.

---

358 Z.B.: Prölls, JW 1937, S. 536f.

359 Früherer § 12 Abs. 2 VVG.

360 BGH, Urt. v. 08.02.1965 – II 171/62 (BGHZ Bd. 43, S. 235 – 239) – zur gesetzlichen Klagefrist; BGH, Urt. v. 01.04.1953 – II 88/52 (VersR 1953, S. 192 – 195, S. 195) – zur vertraglichen Klagefrist.

361 LZ 1909, Sp. 787f.

362 VVG in der zur Zeit des Inkrafttretens geltenden Fassung, heutiger § 12 Abs. 3.

363 z.B. § 12 Abs. 3 AUB 1904.

364 VVG in der zur Zeit des Inkrafttretens geltenden Fassung, heutiger § 12 Abs. 3.

D) Die Ausschlussklauseln

Unter dem Begriff „Ausschlussklausel" im Sinne der Allgemeinen Versicherungsbedingungen ist eine Bestimmung zu verstehen, die ein bestimmtes, durch die primäre Risikoabgrenzung von der Versicherung erfasstes Risiko, vom Versicherungsschutz ausschließt.[365]

Derartige Bestimmungen sind in Allgemeinen Versicherungsbedingungen aller Versicherungszweige zahlreich. Sie dienen der Begrenzung des durch die Beschreibung des Versicherungsfalls in den Bedingungen beschriebenen Risikos.[366]

I. Die Ausschlussklauseln bei der Feuerversicherung

In den Allgemeinen Versicherungsbedingungen für die Feuerversicherung sind im Hinblick auf die Rechtsprechung des Reichsgerichts insbesondere von Bedeutung der Ausschluss der vorsätzlichen oder grob fahrlässigen Herbeiführung des Versicherungsfalls und der Ausschluss von Schäden durch Kriegsereignisse und durch bürgerliche Unruhen.

1. Der Ausschluss vorsätzlicher oder grob fahrlässiger Herbeiführung des Versicherungsfalls

Ausgeschlossen von der Feuerversicherung sind Versicherungsfälle, die durch vorsätzliche oder grob fahrlässige Herbeiführung entstanden sind. Der entsprechende Ausschluss war in den AFB von 1886 in § 10 geregelt. In den AFB 1874 war demgegenüber nur das grobe Verschulden des Versicherungsnehmers gemäß § 1 Abs. 2 von der Versicherung ausgenommen. Der Ausschluss der Entschädigung im Falle einer böswilligen Brandstiftung erschien mit Hinblick auf allgemeine Rechtsgrundsätze für entbehrlich.[367]

§ 10 AFB 1886 regelte den Ausschluss vorsätzlicher oder grob fahrlässiger Herbeiführung des Versicherungsfalles wie folgt:

„Wenn der Versicherte den Brand vorsätzlich oder durch grobes Verschulden verursacht ... so verliert er jeden Anspruch auf Entschädigung und zwar für alle an dem betreffenden Brande betheiligten Versicherungen."

Ähnlich bestimmte § 12 Abs. 2 AFB 1910:

---

365 Sog. sekundäre Risikobegrenzung; Hofmann, Privatversicherungsrecht, § 7 Rn. 4, S. 109.

366 Schimikowski, Rn. 256.

367 Ehrenzweig, Assecuranz-Jahrbuch 1888, II. Theil, S. 156.

„Der Versicherer ist ferner von der Verpflichtung zur Leistung frei, wenn der Versicherungsnehmer den Versicherungsfall vorsätzlich oder durch grobe Fahrlässigkeit herbeiführt, oder wenn er sich bei Ermittlung des Schadens einer arglistigen Täuschung schuldig macht.".

§ 17 AFB 1930 stimmte inhaltlich hiermit überein. Im Versicherungsvertragsgesetz sah § 61 die Leistungsfreiheit des Versicherers als Folge einer vorsätzlichen oder grob fahrlässigen Herbeiführung des Versicherungsfalls durch den Versicherungsnehmer vor.[368]

Dem Urteil des Reichsgerichts vom 22.10.1895 - III 169/95[369] lag folgender Sachverhalt zugrunde: Der Versicherungsnehmer hatte eine Maschine, bei welcher die Überlassung an Dritte zu deren Benutzung und Betrieb ins Auge gefasst war, unter Vorbehalt des Eigentums verkauft. Der Erwerber überließ die Maschine zum Betrieb und zur Benutzung seinem Sohn. Dieser führte schuldhaft einen Brand herbei. Der Versicherer lehnte die Entschädigung ab. Er berief sich dafür auf folgende Versicherungsbedingung: „Wenn ein Mitglied des (verklagten) Feuerversicherungsverbandes den Brand vorsätzlich oder durch eigenes grobes Verschulden verursacht ..., so verliert es jeden Anspruch auf Entschädigung". Das Reichsgericht gab dem Versicherer mit der Begründung Recht, der Versicherungsnehmer müsste dem Versicherer gegenüber die Handlungen eines Dritten, welcher aufgrund eines Vertretungs- oder eines anderen Verhältnisses an seiner Stelle stände, als die seinigen gelten lassen.

Die zwischen den Parteien des Rechtsstreits umstrittenen Klausel knüpfte die Verwirkung des Anspruchs an die Brandverursachung durch ein „Mitglied des ... Feuerversicherungsverbandes". Mitglieder eines Versicherungsverbandes sind auf der einen Seite die einzelnen Versicherungsnehmer, die mit dem Versicherer in vertraglicher Beziehung stehen, auf der anderen Seite der Versicherer. Nicht dem Verband zugehörig sind die Angehörigen des Versicherungsnehmers. Der Wortlaut der Bestimmung spricht somit gegen eine Gleichstellung des Versicherungsnehmers mit sonstigen Personen, die zu ihm in einem Vertretungs- oder anderen Verhältnis stehen.

Die Entscheidung wich mithin in für den Versicherungsnehmer nachteiliger Weise von dem Wortlaut der Bestimmung ab.

---

368 Der Ausschluß der Haftung der Versicherungsgesellschaften bei vorsätzlicher bzw. grob fahrlässiger Herbeiführung des Versicherungsfalls durch den Versicherungsnehmer ist bereits im preuß. ALR vorgesehen (§§ 2235 ff. ALR), ebenso in § 39 des Bähr'schen Entwurfes (AfB 1893, S. 14).

369 Bolze Bd. 21, S. 256.

In der Entscheidung des Reichsgerichts vom 13.12.1929 - VII 183/29[370] setzte sich das Reichsgericht mit der Frage des Beweises vorsätzlicher oder grob fahrlässiger Schadensherbeiführung durch den Versicherungsnehmer auseinander. Darüber, dass der Versicherer das Vorliegen einer vorsätzlichen bzw. grob fahrlässigen Brandstiftung zu beweisen habe, bestand in Rechtsprechung und Literatur Einigkeit. Das Reichsgericht sprach in dieser Entscheidung zur Genauigkeit des Beweises aus, dass ein prima-facie-Beweis für die Einrede der Verwirkung nicht genüge. Die Versicherungsgesellschaften müssten, um sich auf die Einrede der Verwirkung zu berufen, einen genauen Beweis zu führen. Diese Beweisführung durch die Versicherungsgesellschaften dürfte mit großen Schwierigkeiten verbunden sein.[371] Der Versicherungsnehmer wurde durch diese Entscheidung folglich im erheblichen Umfang begünstigt. Wie Gerhard in seiner Anmerkung zu der Entscheidung feststellte, wäre auch eine Deutung der Verwirkungsbestimmung dahingehend, dass ein prima-facie-Beweis für eine Verwirkung ausreicht, möglich gewesen.[372] Die Brandstiftung des Versicherungsnehmers stelle sowohl eine vorsätzliche bzw. grob fahrlässige Schadensherbeiführung als auch eine unerlaubte Handlung dar. Daher müsste für beide Verstöße der gleiche Umfang der Beweislast gelten. Das Reichsgericht entschied sich zwischen beiden Möglichkeiten somit für die versicherungsnehmerfreundlichere Auslegung.

2. Der Ausschluss von Schäden durch Kriegsereignisse

Mit Beginn des ersten Weltkrieges im Jahr 1914 kam eine erhebliche Anzahl von Fällen vor die Gerichte, in denen Versicherer und Versicherungsnehmer über den Umfang des Ausschlusses von Schäden durch Kriegsereignisse durch sog. Kriegsklauseln stritten. Eine derartige Kriegsklausel enthielten die AFB 1910 in § 1 Abs. 4. Die Versicherungsgesellschaft haftete danach nicht für Schäden

> „die durch Maßnahmen verursacht werden, die im Kriege oder nach Erklärung des Kriegszustandes von einem militärischen Befehlshaber angeordnet werden."[373]

Als Grund für den Ausschluss von Kriegsereignissen von Seiten der Versicherungsgesellschaften wird die Unkalkulierbarkeit derartiger Risiken genannt.[374]

---

370 JW 1930, S. 3624f.

371 Gerhard, JW 1930, S. 3624.

372 Gerhard, JW 1930, S. 3624.

373 Die Klausel stimmt damit inhaltlich mit den Kriegsklauseln der AVB 1874 und den AVB 1887 überein. Da das Deutsche Reich seit seiner Gründung bis zum Jahre 1914 jedoch in keinen Krieg verwickelt war, erlangte erst die Kriegsklausel der AVB 1910 rechtliche Relevanz.

374 Raiser, S. 95.

In dem Urteil vom 25.01.1918 - VII 367/17[375] entschied das Reichsgericht, dass Anordnungen militärischer Befehlshaber im Sinne des § 1 Abs. 4 der AFB 1910 nicht nur Anordnungen der Befehlshaber desjenigen Landes sind, in dem sich die versicherten Gebäude befinden, sondern auch Anordnungen feindlicher militärischer Befehlshaber.

Eine Einschränkung der Kriegsklausel dahingehend, dass nur Anordnungen militärischer Befehlshaber desjenigen Landes, in dem sich das versicherte Risiko befindet, von der Ausschlusswirkung der Kriegsklausel erfasst sind, schränkt den Anwendungsbereich dieser Klausel im erheblichen Maße ein führt und damit zu einer Erweiterung des Versicherungsschutzes im Kriegsfall. Sie würde die Versicherungsnehmer dementsprechend begünstigen. Eine solche Begünstigung war im vorliegenden Fall vom Berufungsgericht beabsichtigt. Das Reichsgericht stellte demgegenüber fest, dass Wortlaut, Entstehungsgeschichte und Sinn und Zweck der Klausel für eine derartige Auslegung keinen Anlass geben. Folglich werden auch Maßnahmen feindlicher Befehlsgeber von der Kriegsklausel erfasst und sind danach von der Versicherung ausgeschlossen. Das Reichsgericht entschied sich damit für diejenige Auslegung, die für die Versicherungsnehmer weniger günstig war.

3. Der Ausschluss von Schäden durch bürgerliche Unruhen

Neben Schäden durch Kriegsereignisse sind in den Allgemeinen Versicherungsbedingungen für die Feuerversicherung auch Schäden durch bürgerliche Unruhen ausgeschlossen.[376]

Das Reichsgericht hatte in der Entscheidung vom 08.06.1923 - VII 622/22[377] den Begriff „bürgerliche Unruhen" auszulegen. Der Entscheidung lag folgender Sachverhalt zugrunde: Nach der Versenkung eines brasilianischen Handelsschiffes und den daran anschließenden Zeitungsäußerungen war es in Porto Allegre zu Ausschreitungen gegen die dort anwesenden Deutschen gekommen. Im Zuge der Ausschreitungen wurde eine Brandlegung gegen die Versicherungsnehmerin verübt. Die Versicherungsgesellschaft verweigerte ihre Leistung mit der Begründung, dass die Schäden bei „bürgerlichen Unruhen" entstanden seien, die gemäß § 1 Abs. 3 der Allgemeinen Versicherungsbedingungen nicht vom Versicherungsschutz erfasst seien.

Das Reichsgericht stellte fest, dass der in den Allgemeinen Versicherungsbedingungen verwendete Begriff „bürgerliche Unruhen" weitreichender sei als der daneben verwendete Begriff „Aufstand" oder „Aufruhr". Ein Aufruhr i.S.d.

375 RGZ Bd. 92, S. 98 - 101.

376 § 1 Abs. 2 AFB 1874; § 1 Abs. 4 AFB 1909; § 1 Abs. 7 AFB 1930.

377 RGZ Bd. 108, S. 188 - 191.

§ 115 StGB verlange eine Zielrichtung gegen den Staat. Eine derartige Zielrichtung sei vorliegend nicht gegeben. Aus der Verwendung des Begriffs „bürgerliche Unruhen“ neben den Begriffen „Aufstand“ und „Aufruhr“ könne gefolgert werden, dass auch Unruhen, die nicht gegen den Staat oder seine Einrichtungen gerichtet sind, vom dem Ausschlusstatbestand erfasst werden sollen.

„Bürgerliche Unruhe“ ist nach dem gewöhnlichen Wortsinn ein „durch viel Lärm, Bewegung, die Abwesenheit von Ruhe gekennzeichneter Zustand“ bzw. „Aufruhr, laute Unzufriedenheit, Empörung einer großen Anzahl von Menschen gegen bestehende Verhältnisse“.[378] Eine „Bürgerliche Unruhe“ setzt nach diesem gewöhnlichen Wortsinn somit keine besondere Zielrichtung gegen den Staat voraus. Das Reichsgericht folgte mit seiner Auslegung des Begriffs „bürgerliche Unruhe“ mithin dem gewöhnliche Wortsinn. Eine davon abweichende Auslegung wäre auch unter dem Gesichtspunkt des Schutzes der Versicherungsnehmer nicht begründbar.

4. Ergebnis

Die Rechtsprechung des Reichsgerichts zur Auslegung von Ausschlussklauseln bei der Feuerversicherung nahm keine besondere Rücksicht auf die Interessen der Versicherungsnehmer. Auch die Rechtsprechung des Reichsgerichts zur Auslegung von Ausschlussklauseln bei der Feuerversicherung bestätigt damit, dass die Rechtsprechung des Reichsgerichts bei der Feuerversicherung weniger versicherungsnehmerfreundlich als in anderen Versicherungszweigen war. Als Grund hierfür kann allein festgestellt werden, dass es sich bei den Entscheidungen des Reichsgerichts zu Feuerversicherung zumeist um Entscheidungen aus dem 19. Jahrhundert und somit um frühe Entscheidungen des Reichsgerichts handelte. Diese frühen Entscheidungen hatten sich zumeist mit der bestehenden Rechtsprechung der Ländergerichte auseinander zu setzen, welche die Allgemeinen Versicherungsbedingungen zumeist streng und wenig vorteilhaft für die Versicherungsnehmer ausgelegt haben.[379]

II. Die Ausschlussklauseln bei der Unfallversicherung

In der Unfallversicherung waren in einem wesentlich größeren Umfang als in der Feuerversicherung Risiken aus dem Versicherungsschutz durch sog. Ausschlussklauseln herausgenommen. So fielen unter anderem Unfälle durch Gesetzesverstöße, Unfälle infolge Geistes- oder Bewusstseinsstörung, Unfälle bei der Teilnahme an Gletschertouren, Unfälle bei der Teilnahme an Raufhändeln bzw. Schlägereien, Unfälle bei der Benutzung niederer Zwei- oder Dreiräder, Unfälle

---

378 Brockhaus-Wahrig, Deutsches Wörterbuch, zu „Unruhe“.

379 Vgl. dazu die bei Malß, Übersicht der neueren Rechtsprechung in nicht maritimen Versicherungssache, ZHR 13 (1869), S. 45 - 140 und S. 418 - 515 zitierten Entscheidungen der Gerichte der Deutschen Staaten.

bei Selbstkutschieren und bei der Benutzung ungewöhnlicher Transportmittel, Unfälle, die auf Vorsatz bzw. grober Fahrlässigkeit beruhen, Unfälle bei der Teilnahme an Kriegsereignissen, Vergiftungen und Unfälle, bei denen die Invalidität nicht binnen Jahresfrist eingetreten ist, nicht unter den Schutz der Unfallversicherung.

1. Der Ausschluss von Unfällen durch Gesetzesverstöße

Nach den Allgemeinen Versicherungsbedingungen für die Unfallversicherung waren von der Versicherung ausgeschlossen Unfälle, die bei der Ausführung oder dem Versuch eines Verbrechens oder Vergehens erlitten werden.[380] Die Allgemeinen Versicherungsbedingungen für die Unfallversicherung der verschiedenen Versicherungsgesellschaften enthielten zum Teil hiervon abweichende Formulierungen, u.a.: „Beteiligung an einer gesetzwidrigen Handlung", „Verbrechen" oder „Vergehen".

Dem Urteil des Reichsgerichts vom 18.12.1908 - VII 406/08[381] lag folgender Sachverhalt zugrunde: Nach vorausgegangenem Wortwechsel hatte der Versicherte seinem Gegner einen Peitschenhieb ins Gesicht versetzt. Daraufhin war er von diesem und seinem Begleiter verfolgt worden und hatte von letzterem im weiteren Verlauf der sich anschließenden Tätigkeiten einen Stockschlag auf den Kopf erhalten. Das Reichsgericht war der Ansicht, der Unfall sei „durch Beteiligung an gesetzwidrigen Handlungen herbeigeführt", so dass der Versicherte von der Verpflichtung zur Leistung frei sei. Zur Begründung führte es aus:

> „Diese Mißhandlung des Beklagten [Versicherungsnehmer] war das letzte Glied in der zusammenhängenden Kette von Einzelhandlungen, deren erstes Glied die Mißhandlung des Sp. durch den Beklagten gewesen war. Ob man dabei zwischen dem ersten und dem letzten Gliede einen ursächlichen Zusammenhang in dem strengen Sinne dieses Begriffs feststellen könnte, bedarf nicht der Erörterung, weil der § 3 der ‚allgemeinen Versicherungsbedingungen' einen Zusammenhang solcher Art nicht voraussetzt. Es genügte, daß der erste Peitschenhieb und die in ihm enthaltene gesetzwidrige Handlung des Beklagten der Anlaß und Beginn der Schlägerei war, die mit der Verletzung des Beklagten geendet hat. Zutreffend ist aber auch die Erwägung, daß der Beklagte in die Schlägerei nicht ohne sein Verschulden hineingezogen worden ist und daß in der Peitsche ein gefährliches Werkzeug, dessen sich der Beklagte bei der Schlägerei bedient hat, zu erblicken ist. Damit ist auch der Tatbestand des § 367 Nr. 10 StGB erfüllt."

Das Reichsgericht kam damit zu dem Ergebnis, dass eine Ursächlichkeit des vorausgegangenen Gesetzesverstoß für die Unfallfolgen keine Voraussetzung des

---

380 § 1 Abs. 5 „bei der Ausführung oder dem Versuch von Verbrechen oder Vergehen"; § 4 II Nr. 5 AUB 1910; § 3 Ziff. 2 AUB 1920; § 3 Nr. 2 AUB 1937. 1961 wurde die Klausel neugefasst. Zu den Änderungen vgl. Wagner, in: B/M/W 6. Bd. 1. Hb. Anm. G 144.

381 Recht 1909 Nr. 597.

Eingreifens der Ausschlussklausel ist. Aber auch bei Anwendung der Adäquanztheorie, anhand derer das Reichsgericht für gewöhnlich die Ursächlichkeit ermittelt, wäre der Peitschenhieb des Versicherten für den späteren Schlag auf den Kopf kausal gewesen, da es für den Versicherten nicht außerhalb aller Lebenserfahrung stand, im Laufe der von ihm begonnenen Schlägerei später einen entsprechenden Hieb zu erhalten.

Auch ausgehend vom Schutzzweck der Ausschlussklausel erscheint keine versicherungsnehmerfreundlichere Auslegung möglich. Der Sinn und Zweck des Ausschlusses von Unfällen bei gesetzeswidrigen Handlungen ist in der Begrenzung des Unfallrisikos auf reguläre, normale Gefahrenlagen zu erblicken.[382] An einer derartigen „normalen" Gefahrensituation mangelt es bei Unfällen, bei denen ein vorheriger Gesetzesverstoß die Wahrscheinlichkeit eines Unfallereignisses erhöht hat.

Der Entscheidung RG Urt. v. 28.01.1938 - VII 130/37[383] zufolge sind die in den Allgemeinen Versicherungsbedingungen für die Unfallversicherung verwendeten Begriffe Verbrechen und Vergehen im strafrechtlichen Sinne zu verstehen. Nicht von der Versicherung ausgeschlossen sei jedes sittlich missbilligte Verhalten, sondern nur dasjenige, das als Verbrechen oder Vergehen oder Versuch hierzu im Sinne des Strafrechts anzusehen sei. Das Reichsgericht führte dazu aus:

„Vielmehr wollte man sich, als man jene Bestimmung abfaßte, an die staatliche Rechtsordnung halten und den Ausschluß auf solche Fälle sittlich zu mißbilligenden Verhaltens des Versicherten beschränken, die auch die Rechtsordnung in der Weise mißbilligt, daß sie ein derartiges Verhalten unter Strafe stellt, und zwar wieder beschränkt auf solche Fälle, die, weil sievon der konkreten Rechtsordnung als nicht geringfügig angesehen werden, als Verbrechen oder Vergehen oder als Versuch hierzu, nicht bloß als Überschreitung bestraft werden. Damit war auch gewollt die Begriffsbestimmung dessen, was Verbrechen, Vergehen und Versuch dazu sei. Der Versicherer hat also bewußt strafrechtliche Begriffe in das Versicherungsvertragsrecht eingeführt, um klare Abgrenzungen zum Wohle der Gemeinschaft, die sich in den Versicherten und ihren Beziehungen zum Versicherer verkörpert, zu schaffen und seiner Pflicht zu genügen, möglichst deutlich von vornherein zu sagen, in welchen Fällen er, trotz des Vorliegens der allgemeinen Voraussetzungen (§§ 1 Abs. 1 mit 2 I AVB), ausnahmsweise keinen Versicherungsschutz leisten wolle. Damit erfüllte der Versicherer sogar vorbildlich eine Anforderung, die Treu und Glauben an ihn stellten. Dabei übernahm er die strafrechtlichen Begriffsbestimmungen mit dem Inhalte, den immer sie haben würden, solange die Rechtsordnung die Unterscheidung von Verbrechen, Vergehen und Versuch hierzu für die einzelnen Tatbestände des materiellen Strafrechts kennt. In dieser Anlehnung an die konkrete strafrechtliche Erfassung sitten- oder gemeinschaftswidrigen Verhaltens drückt sich auch klar aus, daß es sich bei der Abfassung der streitigen Bestimmung weniger um die Durchsetzung

---

382 Wagner, in: B/M/W, Bd. 6 1. Hb. Anm. G 145.
383 Recht 1938, Sp. 390 Nr. 4233.

sittlicher Forderungen handelte, als um einen Fall der Ablehnung des Versicherungsschutzes für Unfälle, die sich bei selbstverschuldeter Gefahrerhöhung ereignen."[384]

Das Reichsgericht folgte mit dieser Entscheidung im Interesse der Versicherungsnehmer dem Grundsatz, dass in Allgemeinen Versicherungsbedingungen verwendete rechtliche Begriffe im juristischen Sinne zu verstehen sind und kam dadurch zu einer Bejahung des Versicherungsanspruchs.

2. Der Ausschluss von Unfällen infolge Geistes- oder Bewusstseinsstörung

Allgemeine Versicherungsbedingungen für die Unfallversicherung schlossen regelmäßig Unfälle des Versicherten vom Versicherungsschutz aus, die als Folge von Geistes- oder Bewusstseinsstörungen eingetreten sind, sofern diese Störung nicht ihrerseits durch einen Unfall hervorgerufen war.[385]

In dem Urteil vom 10.05.1940 - VII 230/39[386] entschied das Reichsgericht, dass der durch den Versicherten verursachte Verkehrsunfall auf eine Geistes- oder Bewusstseinsstörung zurückzuführen ist, wenn der Versicherte im alkoholisierten Zustand sein Kraftfahrzeug in Gang gesetzt hat und später infolge Alkoholgenusses außerstande war, eine Gefahrenlage richtig zu erkennen bzw. sich demgemäss zu verhalten. Eine Bewusstseinsstörung erfordere nicht das gänzliche Versagen der Sinnestätigkeit, sondern „nur ihre Störung mit wesentlicher Beeinträchtigung der Aufnahme- und Gegenwirkungsfähigkeit". Eine entsprechende Störung sei bereits bei einer „Trübung des Bewusstseins" gegeben.

Das Reichsgericht fasste den Begriff der Bewusstseinsstörung in dieser Entscheidung damit sehr weit und für die Versicherungsnehmer nachteilig auf.[387] Nach dem gewöhnlichen Sprachgebrauch stellt eine Bewusstseinsstörung einen Zustand dar, der durch eingeschränkte Ansprechbarkeit und verminderte Fähigkeit, auf Umweltreize zu reagieren, erkennbar wird[388] und damit mehr als nur eine bloße Bewusstseinstrübung. Die Auslegung des Begriffs „Bewußtseinsstörung" im Sinne der Allgemeinen Versicherungsbedingungen in dem Urteil vom 10.05.1940 - VII 230/39[389] wich somit zum Nachteil der Versicherungsnehmer vom gewöhnlichen Wortsinn ab.

---

384 SeuffA 92, 135f.

385 § 1 Abs. 4 AUB 1904; § 4 II Nr. 2 AUB 1910; § 3 Nr. 4 AUB 1920; § 3 Nr. 4 AUB 1937; § 3 Nr. 4 AUB 1961; § 2 Abs. 1 Nr. 1 AUB 1988.

386 RGZ Bd. 164, S. 49 - 52.

387 Wagner, in: B/M/W, Bd. 6 1. Hb Anm. G 177.

388 Wagner, in: B/M/W, Bd. 6 1. Hb Anm. G 196.

389 RGZ Bd. 164, S. 49 - 52.

Der BGH definiert den Begriff der Bewusstseinsstörung im Sinne der Allgemeinen Versicherungsbedingungen für die Unfallversicherung als „erhebliche Störung der Aufnahme- und Reaktionsfähigkeit, die auf Krankheit, Alkoholgenuß oder künstlichen Mitteln beruht und den Versicherten außerstande setzt, den Sicherheitsanforderungen seiner Umwelt zu genügen, und die einen Grad erreicht haben, bei dem er die Gefahrenlage nicht mehr beherrschen kann". Indem der BGH eine erhebliche Störung der Aufnahme- und Reaktionsfähigkeit für eine Bewusstseinsstörung voraussetzt, folgt er insoweit dem allgemeinen Sprachgebrauch. Für Unfälle infolge alkoholbedingter Bewusstseinsstörung sieht er eine derartige Störung der Aufnahme- und Reaktionsfähigkeit jedoch bereits dann an, wenn bei einem Verkehrsteilnehmer die Voraussetzungen gegeben sind, unter denen er nach § 2 StVZO nicht mehr am Verkehr teilnehmen darf und wendet damit die im Strafrecht und im Straßenverkehrsrecht geltenden Promille-Grenzwerte für absolute Fahruntüchtigkeit auch als Grenzwert für das Vorliegen einer Bewusstseinsstörung bei der Teilnahme am Straßenverkehr an.[390]

Indem der BGH auf Promille-Grenzwerte abstellt und nicht auf das tatsächliche Vorliegen einer erheblichen Störung der Aufnahme- und Reaktionsfähigkeit, stellt er für den Bereich des Straßenverkehrs geringere Anforderungen an das Vorliegen einer Bewusstseinsstörung als dies nach dem gewöhnlichen Sprachgebrauch der Fall wäre. Er macht das Vorliegen einer Bewusstseinsstörung damit von weniger Voraussetzungen abhängig als das Reichsgericht und legt den Begriff „Bewusstseinsstörung" im Sinne der Allgemeinen Versicherungsbedingungen für die Unfallversicherung damit für die Versicherungsnehmer nachteilig aus.

3. Der Ausschluss der Teilnahme an Gletschertouren

Von der Versicherung ausgeschlossen waren gemäß § 1 Abs. 3 AUB 1904 Unfälle bei Gebirgstouren innerhalb der Gletscherregionen. Die Allgemeinen Versicherungsbedingungen des Verbands der Unfallversicherer enthielten seit den AUB 1920 einen derartigen Ausschluss nicht mehr.

Gemäß RG Urt. v. 18.06.1895 - III 84/95[391] wurden von dem Ausschluss jedoch nur diejenigen Schadensereignisse erfasst, die aus den einem Gletscher eigentümlichen Gefahren erwachsen. Der Tod durch Steinschlag stelle keine derartige Gefahr dar und werde von der Ausschlussklausel mithin nicht erfasst.

390 BGH Urt. v. 03.04.1985 – IVa 111/83 (VersR 1985, S. 779 – 780, S. 779).
391 Bolze Bd. 21, S. 263 Nr. 523.

Das Reichsgericht schränkte den Ausschluss des Versicherungsschutzes für die Teilnahme an Gletschertouren damit im Interesse der Versicherungsnehmer dem Schutzzweck der Ausschlussklausel entsprechend ein.

4. Der Ausschluss der Teilnahme an Raufhändeln bzw. der Teilnahme an Schlägereien

Gemäß § 1 Abs. 4 AUB 1904 galten als von der Versicherung ausgeschlossen Unfälle „durch Beteiligung an ... einem Raufhandel". Gemäß § 1 Abs. 4 Lit. d AUB 1910 Unfälle, die der Versicherte „bei ... einem Raufhandel erleidet". Die AUB aus den Jahren 1920 und 1937 enthielten einen derartigen Ausschluss nicht mehr.

Ein Raufhandel war gemäß RG Urt. v. 22.12.1903 - VII 335/03[392] bereits bei einer Teilnahme von zwei Personen gegeben. Dies entspreche dem gewöhnlichen Wortgebrauch. Dass ein „Raufhandel" nach dem Reichsversorgungsgesetz die Teilnahme von mindestens drei Personen voraussetzt, sei hierfür ohne Belang.

Das Reichsgericht folgte in dieser Entscheidung dem Begriff des Raufhandels im Sinne des gewöhnlichen Sprachgebrauchs: „raufen" bedeutet soviel wie „sich balgen, handgemein werden"[393], „Handel" bedeutet „Streit"[394]. Ein „Raufhandel" ist nach dem gewöhnlichen Sprachgebrauch mithin ein Streit, bei dem die Parteien handgemein werden. Es reicht infolgedessen die Beteiligung von zwei Personen für einen „Raufhandel" aus. Ein vom gewöhnlichen Sprachgebrauch abweichendes Verständnis des Begriffs „Raufhandel" im Sinne des Reichsversorgungsgesetzes, wonach ein Raufhandel die Beteiligung von mehr als zwei Personen erfordert, berücksichtigte das Reichsgericht demgegenüber nicht. Für den Versicherungsnehmer stellt sich der Begriff des „Raufhandels" im Sinne des Reichsversorgungsgesetzes als günstiger dar. Die Anforderungen an einen Raufhandel im Sinne der Ausschlussklausel wären bei einem derartigen Verständnis strenger.

Dadurch, dass das Reichsgericht bei der Auslegung des Begriffs „Raufhandel" auf den gewöhnlichen Wortsinn abstellte, entschied es für die weniger verbraucherfreundlichere Auslegung. Das Reichsgericht wendete den Grundsatz, dass Begriffe in Allgemeinen Versicherungsbedingungen nach dem gewöhnlichen Sprachgebrauch zu verstehen sind, folglich auch dann an, wenn der gewöhnliche Sprachgebrauch für den Versicherungsnehmer nachteilig ist.

392 JW 1904, S. 122.
393 Duden, Herkunftswörterbuch zu „raufen", S. 553.
394 Duden, Herkunftswörterbuch zu „handeln", S. 248; Kluge, Etymologisches Wörterbuch, zu „handeln", S. 287.

Der Ausschluss des Entschädigungsanspruchs für die Teilnahme an Raufhändeln griff gemäß RG Urt. v. 25.10.1904 - VII 156/04[395] dann nicht ein, wenn der Versicherte unverschuldet in einen Raufhandel gekommen war und sich lediglich verteidigt hatte. Ein derartiges durch Notwehr gedecktes Verhalten sei gemäß § 3 II a der dem Versicherungsverhältnis zugrundeliegenden Allgemeinen Versicherungsbedingungen vielmehr gerade ausdrücklich von der Versicherung umfasst.

Das Reichsgericht legte den Begriff des Raufhandels in dieser Entscheidung für den Versicherungsnehmer günstig entsprechend der Systematik der Allgemeinen Versicherungsbedingungen aus.

5. Der Ausschluss der Benutzung niederer Zwei- oder Dreiräder

Nach § 1 Abs. 3 der Allgemeinen Versicherungsbedingungen des Verbands der Unfallversicherer aus dem Jahr 1904 galten als von der Versicherung ausgeschlossen Unfälle „beim Radfahren". Spätere Allgemeine Versicherungsbedingungen sahen einen derartigen Ausschluss nicht mehr vor.

Dem Urteil des Reichsgerichts vom 02.04.1907 - VII 281/06[396] lagen Allgemeine Versicherungsbedingungen mit einer ähnlichen Klausel zugrunde, nach der die Benutzung von „Velozipeden" von der Versicherung ausgeschlossen war. Einzelvertraglich war demgegenüber die Benutzung eines „niederen Zwei- oder Dreirades" in die Versicherung eingeschlossen. Das Reichsgericht hat hierzu festgestellt, dass der Ausschluss von „Velozipeden" auch Motorräder erfasst und diese nicht unter den Begriff „niedere Zwei- oder Dreiräder" fallen, so dass Versicherungsschutz für die Benutzung von Motorrädern nicht besteht.

Die Auffassung, dass der Begriff „Veloziped" auch Motorräder umfasst, widerspricht dem gewöhnlichen Wortsinn. Der Ausdruck „Veloziped" setzt sich zusammen aus dem Wort „velo", das die Bedeutung „behänd, schnell, geschwind" hat[397] und dem Wort „pes", das die Bedeutung „Fuß" hat[398] uns bedeutet das gleiche wie „Fahrrad"[399]. Ein Fahrrad wiederum ist ein „zweirädriges Fahrzeug, dessen Räder hintereinander angeordnet sind und das durch Treten von Pedalen angetrieben wird".[400] Ein durch Motorkraft angetriebenes Fahrzeug ist dem gewöhnlichen Wortsinn nach damit kein Fahrrad und somit auch kein Veloziped,

---

395 JW 1905, S. 30.
396 Recht 1907, Sp. 647f. Nr. 1377.
397 Duden, Bd. 5, Fremdwörterbuch, zu „Veloziped".
398 Duden, Das große Wörterbuch der dt. Sprache, zu „Veloziped".
399 Duden, Bd. 5, Fremdwörterbuch, zu „Veloziped".
400 Duden, Das große Wörterbuch der dt. Sprache, zu „Fahrrad".

so dass die Benutzung von Motorrädern nicht durch den Ausschluss der Benutzung von „Velozipeden" aus der Unfallversicherung umfasst wäre.

Das Reichsgericht legte in seiner Entscheidung den Begriff „Veloziped" damit abweichend vom gewöhnlichen Wortlaut in einem für den Versicherungsnehmer nachteiligen Sinne aus.

6. Der Ausschluss des Selbstkutschierens

Ausgeschlossen von der Unfallversicherung waren gemäß § 1 Abs. 3 AUB 1904 und § 5 AUB 1910 Unfälle beim „Selbstkutschieren". Die AUB 1920 und die nachfolgenden AUB des Verbands der Unfallversicherer enthielten einen derartigen Ausschluss nicht mehr.

Gemäß RG Urt. v. 17.09.1909 - VII 183/09[401] umfasste dieser Ausschluss nur das sportsmäßige, kavaliermäßige Selbstkutschieren, nicht jedoch das Lenken eines mit Schlachtvieh beladenen Wagens innerhalb eines ländlichen Metzgereibetriebes.

Das Reichsgericht wich mit dieser Entscheidung im Interesse der Versicherungsnehmer vom Wortlaut der Bestimmung ab, da nach dem gewöhnlichen Wortsinn auch das Lenken eines Fahrzeugs innerhalb eines Betriebes ein „Selbstkutschieren" darstellt. Die Einschränkung der Ausschlussklausel durch das Reichsgericht kann damit begründet werden, dass nur das sportmäßige, kavaliermäßige Selbstkutschieren eine Risikoerhöhung darstellt, nicht jedoch das Lenken eines Fuhrwerks.

7. Der Ausschluss ungewöhnlicher Transportmittel

Die AUB 1904 und 1910 schlossen von der Versicherung aus Unfälle „bei Benutzung ungewöhnlicher Transportmittel". Die AUB 1920 und spätere AUB enthielten einen derartigen Ausschluss nicht mehr.

Das Skilaufen stellte gemäß RG Urt. v. 04.04.1913 - VII 60/13[402] kein derartiges Benutzen ungewöhnlicher Transportmittel dar. Zur Begründung führte das Reichsgericht aus, das im Jahr des Unfallereignisses das Skilaufen in Deutschland bereits weit verbreitet und damit nicht unüblich war. Darüber hinaus sei überhaupt fraglich, ob Ski ein Transportmittel darstellen, da sie den Nutzer nicht selbständig bewegen, sondern nur zum leichteren Überqueren von Schneeflächen dienten.

---

401 Recht 1909 Nr. 3224, 3225, 3226

402 LZ 1914, Sp. 487f.

Das Reichsgericht legte die Begriffe „ungewöhnlich" und „Transportmittel" damit dem gewöhnlichen Wortsinn entsprechend aus. Etwas ist nach dem gewöhnlichen Sprachgebrauch „ungewöhnlich", wenn es nicht gewohnt , herkömmlich oder üblich ist.[403] Das Reichsgericht folgte mithin den allgemeinen Sprachgebrauch wenn es feststellt, dass Skischuhe im Jahr 1907 in Deutschland bekannt und verbreitet waren und daher nicht als ungewöhnliches Transportmittel anzusehen sind. „Transportieren" hat nach dem gewöhnlichen Sprachgebrauch die Bedeutung von „versenden, befördern, fortschaffen"[404]. Der Begriff des Transportierens erfordert damit, dass etwas durch eine von außen wirkende Kraft von einem Ort fortbewegt wird. „Mittel" ist dasjenige, was zur Erreichung eines Zweckes dient.[405] Transportmittel ist mithin dasjenige, was zum versenden, befördern oder fortschaffen dient. Bei Skischuhen wird der Verwender nicht durch eine von außen wirkende Kraft fortbewegt, sondern bewegt sich mit eigener Kraft fort. Skischuhe stellen dem gewöhnlichen Sprachgebrauch zufolge somit bereits kein Transportmittel dar.

Das Reichsgericht wich demzufolge in der Entscheidung vom 04.04.1913 - VII 60/13[406] nicht im Interesse der Versicherungsnehmer vom Wortlaut ab, sondern hat die in den AUB verwendeten Begriffe „ungewöhnlich" und „Transportmittel" nur dem gewöhnlichen Wortsinn entsprechend ausgelegt.

8. Der Ausschluss von Vorsatz bzw. grober Fahrlässigkeit

Sowohl nach § 1 Abs. 4 AUB 1904, als auch nach § 4 Abs. 2 Nr. 4 AUB 1910 waren Unfälle ausgeschlossen, die „verursacht durch eigene grobe Fahrlässigkeit" sind. Die AUB aus den Jahren 1920 und 1937 enthielten keine entsprechenden Bestimmungen.

Das Versicherungsvertragsgesetz sieht davon abweichend in § 181 die Leistungsfreiheit des Versicherten nur dann vor, wenn „der vom Unfall Betroffene den Unfall vorsätzlich herbeigeführt hat".

Gemäß RG Urt. v. 21.01.1902 - VII 378/01[407] stellte sich ein Verhalten dann nicht als grob fahrlässig dar, wenn der Versicherte die körperverletzende Wirkung seines Verhaltens nicht erkennt, so beim Aufkratzen eines Insektenstichs.

---

403 Gewöhnlich hat die Bedeutung von „gewohnt, herkömmlich, üblich" (Duden, Herkunftswörterbuch, zu: „gewöhnlich", S. 221); mit der verneinenden Vorsilbe „un-" (Duden, Herkunftswörterbuch, zu „un-", S. 730) verbunden zu „ungewöhnlich" folglich die Bedeutung von „nicht gewohnt, herkömmlich oder üblich".

404 Duden, Herkunftswörterbuch zu: „transportieren", S. 716.

405 Duden, Herkunftswörterbuch zu: „mittel", S. 445.

406 LZ 1914, Sp. 487f.

407 JW 1902, S. 146.

Das Reichsgericht legte damit dem Begriff der groben Fahrlässigkeit im Sinne der Allgemeinen Versicherungsbedingungen entsprechend dem juristischen Begriff der groben Fahrlässigkeit aus. Grobe Fahrlässigkeit setzt ebenso wie einfache Fahrlässigkeit das Bewusstsein des Handelnden von der Gefährlichkeit seines Tuns voraus.[408] Diese Voraussetzung forderte das Reichsgericht im vorliegenden Fall auch für den Begriff der groben Fahrlässigkeit im Sinne der Allgemeinen Versicherungsbedingungen.

In dem der Entscheidung des Reichsgerichts vom 11.12.1906 - VII 119/06[409] zugrundeliegenden Sachverhalt hatte ein Freund des Versicherten bei einem mit sechs Patronenlagern versehenen Revolver fünf- bis sechsmalig abgedrückt, um sich hierdurch von dem ungeladenen Zustand der Waffe zu überzeugen. Danach hatte der Versicherte ebenfalls einige Male abgedrückt. Der anschließende Schuss drang ins Herz des Versicherten und tötete diesen. Das Verhalten des Versicherten stellte sich nach Ansicht des Reichsgerichts nicht als grob fahrlässig dar, vielmehr konnte der Versicherte als Laie nicht wissen, dass auch das häufige Abdrücken bei einem Revolver nicht sicherstellt, dass der Revolver ungeladen sei.

Die Verwendung des Begriffs der groben Fahrlässigkeit in dieser Entscheidung entspricht der gewöhnlichen Verwendung. Der Sorgfaltsmaßstab für die Ermittlung der Fahrlässigkeit ist nach dem jeweiligen Verkehrskreis zu bestimmen.[410] Das Reichsgericht stellte vorliegend auf den Verkehrskreis des Waffenlaien ab und erklärte das Verhalten des Versicherten dementsprechend für nicht sorgfaltswidrig.

Aus beiden Entscheidungen wird deutlich, dass das Reichsgericht den in den Allgemeinen Versicherungsbedingungen verwendeten Begriff „grobe Fahrlässigkeit“ dem juristischen Wortsinne ent-sprechend verstand. Es folgte damit dem Grundsatz, dass in Allgemeinen Versicherungsbedingungen verwendete rechtliche Fachbegriffe dem juristischen Wortsinne entsprechende aufzufassen sind.

9. Der Ausschluss von Schäden durch Kriegsereignisse

Ebenso wie bei der Feuerversicherung gewann auch in der Unfallversicherung mit Beginn des ersten Weltkriegs der Ausschluss von Kriegsereignissen in der Rechtsprechung des Reichsgerichts an Bedeutung.

---

408 Grundemann, in: MK, § 276 Rn. 68.

409 JW 1907, S. 114.

410 Heinrichs, in: Palandt, § 276 Rn. 17.

Sämtliche Allgemeine Versicherungsbedingungen des Unfallversicherungsverbands enthielten einen Ausschluss von Unfällen „durch Kriegsereignisse“ und „im mobilen Militär- oder Seedienst“ (§ 1 Abs. 4 AUB 1904; § 4 Abs. 2 Nr. 5 AUB 1910; § 3 Nr. 1 AUB 1920; § 3 Nr. 1 AUB 1937).

Im Jahr 1961 wurde die Kriegsklausel in den AUB 1961 im Hinblick auf die Entwicklung und Auslegung im zweiten Weltkrieg[411] in § 3 folgendermaßen neugefasst:

„Ausgeschlossen von der Versicherung sind: (1) Unfälle, die unmittelbar oder mittelbar durch Kriegsereignisse ... verursacht werden“.

Der Ausschluss von Kriegsereignissen durch Allgemeinen Versicherungsbedingungen rührt aus dem Interesse des Versicherers her, Gefahrsteigerungen, die kalkulatorisch nicht erfassbar sind, von der Versicherung auszuschließen.[412] Auf der anderen Seite steht demgegenüber das Interesse des Versicherungsnehmers, insbesondere das durch einen Krieg verursachte erhöhte Risiko eines Unfalls durch die Unfallversicherung gedeckt zu sehen.

Als problematisch erwies sich vor allem die Frage der mit dem Wort „durch“ ausgedrückten Ursächlichkeit des Kriegsereignisse für den Unfall. Das Reichsgericht nahm zur Frage der Ursächlichkeit des Kriegsereignisses bzw. des mobilen Militärdienstes für den Unfall des Versicherten in folgenden Urteilen Stellung:

In dem der Entscheidung des Reichsgerichts vom 15.05.1917 - VII 29/17[413] zugrundeliegenden Sachverhalt hatte der Versicherte, der zu einem mobilen Truppenteil eingezogen war, in seinem Urlaub zuhause seinen Revolver zusammen mit anderem Gepäck auf den Tisch gelegt. Sein sechsjähriger Sohn spielte mit der Waffe, diese entlud sich und der Schuss tötete den Versicherten. Das Reichsgericht sah den Tod des Versicherten als nicht durch den mobilen Militärdienst verursacht an, so dass die Kriegsklausel nicht eingriff. Zur Begründung führte es an, dass aus der Formulierung „durch“ mobilen Militärdienst folgt, dass ein unmittelbarer ursächlicher Zusammenhang zwischen dem mobilen Militärdienst und dem Unfall bestehen muss. Der mobile Militärdienst beseitige mithin nicht schlechthin die Haftung der Gesellschaft. Hätte der Versicherer seine Haftung so weitgehend ausschließen wollen, hätte er der Bedingung eine andere Fassung geben müssen. Vorliegend bestehe zwischen dem mobilen Mili-

---

411 Zur Kriegsklausel im 2. Weltkrieg: Wagner, in B/M/W, 6. Bd. 1. Hb., Anm. G 138; Millert, VersR 1964, S. 119.

412 R. Schmidt, Versicherungsalphabet, zum Begriff „Kriegsklausel“, S. 178 f.

413 LZ 1917, Sp. 1078 - 1079.

tärdienst und dem Unfall des Versicherten zwar insofern ein Zusammenhang, dass der Versicherte nur durch den Militärdienst in Besitz des Revolvers gelangen konnte. Allerdings fehle es an der Unmittelbarkeit dieses Zusammenhangs. Auch erfordere ein Unfall im mobilen Militärdienst im Sinne der Bestimmung, dass der Unfall sachlich und örtlich innerhalb des besonderen Gefahrenbereichs des mobilen Militärdiensts eintrete, was vorliegend nicht der Fall sei.

In dem der Entscheidung des Reichsgerichts vom 15.06.1917 - VII 46/17[414] zugrundeliegenden Sachverhalt war der Versicherte auf dem Weg zur Ablieferung seines Fahrzeugs zur militärischen Verwendung von einem Grenz- und Bahnwächter angehalten und erschossen worden. Das Reichsgericht nahm einem ursächlichen Zusammenhang zwischen Kriegsereignis und Todesfall an. Zwar sei die Tat des Grenz- und Bahnwächters auf dessen geistige Verfassung zurückzuführen, allerdings sei die Tat allein dadurch ermöglich worden, dass der Grenz- und Bahnwächter von der zuständigen Stelle mit seinem Posten betraut wurde.

In dem der Entscheidung des Reichsgerichts vom 29.09.1944 - VI 69/44[415] zugrundeliegenden Sachverhalt war der Versicherte bei Straßenbauarbeiten in den unter Militärverwaltung stehenden Gebieten Russlands weit hinter der Front von seinem scheuenden Pferd auf ein umfriedetes Minenfeld getragen und durch eine Mine getötet worden. Das Reichsgericht verneinte die Ursächlichkeit eines Kriegsereignisses für den Tod des Versicherten; das Minenfeld sei im vorliegenden Falle 1 3/4 Jahr vor dem Unfallereignis angelegt worden, habe jedoch inzwischen diese Zweckbestimmung längst verloren. Weiterhin sei es zur Vermeidung von Unfällen eingefriedet worden. Es stehe daher nicht im unmittelbaren Zusammenhang mit den gegenwärtigen Kampfhandlungen. Der Unfall sei mithin nicht durch ein „Kriegsereignis" verursacht.

Ein Unfall war diesen Entscheidungen zufolge nur dann von der Unfallversicherung ausgeschlossen, wenn das Kriegsereignis bzw. der mobile Militärdienst die unmittelbare Ursache des Unfallereignisses darstellt. Die Verwendung des Wortes „durch" in den Allgemeinen Versicherungsbedingungen wies lediglich darauf hin, dass zwischen Kriegsereignis bzw. mobilen Militärdienst und Unfallereignis ein ursächlicher Zusammenhang bestehen musste. Eine Einschränkung auf unmittelbare Ursachen war anhand dieser Verwendung jedoch nicht erkennbar. Die Verwendung des Wortes „durch" lies sowohl das Erfordernis eines unmittelbaren als auch dasjenige eines mittelbaren Zusammenhangs möglich erscheinen und war insofern nicht eindeutig.

---

414 RGZ Bd. 90, S. 318 - 320.
415 DR 1945, Heft 5/8, S. 58f.

Dadurch, dass das Reichsgericht aus der Verwendung des Wortes „durch" auf das Erfordernis eines unmittelbaren Zusammenhangs schloss, entschied es sich entgegen dem Interesse des Versicherers an einem möglichst weitreichenden Ausschluss etwaiger Kriegsrisiken für diejenige Auslegung, die sich für die Versicherungsnehmer als vorteilhafter darstellte.

10. Der Ausschluss von Vergiftungen

Sowohl nach den Allgemeinen Versicherungsbedingungen für die Unfallversicherung von 1904[416], als auch nach den ihnen nachfolgenden Allgemeinen Unfallversicherungsbedingungen[417] galten Vergiftungen nicht als Unfälle im Sinne des Unfallbegriffs.

In den den Entscheidungen des Reichsgerichts vom 02.06.1911 - VII[418] und vom 10.01.1928 - VII 462/27[419] zugrundeliegenden Sachverhalten war der Versicherte jeweils an Kohlenoxydgas erstickt. Ein derartiges Ersticken stellte nach Ansicht des Reichsgerichts keine Vergiftung im Sinne der Ausschlussklausel dar. Es begründete dies damit, dass derjenige, der durch das Einatmen von Gasen stirbt nach dem gewöhnlichen Sprachgebrauch erstickt und nicht vergiftet wird. Eine davon abweichende fachwissenschaftliche Terminologie sei demgegenüber ohne Relevanz.

Das Reichsgericht stellte in diesen Entscheidungen im Interesse der Versicherungsnehmer auf den gewöhnlichen Wortgebrauch ab und folgte damit dem Grundsatz, dass in Allgemeinen Versicherungsbedingungen verwendete Ausdrücke im gewöhnlichen Wortsinn und nicht in einem abweichenden fachsprachlichen Sinne zu verstehen sind.

11. Ergebnis

Bei der Auslegung von Ausschlussklauseln in der Unfallversicherung durch das Reichsgericht ist die Tendenz zu erkennen, Ausschlüsse möglichst eng und damit zugunsten der Versicherungsnehmer auszulegen.

Erkennbar wird diese Tendenz vor allem bei dem Ausschluss von Unfällen bei Gletschertouren, beim Selbstkutschieren, bei der Verwendung ungewöhnlicher Transportmittel und bei der Auslegung des Wortes „durch" bei der Kriegsklausel.

---

416 § 1 Abs. 2 AUB 1904.

417 § 3 Abs. 4 a AUB 1910: „innere Vergiftungen"; § 2 Abs. 2 S. 2 a AUB 1920: „Vergiftungen"; § 2 II 2 a AUB 1937: „Vergiftungen".

418 VA 1911, 103 Nr. 624.

419 RGZ Bd. 120, S. 18 - 20.

III. Die Ausschlussklauseln bei der Risikolebensversicherung

Im Rahmen der Rechtsprechung des Reichsgerichts zur Risikolebensversicherung erwiesen sich der Ausschluss der Selbsttötung durch die sog. Selbstmordklausel und, der Ausschluss von Kriegsereignissen durch die sog. Kriegsklausel und der Ausschluss für den Fall erheblicher Erkrankung zwischen Vertragsschluss und Zahlung des ersten Beitrags als problematisch.

1. Der Ausschluss durch die Selbstmordklausel[420]

In frühen Allgemeinen Versicherungsbedingungen für die Lebensversicherung führte der Tod durch Selbstmord zum Entfallen jeglichen Anspruches aus der Versicherung[421] oder beschränkte den Anspruch auf die bereits angefallenen Dividenden und die Vergütung aus dem Reservefond[422]. Diese Klauseln beschränkten die Rechte ihrer Versicherungsnehmer in einem erheblichen Umfang, da sie das Recht der Angehörigen auf die Versicherungssumme auch für den Fall ausschlossen, dass die Selbsttötung des Versicherten in einem die freie Willensentschließung ausschließenden Zustand geistiger Störung stattfand.

Einen entscheidenden Einschnitt hinsichtlich der Entwicklung der Selbstmordklausel in Allgemeinen Versicherungsbedingungen für die Lebensversicherung stellten die Versicherungsbedingungen der Nordstern aus dem Jahr 1881 und die Bedingungen der Leipziger Lebensversicherungsgesellschaft aus dem Jahr 1886 dar. Beide Bedingungswerke enthielten die Klausel, dass die Gesellschaft sich zur Zahlung der vollen Versicherungssumme generell verpflichte, wenn seit dem Tag der Ausstellung der Versicherung mehr als fünf Jahre verstrichen sind.[423] Für den Fall des Selbstmordes bedeutete dies, dass die durch den Lebensversicherungsvertrag Begünstigten nach Ablauf der Fünfjahresfrist auch im Falle des Selbstmordes Auszahlung der vollen Lebensversicherungssumme verlangen konnten.

In den Folgejahren änderten die Versicherungsgesellschaften ihre Lebensversicherungsbedingungen dahin, dass die durch geistige Störung oder durch schwere körperliche Leiden verursachte Selbsttötung zu Auszahlung der vollen Versicherungssumme auch bereits in den ersten Jahren nach Abschluss des Versiche-

---

420 Hierzu: Bennewitz, ZVersWiss Bd. 34 (1934), S. 71 - 80.

421 So u.a. die Bedingungen der Gesellschaft Thuringia: „Die Verpflichtung der Gesellschaft ist erloschen, wenn ... c. der Versicherter sein Leben durch muthwillige oder gefahrvolle Handlungen verkürzt oder verlor (Malß, ZHR 13 (1869), S. 63f.) oder die Bedingungen der Gothaer Lebensversicherungsbank aus dem Jahr 1927 (aus Florschütz, S. 4).

422 Gothaer Lebensversicherungsbedingungen von 1838 (aus: Florschütz, S. 5).

423 Zu dieser sog. Unanfechtbarkeit: Florschütz, S. 13; kritisch: Emminghaus: Assecuranz-Jahrbuch 1888, II. Theil, S. 3 ff.

rungsvertrages führen soll.[424] Die Allgemeinen Versicherungsbedingungen für die Lebensversicherung von 1910 regelten in § 10 den Selbstmord des Versicherten:

„1. Begeht der Versicherte Selbstmord, so ist die Gesellschaft von der Verpflichtung zur Leistung frei und hat nur das auf die Versicherung am Todestage entfallende Deckungskapital zurückzuerstatten.
2. Die Verpflichtung der Gesellschaft bleibt bestehen, wenn beim Ableben des Versicherten seit Ausstellung des Versicherungsscheins zwei Jahre verstrichen sind oder wenn der Nachweis erbracht wird, dass die Tat in einem die freie Willensbestimmung ausschließenden Zustande krankhafter Störung der Geistestätigkeit begangen worden ist."

Diese Klausel erfuhr in den ALB aus dem Jahr 1930 dahingehend eine Modifizierung, dass die Leistungsverpflichtung der Gesellschaft bei Selbstmord nach Ablauf der zweijährigen Wartezeit nicht mehr geregelt war. Jedoch stand es den Gesellschaften frei, Tod durch Selbstmord nach Ablauf einer mindestens halbjährigen Wartezeit vom Abschluss des Versicherungsvertrages an in den Versicherungsschutz einzuschließen.[425]

Einer völligen Beseitigung der Selbstmordklausel in den Versicherungsbedingungen für die Risikolebensversicherung erteilte das Reichsaufsichtsamt eine Absage.[426] Zur Begründung führte es an, dass eine Beseitigung der Selbstmordklausel die Gefahr einer betrügerischen Ausnutzung der Lebensversicherung mit sich bringt.

a) Der Begriff der Selbsttötung

Mit dem in den Allgemeinen Versicherungsbedingungen für die Risikolebensversicherung verwendeten Begriff der Selbsttötung hatte sich bereits das Reichsoberhandelsgericht in dem Urteil ROHG 18.10.1875 - I 825/75[427] beschäftigt. Es kam darin zu dem Ergebnis, dass diejenige Selbsttötung, die im Zustand vollkommener Unzurechnungsfähigkeit verübt worden ist, nicht zur Leistungsfreiheit des Versicherers aus der Selbstmordklausel führt.[428] Zur Begründung wurde vom Reichsoberhandelsgericht angeführt, dass der Begriff Selbstmord nach dem allgemeinen Sprachgebrauch nur die bewusste Selbsttötung umfasst. Instruktiv drückte dies bereits das Handelsappellationsgericht zu Nürnberg aus:

---

424 Florschütz, S. 15f.
425 VA 1906, S. 58; 1907, S. 119; VA 1909, S. 165; VA 1913, S. 95; VA 1915, S. 124; VA 1930, S. 104; Bruck/Doerstling, § 10 Rn. 6.
426 VA 1928, S. 113 f.
427 Abgedruckt bei Goldschmidt, ZHR 23 (1878), S. 220f.
428 So in der Literatur: Bruck-Dörstling, S. 176; Florschütz, S. 2f.

„Aber auch in demjenigen, welcher im Delirium des Fiebers sich zum Fenster hinabstürzt oder in der Raserei des Wahnsinns den Schädel an der Mauer zerschmettert oder im Zustande völliger Trunkenheit Etwas vornimmt, was ihm das Leben kostet ... wird man keinen Selbstmörder erblicken und man wird von ihm nicht sagen: 'il s'est suicidé.' Denn in allen diesen Fällen findet ein Bewußtsein der That ihrer physischen Beschaffenheit nach nicht statt, und weil derjenige, welcher die Handlung vornimmt, dieselbe nicht als gegen sein Leben gerichtet weiß, liegt eben nicht blos subjectiv keine absichtliche, sondern überhaupt objectiv keine gegen das Leben gerichtete Handlung vor."[429]

Die Auslegung des Begriffs „Selbsttötung" in diesem Sinne war eher eng und entsprach daher dem Interesse der Versicherungsnehmer. Sie entspricht sowohl dem allgemeinen Sprachgebrauch als auch dem Zweck der Lebensversicherung[430].

Das Reichsgericht folgte dem Urteil des Reichsoberhandelsgerichts in den Urteilen vom 08.04.1881 - III 231/80[431] und vom 06.04.1900 - II 5/00[432].

Gemäß RG Urt. v. 13.07.1889 - I 158/89[433] umfasste der Begriff „Selbsttötung" sowohl die Selbsttötung durch eigene Hand, als auch die mittelbare Selbsttötung durch einen Dritten auf Wunsch des Getöteten.

Das Reichsgericht wich mit dieser Auslegung des Begriffes „Selbsttötung" von dem gewöhnlichen Wortsinn ab. „Selbst" bedeutet nach diesem gewöhnlichen Wortsinn soviel wie „für sich bestehend, unabhängig, ohne Anleitung oder Hilfe von außen, allein".[434] Die Tötung durch einen anderen erfolgt nicht „ohne Anleitung oder Hilfe von außen" und stellt damit keine „Selbsttötung" dar.

Dieses Abweichen vom Wortlaut stellte sich für die Versicherungsnehmer als nachteilig dar, da der Anwendungsbereich der Selbstmordklausel erweitert und der Versicherungsschutz dadurch eingeschränkt wurde. Auf der anderen Seite muss berücksichtigt werden, dass es hinsichtlich des Zwecks der Selbstmordklausel, den auf freien Willensentschluss beruhenden Tod des Versicherten nicht vom Versicherungsschutz zu erfassen, keinen Unterschied machen kann, ob der Versicherte sich eigenhändig, oder durch einen anderen aus eigenem Entschluss töten lässt.

429 Aus Malß, ZHR 13 (1869), S. 67.
430 Motive zum VVG, S. 229.
431 RGZ Bd. 4, S. 156 - 162, S. 161.
432 JW 1900, S. 416.
433 Bolze Bd. 8, S. 245f.
434 Pfeifer, Etymologisches Wörterbuch, zu: „ Selb".

Keine „Selbsttötung“ im Sinne der Selbstmordklausel stellte demgegenüber gemäß RG Urt. v. 11.01.1938 - VII 168/37[435] der Tod durch Vollstreckung der Todesstrafe dar. Dieses entspricht zum einen dem Wortlaut der Versicherungsbedingungen: Vollstreckung der Todesstrafe ist eben kein Selbstmord im Sinne des gewöhnlichen Sprachgebrauchs. Andererseits greift die Selbstmordklausel aber auch ihrem Sinn und Zweck nach nicht ein. Der Sinn und Zweck der Selbstmordklausel ist darin zu sehen, dem Versicherten durch den Abschluss einer Lebensversicherung und der damit verbundenen Absicherung seiner Hinterbliebenen nicht den Entschluss zum Selbstmord zu erleichtern. Bei der Vollziehung der Todesstrafe liegt hingegen gerade kein Entschluss des Versicherten vor, dieser wird vielmehr gegen seinen Willen getötet, so dass der Zweck der Selbstmordklausel hier ins Leere liefe. Eine andere Auslegung der Selbstmordklausel durch das Reichsgericht wäre mithin schwerlich zu vertreten gewesen.[436]

Das Reichsgericht schränkte dadurch, dass es die im Zustand vollkommener Unzurechnungsfähigkeit begangene Selbsttötung als nicht unter die Selbstmordklausel fallend einordnete, den Anwendungsbereich der Selbstmordklausel im Interesse der Versicherungsnehmer ein und erweiterte damit ihren Versicherungsschutz. Auf der anderen Seite fasste es auch die Tötung durch fremde Hand auf Wunsch des Getöteten unter die Selbstmordklausel.

Die Auslegung der Selbstmordklausel kann damit nicht als besonders versicherungsnehmerfreundlich bezeichnet werden. In den Entscheidungen tritt vielmehr die Absicht des Reichsgerichts zu Tage, dem Sinn und Zweck der Selbstmordklausel Rechnung zu tragen, sei es zugunsten, sei es zu Lasten der Versicherungsnehmer.

b) Die Beweislast

Im Zusammenhang mit dem Ausschluss der Selbsttötung vom Versicherungsschutz in der Risikolebensversicherung befasste sich das Reichsgericht neben dem Begriff „Selbsttötung“ vor allem mit der Frage, wer die Beweislast dafür trägt, dass das Verhalten des Versicherten eine Selbsttötung darstellt.

Ausgehend von dem zivilprozessualen Grundsatz, dass der Beweis einer Tatsache demjenigen obliegt, der sich hierauf beruft[437], würde den Versicherer als

---

435 JW 1938, S. 684 - 686.

436 Die Begründung von Thees in: DJ 1938, S. 680f.: Eine Übernahme des Versicherungsschutzes für die Gefahr der Hinrichtung des Versicherten sei aus ethischen Gesichtspunkten nicht zu vertreten, und die weitere Begründung, dass der Entzug der Versicherungsleistung für die Erben eines wegen Mordes hingerichteten der Billigkeit entspräche, ist insoweit wenig überzeugend.

437 Wilhelm, S. 120 m.w.N.

denjenigen, der sich auf das Vorliegen eines Selbstmordes beruft, die Beweislast dafür treffen, das eine Selbsttötung gegeben ist[438]. Andererseits trifft den Versicherungsnehmer die Beweislast für das Vorliegen der Voraussetzungen des Lebensversicherungsanspruchs, also auch dafür, dass der Tod des Versicherten unfreiwillig eingetreten ist.
Die Frage, ob der Versicherer oder der Versicherungsnehmer der Beweis eines Selbstmordes trifft, entschied das Reichsgericht in den Urteilen vom 14.01.1885 - I 408/84[439] und vom 06.11.1934 - VII 110/34[440] dahingehend, dass dem Versicherer der Beweis eines Selbstmordes obliegt. Den Versicherungsnehmer traf gemäß 14.03.1911 - VII 490/10[441] wiederum die Beweislast dafür, dass ein bewiesener Selbstmord im Zustand der Unzurechenbarkeit begangen worden ist.

Für die Versicherungsnehmer stellt sich diese Beweislastverteilung als günstig dar. Wenn sich der Versicherer auf das Vorliegen eines Selbstmordes berufen will, trifft ihn diesbezüglich die Beweislast. Er muss die Richter in einem Grad vom Gewissheit vom Tod des Versicherten durch Selbstmord überzeugen, der allen vernünftigen Zweifeln Schweigen gebietet.[442] Erst wenn dem Versicherer dies gelungen ist, muss wiederum der Versicherungsnehmer beweisen, dass die Selbsttötung in einem die freie Willensbestimmung ausschließen Zustand krankhafter Störung der Geistestätigkeit begangen worden ist.

2. Der Ausschluss von Schäden durch Kriegsereignisse

Bis zum Jahr 1888 übernahmen die Deutschen Lebensversicherungsgesellschaften das Kriegsrisiko, also das Risiko des Todes des Versicherten durch ein Kriegsereignis, nicht oder nur gegen Zusatzprämie.[443] Mit Wirkung vom 01. Januar 1888 änderte die Gothaer Leben ihre Versicherungsbedingungen dahingehend, dass sie die Kriegsgefahr mit Ausnahme von Berufssoldaten ohne besonderes Entgelt für mitversichert erklärte.[444] Dieser Schritt führte zu einer Änderung der Kriegsklauseln auch bei anderen Versicherungsgesellschaften, so dass bei Beginn des ersten Weltkrieges im Jahr 1914 eine „unübersichtliche Vielfalt" von Kriegsklauseln bestand.[445] Zwar sahen die Allgemeinen Versiche-

---

438 Baumgärtel, Beweislast, § 169 VVG, Rn. 1.

439 RGZ Bd. 15, S. 338 - 340.

440 RGZ Bd. 145, S. 322.

441 LZ 1911, S. 558f.

442 Prölls, § 169 Rn. 5.

443 Arps, Auf sicheren Pfeilern, S. 156; Beume, ZVersWiss 17 (1917), S. 178.

444 Beume, ZVersWiss 17 (1917), S. 180; Arps, Auf sicheren Pfeilern, S. 157; die prämienfreie Mitversicherung des Kriegsrisikos in der Lebensversicherung zur damaligen Zeit beruht auf einer Fehleinschätzung. Wie die Erörterungen Ehrenzweigs im Assecuranz-Jahrbuch 1888, 2. Theil, S. 19 - 37 deutlich erkennen lassen, wurde das mit einem Krieg verbundene Risiko für das Leben der Versicherten deutlich unterschätzt.

445 Arps, Auf sicheren Pfeilern, S. 157.

rungsbedingungen für die Lebensversicherung von 1910 mit § 8[446] einen Ausschluss der Kriegsgefahr dahingehend vor, dass die Versicherung bei Tod infolge Teilnahme des Versicherten an Kriegsereignissen nur zur Auszahlung des Deckungskapitals verpflichtet sei. Davon abweichend übernahmen allerdings die meisten Versicherungsgesellschaften die Deckung des Kriegsrisikos zu unterschiedlichen Bedingungen. Während und nach dem ersten Weltkrieg spielte die Auslegung derartiger Kriegsklauseln durch das Reichsgericht eine bedeutende Rolle. Trotz der erheblichen Belastungen, die aus der Übernahme des Kriegsrisikos während des ersten Weltkrieges für die deutschen Versicherungsgesellschaften resultierten, übernahmen die ALB 1930 weiterhin das Risiko der Kriegsgefahr. Gemäß § 9 ALB 1930 bestand Versicherungsschutz auch für Kriegsgefahren, sofern die Versicherung mindestens einen Monat vor dem Tag der Kriegserklärung oder der Eröffnung der Feindseligkeiten eingelöst war.[447] Aber auch diese Voraussetzung der Übernahme des Risikos wurde später durch das Reichsaufsichtsamt aus dem Weg geräumt. Mit dem Rundschreiben R 44[448] schrieb das Reichsaufsichtsamt für alle Versicherungsverträge die Deckung der Kriegsgefahr durch die Privatversicherungen zwingend fest. Folge hiervon war die unbeschränkte Übernahme des Kriegsrisikos durch die Versicherungsgesellschaften während des zweiten Weltkrieges.

Während des ersten Weltkrieges hatte sich das Reichsgericht vor allem mit den Fragen auseinander zu setzen, was unter dem Begriff „Teilnahme an Kriegsereignissen“ zu verstehen ist und wie die Sperrfristen in den Versicherungsverträgen zu berechnen sind.

a) Der Begriff der Teilnahme an Kriegsereignissen

Nach dem regelmäßigen Wortlaut der Allgemeinen Versicherungsbedingungen für die Lebensversicherung galt der Ausschluss des Versicherungsschutzes durch die sog. Kriegsklauseln für die „Teilnahme an Kriegsereignissen“.

---

446 § 8 ALB 1910: „Stirbt der Versicherte während oder innerhalb Jahresfrist nach Beendigung des Krieges infolge seiner Teilnahme an Kriegsereignissen, ohne daß die Übernahme der Kriegsgefahr von der Gesellschaft mit dem Versicherungsnehmer vereinbart und auf dem Versicherungsscheine vermerkt worden ist, so ist die Gesellschaft nur zur Zahlung des am Todestage vorhandenen Deckungskapitals verpflichtet. Als Beginn des Krieges gilt der Tag, an dem die Kriegserklärung erfolgt oder ohne solche die Feindseligkeiten eröffnet werden."

447 Viele Versicherungsgesellschaften haben in ihren Allgemeinen Versicherungsbedingungen hiervon abweichende Bestimmungen getroffen. Vgl. dazu Süss, S. 131 - 136.

448 Abgedruckt bei Süss, S. 140 - 142.

Das Reichsgericht legte in den Entscheidungen vom 13.10.1916 - VII 162/16 und VII 187/16[449] - den Begriff „Teilnahme an Kriegsereignissen“ bzw. „kriegerische Operation“ eng und damit versicherungsnehmerfreundlich aus. Kriegsereignis war danach ein Ereignis, das sich bei der Verwirklichung des Kriegszwecks auf dem Kriegsschauplatz abspielt und seiner Natur nach geeignet ist, Menschenleben in Gefahr zu bringen.

Das Reichsgericht wich mit dieser Definition des Begriffes „Kriegsereignis“ entsprechend dem Sinn und Zweck der Kriegsklausel von dem gewöhnlichen Sprachgebrauch ab.

Nach dem gewöhnlichen Sprachgebrauch ist Kriegsereignis eine Begebenheit, ein Vorfall im Krieg[450], also während einer Auseinandersetzung von Völkern oder Volksgruppen.[451] Nicht erforderlich ist dafür, dass sich dieses Ereignis auf dem Kriegsschauplatz abspielt und geeignet ist, Menschenleben in Gefahr zu bringen.

Eine derartige Auslegung würde jedoch dem Sinn und Zweck der Kriegsklauseln widersprechen. Der Begriff der „Teilnahme an Kriegsereignissen“ wurde durch das Reichsgericht daher dem Sinn und Zweck entsprechend korrigiert. Sinn und Zweck des Ausschlusses der Teilnahme an Kriegsereignissen durch die Allgemeinen Versicherungsbedingungen ist der Ausschluss der durch einen Krieg bewirkten unabsehbaren Erhöhung der Todesgefahr.[452] Der Ausschluss der Kriegsgefahr in der Risikolebensversicherung gilt folglich allein für den Todeseintritt bei der Teilnahme an Kriegsereignissen, wobei der Todesfall Folge einer durch den Krieg bewirkten Gefahrerhöhung gewesen sein muss.[453]

Mit dem Aufstellen dieses zusätzlichen Erfordernisses schränkte das Reichsgericht den Begriff des Kriegsereignisses gegenüber dem gewöhnlichen Wortsinn erheblich ein. Das Vorliegen eines Kriegsereignisses im Sinne der Allgemeinen Versicherungsbedingungen ist damit an wesentlich strengere Voraussetzungen geknüpft, als das Vorliegen eines Kriegsereignisses im Sinne des gewöhnlichen

---

449 LZ 1917, Sp. 56 - 59.

450 Grimm, zu „Kriegsereignis“, Bd. 5 Sp. 2265 und zu „Kriegsbegebenheit“, Bd. 5 Sp. 2262; nach Duden hat das Wort „Ereignis“ die Bedeutung von „Geschehnis“ (Duden, Herkunftswörterbuch zu „ereignen“, S. 141). Krieg bedeutet so viel wie: Anstrengung, Bemühen, Streben, Streit, Wortstreit, Rechtsstreit, Wettstreit, Wiederstrand, Zwietracht, Kampf, bewaffnete Auseinandersetzung (Duden, Herkunftswörterbuch zu „Krieg“, S. 370; ähnlich: Kluge, Etymologisches Wörterbuch zu „Krieg“, S. 405). Ein „Kriegsereignis“ ist folglich „das Geschehnis des Kampfes“.

451 Winter, in: B/M/W, Bd. 5 2.Hb. Anm. G 119.

452 Winter, in: B/M/W, Bd. 5 2.Hb. Anm. G 118.

453 Prölls, DRZ 1946, S. 52.

Sprachgebrauchs. Die Ausschlussklausel griff mithin nicht bereits dann ein, wenn der Tod des Versicherten während deines Vorfalls im Kriege eintritt, sondern erst dann, wenn sich dieser Vorfall auf dem Kriegsschauplatz abspielt und wenn der Vorfall darüber hinaus seiner Natur nach geeignet war, Menschenleben in Gefahr zu bringen. Für den Versicherungsnehmer stellte sich die einschränkende Auslegung des Begriffs „Kriegsereignis" folglich als günstig dar.

Die der Entscheidung des Reichsgerichts vom 19.04.1918 - VII 17/18[454] zugrundeliegenden Allgemeinen Versicherungsbedingungen verwendeten statt des Begriffes „Kriegsereignis" den Begriff „kriegerische Operation". Das Reichsgericht kam in dieser Entscheidung zu dem Ergebnis, dass die Begriffe „Kriegsereignis" und „kriegerische Operation" die gleich Bedeutung haben.

Den Begriff „Kriegsereignis" legte das Reichsgericht entsprechend den Entscheidungen RG Urt. v. 13.10.1916 - VII 162/16 und VII 187/16[455] aus und stellte demgemäss darauf ab, ob sich durch die Teilnahme des Versicherten an dem „Kriegsereignis" dessen Todesgefahr erhöht hatte. Das Reichsgericht bejahte dies, da sich der Versicherte im Todeszeitpunkt nicht weit hinter der Frontlinie befunden hatte, an einem Ort also, an dem sich die Lebensverhältnisse kriegsbedingt erschwert hatten und an dem sich Menschenleben in konkreter Gefahr befanden.

b) Die Sperrfristen

Einen weiteren Problembereich der Kriegsklauseln in der Risikolebensversicherung stellten die sog. Sperrfristen dar. Bei den Sperrfristen verpflichtete sich der Versicherer zur vollen Versicherungsleistung im Kriegsfalle nur dann, wenn der Versicherungsvertrag zum Zeitpunkt des Kriegsausbruchs eine bestimmte Zeit bestanden hatte. Sofern diese Frist noch nicht abgelaufen war, war der Versicherer lediglich zur Auszahlung der Prämienreserve verpflichtet.

Entsprechende Klauseln wurden in einer Reihe von Allgemeinen Versicherungsbedingungen für die Risikolebensversicherung verwendet. Der Zweck dieser Klauseln bestand darin, den Versicherer davor zu schützen, im Falle drohender Kriegsgefahr zum Abschluss neuer Verträge genötigt zu sein und damit ein unverhältnismäßiges Risiko zu übernehmen.[456]

Die Entscheidungen des Reichsgerichts vom 26.05.1916 - VII 79/16[457] und vom 02.01.1917 - VII 230/16[458] beschäftigen sich mit der Frage, inwieweit

---

454 RGZ Bd. 93, S. 84 - 88.

455 Siehe S. 162.

456 RG Urt. v. 26.05.1916 - VII 79/16 (LZ 1917, Sp. 54 - 56, Sp. 55).

457 LZ 1917, Sp. 54 – 56.

Vordatierungen des Versicherungsbeginns den Zeitpunkt des Inkrafttretens der Versicherung beeinflussten und damit für die Dauer der Sperrfristen von Belang waren. Das Reichsgericht beantwortete diese Frage dahin, dass Vordatierungen keinen Einfluss auf den Zeitpunkt des Inkrafttretens der Versicherung hätten, dass von einem Inkrafttreten vielmehr erst dann gesprochen werden könnte, wenn der Versicherungsschein eingelöst worden sei.

Diese Auslegung entsprach dem Sinn und Zweck derartiger Vordatierungen. Mit der Vordatierung des Versicherungsbeginns wird lediglich bezweckt, durch einen früheren Versicherungsbeginn ein günstigeres Eintrittsalter und damit im Interesse des Versicherungsnehmers eine niedrige Prämie für die ganze Vertragslaufzeit zu erreichen.[459] Ihrem Zweck nach sollen Vordatierungen damit auf den Beginn von Fristen keinen Einfluss haben.[460]

Eine Abweichung vom Wortlaut der Sperrfristen im Interesse der Versicherungsnehmer dahingehend, dass durch die Vordatierung der Beginn der Sperrfrist vorverlegt wird, scheint entsprechend nicht begründbar.

c) Ergebnis

Die Auslegung von Kriegsklauseln bei der Risikolebensversicherung durch das Reichsgericht muss als für die Versicherungsnehmer günstig bezeichnet werden. Erkennbar wird dies vor allem anhand der einschränkenden Auslegung des Begriffes „Kriegsgefahr“.

3. Der Ausschluss bei erheblicher Erkrankung zwischen Antragstellung und Zahlung des ersten Beitrags

Gemäß § 1 Abs. 2 ALB 1909 beginnt die Leistungspflicht unter der Voraussetzung,

> „dass der Versicherte ... seit der ärztlichen Untersuchung nicht erheblich erkrankte oder verletzt wurde“.

Die Bestimmung wurde in § 2 Abs. 1 Satz 2 ALB 1930 dahingehend neugefasst, dass die Leistungspflicht des Versicherers nicht eintritt, wenn der Versicherte

> „seit der Antragstellung erheblich erkrankt oder verletzt worden ist.“

Nach dem erstmaligen Aufstellen der Bestimmung in den Allgemeinen Versicherungsbedingungen im Jahr 1909 erhoben sich Bedenken gegen ihre Rechts-

458 LZ 1917, Sp. 545f.
459 Prölls/Martin, § 2 ALB 1986 Rn. 4, S. 1717; Bruck/Doerstling, § 2 Rn. 23.
460 So auch: Bruck/Doerstling, § 2 Rn. 23.

gültigkeit. Gerhard führte an, dass die Bestimmung das Recht des Versicherungsnehmers aus § 38 VVG, die Versicherung bis zum Eintritt des Versicherungsfalls durch nachträgliche Zahlung der Prämie in Kraft zu setzen, einschränkt und damit gegen § 42 VVG verstößt.[461] Sowohl das Aufsichtsamt[462] als auch das Reichsgericht erhoben demgegenüber gegen die Rechtsgültigkeit dieser Bestimmung keine Bedenken.

Die Bestimmung diente dem Schutz des Versicherers. Der Versicherer schätzte das zu versichernde Risiko anhand der im Versicherungsantrag angegebenen Daten ein. Bei einer erheblichen Erkrankung des Versicherten zwischen Antragstellung und Zahlung des ersten Beitrages wich das tatsächliche Risiko von dem eingeschätzten Risiko negativ ab. Die Risikokalkulation war damit falsch. Andererseits war zu berücksichtigen, dass die Bestimmung das Interesse des Versicherungsnehmers an einer Übernahme des Risikos durch den Versicherer erheblich beeinträchtigt.

In den Entscheidungen des Reichsgerichts vom 26.02.1929 - VII 470/28[463] und vom 10.11.1931 - VII 88/31[464] legte das Reichsgericht den in der Bestimmung verwendeten Begriff „erkrankte" aus.

Der Entscheidung vom 26.02.1929 - VII 470/28 lag folgender Sachverhalt zugrunde: Der Versicherungsantrag war am 27.02.1926 gestellt und die Erstprämie am 16.03.1926 gezahlt worden. Bei dem Versicherten waren zwischen Antragstellung und Zahlung der Erstprämie Ödeme an den Beinen aufgetreten, die auf eine bereits bei Antragstellung vorliegende Herzinsuffizienz auf syphilitischer Grundlage zurückzuführen waren. Der Versicherer lehnte wegen erheblicher Erkrankung zwischen Antragstellung und Zahlung der Erstprämie die Leistung ab.

Der Entscheidung vom 10.11.1931 - VII 88/31 lag folgender Sachverhalt zugrunde: Der Versicherte war bereits vor Antragstellung am 09.11.1927 an Krebs erkrankt. Beschwerden waren spätestens im November 1927 aufgetreten. Die Beschwerden bildeten die einzige Tatsache, durch welche die Krebserkrankung bis zum Zeitpunkt der ersten Prämienzahlung am 15.02.1928 in Erscheinung getreten war.

Das Reichsgericht kam in beiden Entscheidungen zu dem Ergebnis, dass ein Erkranken nur dann anzunehmen ist, wenn eine neue Krankheit bei dem Versi-

---

461 Gerhard, § 38 Anm. 9.
462 VA 1909, S. 99 ff.
463 HRR 1929 Nr. 1595.
464 RGZ Bd. 134, S. 148 - 153.

cherten aufgetreten ist, nicht jedoch, wenn eine bereits bei Antragstellung vorhanden gewesene „verborgene" Erkrankung ausgebrochen ist.

Diese Auslegung entspricht dem Begriff der „Erkrankung" medizinischen Sprachgebrauch. „Erkrankung" ist danach „das Auftreten subjektiver oder objektiver, auf die gestörte Funktion und pathologische Veränderung des Organismus oder seiner Teile hinweisender Symptome"[465]. Ein derartiges Auftreten von Symptomen ist mithin erst dann gegeben, wenn eine Krankheit nach außen zutage tritt. Der Begriff Krankheit im Sinne des gewöhnlichen Sprachgebrauchs hat demgegenüber die sehr weit reichende Bedeutung von „nicht stark, nicht frisch".[466] Eine derart weite Auslegung des Begriffs „Krankheit" im Rahmen vorliegenden Bestimmung, würde den Versicherungsnehmer praktisch jeden Versicherungsschutzes entziehen, was dem Zweck dieser Bestimmung zuwiderläuft. Mit der Verwendung des Begriffs „erkrankte" sollte vielmehr auf den medizinischen Begriff „Erkrankung" abgestellt werden.

Das Reichsgericht entschied sich mit der Auslegung des Begriffes „Erkrankung" im medizinischen Sinne für eine einschränkende und damit versicherungsnehmerfreundliche Auslegung.

Ein „Erkranken" im Sinne der Allgemeinen Versicherungsbedingungen für die Lebensversicherung setzte der Entscheidung des Reichsgerichts vom 23.09.1930 - VII 6/30[467] zufolge voraus, dass objektiv eine erhebliche Erkrankung vorliegt. Auf die Sicht des Versicherten sei demgegenüber nicht abzustellen. Es komme nicht darauf an, ob sich der Versicherte selbst für erheblich erkrankt gehalten hat oder nicht. Das Reichsgericht legte den Begriff „Erkranken" damit abweichend vom medizinischen Sprachgebrauch aus, nach der für eine Krankheit auch das subjektive Bestehen einer körperlichen oder seelisch-geistigen Störung ausreicht.

Aus Sicht des Versicherungsnehmers muss diese Auslegung als günstig bezeichnet werden, da sie den „Krankheitsbegriff" der allgemeinen Versicherungsbedingungen gegenüber dem medizinischen Krankheitsbegriff einschränkte und damit den Umfang der Ausschlussklausel beschränkte.

Das Reichsgericht legte den Begriff „erkrankt" dem medizinischen Sprachgebrauch entsprechend bzw. in einem davon abweichenden engeren Sinne aus.

---

465 Reallexikon der Medizin, zu „Erkrankung".

466 Das Wort „krank" steht nach dem gewöhnlichen Sprachgebrauch im Gegensatz zu dem Wort „gesund" (Grimm, Bd. 5 zu „Krank", Sp. 2024). Dieses bedeutet so viel wie „stark", „frisch" (Grimm, Bd. 4, 1. Abt., II. Teil; zu „Gesund", Sp.4294, 4299).

467 RGZ Bd. 130, S. 55 - 58; VA 1930 S. 180f., Nr. 2147.

Der weitreichendere gewöhnliche Wortsinn fand demgegenüber keine Berücksichtigung.

Die Auslegung der Bestimmung stellt sich folglich als versicherungsnehmerfreundlich dar, da sie den Anwendungsbereich des § 1 Abs. 2 ALB 1909 bzw. des § 2 Abs. 1 Satz 2 ALB 1930 abweichend von dem gewöhnlichen Wortlaut einschränkt. Dies ist insbesondere deshalb von Beachtung, da das Reichsgericht mit dieser Entscheidung von dem von ihm selbst aufgestellten Grundsatz abwich, dass Ausdrücke in Allgemeinen Versicherungsbedingungen, die sowohl eine fachsprachliche, als auch eine gewöhnliche Bedeutung haben, im gewöhnlichen Wortsinn zu verstehen sind.

4. Ergebnis

Die in den Allgemeinen Versicherungsbedingungen für die Risikolebensversicherung enthalten Ausschlüsse wurden durch das Reichsgericht regelmäßig versicherungsnehmerfreundlich ausgelegt.

IV. Die Ausschlussklauseln bei der Haftpflichtversicherung

An Ausschlussklauseln bei der Haftpflichtversicherung waren der Ausschluss der vorsätzlichen Herbeiführung des Versicherungsfalls und der grob fahrlässigen Missachtung von Schutzgesetzen, der Ausschluss der vertraglichen Haftpflicht, der Ausschluss von Schäden Angehöriger mittels der Angehörigenklausel und der Ausschluss von Schäden mittels der Obhut- und Bearbeitungsklausel in der Rechtsprechung des Reichsgerichts von Bedeutung.

1. Der Ausschluss bei vorsätzlicher Herbeiführung des Versicherungsfalls

Die Allgemeinen Versicherungsbedingungen für die Haftpflichtversicherung aus dem Jahre 1910 sahen in § 6 einen Ausschluss derjenigen Schäden vor, die der Versicherungsnehmer vorsätzlich herbeigeführt hatte:

> „Ausgeschlossen von der Versicherung sind I. allgemein: 1. Versicherungsansprüche aller derjenigen Personen, welche den Schaden vorsätzlich herbeigeführt haben."

Bei abweichendem Wortlaut bestimmte § 4 Abs. 2 AHB 1921 folgendes:

> „Ausgeschlossen von der Versicherung bleiben: 1. Versicherungsansprüche aller Personen, die den Schaden vorsätzlich herbeigeführt haben."

Damit ähnelte die Bestimmung in den Allgemeinen Versicherungsbedingungen dem § 152 VVG. dieser lautete:

> „Der Versicherer haftet nicht, wenn der Versicherungsnehmer vorsätzlich den Eintritt der Tatsache, für die er dem Dritten verantwortlich ist, widerrechtlich herbeigeführt hat.".

Allerdings war nach dem Versicherungsvertragsgesetz nur die widerrechtliche Schadensherbeiführung ausgeschlossen, wohingegen nach den Allgemeinen Versicherungsbedingungen aus dem Jahr 1921 bereits die bloß vorsätzliche Herbeiführung des Schadens für das Eingreifen der Ausschlussklausel ausreichte.[468]

Der Begriff „vorsätzlich" im Sinne der Allgemeinen Versicherungsbedingungen entsprach gemäß RG Urt. v. 04.04.1913 - VII 6/13[469] und RG Urt. v. 27.03.1914 - VII 6/14[470] dem zivil- und strafrechtlichen Vorsatzbegriff. Ausreichend für den Vorsatz des Versicherungsnehmers war daher dolus eventualis.

Eine davon abweichende für die Versicherungsnehmer günstigere Auslegung erscheint im Rahmen der Wortlautauslegung nicht möglich. Bei dem Begriff „Vorsatz" handelt es sich um einen Ausdruck, der allein im juristischen Sprachgebrauch existiert. Dadurch, dass der Versicherer diesen Ausdruck verwendete, wollte er ersichtlich auf diesen juristischen Sprachgebrauch Bezug nehmen.

Auch der Sinn und Zweck der Ausschlussklausel begründet keine für die Versicherungsnehmers günstigere Auslegung. Die Bestimmung dient dem Schutz des Versicherers vor einer missbräuchlichen Schädigung seines Vermögens durch mutwilliges Verhalten des Versicherungsnehmers. Eine derartige Schädigungsgefahr besteht auch dann, wenn der Versicherungsnehmer „nur" mit dolus eventualis handelt, da ihm auch in einem derartigen Fall die Möglichkeit der Herbeiführung des Versicherungsfalls bewusst ist und er trotzdem handelt.

2. Der Ausschluss bei grob fahrlässiger Missachtung von Schutzgesetzen

Gemäß § 4 II Ziff. 1 AHB in der seit 1932 geltenden Fassung[471] entfiel der Versicherungsschutz, wenn der Schaden durch Missachtung der zum Schutz von Leben, Gesundheit und Eigentum erlassenen Vorschriften grobfahrlässig herbeigeführt worden war.

Das Reichsgericht entschied in dem Urteil vom 23.07.1937 - VII 45/37[472], dass sich der Begriff der groben Fahrlässigkeit insoweit nicht allein auf die Missachtung von Schutzgesetzen, sondern darüber hinaus auch auf die Schadensherbeiführung im konkreten Fall bezieht. Die Ausschlussklausel griff folglich nur dann ein, wenn der Versicherungsnehmer vorsätzlich oder grob fahrlässig ein Schutz-

468 Hartung, S. 90f.
469 LZ 1914, Sp. 482f.
470 JW 1914, S. 678f.
471 VA 1931, S. 134.
472 JW 1937, S. 2668f.

gesetz verletzte und durch seinen Vorsatz oder seine grobe Fahrlässigkeit daraus ein Schaden entstand.

Dadurch, dass das Reichsgericht die Begriffe vorsätzlich und grob fahrlässig nicht allein auf die Schutzgesetzverletzung, sondern darüber hinaus auf die konkrete Verletzungshandlung bezog, legte es die vorliegende Ausschlussklausel eng und damit versicherungs-nehmerfreundlich aus.

3. Der Ausschluss vertraglicher Haftpflicht

Von der Haftpflichtversicherung sind grundsätzlich ausgeschlossen Ansprüche gegen den Versicherungsnehmer, die sich allein mittels eines Vertragsverhältnisses ergeben. Dieses war in den Allgemeinen Bedingungen für die Haftpflichtversicherung aus dem Jahr 1905 in § 1 Abs. 1 festgelegt. Danach hatte der Versicherer nur diejenigen Entschädigungszahlungen zu ersetzen die „auf Grund gesetzlicher Haftpflichtbestimmungen zu leisten sind".

In den AHB 1910 war der Ausschluss vertraglicher Haftpflichtansprüche in § 7 geregelt:

„Ausgeschlossen sind ferner, wenn nicht etwas anderes beurkundet ist:
1. Haftpflichtansprüche, soweit sie auf Grund Vertrages oder besonderer Zusage über den Umfang der gesetzlichen Haftung hinausgehen".

Diese Vorschrift wurde mit nahezu gleichem Wortlaut ohne inhaltliche Änderung in den AHB 1921 in § 4 Abs. 1 Nr. 1 wiederholt und ist in den Allgemeinen Versicherungsbedingungen für die Haftpflichtversicherung bis zum heutigen Tag enthalten.[473]

Die ausdrückliche Erwähnung als Ausschlussbestimmung in § 7 AHB 1910 bzw. § 4 Abs. 1 Nr. 1 AHB 1921 hatte lediglich klarstellende Funktion, da bereits der Gegenstand der Haftpflichtversicherung gemäß § 2 AHB 1910 bzw. § 1 Ziff. 1 AHB 1921 nur Ansprüche aufgrund gesetzlicher Haftpflichtbestimmungen erfasste.

Der Ausschluss der vertraglichen Haftung vom der Haftpflichtversicherung bezweckt die Begrenzung des Risikos für den Versicherer. Ohne den Ausschluss wäre es dem Versicherungsnehmer möglich, den Umfang der Haftung des Versicherers durch vertragliche Vereinbarung beliebig zu erweitern , was das Risiko für den Versicherer unkalkulierbar machen würde.

---

473 Vgl. § 4 I Nr. 1 AHB 1986.

Nicht unter den Ausschluss vertraglicher Ansprüche fielen gemäß RG Urt. v. 28.04.1908 - VII 324/07[474] Entschädigungspflichten, die sowohl auf Vertrag, als auch auf Gesetz beruhen, da es sich bei Ihnen um Ansprüche aus gesetzlichen Haftpflichtbestimmungen handelte.

Das Reichsgericht begrenzte mit dieser Entscheidung den Ausschluss vertraglicher Ansprüche im Interesse der Versicherungsnehmer auf rein vertraglich Ansprüche, also auf Fälle, in denen die Haftung des Versicherungsnehmers gegenüber seinem Vertragspartner vertraglich über den gesetzlichen Umfang hinaus verschärft wurde. Nur eine derartige Haftungsverschärfung erweiterte das Risiko des Versicherers und wurde damit vom Sinn und Zweck des Ausschlusses vertraglicher Ansprüche erfasst.

In dem der Entscheidung des Reichsgerichts vom 18.04.1913 - VII 21/13[475] zugrundeliegenden Sachverhalt hatte die Versicherungsnehmerin vertraglich die Verkehrssicherungspflicht ihres Auftraggebers übernommen. Das Reichsgericht lehnte die Entschädigungspflicht des Versicherers ab, da es sich bei der Haftung wegen Verletzung der Verkehrssicherungspflicht zwar um eine gesetzliche Haftpflicht handelte, die Übernahme der Verkehrssicherungspflichten durch die Versicherungsnehmerin jedoch vertraglich erfolgte. Mit der gleichen Begründung hatte der 6. Senat des Reichsgerichts in der Entscheidung vom 03.01.1914 - VI 509/13[476] ebenfalls die Entschädigungspflicht des Versicherers abgelehnt.

Das Reichsgericht dehnte die Beschränkung der Haftung des Versicherers auf Ansprüche aus gesetzlichen Haftpflichtbestimmungen damit über den Wortlaut des § 7 AHB 1910 hinaus in einem die Versicherungsnehmer benachteiligenden Umfang aus.

Aufgrund des Wortlauts wäre eine für die Versicherungsnehmer günstigere Auslegung möglich gewesen. Denn es handelt sich gerade nicht um einen Haftpflichtanspruch aufgrund Vertrages, sondern um eine gesetzliche Haftpflicht, die vertraglich übernommen worden ist und damit um eine eigene gesetzliche Haftpflicht der übernehmenden Person.[477] Das Urteil ist daher in der Literatur auf Ablehnung gestoßen.[478]

---

474 Recht 1908, S. 384f.
475 Recht 1913, Nr. 1943.
476 Abgedruckt bei: Elperting, ZVersWiss 1917, S. 665.
477 JW 1906, S. 59; RGZ Bd. 63, S. 311; Recht 1913 Nr. 3241.
478 So bei: Elperting, ZVersWiss 1917, 662f.; Johannsen, in: B/M/J, 4. Band, Anm. G 161.

Mit der Begründung in der Entscheidung des Reichsgerichts vom 03.01.1914 - VI 509/13[479], die Begriffe „gesetzliche Haftpflicht" im Gesetz und im Haftpflichtversicherungsvertrag hätten einen unterschiedlichen Sinn, wich das Reichsgericht von seinem eigenen Auslegungsgrundsatz ab, dass rechtstechnische Begriffe im Sinne des juristischen Sprachgebrauchs zu verstehen sind.[480]

Es legte damit den Begriff der gesetzlichen Haftpflicht entgegen seinen eigenen Auslegungsregeln in einem für die Versicherungsnehmer nachteiligen Sinne aus.

4. Der Ausschluss durch die Angehörigenklausel

In den Allgemeinen Versicherungsbedingungen für die Haftpflichtversicherung aus dem Jahr 1905 war der Ausschluss der Haftpflichtansprüche von Familienangehörigen des Versicherungsnehmers (sog. Angehörigenklausel) in § 1 Abs. 7 S. 1 a. E. wie folgt geregelt:

„ausgeschlossen sind ferner Entschädigungszahlungen an Personen, welche bis zum dritten Grade mit dem Versicherten verwandt oder verschwägert sind".

In den AVB 1909 erfuhr die Angehörigenklausel in § 6 I Ziff. 2 folgende Neufassung:

„Ausgeschlossen von der Versicherung sind Haftpflichtansprüche von Angehörigen .... Als Angehörige sind nur anzusehen Ehegatten, Eltern, Schwieger- und Großeltern, Kinder und Enkel, Adoptiv-, Pflege- und Stief-Eltern und -Kinder, ferner die mit dem Versicherten in häuslicher Gemeinschaft lebenden Geschwister, deren Ehegatten und Kinder".

Die AHB 1921 regelten den Ausschluss der Ansprüche von Angehörigen in § 4 II Ziff. 2:

„Ausgeschlossen von der Versicherung bleiben: Haftpflichtansprüche aus Schadenfällen von Angehörigen des Versicherungsnehmers... . Als Angehörige gelten Ehegatten, Eltern, Schwieger- und Großeltern, Kinder (auch Schwiegerkinder) und Enkel, Adoptiv-, Pflege- und Stiefeltern und -kinder, ferner auch die mit dem Versicherungsnehmer in häuslicher Gemeinschaft lebenden Geschwister, deren Ehegatten, Kinder und Geschwister des Ehegatten des Versicherungsnehmers".

Der Zweck dieser Angehörigenklausel in den Allgemeinen Versicherungsbedingungen ist in dem Ausschluss der Gefahr für den Versicherer zu sehen, dass ins-

---

479 Abgedruckt bei: Elperting, ZVersWiss 1917, S. 665.

480 Vgl. zum Sprachgebrauch des StGB: RG Urt. v. 19.12.1892 - VI 219/92; RG Urt. v. 26.05.1883 - I 214/83; RG Urt. v. 23.03.1915 - VII 317/14; zum Sprachgebrauch des BGB: RG Urt. v. 21.01.1921 - VII 360/20.

besondere im verwandtschaftlichen Bereich Schadensfälle häufig konstruiert bzw. in ihren Folgen stark übertrieben werden.[481]

Das Reichsgericht legte in der Entscheidung vom 06.12.1907 - VII 175/07[482] den Begriff „Familienmitglieder" dahingehend aus, dass als Familienmitglieder nicht die einen selbständigen Haushalt führenden Eltern des Versicherungsnehmers anzusehen sind. Nach dem gewöhnlichen Sprachgebrauch wird der Begriff „Familie" in unterschiedlicher Weise verwendet: In der Bedeutung von „Hausgenossenschaft"[483], im Sinne von „Gemeinschaft, der in einem fortdauernden Eheverhältnis lebenden Eltern und ihrer Kinder"[484], zum als „Gruppe der Blutsverwandten, Sippe"[485].

Das Reichsgericht wählte aus den verschiedenen Bedeutungen diejenige, die zu einem engen Anwendungsbereich der sog. Angehörigenklausel führte und legte die Angehörigenklausel damit versicherungsnehmerfreundlich aus.

Dem Urteil des Reichsgerichts vom 27.06.1930 - VII 593/29[486] zufolge waren auch diejenigen Ansprüche ausgeschlossen, die aufgrund eines Schadensfalls eines Angehörigen originär in der Person des Sozialversicherers entstanden.

Der Wortlaut der Ausschlussklausel ist in dieser Beziehung objektiv mehrdeutig. Zum einen könnte man, wie es das Reichsgericht getan hat, als „Haftpflichtansprüche aus Schadensfällen der Angehörigen" diejenige Fälle auffassen, bei denen der finanzielle Schaden nicht bei dem Angehörigen, sondern bei einem Dritten entstanden ist. Andererseits könnte man verlangen, dass der finanzielle Schaden bei dem Angehörigen entstanden ist.[487] Danach wären Fälle, in denen der Schaden bei einem Sozialversicherungsträger entstanden ist, nicht mehr von der Angehörigenklausel umfasst. Das Reichsgericht hat sich entgegen dem Grundsatz, dass Ausschlussklauseln als Ausnahmebestimmungen im Zweifel eng auszulegen sind[488], für die erste Alternative entschieden. Die Rechtsprechung des Reichsgericht muss insoweit als für die Versicherungsnehmer ungünstig angesehen werden.

---

481 Reichsaufsichtsamt in VA 1922, S. 118; Herzfelder/Katsch, S. 35; Johannsen in: B/M/J, 4. Bd., Anm. G 235.

482 Recht 1908, Sp. 107, Nr. 632.

483 Kluge, zu: „Familie" S. 183 unter Bezugnahme auf das lat. Wort „familia".

484 Duden, Herkunftswörterbuch, zu: „Familie", S. 155.

485 Duden, Herkunftswörterbuch, zu: „Familie", S. 155.

486 HRR 1931 Nr. 25.

487 So: OLG Nürnberg, Urteil vom 02.05.1928, VA 1928 S. 234 f..

488 Mit dieser Begründung kam das OLG Nürnberg zur Nichtanwendbarkeit der Angehörigenklausel.

5. Der Ausschluss durch die Obhuts- und Bearbeitungsklausel

Die Allgemeinen Versicherungsbedingungen für die Haftpflichtversicherung von 1905 enthielten in § 16 Satz 1 a eine besondere Regelung für Gegenstände in Besitz bzw. in Obhut des Versicherungsnehmers:

„Beschädigungen von Sachen, die dem Versicherungsnehmer zur Aufbewahrung, Bearbeitung, Reparatur, miet- oder leihweisen Benutzung oder Beförderung übergeben worden sind, sowie Beschädigungen von Waren, die verkauft, aber noch nicht abgeliefert worden sind, fallen nicht unter die Versicherung".

Die AHB aus dem Jahr 1910 enthielten eine entsprechende Bestimmung in § 5 Abs. 4 Satz 2:

„Ferner fallen nicht unter die Versicherung Beschädigungen von Sachen, die dem Versicherungsnehmer oder seinen Angestellten zur Bearbeitung, Benutzung, Beförderung oder zu sonstigen Zwecken in Gewahrsam oder Obhut übergeben oder von ihm übernommen worden sind".

§ 4 Abs. 1 der Allgemeinen Versicherungsbedingungen für die Haftpflichtversicherung von 1921 bestimmten schließlich:

„Falls im Versicherungsschein oder seinen Nachträgen nicht ausdrücklich etwas anderes bestimmt ist, bezieht sich der Versicherungsschutz nicht auf:.. 6. Haftpflichtansprüche wegen Schäden a) an fremden Sachen, welche sich in Benutzung, Gewahrsam oder Obhut des Versicherungsnehmers, seiner Angestellten, Arbeiter, Bediensteten, Bevollmächtigten oder Beauftragten befunden haben oder bezüglich welcher der Versicherungsnehmer zur Zeit der Beschädigung der Gefahr trug".

Im Jahr 1949 wurde die zur Zeit des Reichsgerichts problematische sog. Obhutsklausel in den Allgemeinen Versicherungsbedingungen durch die sog. Besitz- und Tätigkeitsklausel ersetzt.[489]

Grundsätzlich bestand für die Versicherungsnehmer die Möglichkeit, derartige Obhutsschäden, die nach den genannten Bestimmungen von der Versicherung ausgeschlossen sind, auf besonderen Antrag gegen Mehrprämie in die Versicherung einzuschließen.[490]

Das Reichsgericht beschäftigte sich in folgenden Entscheidungen mit den Problemen der Obhutsklauseln:

---

489 Vgl. dazu Johannsen, in: B/M/J, 4. Bd. Anm. G 191.
490 Herzfelder/Katsch, S. 39.

Das Reichsgericht kam in der Entscheidung vom 14.12.1917 - VII 287/17[491] zu dem Ergebnis, dass sich auch unbewegliche Gegenstände in der Obhut des Versicherungsnehmer befinden können und demgemäss von der Obhutsklausel erfasst seien. Diese Auslegung entspricht dem gewöhnlichen Sprachgebrauch des Wortes „Obhut". Obhut bedeutet danach so viel wie „die Hut ob etwas" haben.[492] Das Wort „Hut" hat die Bedeutung von „Behütung, Aufsicht, Fürsorge, Schutz im allgemeinen"[493]. Der Versicherungsnehmer hat nach dem gewöhnlichen Sprachgebrauch die Obhut über eine Sache, wenn er die Sache zur Fürsorge, Behütung oder Aufsicht hat. Die Fürsorge, Behütung und Aufsicht kann der Versicherungsnehmer sowohl über bewegliche, als auch über unbewegliche Sachen haben. Der gewöhnliche Sprachgebrauch unterscheidet insofern nicht. Neben dem gewöhnlichen Sprachgebrauch entspricht die Einbeziehung von unbeweglichen Sachen in die Obhutsklausel dem Sinn und Zweck der Obhutsklausel. Dieser ist darin zu sehen, dass der Versicherungsnehmer Sachen, die er in eigener Obhut hat, wie eigene besitzt und behandelt, nämlich häufig mit geringerer Sorgfalt.[494] Dies ist ebenso der Fall bei beweglichen, wie bei unbeweglichen Sachen.

Gemäß RG Urt. v. 18.03.1932 - VII 281/31 hatte der Versicherungsnehmer dann nicht die Obhut an einem Kabel, wenn er dieses freilegt, ohne es aus der Wand zu entfernen.

Das Reichsgericht wich mit dieser Entscheidung zugunsten der Versicherungsnehmer von dem Wortlaut „Obhut" ab. Da der Versicherungsnehmer nach dem gewöhnlichen Sprachgebrauch eine Sache dann in Obhut hat, wenn er diese zur Fürsorge, Behütung oder Aufsicht hat, kann nach dem gewöhnlichen Sprachgebrauch ein Handwerker eine Sache auch dann zur Aufsicht haben, wenn er an dieser in fremden Räumen tätig wird.

Ob sich die Entscheidung des Reichsgerichts vom 18.03.1932 - VII 281/31 mit dem Sinn und Zweck der Obhutsklausel begründen lässt, erscheint zwar zweifelhaft. Die Gefahr, dass der Versicherungsnehmer Sachen in eigener Obhut mit geringerer Sorgfalt behandelt, besteht nämlich auch dann, wenn die Sachen noch in ein fremdes Gebäude eingebaut sind. Allerdings erhöht sich diese Gefahr, wenn der Versicherungsnehmer fremde Gegenstände in seine eigene Gewahrsamssphäre verschafft.

---

491 RGZ Bd. 91, S. 324 - 328.

492 Wörterbuch der Gebr. Grimm zu „Obhut", Bd. N - Q, Sp. 1108.

493 Wörterbuch der Gebr. Grimm zu „Hut", Bd. H - J, Sp. 1983; ähnlich Kluge, zu „Hut", S. 322.

494 Wehn-Schmidt, Die neue Fassung der Obhuts- und Bearbeitungsschadenklausel in der Allgemeinen Haftpflichtversicherung, S. 17; Johannsen, in: B/M/J, 4. Bd. Anm. G 192.

Das Reichsgericht fasste den Begriff „Obhut" somit sehr eng auf und schränkt damit den Ausschluss von Haftpflichtschäden an Gegenständen, die sich in der Obhut des Versicherungsnehmers befinden, zugunsten der Versicherungsnehmer erheblich ein.

6. Ergebnis

Auch bei der Rechtsprechung des Reichsgerichts zu den Ausschlussklauseln bei der Haftpflichtversicherung ist zu erkennen, dass das Reichsgericht entsprechende Risikoausschlüsse zumeist möglichst eng und damit zugunsten der Versicherungsnehmer auslegte. Deutlich wird dies vor allem bei der Entscheidung des Reichsgerichts vom 28.04.1908 - VII 324/07 zum Ausschluss der vertraglichen Haftpflicht und bei der engen Auslegung der Angehörigenklausel sowie der Obhuts- und Bearbeitungsklausel durch das Reichsgericht.

V. Die Ausschlussklauseln bei der Kraftfahrzeughaftpflichtversicherung

In der Kraftfahrzeughaftpflichtversicherung war für die Rechtsprechung des Reichsgerichts vor allem die sog. Führerscheinklausel als Ausschlussklausel bedeutsam.

1. Der Ausschluss durch die Führerscheinklausel

Die AKB aus dem Jahr 1929 enthielten in § 3 Nr. 2 folgende Bestimmung:

> „Der Versicherungsschutz wird nur dann gewährt, wenn der berechtigte Führer des Kraftfahrzeugs bei Eintritt des Schadens den zur Führung des Fahrzeugs vorgeschriebenen Führerschein hat oder der Versicherungsnehmer dies entschuldbarerweise annehmen konnte."

Eine ähnliche Klausel enthielten die AKB aus dem Jahr 1940 in § 2 Abs. 2 lit. b. Nach dieser Bestimmung ist der Versicherer von der Verpflichtung zur Leistung frei,

> „wenn der Fahrer des Fahrzeugs bei Eintritt des Versicherungsfalls nicht die vorgeschriebene Fahrerlaubnis hat. Die Verpflichtung zur Leistung bleibt gegenüber dem Versicherungsnehmer oder Halter bestehen, wenn dieser das Vorliegen der Fahrerlaubnis bei dem berechtigten Fahrer ohne Verschulden annehmen durfte oder wenn ein unberechtigter Fahrer das Fahrzeug geführt hat".

Diese sog. Führerscheinklauseln führten zu einer großen Anzahl von Rechtsstreitigkeiten zwischen den Versicherungsvertragsparteien.

a) Die Rechtsnatur der Führerscheinklausel

Problematisch war zunächst die Rechtsnatur der Führerscheinklausel. Zum einen besteht die Möglichkeit, die Führerscheinklausel als Obliegenheit aufzufassen, zum anderen, sie als Risikoausschluss zu verstehen.

Die Einordnung der Führerscheinklausel als Obliegenheit wäre dabei für den Versicherungsnehmer günstiger, da sie gemäß § 6 Abs. 3 des Versicherungsvertragsgesetzes nur dann zur Leistungsfreiheit des Versicherers führt, wenn die Obliegenheitsverletzung auf Vorsatz bzw. grober Fahrlässigkeit beruht, wohingegen ein Risikoausschluss bereits bei Vorliegen seiner objektiven Voraussetzungen den Versicherungsschutz entfallen lässt.

Zu § 3 Nr. 2 AKB1929 entschied das Reichsgericht in den Urteilen vom 25.10.1938 - VII 75/38[495] und vom 04.05.1939 - VII 6/39[496] jeweils, dass es sich bei dieser Führerscheinklauseln um Risikoausschlüsse und nicht um Obliegenheiten handelt.

Zur Begründung führte es an, der in § 3 Nr. 2 AKB 1929 verwendete Begriff „entschuldbarerweise" stelle eine Tatbestandsvoraussetzung dar und keine Voraussetzung einer Obliegenheitsverletzung bzw. der Leistungsfreiheit des Versicherers.[497] Weiterhin folge dies bereits aus dem Wortlaut der Bestimmung.[498] Auch solle die Klausel kein Verhalten des Versicherungsnehmers herbeiführen, sondern gewisse Tatsachen von vornherein aus der Versicherung ausschließen. Die Versicherungsgesellschaft wolle dadurch, dass der Fahrer im Besitz eines Führerscheins ist, Gewissheit über die Fähigkeiten des Fahrers erlangen. Dass der Versicherungsnehmer diese Fähigkeiten auch besitze, ohne Inhaber eines Führerscheins zu sein, wäre als Entschuldigungsbeweis folglich wirkungslos.

Eine Auslegung der Führerscheinklausel als für die Versicherungsnehmer günstigere Obliegenheit wäre auch bezüglich § 3 Nr. 2 AKB1929 möglich gewesen. In diesem Sinne erklärte Möller[499], dass es sich bei § 3 Nr. 2 AKB1929 um eine Obliegenheit handelt, da die Verwirkung des Versicherungsanspruchs an ein Verhalten des Versicherungsnehmers anknüpft.

Entsprechend geht die heute allgemeine Meinung davon aus, dass § 2 Abs. 2 lit. b AKB 1940 eine Obliegenheit darstellt[500] und begründet dieses mit dem Zweck und dem Wortlaut der Bestimmung.[501]

---

495 RGZ Bd. 158, S. 284 - 291.
496 RGZ Bd. 160, S. 220 - 225.
497 RGZ Bd. 158, S. 284 - 291.
498 RGZ Bd. 160, S. 220 - 225.
499 Möller, JRPV 1934, S. 51.
500 BGHZ 1, S. 159 – 170, S. 165; Thees, DJ 1940, S. 1051; Bauer, Rn. 444.
501 BGHZ 1, S. 159 – 170, S. 166.

b) Der Begriff des berechtigten Führers[502]

Gemäß § 3 Nr. 2 AKB 1920 griff der Versicherungsschutz nur dann ein, wenn der berechtigte Führer den erforderlichen Führerschein hatte.

Das Reichsgericht entschied in den Urteilen vom 12.02.1929 - VII 382/28[503], vom 11.12.1931 - VII 562/39[504] und vom 23.04.1937 - VII 296/36[505], dass berechtigter Führer im Sinne dieser Bestimmung nur derjenige ist, dem der Halter das Fahrzeug überlassen hat.[506] Führe demgegenüber eine nichtberechtigte Person, die nicht den erforderlichen Führerschein hat, das Fahrzeug, greife die Führerscheinklausel nicht ein, d.h. der Versicherungsschutz bleibt bestehen. Der verwendete Ausdruck „berechtigter Führer" stelle allein auf das Innehaben der erforderlichen Fahrerlaubnis ab und nicht auf die Erlaubnis des Halters zum Führen.

Indem das Reichsgericht damit auf den Besitz der Fahrerlaubnis und nicht auf die Berechtigung zum Führen seitens des Haltes abstellte, entschied es sich zwischen beiden Möglichkeiten für diejenige, die für die Versicherungsnehmer günstiger war.

c) Der Besitz des Führerscheins oder der Fahrerlaubnis?

Weiterhin problematisch bei der Führerscheinklausel war, ob der Ausschluss an den fehlenden Besitz eines Führerscheins oder das Fehlen einer Fahrerlaubnis anknüpft.

Der Wortlaut sowohl des § 3 Nr. 2 AKB 1929, als auch des § 2 Abs. 2 lit. b AKB 1940 ist insoweit nicht eindeutig.

Gemäß RG Urt. v. 16.12.1932 - VII 226/32[507] und RG Urt. v. 15.10.1940 - VII 52/40[508] kam es allein auf die Fahrerlaubnis und nicht auf den Führerscheinbesitz an. Dies entspricht dem Zweck der Führerscheinklausel, dass ein derartig gefährliches Kraftinstrument wie ein Automobil nicht ohne den behördlichen Nachweis der Beherrschungsfähigkeit geführt werden darf.[509] Diese Beherr-

---

502 Vgl. hierzu: Pienitz, S. 109 - 113.
503 HRR 1929 Nr. 1594.
504 HRR 1932 Nr. 840.
505 RGZ Bd. 154, S. 340 - 343.
506 So auch: BGH DAR 1955, S. 87; Pienitz, S. 111; a.A. Gülde, Schmidt-Rost, § 1 PflVersG Anm. 4 zum Begriff des berechtigten Fahrers im Sinne des § 1 PflVersG.
507 JRPV 1933, S. 26.
508 RGZ Bd. 165, S. 54 - 62.
509 RG Urt. v. 16.12.1932 - VII 226/32 (JRPV 1933, S. 26); Johannsen, in: B/M/J, Fünfter Band, 1. Halbband, Anm. F 32.

schungsfähigkeit wird durch die gesetzliche Fahrerlaubnis und nicht durch die tatsächliche Herrschaft an einem Führerschein nachgewiesen.

Die durch das Reichsgericht gewählte Auslegung, an das Innehaben der Fahrerlaubnis und nicht an den Besitz des Führerscheins anzuknüpfen schließt auch diejenigen Fahrer in den Versicherungsschutz ein, die zwar eine Fahrerlaubnis haben, aber keinen Führerschein besitzen. Das Reichsgericht legte mit dieser Auffassung die Klausel weit und damit in einem für die Versicherungsnehmer günstigen Sinne aus.

2. Ergebnis

Die Rechtsprechung des Reichsgerichts stellt sich wegen der Einordnung der Führerscheinklausel als Ausschlussklausel und nicht als Obliegenheit für die Versicherungsnehmer nicht ausnahmslos als günstig dar. Der Bundesgerichtshof glich diese Schwäche der Rechtsprechung des Reichsgerichts in späteren Entscheidungen im Interesse der Versicherungsnehmer aus.[510]

VI. Zusammenfassung

Bei der Rechtsprechung des Reichsgerichts zu den sog. Ausschlussklauseln ist die Tendenz zu erkennen, derartige Ausschlussbestimmungen möglichst eng und damit in einem für die Versicherungsnehmer günstige Sinne auszulegen.

Ausschlussbestimmungen sind sekundäre Risikobegrenzungen, d.h. sie schließen Risiken von der Versicherung aus, die durch die primäre Risikobegrenzung, die Definition des Versicherungsfalls grundsätzlich von der Versicherung erfasst wären.

Indem das Reichsgericht sowohl die primäre Risikobegrenzung, den Versicherungsfall, als auch die sekundäre Risikobegrenzung, die Ausschlussklauseln, zugunsten der Versicherungsnehmer auslegte, erweiterte es jeweils auf unterschiedlicher Ebene den Umfang des Versicherungsschutzes . Den Versicherern blieb demgegenüber nur die Möglichkeit, den Umfang des Versicherungsschutzes sowohl auf Primär-, als auch auf Sekundärebene möglichst präzise zu fassen, so dass für eine Auslegung kein Raum blieb.

E) Der Einschluss besonderer Risiken

Die Vertragsparteien haben grundsätzlich die Möglichkeit, Risiken, die durch die Allgemeinen Versicherungsbedingungen von der Versicherung ausgeschlossen sind, durch entsprechende Sonder- bzw. Zusatzbedingungen wieder in die

510 Siehe S. 176.

Versicherung einzuschließen. Derartige Sonder- bzw. Zusatzbedingungen stellen ihrer Rechtsnatur nach Allgemeine Versicherungsbedingungen dar, da sie für alle Risiken einer bestimmten Gattung als Regelung zugrundegelegt werden.

Von besonderer Bedeutung in der Rechtsprechung des Reichsgerichts waren an derartigen Einschlüssen besonderer Risiken vor allem die sog. Infektionsklausel für Ärzte in der Unfallversicherung, in der Haftpflichtversicherung die Einschlüsse von Ansprüchen aus Anlass der Ausführung von Reparaturen, Umbauten, Abbruchs- oder Gartenarbeiten, sowie aus der Verwendung von Hieb-, Stoß und Schusswaffen und in der Kraftfahrzeughaftpflichtversicherung der Einschluss des Vorführens von Automobilen und der Einschluss von Anhängern.

I. Die Infektionsklausel für Ärzte in der Unfallversicherung (sog. Morianische Klausel)

Die Allgemeinen Versicherungsbedingungen für die Unfallversicherung schlossen gemäß § 1 Abs. 2 AUB 1904 und § 3 Abs. 4 lit. a AUB 1910 „Infektions- und Invasionskrankheiten" von der Unfallversicherung aus. Die AUB aus den Jahren 1920 und 1937 enthielten in § 2 II 2 lit. a den ähnlich lautenden Ausschluss:

„Als Unfälle gelten nicht ... Malaria, Flecktyphus und sonstige Infektionskrankheiten".

Für Angehörige bestimmter Berufe, die kraft ihrer Tätigkeit in besonderen Maße von Infektionen bedroht sind, bestand die Möglichkeit, diese ausgeschlossenen Risiken durch Vereinbarung einer besonderen Klausel, der sog. Infektionsklausel bzw. Morianschen Klausel, wiederum in die Unfallversicherung einzuschließen. Als Unfälle galten danach auch in Ausführung der versicherten Berufstätigkeit entstandene Infektionen, bei denen die Krankheitserreger nachweislich durch äußere Verletzung oder durch Einspritzen infektiöser Masse in Auge, Mund oder Nase in den Körper gelangten. Sinn und Zweck derartiger Infektionsklauseln war die Möglichkeit zur Erweiterung des Versicherungsschutzes für Ärzte und Gesundheitspersonal.[511]

Als problematisch erwiesen sich bei derartigen Infektionsklauseln insbesondere die Begriffe „nachweislich" und „Einspritzung".

1. Der Begriff „Nachweislich" im Sinne der Infektionsklausel

Nach dem Wortlaut der Infektionsklausel unterfielen Infektionen nur der Voraussetzung der Unfallversicherung, dass sie „nachweislich" durch äußere Verletzung bzw. durch Einspritzen infektiöser Massen in den Körper des Versicherten gelangt waren.

---

511 OLG Frankfurt/Main, VersR 1995, S. 904 - 906, S. 904.

Das Reichsgericht legte den in der Infektionsklausel verwendeten Begriff „nachweislich“ in den Entscheidungen RG vom 03.03.1914 - VII 484/13[512] und vom 05.02.1932 - VII 39/31[513] dahingehend aus, dass nach der Infektionsklausel keine strengeren Anforderungen an den Nachweis als die allgemeinen prozessrechtlichen Anforderungen des Strengbeweises zu stellen sind. Diese Bestimmung des Begriffs „nachweislich“ entspricht ebenfalls dem Verständnis des allgemeinen Sprachgebrauchs.[514]

Ein strengerer Beweis würde die Möglichkeit des Versicherungsnehmers, aus der Infektionsklausel Unfallversicherungsansprüche herzuleiten, in einem erheblichen Maße einschränken und wäre für die Versicherungsnehmer damit nachteilig.

Durch die Auslegung des Begriffes „nachweislich“ entsprechend den Anforderungen des Strengbeweises im Zivilprozess wählte das Reichsgericht damit die für die Versicherungsnehmer günstigere Auslegung.

2. Der Begriff „Einspritzung“ im Sinne der Infektionsklausel

Versicherungsschutz durch die Infektionsklausel setzte voraus, dass

> „der Ansteckungsstoff nachweislich durch äußere Verletzung oder durch Einspritzen infektiöser Massen in Auge, Mund oder Nase in den Körper gelangt ist“.

Das Reichsgericht legte den Begriff „Einspritzen“ in der Entscheidung vom 05.02.1932 - VII 39/31[515] aus. Eine Infektion entstand danach auch dann durch „Einspritzen“, wenn sie durch Anhusten, Anhauchen oder durch hierdurch bewirktes Eindringen infektiöser Massen in Nase oder Mund geschehen war.

Das Reichsgericht legte den Begriff „Einspritzen“ damit im Sinne des gewöhnlichen Sprachgebrauchs aus: „spritzen“ hat die Bedeutung von „hervorschießen“[516], die Vorsilbe „ein-“ bedeutet soviel wie „in-“; „einspritzen“ folglich „hervorschießen in etwas hinein“. Ein „Einspritzen infektiöser Massen“ ist nach dem gewöhnlichen Wortsinn somit auch dann gegeben, wenn durch Anhusten,

---

512 Recht 1914 Nr. 1490.

513 RGZ Bd. 135, S. 136 - 139.

514 Nachweislich bedeutet danach „was sich nachweisen läßt“ (Grimm, zu „nachweisbar“, Bd. N - Q, Sp. 230; nachweisen bedeutet „Beweismittel beibringen und durch dieselben etwas begründen“ (Grimm, zu „nachweisen“, Bd. N - Q, S. 230. Nachweislich bedeutet folglich: dasjenige, zu dem sich Beweismittel beibringen lassen, durch die sich etwas begründen lässt.

515 RGZ Bd. 135, S. 136 - 139.

516 Duden, Herkunftswörterbuch zu „spritzen“, S. 665.

Anhauchen oder sonstiges Eindringen infektiöse Massen aus dem Infizierten hervor in den Mund oder die Nase des Versicherten schießen. Andererseits könnte aus der Verwendung des Wortes „spritzen“ auch geschlossen werden, dass Flüssigkeit sichtbar in Form von Tropfen irgendwohin gelangt sein muss.[517]

Indem das Reichsgericht kein derartiges „einspritzen“ bzw. „hervorschießen“ von „Tropfen“ verlangte, sondern bereits ein Anhauchen oder Anhusten ausreichen ließ, legte es diesen Begriff weit und damit für die Versicherungsnehmer günstig aus.

3. Das Verhältnis der Infektionsklausel zu den sonstigen Allgemeinen Bedingungen

Die Vereinbarung der Infektionsklausel zwischen den Versicherungsvertragsparteien hatte zur Folge, dass Risiken in die Unfallversicherung einbezogen werden, die ansonsten durch die Allgemeinen Versicherungsbedingungen von der Versicherung ausgeschlossen wären.

Problematisch war das Verhältnis derartiger Ausweitungen des Versicherungsschutzes zu den Ausschlüssen der Allgemeinen Versicherungsbedingungen.

Das Reichsgericht nahm zu diesem Problem bei der Infektionsklausel in dem Urteil vom 14.03.1922 - VII 630/21[518] Stellung. Der Versicherte war in dem der Entscheidung zugrundeliegenden Sachverhalt während des ersten Weltkrieges bei der Versorgung von Soldaten in Russland an Fleckfieber, einer Infektionskrankheit, gestorben. Folglich griff zum einen die Kriegsklausel ein, die den Einsatz beim mobilen Militärdienst von dem Versicherungsschutz ausschließt, zum anderen die Infektionsklausel, die den Infektionstod durch äußere Verletzungen bzw. Einspritzen einschließt. Nach Ansicht des Reichsgerichts hatte der Einschluss von Infektionsschäden durch die Infektionsklausel Vorrang vor dem Ausschluss von Kriegsereignissen, so dass auch Infektionen bei Kriegsereignissen von der Unfallversicherung umfasst werden. Zur Begründung führte es an, dass der allgemein gefasste Wortlaut der Infektionsklausel geeignet wäre, die Vorstellung zu erwecken, alle Infektionen wären bei Vorliegen der Voraussetzungen unter Versicherungsschutz gestellt, also auch diejenigen durch Kriegsereignis oder im mobilen Militärdienst. Hätte der Versicherer Infektionen bei Kriegsereignissen ausschließen wollen, hätte er sich klarer ausdrücken müssen.

---

517 So die Definition des Wortes „spritzen“ in Duden, Das große Wörterbuch der Deutschen Sprache, als „eine Flüssigkeit in Form von Tropfen, Spritzern irgendwohin gelangen lassen“.

518 JW 1923, S. 50f.

Die Vereinbarung des Einschlusses besonderer Risiken in die Versicherung durch Sonder- bzw. Zusatzbedingungen hatte mithin zur Folge, dass für diese besonders eingeschlossenen Risiken die Ausschlüsse durch die Allgemeinen Versicherungsbedingungen keine Anwendung fanden, dass der besondere Einschluss diesen gegenüber vielmehr Vorrang besaß.

4. Ergebnis

Die Rechtsprechung des Reichsgericht zur Infektionsklausel ist als für die Versicherungsnehmer günstig zu bezeichnen.

Von großer Bedeutung für den Schutz der Versicherungsnehmer ist darüber hinaus der vom Reichsgericht in der Entscheidung vom 14.03.1922 - VII 630/21[519] aufgestellt Grundsatz, dass für besonders eingeschlossene Risiken die Ausschlüsse durch Allgemeine Versicherungsbedingungen keine Anwendung finden.

II. Der Einschluss besonderer Risiken bei der Haftpflichtversicherung

Als besondere Einschlüsse in der Haftpflichtversicherung waren für die Rechtsprechung des Reichsgerichts vor allem der Einschluss von Haftpflichtansprüchen aus Anlass der Ausführung von Reparaturen, Umbauten, Abbruchs- oder Gartenarbeiten und der Einschluss der Verwendung von Hieb-, Stoß- und Schusswaffen von Bedeutung.

1. Der Einschluss von Haftpflichtansprüchen aus Anlass der Ausführung von Reparaturen, Umbauten, Abbruchs- oder Grabarbeiten

Der Entscheidung des Reichsgerichts vom 04.07.1916 - VII 128/16[520] lag eine Klausel zugrunde, in der Haftpflichtansprüche aus Anlass der Ausführung von Reparaturen, Umbauten, Abbruchs- und Grabarbeiten in die Versicherung eingeschlossen wurden. Den darin verwendeten Begriff „Abbrucharbeiten" legte das Reichsgericht dahin aus, dass davon auch Abbrucharbeiten zum Zwecke eines Neubaus erfasst sind. Dieses folge aus der Verwendung des Begriffes „Umbauten". Derartige „Umbauten" enthielten immer etwas vom Abbruch, als auch vom Neubau.

Das Reichsgericht legte den Begriff „Umbauten" in dieser Entscheidung dem gewöhnlichen Wortsinn entsprechend aus. Umbauen bedeutet danach soviel wie „baulich in seiner Struktur verändern"[521], „etwas durch Bauen in seiner Konstruktion, baulichen Struktur verändern"[522]. Ein entsprechendes bauliches Än-

519 JW 1923, S. 50f.
520 Recht 1917 Nr. 728.
521 Duden, Das große Wörterbuch der deutschen Sprache, zu „umbauen".
522 Brockhaus-Wahrig, Deutsches Wörterbuch, zu „umbauen".

dem setzt voraus, dass etwas entfernt („Abbruch") und etwas neues zugefügt wird. Darüber hinaus folgt auch aus der gemeinsamen Verwendung der Begriffe „Reparaturen, Umbauten, Abbruchs- und Grabarbeiten", dass auch diejenigen Abbrucharbeiten von der Versicherung mitumfasst sein sollen, die bei Umbauarbeiten anfallen.

Da das Reichsgericht bei der Auslegung des Begriffs „Umbauten" nicht von dem gewöhnlichen Wortsinn abwich , stellt die Entscheidung RG Urt. v. 04.07.1916 - VII 128/16 keine besondere Begünstigung der Versicherungsnehmer dar.

2. Der Einschluss der Verwendung von Hieb-, Stoß- und Schusswaffen

Die Allgemeinen Versicherungsbedingungen für die Haftpflichtversicherung von Land-, Forst- und Teichwirtschaften schlossen den Besitz und die gelegentliche Verwendung von Hieb-, Stoß- und Schusswaffen in die Haftpflichtversicherung ein, schlossen auf der anderen Seite die Verwendung der Waffen als Feldhüter bzw. zu Jagdzwecken jedoch ausdrücklich aus.

In dem der Entscheidung des Reichsgerichts vom 10.07.1934 - VII 91/34[523] zugrundeliegenden Sachverhalt hatte der bei dem Versicherungsnehmer beschäftigte Fischmeister eine Waffe als Beschützer und Pfleger der Fischteiche verwendet. Das Reichsgericht stellte dazu fest, dass die Haftpflichtversicherung sich zwar auch auf Hilfspersonen erstreckte, für die der Versicherungsnehmer haftpflichtig ist, dass der Fischmeister vorliegend jedoch als Beschützer und Pfleger der Fischteiche und damit, trotz fehlender staatlicher Bestellung, als Feldhüter tätig gewesen wäre, so dass die Ausschlussklausel im vorliegenden Fall nicht eingriff.

Ob der Begriff Feldhüter nach dem gewöhnlichen Sprachgebrauch nur für staatliche bestellte Personen angewandt wird, ist nicht eindeutig. Während zum Teil vertreten wird, Feldhüter sei derjenige, der Felder bewacht, unabhängig von seiner staatlichen Bestellung[524] wird zum Teil auch vertreten, der Begriff Feldhüter umfasse nur diejenigen Personen, die als Beamte der zivilen Polizei und damit aufgrund staatlicher Bestellung Felder bewachten.[525]

Das Reichsgericht legte dadurch, dass es auch diejenigen Personen die ohne staatliche Bestellung Felder hüteten als Feldhüter einstufte, die Ausschlussbestimmung weit und damit in einem für die Versicherungsnehmer nachteiligen Sinne aus.

---

523 HRR 1935 Nr. 200.

524 Duden, Das große Wörterbuch der deutschen Sprache, zu „Feldhüter".

525 Brockhaus-Wahrig, Deutsches Wörterbuch, zu „Feldhüter".

In dem der Entscheidung des Reichsgerichts vom 08.12.1936 - III 44/36[526] zugrundeliegenden Sachverhalt hatte der Versicherungsnehmer, ein Landwirt, auf einen Raubvogel, der wiederholt seinen Tauben nachgestellt hatte, zwei Schüsse abgegeben. Bei dem zweiten Schuss war der Versicherungsnehmer gestolpert. Ein sich lösender Schuss hatte seinen Landwirtschaftsgehilfen verletzt. Das Reichsgericht stellte zu der Bestimmung der Allgemeinen Versicherungsbedingungen - „Die Haftpflicht aus Besitz von Hieb=, Stoß= und Schußwaffen und Munition und Gebrauch derselben, auch als Schütze - nicht als Jäger, also insbesondere nicht während des Mitführens oder der Verwendung derselben zu Jagdzwecken - ist eingeschlossen" - fest, dass die Begriffe „Jagd" und „Jäger" nicht völlig feststehend und die Begriffe Schütze und Jäger an sich nicht gegensätzlich seien. Schütze sei jeder, der von irgendwoher eine fernwirkende Waffe auf irgendein Ziel richte. Der Begriff des Schützen sei mithin allgemeiner und schließe den Begriff des Jägers mit ein. Der Begriff des Jägers müsse daher als Ausnahmetatbestand einschränkend ausgelegt werden. Zweifel gingen dabei zu Lasten des Versicherers. Für den Begriff des Jägers komme es nicht darauf an, dass typischerweise mit der Jagd verbundene Risiken aufträten, vielmehr komme es allein darauf an, ob sich der Schütze mit der Waffe auf der Jagd befunden hat oder nicht. Auch der Umstand, dass es sich bei einem Raubvogel nicht um ein jagdbares Tier i.S.d. § 1 preuß. JagdVO vom 15.Juli 1907 handle, spreche nicht gegen das Vorliegen einer Jagd. Der Versicherungsnehmer habe dem Vogel vielmehr ohne jägerische Vorbereitung nur zum Schutz seines Geflügels nachgestellt und habe dabei den umschlossenen Hofraum seines Gutes nicht verlassen. Im Rahmen der gebotenen einengenden Auslegung müsse diese Abwehrhandlung als nicht unter den Begriff der Jagd fallend angesehen werden.

Das Reichsgericht legte in seiner Entscheidung den Begriff „Jagd" damit enger und somit für die Versicherungsnehmer günstiger aus, als nach dem gewöhnlichen Sprachgebrauch. Dieser sieht als „Jagd" an das Aufspüren, Verfolgen, Erlegen oder Fangen von Wild[527] bzw. die Tätigkeit des Menschen, die darauf zielt, frei lebende Tiere zu erbeuten[528]. Um ein derartiges Verhalten handelte es sich auch bei dem Schuss des Versicherungsnehmers auf einen Raubvogel. Auch wenn dieser in erster Linie abgegeben worden ist, um den Raubvogel von dem Geflügel des Versicherungsnehmers abzuhalten, so ist notwendiges Zwischenziel dafür das Erlegen bzw. Erbeuten des Vogels.

Die Abweichung vom Wortlaut durch das Reichsgericht entspricht jedoch dem Sinn und Zweck des Ausschlusses der Verwendung von Schusswaffen zur Jagd aus der Haftpflichtversicherung. Gerade das besondere Geschehen während ei-

---

526 RGZ Bd. 153, S. 147 - 153.
527 Duden, Das große Wörterbuch der dt. Sprache, zu „Jagd".
528 Brockhaus-Wahrig, Dt. Wörterbuch zu „Jagd".

ner Jagd, die fehlende Übersichtlichkeit im Jagdrevier, erhöht die Gefahr, dass durch die Nutzung einer Schusswaffe andere zu Schaden kommen. Dieses Risiko ist bei der „einfachen" Verwendung von Schusswaffen deutlich geringer. Dieses besondere Jagdrisiko ist dann nicht gegeben, wenn der Versicherungsnehmer, wie im vorliegenden Fall, auf seinem eigenen Hofgrundstück eine Schusswaffe verwendet.

3. Ergebnis

Die Rechtsprechung des Reichsgerichts bezüglich des Einschlusses besonderer Risiken in die Haftpflichtversicherung lässt die Absicht erkennen, die in den Einschlussbestimmungen verwendeten Begriffe möglichst weit und damit in einem für die Versicherungsnehmer günstigen Sinne auszulegen.

III. Der Einschluss besonderer Risiken bei der Kraftfahrzeughaftpflichtversicherung

In der Kraftfahrzeughaftpflichtversicherung sind als besondere Einschlüsse der Einschluss des Vorführens von Automobilen und der Einschluss von Anhängern für die Rechtsprechung des Reichsgerichts bedeutsam.

1. Der Einschluss des Vorführens von Automobilen

In der Kraftfahrzeughaftpflichtversicherung war für die Rechtsprechung des Reichsgerichts vor allem der Einschluss des Vorführens von Automobilen von Bedeutung.

Eine zu Reklamezwecken vorgenommene Wettfahrt stellt gemäß RG Urt. v. 30.06.1916 - VII 97/16[529] kein derartiges „Vorführen" dar. Das Reichsgericht legte den Begriff „Vorführen" damit dem gewöhnlichen Wortsinn entsprechend aus. Danach bedeutet „vorführen" so viel wie „vor jemanden bringen", „eine Ware betrachten lassen, anbietend, erläuternd, den Gebrauch demonstrierend zeigen".[530] Über ein derartiges Demonstrieren des Gebrauchs geht das Veranstalten einer Wettfahrt mit einem Konkurrenten hinaus. Die Auslegung entspricht auch dem Sinn und Zweck des Einschlusses. Von der Haftpflichtversicherung mitumfasst sein soll das Risiko des erläuternden oder demonstrierenden Zeigens eines Fahrzeugs. Das Risiko einer Wettfahrt geht über dieses Risiko weit hinaus.

Eine für die Versicherungsnehmer günstigere Auslegung erscheint damit sowohl ausgehend vom Wortlaut, als auch von dem allgemeinen Sprachgebrauch nicht möglich.

---

529 Recht 1916 Nr. 1802.
530 Duden, Das große Wörterbuch der deutschen Sprache, zu „vorführen".

2. Der Einschluss von Anhängern

Zum Teil haben die Versicherer durch Sonder- bzw. Zusatzbedingungen die Haftpflicht für Anhänger in die Kraftfahrzeughaftpflichtversicherung mit einbezogen. Voraussetzung für die Einbeziehung des Anhängers in die Versicherung war dann jedoch, dass der Anhänger mit dem Kraftfahrzeug „verbunden" war bzw. sich nicht „im abgehängten Zustand" befand.

Gemäß RG Urt. v. 30.08.1938 - VII 64/38[531] ist ein Anhänger auch dann mit einem Fahrzeug verbunden, wenn er vorübergehend von dem Fahrzeug abgekoppelt ist, sofern Fahrzeug und Anhänger zu einer Fuhre benutzt würden. Die Fahrzeugeinheit würde in diesem Fall durch das kurze abkoppeln nicht beseitigt.

In RG Urt. v. 13.01.1939 - VII 120/38[532] kam das Reichsgericht zu dem Ergebnis, dass ein Anhänger sich auch dann nicht im abgehängten Zustand befindet, wenn er zum Wenden auf der Straße kurz von dem Kraftfahrzeug getrennt würde.

Das Reichsgericht legte den Begriff „verbunden" weit und den Begriff „im abgehängten Zustand" eng über den gewöhnlichen Wortlaut hinaus im Interesse der Versicherungsnehmer aus. Denn nach dem gewöhnlichen Wortlaut ist ein Anhänger, der von einem Kraftfahrzeug abgekoppelt ist, nicht mehr mit dem Fahrzeug verbunden. Er befindet sich im abgehängten Zustand. „Verbinden" setzt vielmehr gerade voraus, dass etwas zu einem Ganzen zusammengefügt wird[533], dass etwas mit etwas anderem durch ein zusammenhaltendes Mittel zusammengebracht, zusammengefügt wird[534]. Etwas ist „abgehängt", wenn es aus der Verbindung mit etwas anderem gelöst ist[535]. Dass das Abkoppeln nur für einen kurzen Zeitraum erfolgt ist, der Anhänger nur für eine kurze Zeit von dem Fahrzeug gelöst ist, ändert an der fehlenden Verbindung zwischen Kraftfahrzeug und Anhänger nichts.

Die Auslegung entspricht jedoch dem Sinn und Zweck der Anhängerklausel. Dieser ist darin zu sehen, dass der haftpflichtversicherte Halter mittels der Kraftfahrzeughaftpflichtversicherung für alle Schäden versichert sein will, für die er gemäß § 7 KFG /StVG[536] haftet. Der Umfang der Haftpflichtversicherung soll mithin dem gesetzlichen Umfang der Haftpflicht des Kraftfahrzeughalters ent-

531 Recht 1938, Sp. 742f., Nr. 7544, 7550; DÖV 1938, S. 425; JRPV 1938, S. 308.

532 RGZ Bd. 159, S. 147 - 151.

533 Duden, Das große Wörterbuch der deutschen Sprache, zu „verbinden".

534 Brockhaus-Wahrig, Dt. Wörterbuch, zu „verbinden".

535 Duden, Das große Wörterbuch der deutschen Sprache, zu „abhängen".

536 Gesetz über den Verkehr mit Kraftfahrzeugen vom 03. Mai 1909 (RG Urt. v.Bl. 1909, S. 437); das Gesetz wurde unter der Bezeichnung „Straßenverkehrsgesetz" am 19.12.1952 (BGBl. I S. 832) neu bekannt gemacht.

sprechen. Nach diesen gesetzlichen Bestimmungen haftet der Halter für alle Schäden, die „bei dem Betrieb eines Kraftfahrzeugs“ entstehen. Zwar stellt ein Anhänger selbst kein Kraftfahrzeug dar, jedoch ist ein Schaden nach der Rechtsprechung dann bei dem Betrieb eines Kraftfahrzeugs i.S.d. § 7 KFG/StVG verursacht, wenn er durch einen Anhänger verursacht ist, der mit dem Kraftfahrzeug eine Betriebseinheit bildet.[537] Eine derartige Betriebseinheit zwischen Kraftfahrzeug und Anhänger liegt auch dann vor, wenn der Anhänger nur für eine kurze Zeit von dem Kraftfahrzeug gelöst ist, was der Fall ist, wenn ein Anhänger nur vorübergehend abgekoppelt ist.[538]

Das Reichsgericht wich damit im Interesse der Versicherungsnehmer dem Sinn und Zweck der Anhängerklausel entsprechend von deren Wortlaut ab.

3. Ergebnis

Das Reichsgericht begünstigte durch seine Rechtsprechung zu den Einschlüssen besonderer Risiken regelmäßig die Versicherungsnehmer. Dies wird deutlich bei der Auslegung der Merkmale „nachweislich“ und „Einspritzen“ bei der Infektionsklausel, bei der Auslegung der Merkmale „Umbauten“ und „Jagd“ bei der Haftpflichtversicherung und anhand der Auslegung der Merkmale „verbunden“ und „im abgehängten Zustand“ bei der Kraftfahrzeughaftpflichtversicherung.

Darüber hinaus beantwortete das Reichsgericht die Frage des Verhältnisses von Einsschluss- und Ausschlussklauseln in einen für den Versicherungsnehmer vorteilhaften Sinne dahingehend, dass Einschlussklauseln besondere Risiken auch in denjenigen Fällen einschließen, die ansonsten den Ausschlussklauseln unterfielen.

IV. Zusammenfassung

Die Rechtsprechung des Reichsgerichts zum Einschluss besonderer Risiken mittels Sonder- und Zusatzbedingungen in den Versicherungsschutz lässt die Tendenz erkennen, entsprechende Einschlüsse möglichst weit und dem Interesse der Versicherungsnehmer gemäß auszulegen.

---

537 RG DAR 1930, S. 201.
538 Hentschel, Straßenverkehrsrecht, § 7 StVG, Rn. 8.

Dritter Teil: Zusammenfassung

A) Die Auslegung Allgemeiner Versicherungsbedingungen durch das Reichsgericht

Das Reichsgericht legte Allgemeine Versicherungsbedingungen in erster Linie nach ihrem Wortlaut aus. Dabei stellte es grundsätzlich auf den gewöhnlichen Wortsinn ab. Nur dort, wo erkennbar juristische Fachbegriffe verwendet wurden, verstand das Reichsgericht diese Begriffe im juristischen Wortsinn.[539] Im Verhältnis zum medizinischen Sprachgebrauch zog das Reichsgericht regelmäßig den gewöhnlichen Wortsinn vor.[540] Nur in denjenigen Fällen, in denen der medizinische Sprachgebrauch für den Versicherungsnehmer günstiger als der gewöhnliche Sprachgebrauch war, wendete das Reichsgericht den medizinischen Sprachgebrauch an.[541]

Abweichungen von dem gewöhnlichen Wortsinn begründete das Reichsgericht zumeist mit dem Zweck der Allgemeinen Versicherungsbedingungen. In wenigen Fällen stellte das Reichsgericht auch auf die Systematik der Allgemeinen Versicherungsbedingungen[542] oder auf deren Entstehungsgeschichte[543] ab.

In späteren Entscheidungen argumentierte das Reichsgericht demgegenüber zunehmend mit dem Gesichtspunkt der Gefahrengemeinschaft.[544] Es führte dazu aus:

> „Die Begünstigung eines einzelnen Versicherten, die auf Kosten der übrigen gehen würde, wäre ... gewiß ebensowenig vertretbar, wie ein Abweichen von den grundlegenden Erfordernissen eines wirtschaftlichen Geschäftsbetriebes zugunsten eines Versicherten."[545]

---

539 RG Urt. v. 21.01.1902 – VII 378/01 (JW 1902, S. 146); RG Urt. v. 04.04.1913 – VII 6/13 (LZ 1914, Sp. 482f.); RG Urt. v. 27.03.1914 – VII 6/14 (JW 1914, S. 678 f.).

540 RG Urt. v. 02.06.1911 – VII (VA 1911, S. 103 Nr. 624); RG Urt. v. 10.01.1928 – VII 462/27 (RGZ Bd. 120, S, 18 – 20).

541 RG Urt. v. 26.02.1929 – VII 470/28 (HRR 1929 Nr. 1595); RG Urt. v. 10.11.1931 – VII 88/31 (RGZ 134, 148 – 153).

542 RG Urt. v. 25.10.1904 – VII 156/04 (JW 1905, S. 30); RG 02.01.1917 – VII 230/16 (LZ 1917, Sp. 545 f.); RG Urt. v. 26.01.1926 – VI 341/25 (RGZ Bd. 112, S. 371 – 373, S. 373).

543 RG Urt. v. 26.03.1943 – VI (VII) 144/42 (RGZ Bd. 171, S. 43 – 51, S. 47).

544 RG Urt. v. 08.10.1935 – VII 71/35 (JW 1936, S. 177f., S. 177); RG Urt. v. 28.01.1938 – VII 130/37 (SeuffA Bd. 92, S. 135f.); RG Urt. v. 11.02.1938 – VII 165/37 (RGZ Bd. 157, S. 67 – 77).

545 RG Urt. v. 08.10.1935 – VII 71/35 (JW 1936, S. 177f., S. 177).

B) Der Schutz der Versicherungsnehmer durch die Rechtsprechung des Reichsgerichts

Die angesprochenen Entscheidungen lassen die grundsätzliche Tendenz des Reichsgerichts erkennen, Allgemeine Versicherungsbedingungen nach Möglichkeit in einem für die Versicherungsnehmer günstigen Sinne auszulegen. Dabei ist im einzelnen folgendes festzustellen:

1. Das Reichsgericht legte sowohl die Merkmale der primären Risikobegrenzung, also des Versicherungsfalls, als auch die Merkmale der sekundären Risikobegrenzung, der Ausschlussklauseln, zumeist zugunsten der Versicherungsnehmer aus.

2. Die einzelnen Begriffsmerkmale der Obliegenheitsbestimmungen wurden eng ausgelegt. Jedoch erscheint die Rechtsprechung des Reichsgerichts zu den Obliegenheiten für die Versicherungsnehmer strenger, als die Rechtsprechung zu den Risikobegrenzungen.

3. Darüber hinaus wendete das Reichsgericht bei den Obliegenheiten zugunsten der Versicherungsnehmer das Verschuldensprinzip an, d.h. Obliegenheitsverletzungen führten nur dann zum Verlust des Versicherungsanspruchs, wenn die Obliegenheitsverletzung durch den Versicherungsnehmer bzw. den Versicherten verschuldet war. Dies Verschuldensprinzip wurde jedoch nicht vom Reichsgericht entwickelt, sondern war zuvor bereits vom Reichsoberhandelsgericht aufgestellt worden. Dem Reichsgericht ist jedoch zuzurechnen, dass das Verschuldensprinzip in sämtlichen Zweigen des Privatversicherungsrechts und bei jeder Art von Obliegenheitsverletzung anwendete.

4. Bei der Auslegung von Klagefristen durch das Reichsgericht ist zu erkennen, dass das Reichsgericht die Benachteiligung der Versicherungsnehmer durch derartige Fristen in den Allgemeinen Versicherungsbedingungen erkannte, und daher den Verlust des Versicherungsanspruchs durch Fristablauf an strenge Voraussetzungen knüpfte.

5. Einschlussklauseln legte das Reichsgericht weit und damit zugunsten der Versicherungsnehmer aus. Im Fall der Kollision von Einschluss- und Ausschlussklauseln entschied das Reichsgericht, dass der Einschluss eines Risikos auch diejenigen Ereignisse erfasst, die durch die Ausschlüsse in den Allgemeinen Versicherungsbedingungen ansonsten ausgeschlossen sind.

Im Ergebnis lässt sich damit feststellen, dass die Rechtsprechung des Reichsgerichts sich für die Versicherungsnehmer günstig darstellt. Das Reichsgericht trat damit bereits im 19. Jahrhundert dem wirtschaftlichen Ungleichgewicht zwischen Versicherern und Versicherungsnehmern entgegen und führte einen ersten Schutz der Versicherungsnehmer vor nachteiligen Allgemeinen Versicherungsbedingungen herbei.

In zeitlicher Hinsicht ist zu erkennen, dass sowohl die frühen Entscheidungen des Reichsgerichts, die insbesondere zur Feuerversicherung ergangen sind, als auch die späten Entscheidungen, die hauptsächlich die Kraftfahrzeughaftpflichtversicherung betrafen, dem Versicherungsschutz weniger Bedeutung beimaßen, als die Entscheidungen aus der übrigen Zeit. Für den frühen Zeitraum ist dies damit zu begründen, dass sich das Reichsgericht häufig mit älteren Entscheidungen der Gerichte der Länder auseinanderzusetzen hatte, die dem Schutz der Versicherungsnehmer weniger Bedeutung beigemessen hatten. Erst nach und nach erlangte der Schutz der Versicherungsnehmer in der Rechtsprechung des Reichsgerichts immer mehr an Bedeutung. Für die späten Entscheidungen ist dies damit zu begründen, dass in der Rechtsprechung ab dem Jahr 1935 dem Interesse der Gefahrengemeinschaft der Versicherten mehr Bedeutung beigemessen wurde. Unter Bezugnahme auf dieses Interesse wurde dann zu Lasten der Versicherungsnehmer argumentiert.

C) Der Schutz der Versicherungsnehmer durch das Versicherungsvertragsgesetz

Das Versicherungsvertragsgesetz beschränkte sich zum Großteil darauf, die Rechtsprechung des Reichsgerichts zu kodifizieren. Ein weitreichender Schutz wurde auch durch das Versicherungsvertragsgesetz aus dem Jahr 1908 den Versicherungsnehmer damit in vielen Bereich nicht gewährt.

Zugunsten der Versicherungsnehmer wich das Versicherungsvertragsgesetz jedoch sowohl in § 16 Abs. 2, als auch in den §§ 23 bis 29 von der vorgesetzlichen Lage ab.

Die Verletzung der Anzeigeobliegenheit bei Abschluss des Versicherungsvertrages hatte vor Inkrafttreten des Versicherungsvertragsgesetzes zum Verlust des Versicherungsanspruchs geführt, wohingegen § 16 Abs. 2 VVG den Versicherer für den Fall der Verletzung der Anzeigeobliegenheit bei Abschluss des Versicherungsvertrages grundsätzlich nur noch zum Rücktritt berechtigte.

Für den Fall der Verletzung der Obliegenheiten zum Unterlassen von Gefahrerhöhungen und zur Anzeige von Gefahrerhöhungen knüpften die §§ 23 bis 29 VVG den Anspruchsverlust an wesentlich strengere Voraussetzungen, als dies vor Inkrafttreten des Versicherungsvertragsgesetzes der Fall war.

Zum Nachteil der Versicherungsnehmer wich § 12 Abs. 2 VVG[546] von dem vorgesetzlichen Zustand ab. Während des Reichsgerichts zu den vertraglichen Klagefristen festgestellt hatte, dass der Ablauf der Klagefrist nur dann zum Verlust des Versicherungsanspruchs führt, wenn das Verstreichenlassen der Frist durch den Versicherungsnehmer nicht unverschuldet ist, knüpfte § 12 Abs. 2 VVG[547] den Anspruchsverlust an den Ablauf der Klagefrist unabhängig vom Verschulden des Versicherungsnehmers an.

Mit der Kodifizierung des Versicherungsrechts im Versicherungsvertragsgesetz wurde der Schutz der Versicherungsnehmer folglich in den meisten Fällen nicht verbessert, allerdings wurde der bestehende für die Versicherungsnehmer günstige Zustand in Gesetzesform gebracht.

Wie die Entscheidungen des Reichsgerichts aus der Zeit nach dem Inkrafttreten des Versicherungsvertragsgesetzes erkennen lassen, reichte der den Versicherungsnehmern durch das Versicherungsvertragsgesetz gewährte Schutz in vielen Fällen noch nicht aus.

Die Auslegung Allgemeiner Versicherungsbedingungen behielt daher auch nach dem Inkrafttreten des Versicherungsvertragsgesetzes ihre Bedeutung für den Schutz der Versicherungsnehmer.

546 Heutiger § 12 Abs. 3 VVG.
547 Heutiger § 12 Abs. 3 VVG.

Anhang:

Erster Teil: Die Allgemeinen Versicherungsbedingungen

A) Die Feuerversicherungsbedingungen

I. Die Allgemeinen Versicherungsbedingungen des Verbandes Deutscher Privat-Feuerversicherungsgesellschaften von 1875

Grundlage der Versicherung

§ 1.

Die Gesellschaft versichert gegen den Schaden, welcher den versicherten Gegenständen durch Brand oder jede Art von Blitzschlag, sowie das dadurch veranlaßte Löschen, Niederreißen oder erwiesen notwendige Ausräumen zugefügt wird und in der Beschädigung, Vernichtung oder dem Abhandenkommen versicherter Gegenstände besteht.

Ausgenommen von der Versicherung sind Kriegsschäden und solche Schäden, welche die Folge eines Überfalls durch bewaffnete Macht oder unrechtmäßige Gewalt, bürgerlicher Unruhen, eines Aufruhrs, Erdbebens oder einer groben Verschuldung des Versicherten sind. Kriegsschäden sind diejenigen, welche während eines Krieges durch militärische Maßregeln auf Anordnung eines Befehlshabers entstehen. Bei Explosionen gehört nur ein daraus entstandener Feuerschaden zur Versicherung, wenn nicht die Gefahr der Zerstörung durch Explosion ausdrücklich übernommen wird. Schäden durch Explosion des in den Versicherungsgebäuden angewandten Leuchtgases werden jedoch wie Brandschaden behandelt.

Wenn ein zu irgend einem Zwecke des Haushaltes oder Gewerbebetriebes der Einwirkung der Wärme oder des Feuers ausgesetzter Gegenstand dadurch in Brand gerathen oder beschädigt ist, so wird nur der an den übrigen versicherten Gegenständen hierbei entstandene Schaden ersetzt.

§ 2.

Goldene und silberne Sachen, Uhren, Spitzen, Kaschemirs, Gemälde, Skulpturen und sonstige Kunstgegenstände, sowie alle Gegenstände, die einen Liebhaberwerth haben, sind nur dann versichert, wenn sie in der Police besonders benannt sind.

Bei Versicherung eines Gebäudes sind alle in der Police nicht ausdrücklich ausgeschlossenen Theile desselben versichert.

§ 3.

Die Verpflichtung der Gesellschaft gegen den Versicherten bestimmt sich lediglich nach dem Inhalte der Police resp. des Prolongationsscheins und der etwa dazu gehörigen Veränderungsgenehmigungen und Nachträge.

Durch die von Seiten des Versicherten erfolgte Annahme der Police resp. des Prolongationsscheins, sowie der etwa dazu ertheilten Veränderungsgenehmigungen und Nachträge wird sein Einverständnis mit den darin enthaltenen Bestimmungen, insbesondere mit der darin bestimmten Prämie und Dauer der Versicherung constatirt.

Die Versicherung wird nur durch die gehörig geleistete Prämienzahlung gültig. Der Versicherte ist verpflichtet, die Prämie ohne Aufforderung an den betreffenden Agenten in dessen Domicil zu bezahlen. Die Gesellschaft ist nicht gehalten, dieselbe einzufordern.

Wenn die jährlich zahlbare Prämie einer laufenden mehrjährigen Versicherung nicht spätestens vierzehn Tage nach dem Beginn eines jeden Versicherungsjahres bezahlt ist, tritt die Verpflichtung der Gesellschaft aus der Versicherung außer Kraft.

Die Gesellschaft ist aber befugt, die Prämie gerichtlich beizutreiben oder durch Verweigerung ihrer Annahme den Versicherungsvertrag aufzuheben. Geschieht Letzteres nicht, so tritt mit der Empfangnahme der Prämie die Verpflichtung der Gesellschaft aus der Versicherung wieder in Kraft.

Antrag.

§ 4.

Wer versichern läßt, ist verpflichtet, im Versicherungsantrage, nach Anleitung seines eingedruckten Inhalts, und in sonstigen, neben dem Antrage etwa der Gesellschaft eingereichten Schriftstücken sowohl die zu versichernden Gegenstände und deren Eigenthumsverhältnisse als auch die Localitäten und jede anderweit schon auf den Versicherungsgegenstand geschlossene Versicherung richtig anzugeben, ferner jeden auf die Feuergefährlichkeit einwirkenden Umstand gewissenhaft anzuzeigen.

Ist diese Verpflichtung nicht erfüllt, so hat die Gesellschaft keine Entschädigungsverpflichtung.

Veränderung.

§ 5.

Wenn in dem Laufe der Versicherung die Feuergefährlichkeit sich vermehrt oder versicherte Gegenstände noch anderswo versichert werden, so erlischt die Entschädigungsverpflichtung bezüglich aller versicherten Gegenstände. Wenn versicherte Gegenstände translocirt werden oder, außer Erbschaftsfällen, den Eigenthümer wechseln, so erlischt die Entschädigungsverpflichtung bezüglich der betroffenen Gegenstände. Die Entschädigungsverpflichtung tritt jedoch in den obigen Fällen wieder in Kraft, wenn die Gesellschaft nach Kenntnisnahme des betreffenden Umstandes sich zu Fortsetzung der Versicherung schriftlich bereit erklärt hat. Zur Rückerstattung der für das laufende Jahr gezahlten Prämie ist die Gesellschaft in keinem Falle verbunden.

Brandfall.

§ 6.

Im Falle eines Brandes ist der Versicherte verpflichtet:

a) die versicherten Gegenstände möglichst zu retten, und während des Rettens sowie nach demselben, nach Kräften für ihre Sicherung und Erhaltung zu sorgen. Jedoch darf das Ausräumen beweglicher Gegenstände weder gegen das etwaige Geheiß des Agenten oder eines Beamten der Gesellschaft, noch gegen eine etwaige besondere Versicherungsbedingung stattfinden. Auch darf das Retten mit Ausnahme des Viehes, nicht früher geschehen, als bis das die versicherten Gegenstände enthaltende oder das unmittelbar anstoßende Gebäude in Brand gerathen ist;

b) dem Agenten binnen 24 Stunden nach jedem Brande denselben anzuzeigen, auch wenn kein Entschädigungsanspruch erhoben wird;

c) binnen drei Tagen nach dem Brande bei seiner Ortspolizeibehörde seine Vernehmung über alle denselben betreffenden Umstände, bei beweglichen Gegenständen auch über die Art und ungefähre Höhe des Schadens zu beantragen, eine beglaubigte Abschrift des darüber aufgenommenen Protokolls nachzusuchen und dieselbe nach Empfang dem Agenten unverzüglich einzusenden;

d) falls er Ersatz für Gegenstände, die durch Entwendung verloren gegangen oder sonst abhanden gekommen sein sollen, in Anspruch nehmen will, bei Verlust dieses Anspruches binnen drei Tagen nach dem Brande der Ortspolizeibehörde ein Verzeichnis dieser Gegenstände einzureichen und auf Verfolgung des Diebstahls anzutragen.

Die genannten Fristen beginnen im Falle erwiesener physischer Unmöglichkeit, sie inne zu halten, da, wo letztere aufhört.

Brandschäden:

im Allgemeinen.

§ 7.

Die Versicherung soll nicht zu einem Gewinne führen; ihr alleiniger Zweck ist der Ersatz des nach § 1 zu vergütenden Schadens, welcher nach dem wahren Werthe der versicherten Gegenstände zur Zeit des Brandes, ohne Hinzurechnung des etwa entgangenen Gewinnes, festzustellen ist.

Uebersteigt der Werth der versicherten Gegenstände die darauf versicherte Summe, oder sind sie, sei es im Einzelnen oder Ganzen, noch anderswo versichert, so wird der Schaden pro rata vergütet. Haben sie einen geringeren Werth, als die darauf versicherte Summe, letztere möge auf Taxation beruhen oder nicht, so wird der Schaden nur nach Verhältnis jenes geringeren Werthes vergütet.

§ 8.

Die Gesellschaft ist berechtigt, eine jede auf den Werth, sowie auf den Schaden und dessen Ursachen bezügliche Untersuchung, Vernehmung oder Abschätzung eintreten zu lassen und über die Angaben des Versicherten nicht nur von ihm Beläge und sonstige Beweise aller Art, die er liefern kann, sondern auch seine eidliche oder eidestattliche Erhärtung jener Angaben zu fordern.

Die Versicherung selbst begründet weder einen Beweis noch eine Vermuthung für das Vorhandensein und den Werth der versicherten Gegenstände zur Zeit des Brandes.

bei Gebäuden.

§ 9.

Der nach den Grundsätzen des § 7 zu ermittelnde Betrag des Schadens bei Gebäuden wird durch specielle Abschätzung von zwei Sachverständigen und eventuell eines Obmannes mit verbindlicher Kraft für beide Parteien unter Ausschließung des Rechtsweges auf gemeinschaftliche Kosten festgestellt. Jede Partei ernennt zu diesem Behufe einen Sachverständigen.

Ist die Ernennung nicht von beiden Parteien zu Protokoll oder sonst schriftlich erklärt, so hat eine jede von ihnen das Recht, eine schriftliche Anzeige von der ihrerseits getroffenen Wahl eines Sachverständigen mit der Aufforderung zur Wahl des zweiten Sachverständigen an die andere Partei zu erlassen. Zeigt letztere nicht binnen 8 Tagen nach Empfang dieser Aufforderung die von ihr getroffenen Wahl schriftlich an, so geht das Recht, den zweiten Sachverständigen zu wählen, auf die auffordernde Partei über und kann von dem säumigen Theile nicht mehr ausgeübt werden.

Die Abschätzung muß sowohl das Verhältnis des Schadens zum baulichen Werthe, den das Gebäude zur Zeit des Brandes hatte, als auch den Werth der übrig gebliebenen Gebäudetheile und Materialien angeben.

Für den Fall, daß die Sachverständigen sich nicht einigen, entscheidet innerhalb der Grenzen ihrer Abschätzungen über die streitig gebliebenen Punkte ein von ihnen erwählter Obmann. Können sie sich auch über dessen Wahl nicht einigen, so wird er auf Antrag der Parteien, oder einer von ihnen, von dem Vorsitzenden des ordentlichen Gerichts des Versicherten ernannt. Jede der Parteien kann jedoch verlangen, daß der Obmann nicht aus dem Wohnorte des Versicherten genommen wird.

Der Versicherte ist bei Verlust seines Entschädigungsanspruchs verpflichtet, die Gebäude bis zur beendigten Abschätzung in ihrem Zustande zu lassen.

bei Gebäuden mit Realverpflichtungen.

§ 10.

Wenn auf versicherte Gebäude Hypothekenschulden oder andere Realverpflichtungen vor dem Brandfalle eingetragen sind, so wird die Entschädigung nur behufs der Wiederherstellung und nachdem letztere gesichert worden, bezahlt, die sämtlichen Hypothek- resp. Realgläubiger müßten denn in die unbedingte Auszahlung willigen, oder selbst zur Empfangnahme berechtigt sein. Geht aber der Entschädigungsanspruch des Versicherten durch seine Schuld verloren, so verwendet die Gesellschaft die Entschädigung, soweit nöthig, zur Befriedigung der erwähnten Gläubiger gegen Cession ihrer Rechte.

bei beweglichen Gegenständen.

§ 11.

Der Versicherte ist verpflichtet, eine specielle Nachweisung der zur Zeit des Brandes vorhanden gewesenen, der verbrannten oder verlorenen und der beschädigt, sowie unbeschädigt geretteten beweglichen Gegenstände gewissenhaft anzufertigen und innerhalb 14 Tagen dem Agenten einzureichen.

Später erhobenen Ansprüche werden nicht mehr berücksichtigt. Die Nachweisung muß mit speciellen Werthangaben nach dem Grundsatz des § 7 versehen und von dem Versicherten unterzeichnet sein, und es darf darin weder ein nicht vorhanden gewesener Gegenstand als verbrannt oder verloren angegeben, noch das Vorhandensein eines geretteten Gegenstandes verschwiegen sein.
Falls die Gesellschaft auf Grund des § 8 eine gemeinschaftliche Abschätzung eintreten läßt, gelten über die Wahl des Sachverständigen und des Obmannes sowie über die rechtlichen Folgen der Abschätzung die Bestimmungen des § 9.

Schadenersatz.

§ 12.

Es steht der Gesellschaft frei, dem Versicherten die ihm zu gewährende Entschädigungssumme gemäß § 15 baar zu zahlen, oder die Versicherungsgegenstände wieder herzustellen. Auch steht es ihr frei, beschädigte bewegliche Gegenstände ganz oder theilweise zu den von dem Versicherten angegebenen, oder von dem Sachverständigen festgestellten Preisen zu übernehmen, oder nur den Schaden daran zu vergüten.

Präjudizfälle.

§ 13.

Alle nicht innerhalb sechs Monaten nach dem Brande entweder rechtsgiltig von der Gesellschaft anerkannten oder vermittelst vollständiger Klage vor den zuständigen Richter (§ 14) gebrachten Ansprüche auf Entschädigung sind durch den bloßen Ablauf der Frist erloschen.

Wenn der Versicherte eine der ihm nach § 6 a und b obliegenden Pflichten nicht vollständig erfüllt, oder die Beibringung der Beläge und sonstigen Beweise, welche die Gesellschaft nach § 8 gefordert hat, verweigert, oder endlich sich einer nach § 11 unerlaubten Angabe oder Verschweigung schuldig macht: so verliert er jeden Anspruch auf Entschädigung, und zwar für alle an dem Brande betheiligten Versicherungen.

Streitigkeiten.

§ 14.

Die Gesellschaft nimmt Recht vor dem ordentlichen Gerichte des Ortes, wo die Police resp. der Prolongationsschein oder die etwa dazu gehörigen Veränderungsgenehmigungen und Nachträge ausgestellt worden sind. Wenn jedoch der Risiko, den die Streitigkeit betrifft, in einem anderen Lande liegt, als der Ausstellungsort der Urkunden, so ist das ordentliche Gericht der Hauptstadt des Landes competent.

Zahlung.

§ 15.

An dem Orte, wo die Versicherungsurkunde ausgestellt ist, wird die dem Versicherten zu gewährende Entschädigungssumme binnen Monatsfrist, nachdem ihr gesammter Betrag und die Verbindlichkeit der Gesellschaft zur Zahlung derselben durch Anerkenntnis beider Theile, Vergleich oder rechtskräftiges Urteil feststellt ist, baar gezahlt. Zur Vergütung von Zinsen auf die Entschädigungssumme ist die Gesellschaft erst von dem Tage an verbunden, an welchem sie sich nach Ablauf jenes Monats im Verzuge der Zahlung befinden würde.

Vor Feststellung der Existenz und des Betrages einer Schadensforderung ist eine Cession der Entschädigungsansprüche der Gesellschaft gegenüber wirkungslos. Letzere ist nicht verbunden, sich auf Verhandlungen über den Schaden und dessen Betrag mit anderen Personen als dem Versicherten oder beziehentlich dessen Erben einzulassen.

Wenn durch Arrestanlagen, Oppositionen, oder Legitimationsmängel auf Seiten des Versicherten oder seiner Erben und Rechtsnachfolger die Auszahlung der Entschädigung verhindert wird, so ist die Gesellschaft vor Aufhebung des Hindernisses weder zur Deposition, noch zur Zahlung verpflichtet, auch nicht zur Vertretung der Folgen des Zahlungsaufschubs oder zu irgend einer Zinsvergütung verbunden.

Fortdauer der Versicherung nach dem Brande.

§ 16.

Nach einem Brande vermindert sich die Versicherungssumme um den festgestellten Entschädigungsbetrag. Uebersteigt dieser die Hälfte derselben, so ist die Versicherung ganz erloschen.

Nach einem jeden Brande im Versicherungsgebäude oder Raume, einem Schaden, Schadensanspruch oder Schadensersatz steht es sowohl dem Versicherten, als auch der Gesellschaft frei, mittelst einer einfachen schriftlichen Anzeige, welche seitens der Gesellschaft durch ihrer Agenten oder Vertreter erfolgen kann, jede zwischen ihnen geschlossene Versicherung aufzuheben. Diese Befugnis erlischt jedoch, wenn sie nicht spätestens bei Auszahlung der Entschädigung, oder wenn der Unfall keine Entschädigung zur Folge hat, nicht binnen Monatsfrist, nachdem die Gesellschaft Kenntnis davon erhalten hat, ausgeübt wird.

Erfolgt die Aufhebung von Seiten der Gesellschaft, so wird, wenn die Prämie über das laufende Jahr hinaus vorausbezahlt ist, der vorausbezahlte Betrag mit Wegfall etwaiger Freijahre und des Discontos, zurückgezahlt.

Regreß.

§ 17.

Alle Rechte und Ansprüche des Versicherten an dritte Personen auf Schadenersatz für die versicherten Gegenstände gehen kraft des Versicherungsvertrages und der geleisteten Entschädigungen von Rechtswegen, ohne daß es einer weiteren Subrogation oder Cession bedarf, auf die Gesellschaft über.

II. Die Allgemeinen Versicherungsbedingungen für die Feuerversicherung von 1886/1887

§ 1

Die Gesellschaft versichert gegen den Schaden, welcher an den versicherten Gegenständen durch Brand oder Blitzschlag oder durch Explosion von Leuchtgas, sowie das durch solche Ereignisse veranlasste Löschen, Niederreißen oder Ausräumen (§ 16) verursacht ist, soweit derselbe in der Beschädigung, Vernichtung oder dem Abhandenkommen versicherter Gegenstände besteht.

Falls die Gesellschaft durch besondere Übereinkunft die Versicherung gegen andere, als durch Leuchtgas hervorgerufene Explosionsschäden übernommen hat, so finden die Versicherungs-Bedingungen auch auf eine solche Versicherung Anwendung.

Ausgenommen von der Versicherung sind solche Schäden, welche während eines Krieges durch militärische, auf Anordnung eines Befehlshabers getroffene Maßregeln entstehen oder die Folge eines Aufruhrs, eines Landfriedenbruches oder eines Erdbebens sind.

§ 2

Geld oder Wertpapiere werden nicht versichert. Dokumente, Gold- und Silberbarren, Edelsteine, echte Perlen, goldene und silberne Sachen, Uhren, Spitzen, Gemälde und sonstige Gegenstände, welche einen Kunstwert haben, sind nur dann versichert, wenn sie in der Versicherungsurkunde besonders benannt sind. Gegenstände, welche einen Liebhaberwert haben, sind zu diesem Wert nur dann versichert, wenn derselbe als solcher beantragt und in der Versicherungsurkunde bezeichnet ist.

Alle zur Zeit der Versicherungsnahme vorhandenen sowie nachträglich hinzugekommenen beweglichen Gegenstände derselben Gattung fallen unter die für diese Gattung genommene Versicherung, insoweit sie nicht ausdrücklich von der Versicherung ausgeschlossen sind oder die letztere sich nicht ausdrücklich auf individuell bestimmte Gegenstände bezieht.

Bei der Versicherung eines Gebäudes sind alle in der Versicherungsurkunde nicht ausdrücklich ausgeschlossenen Teile desselben in der Versicherung einbegriffen.

§ 3

Wer eine Versicherung beantragt, ist verpflichtet, im Versicherungs-Antrage nach Anleitung seines eingedruckten Inhaltes und in den sonstigen neben dem Antrag etwa der Gesellschaft eingereichten Schriftstücken nicht nur die zu versichernden Gegenstände, deren Eigentumsverhältnisse, die Versicherungs-Lokalitäten und jede anderweit schon auf den Versicherungs-Gegenstand geschlossene Versicherung richtig anzugeben, sondern nach jener Anleitung auch die auf die Feuergefährlichkeit einwirkenden Umstände gewissenhaft anzuzeigen. Ist diese Verpflichtung nicht erfüllt, so hat die Gesellschaft keine Entschädigungs-Verpflichtung.

§ 4

Die Versicherungsurkunde (Police, Prolongations-Schein, Nachtrag, Veränderungsgenehmigung) wird dem Antragsteller bei dem Agenten zur Verfügung gestellt. Die Verpflichtung der Gesellschaft beginnt mit der Einlösung der Versicherungsurkunde, wenn nicht entweder ein späterer Zeitpunkt in der Urkunde selbst bestimmt oder ein früherer Zeitpunkt vor

Aushändigung derselben durch das zu ihrer Ausstellung berechtigte Gesellschaftsorgan schriftlich zugesagt ist. Die Einlösung der Urkunde wird durch Zahlung der Prämie und Nebenkosten bewirkt. Durch Annahme der Versicherungsurkunde wird das Einverständnis des Versicherten mit dem gesamten Inhalte derselben, insbesondere mit der darin bestimmten Prämie und Dauer der Versicherung konstatiert. Die Verpflichtung der Gesellschaft gegen den Versicherten bestimmt sich lediglich nach dem Inhalte der Versicherungsurkunde.

Die jährlich zahlbare Prämie einer mehrjährigen Versicherung ist mit dem Beginn jedes Versicherungsjahres an den Agenten zu entrichten. Unterbleibt die Zahlung, so ist der Versicherte auf seine Kosten zur Einlösung der Prämien-Quittung schriftlich aufzufordern. Erfolgt alsdann die Zahlung nicht innerhalb zweier Wochen nach Empfang der Aufforderung, so ruht von da ab auf die Dauer des Vertrages die Entschädigungs-Verpflichtung der Gesellschaft.

In allen Fällen des Verzuges der Prämienzahlung ist die Gesellschaft berechtigt, entweder den Versicherungs-Vertrag durch schriftliche Mitteilung an den Versicherten aufzuheben oder die Einlösung der Versicherungsurkunde beziehungsweise der Prämien-Quittung klagend zu erwirken.

§ 5

Wenn der Versicherte im Laufe der Versicherung

1. eine Vermehrung der Feuergefährlichkeit herbeiführt oder zuläßt,
2. versicherte Gegenstände noch anderweitig versichert,
3. sie in eine andere Lokalität als diejenige, wo sie versichert sind, verbringt oder verbringen läßt, oder wenn
4. versicherte Gegenstände, abgesehen von Erbschaftsfällen, den Eigentümer wechseln,

so ruht bis zur schriftlichen Genehmigung dieser Veränderung seitens der Gesellschaft oder bis zur Wiederherstellung des früheren Zustandes die Entschädigungs-Verpflichtung der Gesellschaft, und zwar in den Fällen unter 1 und 2 bezüglich aller, in den Fällen unter 3 und 4 bezüglich der davon betroffenen versicherten Gegenstände.

Umstände, welche unabhängig von dem Willen des Versicherten eintretend, die Feuergefährlichkeit vermehren, werden nur dann den unter 1 aufgeführten Umständen gleich geachtet, wenn der Versicherte unterläßt, der Gesellschaft nach erlangter Kenntnis davon ohne Verzug schriftlich Anzeige zu machen. Erstattet aber der Versicherte diese Anzeige ohne Verzug, so ist die Gesellschaft, falls sie die Versicherung nicht fortsetzen will, berechtigt, die letztere durch schriftliche Anzeige mit Ablauf von zwei Wochen nach Zustellung jener Anzeige aufzuheben.

§ 6

Der Versicherte hat den Agenten binnen 24 Stunden, der Ortspolizeibehörde binnen drei Tagen nach einem Brande Anzeige von demselben zu machen.

Im Falle eines Brandes ist der Versicherte ferner verpflichtet, die versicherten Gegenstände, soweit es in seiner Macht steht, zu retten und während des Rettens sowie nach demselben für ihre Sicherung und Erhaltung zu sorgen. Jedoch dürfen bewegliche Gegenstände, mit Ausnahme des Viehes, dessen frühzeitige Rettung freisteht, erst mit unmittelbarer Gefahr und nicht gegen das etwaige Verbot des Agenten oder eines Beauftragten der Gesellschaft ausgeräumt werden. Handelt der Versicherte diesen Vorschriften zuwider, so hat die Gesellschaft für den daraus entstandenen Schaden, falls die Ersatzansprüche des Versicherten nach § 10 nicht überhaupt verwirkt sind, nicht aufzukommen.

Ersatz für abhanden gekommene Gegenstände wird nur dann geleistet, wenn der

Versicherte der Ortspolizeibehörde unter Bezeichnung jener Gegenstände binnen drei Tagen nach dem Brande Anzeige von dem Abhandenkommen macht.

Die genannten Fristen beginnen im Falle erwiesener Unmöglichkeit, sie inne zu halten, sobald letztere aufhört.

§ 7

Die Versicherung soll nicht zu einem Gewinne führen; ihr alleiniger Zweck ist der Ersatz des nach dem wahren Werte der versicherten Gegenstände zur Zeit des Brandes unter Ausschluß des entgangenen Gewinnes festzustellenden Schadens, gegen welchen nach § 1 Versicherung gewährt ist.

Die Versicherung selbst begründet keinen Beweis für das Vorhandensein und den Wert der versicherten Gegenstände zur Zeit des Brandes. Die Versicherungssumme, dieselbe möge auf Taxation beruhen oder nicht, bildet lediglich die Grenze für die Ersatzpflicht der Gesellschaft, und zwar für jede einzelne Position der Versicherungsurkunde.

Übersteigt der Wert der versicherten Gegenstände zur Zeit des Brandes die darauf versicherte Summe oder sind sie noch anderswo versichert, so wird der Schaden pro rata vergütet. Haben sie einen geringeren Wert als die darauf versicherte Summe, so wird der Schaden nur nach dem geringeren Wert vergütet.

§ 8

Die Gesellschaft ist berechtigt, jede auf den Wert sowie auf den Schaden, dessen Ursache und Höhe bezügliche Untersuchung anzustellen und von dem Versicherten über seine Angaben Beläge und sonstige Beweise, die er liefern kann, zu fordern. Bei Schäden an beweglichen Gegenständen ist der Versicherte verpflichtet, auf Verlangen der Gesellschaft spezielle Verzeichnisse der zur Zeit des Brandes vorhanden gewesenen, der verbrannten oder abhanden gekommenen und der beschädigt sowie unbeschädigt geretteten Gegenstände anzufertigen und innerhalb einer ihm zu stellenden Frist von mindestens zwei Wochen dem Agenten einzureichen. Diese Frist beginnt im Falle erwiesener Unmöglichkeit, sie inne zu halten, sobald letztere aufhört. Die Verzeichnisse müssen auf Verlangen der Gesellschaft mit speziellen Wertangaben nach dem Grundsatz des § 7 versehen und von dem Versicherten unterzeichnet sein, und es darf darin weder ein nicht vorhanden gewesener Gegenstand als vernichtet oder abhanden gekommen angegeben, noch das Vorhandensein eines geretteten Gegenstandes verschwiegen sein.

Die Gesellschaft ist nicht verbunden, sich auf Verhandlungen über den Schaden und die Entschädigung mit anderen Personen als dem Versicherten einzulassen.

§ 9

Sowohl die Gesellschaft wie der Versicherte haben, unbeschadet der Bestimmungen des § 8, das Recht, zu verlangen, daß der Betrag des Schadens an den versicherten Gegenständen durch ein Abschätzungsverfahren festgestellt werde, welches mit verbindlicher Kraft für beide Parteien auf gemeinschaftliche Kosten nach folgenden Grundsätzen zu erfolgen hat:

Jede Partei ernennt zu Protokoll oder sonst schriftlich einen Sachverständigen. Zeigt eine Partei, nachdem sie dazu von der anderen unter Benennung des ihrerseits gewählten Sachverständigen schriftlich aufgefordert ist, nicht binnen einer Woche nach Empfang der Aufforderung die Ernennung des zweiten Sachverständigen schriftlich an, so geht das Recht, diesen zu wählen, auf die auffordernde Partei über. Beide Sachverständige ernennen vor Beginn des Abschätzungsverfahrens einen dritten Sachverständigen als Obmann, welcher für den Fall, daß jene sich nicht einigen, nach beendigter Abschätzung in Tätigkeit tritt und alsdann nur über die streitig gebliebenen Punkte innerhalb der Grenzen der Abschätzungen der Sachverständigen entscheidet. Können sich die letzteren über die Wahl des Obmanns nicht einigen, so wird derselbe auf Antrag der Parteien oder einer von ihnen durch das für den Brandort zuständige Amtsgericht ernannt.

Die von den Sachverständigen schriftlich zu beurkundenden Abschätzungen müssen jeweils enthalten:
1. den Wert des Gegenstandes unmittelbar vor dem Brande - bei Gebäude und Maschinen außerdem auch den Nennwert beziehentlich Neuanschaffungswert -,
2. den Wert des Gegenstandes nach dem Brande, beziehentlich der übrig gebliebenen Teile und Materialien unter Berücksichtigung der Verwendbarkeit derselben für die Wiederherstellung.
Auf Grund der Abschätzung erfolgt die Feststellung der Entschädigung nach den Grundsätzen des § 7.

Die Abschätzungsverlangen sind dem Versicherten auf Verlangen schriftlich mitzuteilen.

§ 10

Wenn der Versicherte den Brand vorsätzlich oder durch grobes Verschulden verursacht, wenn er rechtzeitig dem Agenten von dem Brande Anzeige zu machen unterlassen hat (§ 6 Abs. 1), wenn er böswillig den Vorschriften des § 6 Abs. 2 zuwiderhandelt oder die Beibringung der Beläge, Beweise und Verzeichnisse, welche die Gesellschaft nach § 8 zu fordern berechtigt ist, verweigert oder wiederholter Aufforderung ungeachtet nicht liefert, oder endlich, wenn er sich bei Ermittlung des Schadens einer betrügerischen Angabe oder Verschweigung schuldig macht, so verliert er jeden Anspruch auf Entschädigung, und zwar für alle an dem betreffenden Brande beteiligten Versicherungen.

§ 11

Die Entschädigungssumme ist dem Versicherten binnen Monatsfrist, nachdem ihr gesamter Betrag und die Verpflichtung der Gesellschaft zur Zahlung durch Anerkenntnis beider Teile, Vergleich oder rechtskräftiges Urteile festgestellt ist, an dem Orte der Ausstellung der Versicherungsurkunde – unbeschadet der Bestimmung des § 12 – bar zu zahlen. Zur Vergütung von Zinsen ist die Gesellschaft erst von dem Tage an verbunden, mit welchem sie sich im Verzuge der Zahlung befindet, also erst nach Ablauf der vorbezeichneten Monatsfrist.

Wenn durch Legitimationsmängel oder durch gesetzliche Gründe die Auszahlung der Entschädigung gehindert wird, so ist die Gesellschaft vor Aufhebung des Hindernisses weder zur Hinterlegung noch zur Zahlung, auch nicht zur Vertretung der Folgen des Zahlungsaufschubes oder zu irgend einer Zinsvergütung verbunden.

Durch Zahlung der Entschädigung gehen in Höhe derselben alle dem Versicherten gegen Dritte zustehenden Rechte auf Schadenersatz für die versicherten Gegenstände von selbst auf die Gesellschaft über und sind ihr auf Verlangen schriftlich abzutreten.

Alle nicht innerhalb von sechs Monaten nach dem Brande entweder ihrem Betrage nach von der Gesellschaft schriftlich und vorbehaltlos anerkannten oder durch Klage bei dem zuständigen Gerichte und deren Zustellung geltend gemachten Ansprüche auf Entschädigung sind durch den bloßen Ablauf jener Frist erloschen.

§ 12

Wenn auf versicherte Gebäude Hypotheken, Grundschulden oder andere Realverpflichtungen vor dem Brande eingetragen sind, so wird die Entschädigung nur behufs der Wiederherstellung und nachdem letztere gesichert worden, bezahlt, die sämtlichen vor dem Brande eingetragenen Gläubiger müßten denn in die unbedingte Zahlung willigen oder selbst zur Empfangnahme berechtigt sein. Geht aber der Entschädigungs-Anspruch des Versicherten durch seine Schuld verloren, so verwendet die Gesellschaft die Entschädigung, soweit nötig, zur Befriedigung der erwähnten Gläubiger nach Maßgabe ihrer Rangordnung gegen entsprechende Zession ihrer Rechte. Sind im Falle solcher Zession noch ungetilgte, vor dem Brande eingetragene Ansprüche vorhanden, so ist die Gesellschaft auf Verlangen verpflichtet, denselben vor der ihr zedierten Forderung den Vorrang einzuräumen.

§ 13

Durch einen Brand vermindert sich die Versicherungssumme um den Betrag der zu leistenden Entschädigung.
Nach einem jeden Schaden, gegen welchen nach § 1 Versicherung gewährt ist, hat sowohl der Versicherte, wie die Gesellschaft, letztere auch nach einem ohne Schaden an den versicherten Gegenständen verlaufenen Brande in den Versicherungslokalitäten, das Recht, mittels schriftlicher Anzeige jede zwischen den Parteien bestehende Versicherung mit Ablauf von zwei Wochen nach Zustellung jener Anzeige aufzuheben. Dieses Recht erlischt jedoch, wenn es nicht spätestens bei Auszahlung der Entschädigung oder, wenn der Brand keine Entschädigung zur Folge hatte, von dem Versicherten nicht binnen Monatsfrist, nachdem dies festgestellt ist, und von der Gesellschaft nicht binnen Monatsfrist, nachdem sie Kenntnis von dem Brande erhalten hat, ausgeübt wird.

§ 14

In allen Fällen der Aufhebung der Versicherung ist die über das laufende Versicherungsjahr vorausbezahlte Prämie unter Wegfall etwaiger Freijahre und des Diskonts zurückzuzahlen. Die Prämie des laufenden Versicherungsjahres ist ebenso wie die Prämie für eine auf kürzere als Jahresdauer geschlossene Versicherung verfallen, wenn der Versicherte von dem Rechte der Aufhebung Gebrauch macht, während sie im Falle der Aufhebung von Seiten der Gesellschaft nach Verhältnis der Zeit, und zwar bei Aufhebung nach einem Schaden nur für den nach Abzug der Entschädigung verbleibenden Teil der Versicherungssumme, zurückzugewähren ist.

§ 15

Für alle Streitigkeiten aus dem Versicherungsvertrage unterwirft sich die Gesellschaft, sofern nicht gesetzliche und Konzessionsbestimmungen entgegenstehen, dem Gerichte desjenigen Ortes, an welchem die Versicherungsurkunde ausgestellt ist.

III. Die Allgemeinen Versicherungsbedingungen für die Feuerversicherung von 1909

Umfang der Haftung des Versicherers.

§ 1.

1. Der Versicherer haftet nach Maßgabe der nachfolgenden Bestimmungen für den Schaden, der an den versicherten Sachen durch Brand, Blitzschlag oder durch Explosion von Leuchtgas aller Art, auch wenn es zu anderen als zu Beleuchtungszwecken dient, oder durch Explosion von Haushalts-Heizeinrichtungen und von Beleuchtungskörpern entsteht. Die Haftung des Versicherers für den durch Explosion anderer Art entstehenden Schaden bedarf der besonderen Vereinbarung.

2. Im Falle eines Brandes hat der Versicherer den durch die Zerstörung oder die Beschädigung der versicherten Sachen entste-

henden Schaden zu ersetzen, soweit der Schaden die versicherten Sachen betrifft, welche zerstört oder beschädigt werden und soweit die Zerstörung oder die Beschädigung auf der Einwirkung des Feuers beruht oder bei dem Brande durch Löschen, Niederreißen oder Ausräumen verursacht wird oder die unvermeidliche Folge eines Brandes ist, der auf dem Grundstück, auf dem sich die versicherten Sachen befinden, oder auf einem angrenzenden Nachbargrundstück stattgefunden hat. Der Versicherer hat auch den Wert der versicherten Sachen zu ersetzen, welche bei dem Brande abhanden kommen. Einen weiteren Schaden, insbesondere einen weiteren mittelbaren Schaden, sowie den durch Eintritt des Versicherungsfalls entstehenden Gewinn umfaßt die Versicherung nur, soweit dies besonders vereinbart ist.

3. Auf die Haftung des Versicherers für den durch Blitzschlag oder Explosion entstehenden Schaden finden die für den Fall eines Brandes geltenden Bestimmungen entsprechende Anwendung.

4. Der Versicherer haftet nicht für Schäden, die infolge eines Aufruhrs entstehen oder durch Maßregeln verursacht werden, die im Kriege oder nach Erklärung des Kriegszustandes von einem militärischen Befehlshaber angeordnet werden.

5. Im Falle eines Erdbebens haftet der Versicherer nur, wenn die in Absatz 1 bis 3 bezeichneten Schadensereignisse und Schäden sowohl in ihrer Entstehung als in ihrem Umfang als in ihrer Ausbreitung weder unmittelbar noch mittelbar und weder ganz noch teilweise mit dem Erdbeben und dessen Wirkungen und den dadurch hervorgerufenen Zuständen, insbesondere der Zerstörung und mangelnden Ordnung, in irgend welchem Zusammenhang stehen. Für den Fall eines vulkanischen Ausbruchs findet diese Bestimmung entsprechende Anwendung.

6. Die Haftung des Versicherers für einen Feuerschaden setzt immer voraus, daß es sich um einen durch Brandereignis verursachten Schaden handelt. Der Versicherer hat insbesondere solche Schäden nicht zu ersetzen, welche die versicherten Sachen durch ein Feuer erleiden, dem sie ihre Bestimmung gemäß ausgesetzt werden.

§ 2.

1. Bares Geld und Wertpapiere, Urkunden, Gold- und Silberbarren, ungefaßte Edelsteine sowie ungefaßte echte Perlen sind nur dann versichert, wenn dies besonders vereinbart ist.

2. Der Versicherungswert schließt einen besonderen wissenschaftlichen, Kunst- oder Liebhaberwert nur ein, soweit dies besonders vereinbart ist.

§ 3.

1. Der Versicherer haftet nur für den Schaden, von dem die versicherte Sache in ihrer im Versicherungsschein angegebenen Versicherungslokalität (räumlicher Geltungsbereich der Versicherung, innerhalb dessen die versicherte Sache ihren Stand- oder Aufbewahrungsort wechseln kann) betroffen wird.

2. Im Falle eines durch Wohnungswechsel veranlaßten Umzugs nach einer anderen Wohnung innerhalb des Deutschen Reichs wird in Ansehung von häuslichem Mobiliar die andere Wohnung für die dahin verbrachte Sache zu deren Versicherungslokalität, welche in Ansehung der in Absatz 1 bestimmten Haftung des Versicherers an Stelle ihrer im Versicherungsschein angegebenen Versicherungslokalität tritt. Der Versicherer haftet auch für den Brandschaden, von dem das häusliche Mobiliar auf dem Umzuge nach der anderen Wohnung betroffen wird. Der Versicherungsnehmer ist aber verpflichtet, dem Versicherer von dem Umzug unverzüglich schriftliche Anzeige zu machen. Der Pflicht zur Anzeige

verbrachten Mobiliars unter Einhaltung einer Kündigungsfrist von einem Monat zu kündigen. Das Kündigungsrecht erlischt, wenn es nicht innerhalb eines Monats von dem Zeitpunkt an ausgeübt wird, in welchem der Versicherer von dem Umzuge Kenntnis erlangt. Ist die Anzeige nicht rechtzeitig erfolgt, so ist der Versicherer von der Verpflichtung zur Leistung in Ansehung der durch den Umzug verbrachten Sache frei, wenn der Versicherungsfall später als einen Monat nach dem Zeitpunkt eintritt, in welchem die Anzeige dem Versicherer hätte zugehen müssen. Die Verpflichtung des Versicherers bleibt bestehen, wenn zur Zeit des Eintritts des Versicherungsfalls die Frist für die Kündigung des Versicherers abgelaufen und eine Kündigung nicht erfolgt ist.

3. Für den Schaden an häuslichem Mobiliar und Arbeitsgerät haftet der Versicherer auch dann, wenn solche Sachen von einem Brande betroffen werden, während sie sich im Gebiete des Deutschen Reichs vorübergehend außerhalb der Versicherungslokalität befinden, soweit auf den außerhalb der Versicherungslokalität entstehenden Schaden an solchen versicherten Sachen zusammen nicht mehr als 10 % der für die versicherten Sachen solcher Art zusammen im Vertrage vorgesehenen Versicherungssumme und höchstens 2000 M. entfallen.

4. Eine weitere Ausdehnung oder Änderung des räumlichen Geltungsbereichs der Versicherung bedarf der besonderen Vereinbarung.

Anzeige von Gefahrumständen bei der Schließung des Vertrags.

§ 4.

1. Der Versicherungsnehmer hat bei der Schließung des Vertrags alle ihm bekannten Umstände, die für die Übernahme der Gefahr erheblich sind, dem Versicherer schriftlich anzuzeigen. Der Versicherungsnehmer darf über solche Umstände keine unrichtige Anzeige machen.

2. Als wesentliche Folge einer Verletzung der Anzeigepflicht kann unter den im Gesetze bestimmten Voraussetzungen das Recht des Versicherers, vom Vertrage zurückzutreten, geltend gemacht werden und eine Befreiung des Versicherers von der Verpflichtung zur Leistung eintreten. Das Rücktrittsrecht und die Befreiung von der Leistungspflicht sind jedoch insbesondere ausgeschlossen, wenn die Anzeige ohne Verschulden unterblieben oder ohne Verschulden unrichtig gemacht ist.

Versicherungsschein. Prämienzahlung.

§ 5.

1. Der Versicherungsschein wird dem Versicherungsnehmer zur Aushändigung bei dem Versicherer oder dem Agenten zur Verfügung gestellt. Die Annahme des Versicherungsscheins hat die Wirkung, daß sein Inhalt als vom Versicherungsnehmer genehmigt gilt; dem Versicherungsnehmer ist jedoch eine Frist von einem Monate für die Erhebung eines Widerspruchs gegen die Richtigkeit des Scheins gewährt. Das Recht des Versicherungsnehmers, die Genehmigung wegen Irrtums anzufechten, bleibt unberührt. Der Versicherungsnehmer kann jederzeit Abschriften der Erklärungen fordern, die er mit bezug auf den Vertrag abgegeben hat; er hat aber die Kosten der Abschriften dem Versicherer zu erstatten.

2. Der Versicherungsnehmer hat eine einmalige Prämie und, wenn laufende Prämien bedungen sind, die erste Prämie sofort nach dem Abschlusse des Vertrags zu zahlen und zwar gegen Aushändigung des Versicherungsscheins. Wird die einmalige oder die erste Prämienzahlung nicht rechtzeitig bewirkt, so ist der Versicherer von der Verpflichtung zur Leistung frei, wenn der Versicherungsfall vor der Zahlung eintritt.

3. Folgeprämien sind bei Beginn jeder Versicherungsperiode oder Versicherungszeit, für welche sie bestimmt sind, zu zahlen. Wird eine Folgeprämie nicht rechtzeitig gezahlt, so erfolgt nach Maßgabe der gesetzlichen Vorschriften die Bestimmung einer Zahlungsfrist mit Abgabe der Rechtsfolgen des Zahlungsverzugs. Als Versicherungsperiode gilt, falls nicht die Prämie nach kürzeren Zeitabschnitten bemessen ist, der Zeitraum eines Jahres.

4. Der Versicherungsnehmer hat bei Aushändigung des Versicherungsscheins die darin von Versicherer berechneten Kosten (Abgaben, Gebühren für Ausfertigung und Zustellung des Versicherungsscheins und Auslagen) zu zahlen.

5. Der nur mit der Vermittlung von Versicherungsgeschäften betraute Agent gilt als bevollmächtigt zur Empfangnahme von Prämien und Kosten, sofern er sich im Besitz einer vom Versicherer unterzeichneten Prämienrechnung befindet.

Gefahrerhöhung.

§ 6.

1. Nach dem Abschlusse des Vertrags darf der Versicherungsnehmer nicht ohne Einwilligung des Versicherers eine Erhöhung der Gefahr vornehmen oder deren Vornahme durch einen Dritten gestatten.

2. Erlangt der Versicherungsnehmer Kenntnis davon, daß durch eine von ihm ohne Einwilligung des Versicherers vorgenommene oder gestattete Änderung die Gefahr erhöht ist, so hat er dem Versicherer unverzüglich schriftliche Anzeige zu machen.

3. Tritt nach dem Abschlusse des Vertrags eine Erhöhung der Gefahr unabhängig von dem Willen des Versicherungsnehmers ein, so hat dieser, sobald er von der Erhöhung der Gefahr Kenntnis erlangt, dem Versicherer unverzüglich schriftliche Anzeige zu machen.

4. Als wesentliche Folge einer Verletzung der Bestimmung in Absatz 1 bis 3 kann unter den im Gesetze bestimmten Voraussetzungen das Recht des Versicherers, das Versicherungsverhältnis zu kündigen, ausgeübt werden und eine Befreiung des Versicherers von der Verpflichtung zur Leistung eintreten.

Sicherheitsvorschriften.

§ 7.

1. Im Falle der Vereinbarung, durch welche der Versicherungsnehmer bestimmte Obliegenheiten zum Zwecke der Verminderung der Gefahr oder zum Zwecke der Verhütung einer Gefahrerhöhung übernimmt (Sicherheitsvorschriften), darf der Versicherungsnehmer dieses Obliegenheiten weder selbst verletzen noch deren Verletzung durch einen Dritten gestatten oder dulden.

2. Wird die Bestimmung des Absatz 1 verletzt, so kann der Versicherer das Versicherungsverhältnis unter Einhaltung einer Kündigungsfrist von einem Monat kündigen. Das Kündigungsrecht erlischt, wenn es nicht innerhalb eines Monats von dem Zeitpunkt an ausgeübt wird, in welchem der Versicherer von der Verletzung Kenntnis erlangt. Der Versicherer ist von der Verpflichtung zur Leistung frei, wenn der Versicherungsfall nach der Verletzung eintritt und die Verletzung auf Vorsatz oder auf grober Fahrlässigkeit des Versicherungsnehmers beruht. Die Verpflichtung des Versicherers bleibt bestehen, wenn die Verletzung keinen Einfluß auf den Eintritt des Versicherungsfalls und auf den Umfang der Leistung des Versicherers gehabt hat, oder wenn zur Zeit des Eintritts des Versicherungsfalls die Frist für die Kündigung des Versicherers abgelaufen und Kündigung nicht erfolgt ist.

Herabsetzung der Versicherungssumme.

§ 8.

Ergibt sich, daß die Versicherungssumme den Wert des versicherten Risikos erheblich übersteigt, so kann sowohl der Versicherer als der Versicherungsnehmer verlangen, daß zur Beseitigung der Überversicherung die Versicherungssumme, unter verhältnismäßiger Minderung der Prämie für die künftigen Versicherungsperioden, verlangt wird.

Mehrfache Versicherung.
Doppelversicherung.

§ 9

1. Wenn der Versicherungsnehmer für versicherte Sachen gegen dieselbe Gefahr Versicherung bei einem anderen Versicherer nimmt, so hat er hiervon dem Versicherer unverzüglich schriftlich Mitteilung zu machen. Der Versicherer ist berechtigt, das Versicherungsverhältnis unter Einhaltung einer Kündigungsfrist von drei Monaten zu kündigen. Das Kündigungsrecht erlischt, wenn es nicht innerhalb eines Monats von dem Zeitpunkt an ausgeübt wird, in welchem der Versicherer von der anderweitigen Versicherung Kenntnis erlangt. Wird die Mitteilung nicht unverzüglich gemacht, so hat der Versicherer bis zum Fortfalle der anderweitigen Versicherung keine Verpflichtung zur Leistung bezüglich aller versicherten Sachen, wenn der Versicherungsfall später als zwei Monate nach dem Zeitpunkt eintritt, in welchem die Mitteilung dem Versicherer hätte zugehen müssen. Die Verpflichtung des Versicherers bleibt bestehen, wenn zur Zeit des Eintritts des Versicherungsfalls die Frist für die Kündigung des Versicherers abgelaufen und eine Kündigung nicht erfolgt ist.

2. Die Bestimmungen des Absatz 1 für die anderweitige Versicherung gegen dieselbe Gefahr finden auch Anwendung, wenn der Versicherungsnehmer bei einem anderen Versicherer Versicherung nimmt gegen einen im letzten Satze des § 1 Abs. 2 genannten weiteren Schaden, insbesondere gegen einen weiteren mittelbaren Schaden oder gegen entgehenden Gewinn. Wird eine solche Versicherung bei einem anderen Versicherer genommen, der keine Erlaubnis der Aufsichtsbehörde zum Betriebe der Versicherung gegen Schäden vorgenannter Art im Deutschen Reiche hat, so ist der Versicherer von der Verpflichtung zur Leistung frei und kann das Versicherungsverhältnis ohne Einhaltung einer Kündigungsfrist kündigen.

3. Ist vereinbart, daß der Versicherungsnehmer im Versicherungsfall einen bestimmten Teil des Schadens selbst zu tragen hat (vereinbarte Selbstversicherung), so darf er nicht bei einem anderen Versicherer in Ansehung dieses Teiles Versicherung nehmen. Wird dieser Bestimmung zuwidergehandelt, so hat der Versicherungsnehmer von dem Beitrage des Schadens doch stets mindestens die vereinbarte Quote selbst zu tragen. Um diese Quote vermindert sich der Anteil der Entschädigung, welche auf den Versicherer nach dem Verhältnisse seiner Versicherungssumme zu derjenigen des anderen Versicherers entfällt.

4. Übersteigen die Versicherungssummen, wenn versicherte Sachen gegen dieselbe Gefahr bei mehreren Versicherern versichert werden, zusammen den Versicherungswert (Doppelversicherung), und hat der Versicherungsnehmer den Vertrag, durch den die Doppelversicherung entstanden ist, ohne Kenntnis von der anderen Versicherung geschlossen, so kann er nach Maßgabe der gesetzlichen Vorschriften von jedem Versicherer die Herabsetzung der Versicherungssumme unter verhältnismäßiger Minderung der Prämie verlangen. Jedoch wirkt die Herabsetzung der Versicherungssumme von dem Zeitpunkt an, in welchem sie verlangt wird, die Minderung der Prämie vom Beginne der auf die Herabsetzung folgenden Versicherungsperiode an und zwar einerlei, ob die Gefahr für die

mehreren Versicherer zugleich oder für den Versicherer früher oder später zu laufen begonnen hatte, als für den anderen Versicherer.

Veräußerung der versicherten Sache.

§ 10.

Wird die versicherte Sache von dem Versicherungsnehmer veräußert, so tritt an Stelle des Veräußerers der Erwerber in die während der Dauer seines Eigentums aus dem Versicherungsverhältnisse sich ergebenden Rechte und Pflichten des Versicherungsnehmers ein. Die Veräußerung ist dem Versicherer unverzüglich schriftlich anzuzeigen, andernfalls nach Maßgabe der gesetzlichen Vorschriften die Befreiung des Versicherers von der Verpflichtung zur Leistung eintreten kann. Erwerber und Versicherer haben das im Gesetze bestimmte Kündigungsrecht.

Obliegenheiten des Versicherungsnehmers bei und nach dem Versicherungsfalle. Ersatz der Aufwendungen.

§ 11

1. Nach dem Eintritt eines Versicherungsfalls, aus welchem Schadenersatz beansprucht wird, hat der Versicherungsnehmer, sobald er von dem Eintritte Kenntnis erlangt, dem Versicherer oder dessen Agenten sowie der Ortspolizeibehörde unverzüglich Anzeige zu machen. Auch von dem Abhandenkommen versicherter Sachen bei dem Versicherungsfalle hat der Versicherungsnehmer, sobald er von dem Abhandenkommen Kenntnis erlangt, der Ortspolizeibehörde unter Bezeichnung der Sachen unverzüglich Anzeige zu machen. Die Anzeigen können mündlich oder schriftlich erfolgen; der Pflicht zur Anzeige wird genügt, wenn die Anzeige an den Versicherer oder dessen Agenten binnen zwei Tagen und die Anzeigen an die Ortspolizeibehörden binnen drei Tagen nach dem Eintritte des Versicherungsfalls erfolgen.

2. Der Versicherungsnehmer ist verpflichtet, bei und nach dem Eintritte des Versicherungsfalls nach Möglichkeit für die Abwendung und Minderung des Schadens zu sorgen und dabei die Weisungen des Versicherers zu befolgen, insbesondere nicht gegen das Verbot des Versicherers zu handeln; er hat, wenn die Umstände es gestatten, solche Weisungen einzuholen. Aufwendungen, auch erfolglose, die der Versicherungsnehmer demgemäß macht, fallen dem Versicherer zur Last, soweit der Versicherungsnehmer sie den Umständen nach für geboten halten durfte. In Gemäßheit der von dem Versicherer gegebenen Weisungen gemachte Aufwendungen hat der Versicherer auch insoweit zu ersetzen, als sie zusammen mit der übrigen Entschädigung die Versicherungssumme übersteigen. Der Versicherungsnehmer kann jedoch nicht verlangen, daß der Versicherer den für die Aufwendungen erforderlichen Betrag vorschießt. Bei einer Unterversicherung sind die Aufwendungen nur nach dem in § 13 Abs. 3 bezeichneten Verhältnisse zu erstatten.

3. Die Verpflichtung des Versicherers zum Ersatze von Aufwendungen des Versicherungsnehmers erstreckt sich insbesondere nicht auf die Leistungen der im öffentlichen Interesse bestehenden Feuerwehren oder anderer zur Löschhilfe Verpflichteter, sowie in Ermangelung besonderer Vereinbarung auch nicht auf die Aufräumungskosten.

4. Der Versicherer ist berechtigt, jede den Wert sowie den Schaden, dessen Ursache und Höhe betreffende Untersuchung anzustellen. Der Versicherungsnehmer hat dem Versicherer jede Auskunft zu erteilen, die zur Feststellung des Versicherungsfalls oder des Umfangs der Leistungspflicht des Versicherers erforderlich ist. Der Versicherer kann ferner verlangen, daß der Versicherungsnehmer innerhalb einer angemes-

senen Frist von mindestens zwei Wochen spezielle mit seiner Unterschrift versehene Verzeichnisse liefert, über die zur Zeit des Eintritts des Versicherungsfalls vorhanden gewesenen, die vom Schaden betroffenen oder abhanden gekommenen und die beschädigt oder unbeschädigt geretteten Sachen, und zwar unter Angabe der Werte der Sachen zur Zeit des Eintritts des Versicherungsfalls. Belege kann der Versicherer insoweit fordern, als die Beschaffung dem Versicherungsnehmer billigerweise zugemutet werden kann. Kosten, welche für die Erteilung der Auskunft und für die Beschaffung der Verzeichnisse und Belege aufzuwenden sind, hat der Versicherungsnehmer zu tragen.

§ 12.

1. Bei Verletzung einer Obliegenheit des Versicherungsnehmers, die bei oder nach dem Eintritte des Versicherungsfalls dem Versicherer gegenüber zu erfüllen ist (§. 11), ist der Versicherer von der Verpflichtung zur Leistung aus dem Versicherungsfalle frei, es sei denn, daß die Verletzung weder auf Vorsatz noch auf grober Fahrlässigkeit beruht. Die Befreiung von der Verpflichtung zur Leistung tritt jedoch nicht ein wegen Unterlassung der Anzeige des Versicherungsfalls an die Ortspolizeibehörde; der Versicherer kann jedoch die Leistung verweigern, solange die Anzeige nicht nachgeholt wird.

2. Der Versicherer ist ferner von der Verpflichtung zur Leistung frei, wenn der Versicherungsnehmer den Versicherungsfall vorsätzlich oder durch grobe Fahrlässigkeit herbeiführt, oder wenn er sich bei Ermittlung des Schadens einer arglistigen Täuschung schuldig macht.

3. Soweit der Versicherungsnehmer nicht von dem Abhandenkommen versicherter Sachen unter Bezeichnung der Sache der Ortspolizeibehörde rechtzeitig Anzeige macht, gilt die Befreiung von der Leistung nur in Ansehung abhanden gekommener Sachen.

Versicherungswert. Überversicherung. Unterversicherung.

§ 13.

1. Die Versicherung soll nicht zu einer Bereicherung führen. Der Versicherer ist, auch wenn die Versicherungssumme höher ist als der Versicherungswert zur Zeit des Eintritts des Versicherungsfalls (Überversicherung), nicht verpflichtet, dem Versicherungsnehmer mehr als den Betrag des Schadens zu ersetzen, gegen welchen Versicherung gewährt ist, und zwar unter Zugrundelegung des Wertes der Sache zur Zeit des Eintritts des Versicherungsfalls. Die Versicherung selbst begründet keinen Beweis für das Vorhandensein und den Wert der versicherten Sachen zur Zeit des Versicherungsfalls. Die Versicherungssumme bildet lediglich die Grenze der Ersatzpflicht des Versicherers, und zwar ist die Ersatzpflicht für jede einzelne Position, unter der die versicherten Sachen in dem Versicherungsschein angeführt sind, durch die für die Position angegebene Versicherungssumme begrenzt.

2. Als Versicherungswert gilt bei Haushalts- und sonstigen Gebrauchsgegenständen, bei Arbeitsgerätschaften und Maschinen derjenige Betrag, welcher erforderlich ist, um Sachen gleicher Art anzuschaffen, unter billiger Berücksichtigung des aus dem Unterschiede zwischen alt und neu sich ergebenden Minderwertes. Als Versicherungswert gilt bei Schäden der ortsübliche Bauwert unter Abzug eines dem Zustande des Gebäudes, insbesondere dem Alter und der Abnutzung entsprechenden Betrags. Ergibt sich ein geringerer Wert aus dem Umstande, daß das Gebäude vor Eintritt des Versicherungsfalls schon dauernd entwertet war, so gilt der geringere Wert als Versicherungswert.

3. Übersteigt der Wert der zu einer Position gehörigen Sachen zur Zeit des Eintritts des Versicherungsfalls die darauf versicherte Summe (Unterversicherung), so haftet der Versicherer nur nach dem Verhältnisse der Summe zu jenem Werte.

Sachverständigenverfahren.

§ 14.

1. Sowohl der Versicherer, als auch der Versicherungsnehmer können – unbeschadet der Bestimmungen des § 11 Abs. 4 - verlangen, daß die Höhe des an den versicherten Sachen entstandenen Schadens durch Sachverständige festgestellt wird. Die Feststellung ist für beide Teile verbindlich, es sei denn, daß sie offenbar von der wirklichen Sachlage abweicht.

2. Für das Sachverständigenverfahren gelten in Ermangelung anderer Vereinbarungen folgende Grundsätze:
a) jeder Teil ernennt zu Protokoll oder sonst schriftlich einen Sachverständigen. Zeigt ein Teil, nachdem er dazu von dem anderen unter Benennung des seinerseits gewählten Sachverständigen schriftlich aufgefordert ist, nicht innerhalb einer Woche nach dem Zeitpunkte des Empfanges der Aufforderung die Ernennung des zweiten Sachverständigen schriftlich an, so erfolgt auf Antrag des anderen Teils die Ernennung des zweiten Sachverständigen durch das für den Schadenort zuständige Amtsgericht. In der Aufforderung ist auf die Folgen ihrer Nichterfüllung hinzuweisen. Beide Sachverständige ernennen vor Beginn des Feststellungsverfahrens einen dritten Sachverständigen als Obmann, welcher für den Fall, daß jene sich nicht einigen, nachdem sie ihre Feststellungen beendigt haben, in Tätigkeit tritt und alsdann nur über die streitig gebliebenen Punkte innerhalb der Grenzen der Feststellungen der beiden Sachverständigen befindet. Einigen sich die letzteren nicht über die Wahl des Obmanns, so wird dieser auf Antrag beider Teile oder eines von ihnen durch das für den Schadenort zuständige Amtsgericht ernannt.
b) Aus der von den Sachverständigen zu beurkundenden Feststellung muß der Versicherungswert der Sachen sowohl zur Zeit des Eintritts des Versicherungsfalls als auch zur Zeit nach dem Versicherungsfalle hervorgehen, und zwar bezüglich der übrig gebliebenen Teile und Materialien unter Berücksichtigung ihrer Verwendbarkeit für die Wiederherstellung. Die Schadenfeststellung der Sachverständigen ist dem Versicherungsnehmer auf Verlangen abschriftlich mitzuteilen.
c) Jeder Teil trägt die Kosten des von ihm oder für ihn ernannten Sachverständigen, die Kosten des Obmanns tragen beide Teile je zur Hälfte.

3. Auf Grund der Abschätzung der Sachverständigen erfolgt die Feststellung der Entschädigung nach den Bestimmungen des § 13.

Zahlung der Entschädigung.

§ 15.

1. Die Entschädigung ist – unbeschadet der Bestimmung des § 17 – nach dem Ablauf eines Monats seit dem Zeitpunkt fällig, in welchem der Schaden vollständig festgestellt ist. Wenn durch Legitimationsmängel oder durch gesetzliche Gründe die Auszahlung der Entschädigung gehindert wird, so ist der Versicherer vor Aufhebung des Hindernisses weder zur Hinterlegung noch zur Zahlung, auch nicht zur Vertretung der Folgen des Zahlungsaufschubs verbunden.

2. Die Entschädigung ist nach Ablauf eines Monats seit der Anzeige des Versicherungsfalls mit vier vom Hundert für das Jahr zu verzinsen. Bei den sich ergebenden Zinsbeträgen werden Bruchteile einer Mark auf volle Mark nach unten abgerundet; Zinsbeträge unter einer Mark werden nicht vergütet. Ist der Schaden bis zum Ablauf eines Monats seit der Anzeige des Versicherungsfalls noch nicht vollständig

festgestellt, so kann der Versicherungsnehmer – unbeschadet der Bestimmungen in Absatz 1 Satz 2 und in §. 17 – in Anrechnung auf die Gesamtforderung die Zahlung des Betrags verlangen, den der Versicherer nach Lage der Sache mindestens zu zahlen hat. Der Lauf der vorgenannten Frist ist gehemmt, solange infolge eines Verschuldens des Versicherungsnehmers die Festsetzung des Schadens oder die Zahlung der Entschädigung nicht erfolgen kann.

3. Wenn der Anspruch auf Leistung nicht innerhalb einer Frist von sechs Monaten gerichtlich geltend gemacht wird, nachdem der Versicherer dem Versicherungsnehmer gegenüber den erhobenen Anspruch unter Angabe der mit dem Ablaufe der Frist verbundenen Rechtsfolge schriftlich abgelehnt hat, so ist der Versicherer von der Verpflichtung zur Leistung frei.

Versicherung für fremde Rechnung.

§ 16.

1. Bei der Versicherung für fremde Rechnung kann der Versicherungsnehmer über die Rechte, welche dem Versicherten aus dem Vertrage zustehen, im eigenen Namen verfügen. Der Versicherungsnehmer ist, auch wenn er nicht im Besitze des Versicherungsscheins ist, ohne Zustimmung des Versicherten zur Annahme der Entschädigungszahlung sowie zur Übertragung der Rechte des Versicherten befugt. Der Versicherer ist berechtigt, vor Auszahlung der Entschädigung von dem Versicherungsnehmer den Nachweis zu verlangen, daß der Versicherte seine Zustimmung zu der Versicherung und zur Empfangnahme der Entschädigung erteilt hat.

2. Der Versicherte kann über seine Rechte aus dem Versicherungsverhältnis nicht verfügen, selbst wenn er im Besitze des Versicherungsscheins ist; er kann die Zahlung der Entschädigung nur mit Zustimmung des Versicherungsnehmers von dem Versicherer verlangen, soweit dieser die Entschädigung an den Versicherungsnehmer nicht bezahlt hat.

Sicherung des Realkredits.

§ 17.

1. Wenn versicherte Gebäude vor dem Versicherungsfalle mit Hypotheken, Reallasten, Grund- oder Rentenschulden belastet sind, so wird die Entschädigung nur zur Wiederherstellung gezahlt, und der Versicherungsnehmer kann die Zahlung erst verlangen, wenn die bestimmungsmäßige Verwendung des Geldes gesichert ist, es sei denn, daß die vor dem Versicherungsfall eingetragenen Realgläubiger in die unbedingte Zahlung willigen oder selbst zur Empfangnahme der Entschädigung berechtigt sind. Die sonstigen zur Sicherung des Realkredits gegebenen gesetzlichen Rechte der Realgläubiger, insbesondere ihre durch die Anmeldung des Realrechts dem Versicherer sich erweiternden Rechte, bleiben gewahrt.

2. Der Versicherer kann zum Nachweise dafür, ob und welche Realrechte das versicherte Gebäude belasten, vom Versicherungsnehmer auf dessen Kosten einen beglaubigten Grundbuchauszug verlangen.

Rechtsverhältnis nach dem Versicherungsfalle.

§ 18.

1. Der Versicherer haftet nach dem Eintritt eines Versicherungsfalls für einen durch einen späteren Versicherungsfall entstehenden Schaden innerhalb der laufenden Versicherungsperiode nur bis zur Höhe des nach Abzug der zu leistenden Entschädigung verbleibenden Restbetrags der Versicherungssumme. Erstreckt sich die Versicherung über die laufende Versicherungsperiode hinaus, so wird angenommen, daß die Versicherung hinsichtlich der Versicherungssumme und der Prämie für die folgenden Versicherungsperioden in der bis-

herigen Höhe und zu den bisherigen Bedingungen fortgesetzt wird, sofern sich nicht aus den Umständen ein anderes ergibt.

2. Nach dem Eintritt eines Versicherungsfalls sind beide Teile berechtigt, jeden zwischen ihnen bestehenden Feuerversicherungsvertrag zu kündigen. Die Kündigung hat schriftlich vor Ablauf von zwei Wochen seit Auszahlung oder Ablehnung der Entschädigung zu erfolgen. Das Kündigungsrecht des Versicherungsnehmers erlischt bei Verletzung der in § 11 Abs. 1 bestimmten Obliegenheit zur unverzüglichen Anzeige des Versicherungsfalls an den Versicherer oder dessen Agenten. Wird kein Schadenersatz beansprucht, so kann jeder Teil nur bis zum Ablauf eines Monats von dem Zeitpunkt an, in welchem er von dem Versicherungsfalle Kenntnis erlangt, kündigen. Für die Kündigungen ist eine Kündigungsfrist von einem Monat einzuhalten, auch dürfen die Kündigungen ohne andere Vereinbarung nicht für einen späteren Zeitpunkt als den Ablauf eines Monats seit der Kündigung erfolgen.

Prämienrückgewähr.

§ 19.

1. In den Fällen der Aufhebung oder des Erlöschens des Versicherungsverhältnisses vor dem Ablaufe der Vertragszeit gebührt dem Versicherer gleichwohl die Prämie, jedoch nicht über die laufende Versicherungsperiode hinaus. Hebt nach dem Eintritt eines Versicherungsfalls der Versicherer das Versicherungsverhältnis auf, so hat er die Prämie, welche auf die nach Abzug der Entschädigung verbleibende Versicherungssumme entfällt, nach Verhältnis der noch nicht abgelaufenen Versicherungszeit zurückzuzahlen.

2. War die Versicherung mit einer Vergünstigung für Vorauszahlung der Prämie abgeschlossen, so wird die für mehrere Versicherungsperioden vorausgezahlte Prämie soweit zurückgewährt, als sie denjenigen Prämienbetrag übersteigt, welchen der Versicherer nach seinen Geschäftsgrundsätzen berechnet haben würde, wenn die Versicherung von vornherein für die Zeit abgeschlossen worden wäre, für die ihm gemäß Absatz 1 die Prämie gebührt. Das gleich gilt für den Fall des § 8.

Schriftliche Form der Erklärungen des Versicherungsnehmers.

§ 20.

Abgesehen von den Anzeigen des §. 11 Abs. 1 ist wie für die Anzeigen, welche dem Versicherer während der Versicherung zu machen sind, auch für Kündigungs- und Rücktrittserklärungen oder für sonstige das Versicherungsverhältnis betreffende Erklärungen des Versicherungsnehmers die schriftliche Form erforderlich. Das gleiche gilt im Falle einer Veräußerung für die Kündigung des Erwerbers.

Stillschweigende Verlängerung des Versicherungsvertrags.

§ 21.

Es kann besonders vereinbart werden, daß sich das Versicherungsverhältnis mit dem Ablaufe der Vertragszeit um ein Jahr und weiter von Jahr zu Jahr stillschweigend verlängert, wenn es nicht unter Einhaltung einer vereinbarten Kündigungsfrist vor jedesmaligem Ablaufe von einem der beiden Teile schriftlich gekündigt wird. Die Kündigungsfrist darf nicht mehr als 3 Monate betragen.

Soweit nicht in den vorstehenden Allgemeinen Versicherungsbedingungen, in Zusatzbedingungen oder durch besondere Vereinbarungen Abweichendes bestimmt ist, gelten für das Versicherungsverhältnis die gesetzlichen Vorschriften.

§ 1
Versicherte Gefahren und Schäden.

1. Die Gesellschaft (Versicherer) gewährt Versicherungsschutz
a) gegen Brand und Blitzschlag,
b) gegen Explosion von Leuchtgas ohne Unterschied seiner Verwendung und von Beleuchtungskörpern, bei Versicherungen von Wohngebäuden und Hausrat gegen Explosionen aller Art.

2. Als Brand gilt ein Feuer, das ohne einen bestimmungsmäßigen Herd entstanden ist oder ihn verlassen hat und sich aus eigener Kraft auszubreiten vermag (Schadenfeuer). Sengschäden, die nicht durch einen Brand entstanden sind, sowie Schäden, die an den versicherten Sachen dadurch entstehen, daß sie einem Nutzfeuer oder der Wärme zur Bearbeitung oder zu sonstigen Zwecken (z. B. zum Räuchern, Rösten, Kochen, Braten, Trocknen, Plätten) ausgesetzt werden, fallen nicht unter den Versicherungsschutz.

3. Die Gesellschaft haftet für die Schäden, die in Zerstörung oder Beschädigung der versicherten Sachen bestehen, wenn sie
a) auf der unmittelbaren Einwirkung der in 1. genannten Schadenereignisse beruhen oder
b) die unvermeidliche Folge eines solchen Ereignisses sind und das Ereignis auf dem Grundstück, auf dem sich die versicherten Sachen befinden, oder auf einem Nachbargrundstück eingetreten ist, oder
c) durch Löschen, Niederreißen oder Ausräumen verursacht werden.

4. Die Gesellschaft ersetzt den Wert der versicherten Sachen, die bei einem der in 1. genannten Schadenereignisse abhanden gekommen sind.

5. Die Gesellschaft ersetzt Aufwendungen, die der Versicherungsnehmer im Schadenfalle (Versicherungsfalle) gemacht hat, nach Maßgabe des § 15.

6. Für einen weiteren Schaden, insbesondere für entgangenen Gewinn und Aufräumungskosten haftet die Gesellschaft nur, wenn es besonders vereinbart ist.

7. Im Falle von inneren Unruhen oder Kriegsereignissen jeder Art sowie im Falle von Erdbeben haftet die Gesellschaft nur, wenn der Versicherungsnehmer nachweist, daß der Schaden mit diesen Ereignissen weder unmittelbar noch mittelbar in Zusammenhang steht.

§ 2
Versicherte Sachen.

1. Soweit nichts anderes vereinbart ist, sind nur die dem Versicherungsnehmer gehörigen Sachen versichert. Die Versicherung von Hausrat und von Arbeitsgerät erstreckt sich auf die Sachen der in häuslicher Gemeinschaft mit dem Versicherungsnehmer lebenden Familienangehörigen und Arbeitnehmer.

2. Bargeld, Wertpapiere, Urkunden, Gold- und Silberbarren, ungefaßte Edelsteine sowie ungefaßte echte Perlen sind nur dann versichert, wenn es besonders vereinbart ist.

§ 3
Ersatzwert. Unterversicherung.

1. Die Versicherung darf nicht zu einer Bereicherung führen. Maßgebend für die Entschädigung ist der Versicherungswert zur Zeit des Eintritts des Schadenfalles (Ersatzwert), und zwar bei beschädigten Sachen der Unterschied zwischen diesem Wert und dem Wert der Reste, bei dessen Ermittelung die Verwendbarkeit der Reste für die Wiederherstellung zu berücksichtigen ist. Auf die Bewertung von Gebäuderesten bleiben behördliche Wiederaufbaubeschränkungen ohne Einfluß, soweit nichts anderes vereinbart ist.

2. Maßgebend für den Ersatzwert sind:
a) bei Hausrat, Gebrauchsgegenständen, Arbeitsgeräten und Maschinen: der Wiederbeschaffungspreis unter billiger Berücksichtigung des aus dem Unterschied zwischen alt und neu sich ergebenden Minderwertes; bei Gebäuden: der ortsübliche Bauwert unter Abzug eines dem Zustand des Gebäudes, insbesondere dem Alter und der Abnutzung entsprechenden Betrages. Ergibt sich bei Gebäuden und Maschinen ein geringerer Wert aus dem Umstande, daß sie vor Eintritt des Schadenfalls schon dauernd entwertet waren, so gilt der geringere Wert als Ersatzwert;
b) bei Waren, die der Versicherungsnehmer herstellt (in Arbeit befindlichen und fertigen Fabrikaten): die Kosten der Neuherstellung, soweit sie den Preis nicht überschreiten, der bei dem Verkauf erzielt worden wäre, abzüglich der an dem etwa noch nicht fertigen Erzeugnis ersparten Kosten;
c) bei Waren, mit denen der Versicherungsnehmer handelt, bei Rohstoffen, die der Versicherungsnehmer für die Erzeugung von Waren beschafft hat, sowie bei Naturerzeugnissen: der Wiederbeschaffungspreis, soweit er den Preis nicht überschreitet, der bei dem Verkauf erzielt worden wäre, abzüglich der an dem etwa noch nicht fertigen Erzeugnis ersparten Kosten.
Maßgebend sind die Preise (soweit sich Marktpreise gebildet haben, die Marktpreise) zur Zeit des Eintritts des Schadenfalles sowie die Kosten der Neuherstellung zur Zeit des Eintritts des Schadenfalles.

3. Ein persönlicher Liebhaberwert (Affektionswert) darf bei Ermittelung des Ersatzwertes nicht berücksichtigt werden.
4. Ist die Versicherungssumme niedriger als der Ersatzwert (Unterversicherung), so wird nur derjenige Teil des Schadens ersetzt, der sich zum ganzen Schaden verhält wie die Versicherungssumme zum Ersatzwert. Ob Unterversicherung vorliegt, ist für jede Gruppe (Position) des Versicherungsscheins besonders festzustellen; außerhalb des Versicherungsortes (§ 4) befindliche Sachen sind hierbei nur dann zu berücksichtigen, wenn die Gesellschaft auch außerhalb des Versicherungsortes für sie haftet. Hausrat und Arbeitsgerät gelten mangels anderer Vereinbarung als in einer Gruppe versichert.

§ 4
Versicherungsort.

1. Bewegliche Sachen sind nur in den Räumen versichert, die in der Versicherungsurkunde bezeichnet sind (Versicherungsort).

2. Die Versicherung des Hausrats und Arbeitsgeräts bleibt bei einem Wohnungswechsel auch während des Umzuges und in der neuen Wohnung bestehen, wenn sie innerhalb des Deutschen Reiches, der Freien Stadt Danzig und des Memelgebietes liegt. Der Versicherungsnehmer hat aber der Gesellschaft unverzüglich schriftlich Anzeige zu erstatten. Der Anzeigepflicht hat er genügt, wenn er die Anzeige innerhalb zweier Wochen nach Beendigung des Umzuges erstattet. Verletzt er diese Pflicht und ist mit dem Wohnungswechsel eine Gefahrerhöhung verbunden, so finden die Vorschriften der §§ 28 bis 30 des Gesetzes über den Versicherungsvertrag (VVG.) entsprechende Anwendung.

3. Die Versicherung von Hausrat und Arbeitsgerät umfaßt auch Sachen, die sich vorübergehend außerhalb des Versicherungsorts in Europa befinden. Die Entschädigung darf aber nicht mehr als 10 vom Hundert der Versicherungssumme für Hausrat und Arbeitsgerät zusammen, höchstens 3000 Reichsmark betragen. Diese Außenversicherung gilt nur dann als auf „Erstes Risiko" geschlossen, wenn es besonders vereinbart ist.

§ 5
Anzeige von Gefahrumständen bei Vertragsschluß.

Der Versicherungsnehmer hat bei Vertragsschluß alle ihm bekannten Umstände, die für die Uebernahme der Gefahr erheblich sind, insbesondere alle Umstände, nach denen er schriftlich gefragt wird, schriftlich anzuzeigen. Bei schuldhafter Verletzung dieser Pflicht kann die Gesellschaft nach Maßgabe der §§ 16 bis 21 VVG. vom Vertrage zurücktreten und damit von der Entschädigungspflicht frei sein.

§ 6
Gefahrerhöhung.

1. Nach dem Vertragsschluß darf der Versicherungsnehmer ohne Einwilligung der Gesellschaft keine Gefahrerhöhung vornehmen oder gestatten. Erlangt der Versicherungsnehmer Kenntnis davon, daß eine Gefahrerhöhung ohne sein Wissen oder ohne seinen Willen eingetreten ist, so hat er der Gesellschaft unverzüglich schriftlich Anzeige zu erstatten.

2. Tritt nach dem Vertragsschluß eine Gefahrerhöhung ein, so kann die Gesellschaft kündigen. Verletzt der Versicherungsnehmer eine der in 1. genannten Pflichten, so ist sie außerdem nach Maßgabe der gesetzlichen Bestimmungen von der Entschädigungspflicht frei.

3. Die näheren Vorschriften über Gefahrerhöhung sind in den §§ 23 bis 30 VVG. enthalten.

§ 7
Sicherheitsvorschriften.

Verletzt der Versicherungsnehmer gesetzliche, polizeiliche oder vereinbarte Sicherheitsvorschriften oder duldet er ihre Verletzung, so kann die Gesellschaft innerhalb eines Monats, nachdem sie von der Verletzung Kenntnis erlangt hat, die Versicherung mit einmonatiger Frist kündigen. Sie ist von der Entschädigungspflicht frei, wenn der Schadenfall nach der Verletzung eintritt und, die Verletzung auf Vorsatz oder grober Fahrlässigkeit des Versicherungsnehmers beruht. Die Entschädigungspflicht bleibt bestehen, wenn die Verletzung keinen Einfluß auf den Eintritt des Schadenfalles und auf den Umfang der Entschädigung gehabt hat, oder wenn zur Zeit des Schadenfalles trotz Ablauf der Frist die Kündigung nicht erfolgt war.

§ 8
Versicherungsurkunde.

Die Versicherungsurkunde (Versicherungsschein, Verlängerungsschein, Nachtrag) wird dem Versicherungsnehmer bei der Gesellschaft oder ihrem Agenten zur Verfügung gestellt. Wird die Versicherungsurkunde abweichend von den Angaben des Versicherungsnehmers im Antrage ausgefertigt, so ist der Versicherungsnehmer bei der Aushändigung der Versicherungsurkunde hierauf schriftlich hinzuweisen. Der Inhalt der Versicherungsurkunde gilt als genehmigt, wenn der Versicherungsnehmer innerhalb eines Monats, nachdem sie ihm ausgehändigt ist, keinen Widerspruch erhebt. Das Recht des Versicherungsnehmers, die Genehmigung wegen Irrtums anzufechten, bleibt unberührt.

§ 9
Prämie. Beginn der Haftung.

1. Der Versicherungsnehmer hat die erste Prämie gegen Aushändigung der Versicherungsurkunde, Folgeprämien bei Beginn jeder Versicherungsperiode zu zahlen. Mit der Prämie sind die aus der Versicherungsurkunde oder der Prämienrechnung ersichtlichen Kosten (öffentliche Abgaben, Ausfertigungs- und Hebegühren, Auslagen) zu entrichten.
2. Die Haftung der Gesellschaft beginnt mit der Einlösung der Versicherungsurkunde, jedoch nicht vor dem in der Versicherungsurkunde bezeichneten Zeitpunkt.

3. Für die Folgen nicht rechtzeitiger Prämienzahlung gelten die §§ 38, 39, 91 VVG. Eine gerichtliche Einziehung rückständiger Folgeprämien darf nur innerhalb eines Jahres seit Ablauf der nach §§ 39, 91 VVG. gesetzten Zahlungsfristen erfolgen.

4. Wenn der Versicherungsvertrag vor Ablauf der Vertragszeit aufgehoben wird oder erlischt, so gebührt der Gesellschaft die Prämie für die laufende Versicherungsperiode. Kündigt nach dem Eintritt eines Schadens die Gesellschaft (§ 19 Abs. 2), so hat sie die Prämie, die auf die nach Abzug der Entschädigung verbleibende Versicherungssumme entfällt, nach Verhältnis der noch nicht abgelaufenen Versicherungszeit zurückzuzahlen. War die Prämie für mehrere Jahre vorausgezahlt, so wird der Betrag einbehalten, den die Gesellschaft bei Abschluß der Versicherung für die abgelaufene Zeit berechnet haben würde; der Mehrbetrag wird zurückerstattet.

§ 10
Mehrfache Versicherung. Vereinbarte Selbstversicherung.

1. Nimmt der Versicherungsnehmer für versicherte Sachen eine andere Feuerversicherung, auch gegen mittelbare Schäden, so hat er der Gesellschaft unverzüglich den Namen der anderen Gesellschaft und die Versicherungssumme schriftlich anzugeben. Die Gesellschaft kann innerhalb eines Monats, nachdem sie von der anderen Versicherung Kenntnis erlangt hat, die Versicherung mit dreimonatiger Frist kündigen. Ist die andere Versicherung nicht angezeigt oder der Gesellschaft sonst nicht bekannt geworden und tritt nach Ablauf von drei Monaten seit dem Zeitpunkt, zu dem die Anzeige der Gesellschaft hätte zugehen müssen, ein Schaden ein, so wird die Gesellschaft von der Entschädigungspflicht frei. Die Entschädigungspflicht bleibt bestehen, wenn zur Zeit des Schadenfalles trotz Ablauf der Frist eine Kündigung nicht erfolgt war.

2. Ist vereinbart, daß der Versicherungsnehmer einen Teil des Schadens selbst zu tragen hat (vereinbarte Selbstversicherung), so darf er für diesen Teil keine andere Versicherung nehmen. Andernfalls wird die Entschädigung so ermäßigt, daß der Versicherungsnehmer den vereinbarten Teil des Schadens selbst trägt.

§ 11.
Herabsetzung der Versicherungssumme.

1. Uebersteigt die Versicherungssumme den Wert der versicherten Sachen erheblich, so kann sowohl der Versicherungsnehmer wie die Gesellschaft nach Maßgabe des § 51 VVG. die Herabsetzung der Versicherungssumme und Prämie verlangen.
2. Sind die versicherten Sachen gegen diese Gefahr noch anderweit versichert und übersteigen die Versicherungssummen zusammen den Wert der versicherten Sachen, so kann der Versicherungsnehmer nach Maßgabe des § 60 VVG. die Herabsetzung der Versicherungssumme und Prämie verlangen, sofern er die später geschlossene Versicherung ohne Kenntnis der früheren Versicherung abgeschlossen hat. Die Herabsetzung der Prämie wirkt jedoch erst vom Beginn der auf die Herabsetzung der Versicherungssumme folgenden Versicherungsperiode an.

§ 12
Veräußerung der versicherten Sachen.

Veräußert der Versicherungsnehmer die versicherten Sachen, so geht die Versicherung gemäß § 69 VVG. auf den Erwerber über. Veräußerer oder Erwerber haben die Veräußerung unverzüglich schriftlich anzuzeigen. Der Erwerber oder die Gesellschaft können die Versicherung nach §§ 70, 71 VVG. kündigen. Bei Verletzung der Anzeigepflicht wird die Gesellschaft nach Maßgabe des § 71 VVG. von der Entschädigungspflicht frei.

§ 13
Versicherung für fremde Rechnung.

1. Bei der Versicherung für fremde Rechnung kann der Versicherungsnehmer über die Rechte des Versicherten im eigenen Namen verfügen. Der Versicherungsnehmer ist ohne Zustimmung des Versicherten zur Annahme der Entschädigungszahlung sowie zur Uebertragung der Rechte des Versicherten befugt, auch wenn er nicht im Besitz des Versicherungsscheins ist. Die Gesellschaft kann vor Auszahlung der Entschädigung den Nachweis verlangen, daß der Versicherte seine Zustimmung zu der Versicherung und zur Empfangnahme der Entschädigung erteilt hat.

2. Der Versicherte kann über seine Rechte nicht verfügen, selbst wenn er im Besitze des Versicherungsscheins ist; er kann die Zahlung der Entschädigung nur mit Zustimmung des Versicherungsnehmers verlangen.

3. Die für den Versicherungsnehmer geltenden Bestimmungen der §§ 6, 14, 15, 17 und 18 finden auf den Versicherten entsprechende Anwendung. § 79 VVG. bleibt unberührt.

§ 14
Pflichten des Versicherungsnehmers im Schadenfall.

1. Der Versicherungsnehmer hat im Falle eines Schadens, für den er Ersatz verlangt, folgende Pflichten:
a) Er hat innerhalb dreier Tage, nachdem er von dem Schaden Kenntnis erlangt hat, der Gesellschaft oder ihrem Agenten sowie der Polizeibehörde schriftlich oder mündlich Anzeige zu machen. Durch die Absendung der Anzeige wird die Frist gewahrt. Eine Aufstellung etwa abhanden gekommener Sachen hat er der Polizeibehörde innerhalb dreier Tage nach Feststellung ihres Verlustes einzureichen;
b) er hat nach Möglichkeit für die Abwendung oder Minderung des Schadens zu sorgen und dabei die Weisung der Gesellschaft oder ihres Agenten zu befolgen. Gestatten es die Umstände, so hat er solche Weisung einzuholen. Wegen des Ersatzes der Aufwendungen siehe § 15;
c) er hat der Gesellschaft, soweit es ihm billigerweise zugemutet werden kann, jede Untersuchung über Ursache und Höhe des Schadens und über den Umfang ihrer Entschädigungspflicht zu gestatten, jede hierzu dienliche Auskunft, auf Verlangen zu Protokoll oder schriftlich, zu erteilen und Belege beizubringen. Auf Verlangen muß er ferner innerhalb einer angemessenen Frist, die mindestens zwei Wochen betragen muß, ein von ihm unterschriebenes Verzeichnis der am Schadentage vorhandenen, der vom Schaden betroffenen und der abhandengekommenen Sachen, und zwar nach Möglichkeit unter Angabe ihres Wertes unmittelbar vor dem Schadenfall, auf seine Kosten vorlegen. Bei Gebäudeschäden muß er auf Verlangen einen beglaubigten Grundbuchauszug auf seine Kosten beibringen.

2. Verletzt der Versicherungsnehmer eine der vorstehenden Pflichten, so ist die Gesellschaft von der Entschädigungspflicht frei, wenn der Versicherungsnehmer nicht nachweist, daß die Verletzung weder auf Vorsatz noch auf grober Fahrlässigkeit beruht. Ist die Anzeige des Schadens bei der Polizeibehörde unterblieben, so kann die Entschädigung nur bis zur Nachholung dieser Anzeige verweigert werden. Sind abhandengekommene Sachen der Polizeibehörde nicht oder nicht rechtzeitig angezeigt, so kann die Entschädigung nur für diese Sachen verweigert werden.

§ 15
Ersatz der Aufwendungen.

Aufwendungen, auch erfolglose, die der Versicherungsnehmer im Schadenfalle zur Abwendung oder Minderung des Schadens für geboten halten durfte, hat die Gesellschaft zu ersetzen. Zu Vorschüssen ist die Gesellschaft nicht verpflichtet. Der Ersatz für Aufwendungen und die Entschädigung dürfen zusammen die Versicherungssumme nicht übersteigen, soweit die Aufwendungen nicht auf Weisung der Gesellschaft erfolgt sind. Bei einer Unterversicherung sind die Aufwendungen nur in demselben Verhältnis zu ersetzen wie der Schaden. Für Leistungen der im öffentlichen Interesse bestehenden Feuerwehren oder anderer zur Löschhilfe Verpflichteter wird ein Ersatz nicht gewährt.

§ 16
Sachverständigenverfahren.

1. Jede Partei kann verlangen, daß die Höhe des Schadens durch Sachverständige festgestellt wird. Die Ausdehnung des Sachverständigenverfahrens auf sonstige Feststellungen, insbesondere einzelne Voraussetzungen des Entschädigungsanspruchs, bedarf besonderer Vereinbarung. Die Feststellung, die die Sachverständigen im Rahmen ihrer Zuständigkeit treffen, ist verbindlich, wenn nicht nachgewiesen wird, daß sie offenbar von der wirklichen Sachlage erheblich abweicht.

2. Für die Sachverständigenverfahren gelten folgende Grundsätze:
a) Jede Partei ernennt zu Protokoll oder sonst schriftlich einen Sachverständigen. Jede Partei kann die andere unter Angabe des von ihr gewählten Sachverständigen zur Ernennung des zweiten Sachverständigen schriftlich auffordern. Erfolgt diese Ernennung nicht binnen zwei Wochen nach Empfang der Aufforderung, so wird auf Antrag der anderen Partei der zweite Sachverständige durch das für den Schadenort zuständige Amtsgericht ernannt. In der Aufforderung ist auf diese Folge hinzuweisen. Beide Sachverständige wählen zu Protokoll oder sonst schriftlich vor Beginn des Feststellungsverfahrens einen dritten als Obmann. Einigen sie sich nicht, so wird der Obmann auf Antrag einer Parteien oder beider Parteien durch das für den Schadenort zuständige Amtsgericht ernannt.
b) Die Feststellung der beiden Sachverständigen muß den Versicherungswert der Sachen unmittelbar vor und nach dem Schaden enthalten. Die Sachverständigen reichen ihre Feststellung gleichzeitig der Gesellschaft und dem Versicherungsnehmer ein. Fertigen die Sachverständigen voneinander abweichende Feststellungen an, so übergibt die Gesellschaft sie unverzüglich dem Obmann. Dieser entscheidet über die streitig gebliebenen Punkte innerhalb der Grenzen beider Feststellungen und reicht seine Feststellung gleichzeitig der Gesellschaft und dem Versicherungsnehmer ein.
c) Jede Partei trägt die Kosten ihres Sachverständigen; die Kosten des Obmannes tragen beide je zur Hälfte.

3. Auf Grund der Feststellung der Sachverständigen oder des Obmannes wird die Entschädigung nach den Bestimmungen des § 3 1. und 4. berechnet.

4. Durch das Sachverständigenverfahren werden die Pflichten des Versicherungsnehmers nach § 4 1 c) nicht berührt.

§ 17.
Besondere Verwirkungsgründe.

Wenn der Versicherungsnehmer den Schaden vorsätzlich oder grobfahrlässig herbeiführt oder sich bei den Verhandlungen über die Ermittlung der Entschädigung einer arglistigen Täuschung schuldig macht, so ist die Gesellschaft dem Versicherungsnehmer gegenüber von jeder Entschädigungspflicht aus diesem Schadenfalle frei.

§ 18.
Zahlung der Entschädigung.

1. Die Entschädigung ist einen Monat nach ihrer vollständigen Feststellung fällig; jedoch kann einen Monat nach Anzeige des Schadens als Teilzahlung der Betrag verlangt werden, der nach Lage der Sache mindestens zu zahlen ist. Die Entschädigung ist nach Ablauf eines Monats seit der

Anzeige des Schadens mit 1 v. H. unter dem Diskontsatz derjenigen Zentralnotenbank, in deren Währung zu leisten ist, aber mit nicht mehr als 6 v. H. und mit nicht weniger als 4 v. H. für das Jahr zu verzinsen. Der Lauf der vorgenannten Fristen ist gehemmt, solange infolge eines Verschuldens des Versicherungsnehmers die Ermittlung oder Zahlung der Entschädigung nicht erfolgen kann.

2. Die Gesellschaft ist berechtigt, die Zahlung aufzuschieben:
a) wenn Zweifel über die Berechtigung des Versicherungsnehmers zum Zahlungsempfang bestehen, bis zur Beibringung der erforderlichen Nachweisung;
b) wenn eine polizeiliche oder strafgerichtliche Untersuchung aus Anlaß des Schadens gegen den Versicherungsnehmer eingeleitet ist, bis zur Erledigung dieser Untersuchung.

3. Für Gebäude, die zur Zeit des Schadenfalles mit Hypotheken, Reallasten, Grund- und Rentenschulden belastet sind, wird die Entschädigung nur gezahlt, soweit ihre Verwendung zur Wiederherstellung gesichert ist. Die Zahlung wird vorbehaltlos geleistet, soweit die am Schadentage eingetragenen Realgläubiger sich schriftlich einverstanden erklären oder selbst zur Empfangnahme der Entschädigung berechtigt sind. Eine mit dem Versicherungsnehmer besonders vereinbarte Wiederherstellungspflicht wird hierdurch nicht berührt.

4. Wenn der Entschädigungsanspruch nicht innerhalb einer Frist von sechs Monaten gerichtlich geltend gemacht wird, nachdem die Gesellschaft ihn unter Angabe der mit dem Ablauf der Frist verbundenen Rechtsfolge schriftlich abgelehnt hat, so ist die Gesellschaft von der Entschädigungspflicht frei.

§ 19
Rechtsverhältnis nach dem Schadenfall.

1. Vom Schadentage an vermindert sich die Versicherungssumme für den Rest der Versicherungsperiode um den Betrag der Entschädigung. Für spätere Versicherungsperioden gelten wieder die ursprüngliche Versicherungssumme und Prämie, wenn sich nicht aus den Umständen ein anderes ergibt.

2. Nach Eintritt eines Schadenfalles können beide Parteien jeden zwischen ihnen bestehenden Feuerversicherungsvertrag kündigen, der Versicherungsnehmer jedoch nur dann, wenn er den Schaden der Gesellschaft oder dem Agenten in der vorgeschriebenen Frist (§ 14 1 a) angezeigt hat. Die Kündigung hat spätestens zwei Wochen nach Auszahlung oder Ablehnung schriftlich zu erfolgen. Wird kein Schadenersatz beansprucht, so ist die Kündigung nur zulässig, sofern der Schadenfall nicht länger als ein Jahr zurückliegt, und hat spätestens einen Monat, nachdem die Partei von dem Schaden Kenntnis erlangt hat, schriftlich zu erfolgen. Der Vertrag endigt einen Monat nach der Kündigung, soweit nichts anderes vereinbart ist.

§ 20.
Schriftliche Form der Erklärungen des Versicherungsnehmers.

Versicherungsanträge sowie sämtliche Anzeigen und Erklärungen des Versicherungsnehmers mit Ausnahme der Schadenanzeige müssen schriftlich erfolgen.

Soweit nicht in den Allgemeinen Versicherungs-Bedingungen, in Zusatzbedingungen oder durch besondere Vereinbarung Abweichendes bestimmt ist, gelten die gesetzlichen Vorschriften. Diejenigen Vorschriften, auf welche in diesen Bedingungen Bezug genommen worden ist, sind hier beigefügt.

B) Die Unfallversicherungsbedingungen

I. Die Allgemeinen Versicherungsbedingungen des Verbandes der in Deutschland arbeitenden Unfallversicherungsgesellschaften von 1904

§ 1

Als Unfälle im Sinne dieser Versicherung gelten alle ärztlicherseits sicher erkennbaren körperlichen Beschädigungen, von welchen der Versicherte unfreiwillig durch ein von außen plötzlich auf ihn einwirkendes Ereignis, ferner auch durch Blitz, durch elektrischen Schlag, oder durch Verbrennung betroffen wird. Es sollen aber auch als Unfälle erachtet werden das unfreiwillige Ersticken durch ausströmende Dämpfe oder Gase, ferner Blutvergiftungen, welche unzweifelhaft durch einen gleichzeitigen Unfall zustande gekommen sind, für welchen die Gesellschaft ohnehin haften müßte, sowie Zerrungen und Zerreißungen von Muskeln, auch wenn dieselben lediglich die Folge eigener plötzlicher Kraftleistung sind. Unfälle, welche bei rechtmäßiger Verteidigung oder bei Bemühungen zur Rettung von Menschenleben eintreten, sind in die Versicherung eingeschlossen.

Nicht als Unfälle gelten alle gewöhnlichen Erkrankungen und Krankheitszustände, Infektions- und Invasionskrankheiten, Krankheiten infolge psychischer Einwirkungen, Schlag-, Krampf-, Ohnmachts-, Schwindel-, Epilepsie-Anfälle und ihre Folgen, Krampfadern und ihre Folgen, Ansteckungen und Vergiftungen, Erkältungen, Erfrieren, Sonnenstich, überhaupt die Folgen von Temperatureinflüssen, Eingriffe jeder Art, welche der Versicherte an seinem eigenen Körper vornimmt (auch Schneiden von Nägeln sowie Kratzen), Operationen, welche an dem Versicherten vorgenommen werden, soweit letztere nicht durch einen versicherten Unfall bedingt sind, die Folgen von fortgesetzten Überanstrengungen oder Kraftleistungen.
Unfälle bei regelmäßiger Benutzung oder beim Lenken von Kraftfahrzeugen, beim Radfahren, Jagen, Reiten, Fischen auf dem Meere, Segeln, Schneeschuhlaufen und Selbstkutschieren, Unfälle bei Gebirgstouren innerhalb der Gletscherregionen und bei solchen Gebirgstouren, welche nur mit geprüften Führern gemacht zu werden pflegen, Unfälle bei den Militärübungen der Reserve und der Landwehr sind in die Versicherung nur eingeschlossen, wenn dies von dem Versicherten beantragt und in der Police oder deren Nachträgen von der Gesellschaft ausdrücklich beurkundet ist.

Unfälle bei Wasserfahrten ohne Begleitung eines Bootsführers (Bootsführerin) oder einer erwachsenen männlichen Person sowie beim Baden und Schwimmen sind nur insoweit in die Versicherung eingeschlossen, als sie nicht den Tod zur Folge haben.

Ausgeschlossen von der Versicherung sind Selbstmord und der Versuch desselben und alle Unfälle, welche der Versicherte erleidet infolge von Geistesstörung oder Bewußtseinsstörung irgendwelchen Grades, es sei denn, daß diese Geistesstörung oder Bewußtseinsstörung selbst durch einen entschädigungspflichtigen Unfall hervorgerufen war, ferner Unfälle durch eigene grobe Fahrlässigkeit, durch vorsätzliche oder grobfahrlässige Nichtbeachtung der für den Schutz von Leben und Gesundheit erlassenen Gesetze und Vorschriften, bei der Ausführung oder dem Versuch von Verbrechen oder Vergehen, im Duell, durch Beteiligung an einer Schlägerei oder einem Raufhandel, in offenbarer Trunkenheit, durch Erdbeben, Kriegsereignisse, bürgerliche Unruhen, im mobilen Militär- oder Seedienst, bei Teilnahme an Wettkämpfen und Wettspielen, Luftballonfahrten oder bei Benutzung ungewöhnlicher Transportmittel, durch equilibristische oder akrobatische Übungen, Unfälle bei Wettrennen, Parforce- und Schnitzeljagden können durch besondere Vereinbarung insoweit in die Versicherung eingeschlossen werden, als sie nicht den Tod zur Folge haben.

Ausgeschlossen von der Versicherung sind ferner Darmverschließungen, Bauch- und Unterleibsbrüche aller Art, gleichviel durch welche Veranlassung sie entstanden sind, sowie die Folgen derselben, Entzündungen des Blinddarms und seiner Anhänge, Blutungen aus inneren Organen ohne erkennbare äußere Verletzungen.

§ 2

Die Versicherung ist gültig innerhalb der Grenzen Europas und auf Seereisen mit Dampfschiffen auf dem Atlantischen Ozean bis zum 15. Grad westlich von Greenwich, auf dem Mittelländischen, dem Schwarzen und dem Kaspischen Meere.

§ 3

Die Verpflichtung der Gesellschaft beginnt mit der Einlösung der Police durch Zahlung der Prämie nebst Kosten in Höhe von 2,50 M und bar verauslagtem Stempel, wenn nicht ein späterer Zeitpunkt für den Beginn in der Police selbst bestimmt ist. Die später fällig werdenden Prämien sind mit Beginn eines jeden Versicherungsjahres zu entrichten. Unterbleibt die Zahlung, so ist der Versicherungsnehmer auf seine Kosten durch eingeschriebenen Brief unter Hinweis auf die vertragsmäßigen Folgen fortdauernden Verzuges und unter Angabe der zuständigen Zahlungsstelle zur Einlösung der Prämie aufzufordern. Erfolgt alsdann die Zahlung nicht innerhalb zwei Wochen nach Empfang der Aufforderung, so ruht von da ab auf die Dauer des Verzuges die Entschädigungsverpflichtung der Gesellschaft und tritt erst für später eintretende Schäden wieder in Kraft, nachdem die Prämie nebst Kosten bezahlt ist. Im Falle des Verzuges steht es der Gesellschaft frei, den Vertrag als aufgehoben zu betrachten oder die Prämie gerichtlich einzuziehen.

§ 4

Ändert der Versicherte im Laufe der Versicherung seine Berufstätigkeit oder seine Beschäftigung gegenüber den Angaben im Antrag und den Feststellungen in der Police oder deren Nachträgen in der Weise, daß hierdurch eine erhebliche Erhöhung der Gefahr herbeigeführt wird, oder nimmt er eine der im § 1 Abs. 3 angeführten Nebentätigkeiten auf, so erstreckt sich die Versicherung auf Unfälle bei Ausübung der neuen Berufstätigkeit oder der neuen Beschäftigung erst dann, wenn die Gesellschaft auf Anzeige des Versicherten sich hiermit schriftlich einverstanden erklärt und der Versicherte die von der Gesellschaft geforderte Mehrprämie entrichtet hat. Für Nachträge und Veränderungsscheine ist eine Gebühr von 50 Pfennig zu entrichten.

Der Versicherungsvertrag erlischt, wenn der Versicherte während der Dauer der Versicherung in Siechtum oder in Geisteskrankheit verfällt, von Blindheit oder Taubheit befallen wird oder an Epilepsie oder Schlagfluß erkrankt oder unabhängig von einem Unfall Gliedmaßen verliert, deren Verlust nach § 6 mit einer Invalidität von 40 % oder darüber einzuschätzen sein würde.

§ 5

Hat ein Unfall stattgefunden, so ist der Versicherte verpflichtet,
1. binnen drei Tagen nach dem Eintritt des Unfalles derjenigen Generalagentur, welche auf der Police genannt oder durch spätere schriftliche Mitteilung von der Gesellschaft dem Versicherten als zuständige bezeichnet ist, oder der Gesellschaft direkt schriftliche Anzeige zu machen und binnen einer Woche nach dem Eintritt des Unfalls eine Schadenanmeldung auf dem von der Gesellschaft zu beziehenden Formular unter wahrheitsgemäßer Beantwortung aller Fragen desselben einzureichen, und alle etwa weiter von der Gesellschaft oder ei-

nem Beauftragten derselben verlangten sachdienlichen Auskünfte wahrheitsgemäß zu erteilen;
2. unverzüglich, spätestens am zweiten Tage nach dem Eintritt des Unfalls, und demnächst dauernd bis zum Abschluß des Heilverfahrens, einen approbierten Arzt zuzuziehen und für angemessene Krankenpflege zu sorgen;
3. den behandelnden Arzt zu veranlassen, binnen einer Woche nach Eintritt des Unfalls einen Bericht über den Schadenfall und binnen 14 Tagen nach Abschluß der ärztlichen Behandlung einen Schlußbericht auf den Formularen der Gesellschaft zu erstatten; außerdem hat der Versicherte dafür Sorge zu tragen, daß alle etwa weiter noch von der Gesellschaft eingeforderten Berichte des behandelnden Arztes derselben geliefert werden;
4. den von der Gesellschaft beauftragten Ärzten jederzeit Zutritt und die Untersuchung zu gestatten und den von dem Gesellschaftsarzt nach gewissenhaftem Ermessen zur Beförderung der Heilung getroffenen sachdienlichen Anordnungen, auch derjenigen, sich in einer Heilanstalt behandeln zu lassen, gewissenhaft Folge zu leisten; die Kosten einer etwa von dem Gesellschaftsarzt angeordneten Behandlung und Verpflegung in einer von ihr zu bestimmenden Heilanstalt werden von der Gesellschaft aus eigenen Mitteln bestritten oder ersetzt. Sofern diese Kosten den Betrag von 6 M für einen Tag übersteigen, wird der Mehrbetrag auf die von der Gesellschaft zu leistende Entschädigung angerechnet, jedoch höchstens bis zur Hälfte der zu leistenden Kurkostenentschädigung;
5. den behandelnden Arzt und die Ärzte, von denen er früher behandelt worden ist, zu ermächtigen, der Gesellschaft auf Verlangen Auskunft über seine Gesundheitsverhältnisse und über alle beobachteten Erkrankungen zu erteilen.

§ 6

Die Entschädigungen werden nach folgenden Grundsätzen geleistet:

1. Hat der Unfall binnen Jahresfrist den Tod des Versicherten zur Folge gehabt, so wird die volle versicherte Summe abzüglich der von dem Versicherten etwa vorher schon nach Ziffer 2 bezogenen Entschädigungen gezahlt.
2. Hat der Unfall binnen Jahresfrist eine dauernde Beeinträchtigung der Arbeitsfähigkeit (Invalidität) zur Folge gehabt, so gewährt die Gesellschaft eine Kapitalentschädigung, welche je nach dem Grade der Invalidität der vollen Versicherungssumme oder einem Teile derselben entspricht. Die Kapitalentschädigung wird geleistet auf Grund einer nach § 7 erfolgenden Feststellung, und zwar sogleich, wenn infolge von Gliedverlusten oder Gliedabtrennung außer Zweifel steht, daß der Grad der Invalidität ein unabänderlicher sein wird. In allen anderen Fällen der Invalidität steht der Gesellschaft das Recht zu, nach erfolgter Feststellung die Auszahlung des Kapitals auf zwei Jahre hinauszuschieben; nach Ablauf dieser Frist hat die Gesellschaft, wenn und insoweit die Invalidität noch andauert, auf Grund endgültiger gleichfalls nach § 7 erfolgender Feststellung einen dem alsdann ermittelten Invaliditätsgrad entsprechenden Betrag der versicherten Summe zu gewähren, für die Zwischenzeit dagegen von dem erstmalig festgesetzten Kapital jährlich 6 % Zinsen an den Versicherten zu vergüten.

Sollte der Versicherte sterben, ehe die Kapitalentschädigung zur Auszahlung gelangt ist, so hat die Gesellschaft nur die erstmalig festgestellte Kapitalentschädigung zu zahlen, sofern nicht gemäß § 6 Ziffer 1 die volle Versicherungssumme zu vergüten ist.

Für die Feststellung des Grades der Invalidität sind, unter Ausschluß des Nachweises eines höheren oder geringeren Invaliditätsgrades im einzelnen Fall folgende Grundsätze allgemein maßgebend:
a) vollständige Invalidität wird angenommen: beim gänzlichen Verlust der Sehkraft beider Augen, beim Verluste oder der vollständigen Gebrauchsbehinderung beider

Arme oder Hände, beider Beine oder Füße, beim Verlust eines Armes oder einer Hand und eines Beines oder eines Fußes, bei unheilbarer Geistesstörung,
b) bei vollständigen Verlust oder bei vollständiger Gebrauchsbehinderung der nachbezeichneten Körperteile wird der beibemerkte Invaliditätsgrad als festgestellt angenommen: für den rechten Arm oder die rechte Hand 60 %, für den linken Arm oder die linke Hand 40 %, für ein Bein oder einen Fuß 50 %, für ein Auge 30 %, für den Daumen der rechten Hand 25 %, für den Daumen der linken Hand 15 %, für den Zeigefinger der rechten Hand 15 %, für den Zeigefinger der linken Hand 10 %,für die übrigen Finger je 5 %, für die große Zehe eines Fußes 8 %, für die anderen Zehen je 3 %.

Bei nur teilweisen Verlust oder teilweiser Gebrauchsbehinderung der vorbenannten Körperteile wird ein entsprechend geringerer Grad von Invalidität angenommen.

Beim Verlust mehrerer Finger wird der Invaliditätsgrad durch Zusammenrechnung der für die einzelnen Finger feststehenden Prozentsätze ermittelt.

Für den Verlust des Gehörs auf einem Ohre wird ein Invaliditätsgrad von 15 % und für den Verlust des Gehörs auf beiden Ohren ein solcher von 60 % festgesetzt.

c) Durch Vereinbarung zwischen dem Versicherten und der Gesellschaft kann, der Berufstätigkeit des Versicherten entsprechend, gegen angemessenen Prämienzuschlag eine anderweitige Festsetzung des Invaliditätsgrades für einzelne Gliedmaßen stattfinden.

d) Sofern der Invaliditätsgrad nach vorstehendem oder nach einer besonderen Vereinbarung nicht ohne weiteres feststeht, wird er nach der Beeinträchtigung bemessen, welche die Arbeitsfähigkeit des Versicherten unter Berücksichtigung seines Standes, seiner Berufstätigkeit und seiner Beschäftigung, wie solche in der Police oder deren Nachträgen angegeben sind, durch den Unfall erfahren hat.

e) Sind Körperteile bereits vor dem Unfall ganz oder teilweise verloren, verkrüppelt, verstümmelt oder gebrauchsunfähig gewesen, so wird bei der Feststellung des durch den Unfall bedingten Invaliditätsgrades der schon vorhandene nach obigen Grundsätzen berechnende Invaliditätsgrad in Abzug gebracht.

3. Für Kurkosten und Arbeitsunfähigkeit innerhalb des auf den Unfall folgenden Jahres wird während der ärztlichen Behandlung, und zwar vom Tage des Beginns derselben ab eine tägliche Entschädigung von eins vom Tausend der Versicherungssumme vergütet, solange der Versicherte infolge des Unfalls vollständig arbeitsunfähig ist. Solange der Versicherte während dieser Zeit nur teilweise arbeitsunfähig ist, wird ein der verminderten Arbeitsfähigkeit entsprechender Teil dieser Entschädigung gezahlt. Für die Bemessung des Grades der Arbeitsunfähigkeit ist der in der Police oder deren Nachträgen angegebene Stand oder die angegebene Berufstätigkeit und Beschäftigung maßgebend.

Durch besondere Vereinbarung, welche in den besonderen Bedingungen zu beurkunden ist, kann der Beginn dieser Entschädigung auf einen späteren Zeitpunkt als den Beginn der ärztlichen Behandlung verlegt werden.

§ 7

Die Gesellschaft ist verpflichtet, sich über ihre Entschädigungspflicht zu erklären, und zwar, soweit Ansprüche auf Entschädigung gemäß § 6 Ziffer 1 und 3 erhoben werden, binnen 4 Wochen, nachdem ihr der Eintritt des Todes oder die Beendigung der ärztlichen Behandlung angezeigt und ihr die erforderlichen ärztlichen Zeugnisse hierüber zugegangen sind. Soweit Ansprüche auf Invaliditätsentschädigung (§ 6 Ziffer 2) erhoben werden, die von dem Versicherten bei Meidung des Verlustes der Ansprüche spätestens binnen Jahresfrist nach Eintritt des Unfalls anzumelden sind, ist die Gesellschaft verpflichtet, sich innerhalb von 3 Monaten nach Abschluß des Heilverfahrens über ihre Entschädigungspflicht zu erklären, sofern ihr die zur Prüfung der Invaliditätsfrage erforderlichen ärztlichen Zeugnisse zugegangen sind.

Sind der Versicherte oder der Empfangsberechtigte mit der Erklärung der Gesellschaft nicht einverstanden, so hat über die Frage, ob der Tod oder die Invalidität, und in welchem Grade die letztere, soweit dieser Grad nicht schon nach den Bestimmungen des § 6 ohne weiteres als festgestellt gilt, und über die Frage, in welchem Grade und auf welche Zeit die Arbeitsunfähigkeit des Versicherten während der Kurzeit durch den Unfall verursacht worden ist, sowie über den Grad der Gebrauchsfähigkeit nur teilweise verlorener, verstümmelter oder gelähmter Körperteile, und endlich über die Frage, ob und mit welchem Tage die Kurzeit als beendet anzusehen ist, eine Kommission von drei Ärzten zu entscheiden. Diese Kommission wird zusammengesetzt aus einem Arzte, welchen die Gesellschaft benennt, einem zweiten Arzte, welchen der Versicherte oder dessen Rechtsnachfolger zu benennen haben, und als Obmann dem Kreis-, Amts- oder Bezirksarzt des Wohnortes des Versicherten oder auf Verlangen der Gesellschaft einen von ihr zu benennenden leitenden Arzt einer öffentlichen Heilanstalt oder Lehrer an einer deutschen Hochschule. Lehnt der Versicherte den von der Gesellschaft benannten Obmann ab, wozu ihm das Recht binnen einer Woche nach Mitteilung des Namens des benannten Obmannes zusteht, so wird der Obmann von dem Vorsitzenden des Deutschen Ärzte-Vereins-Bundes oder in dessen Behinderung von dem Stellvertreter desselben ernannt. Sofern der Versicherte oder dessen Rechtsnachfolger es versäumen, binnen einer Woche nach erfolgter Aufforderung das zu ernennende Kommissionsmitglied mittels eingeschriebenen Briefes der Gesellschaft namhaft zu machen, wird die Wahl auch dieses Kommissionsmitgliedes von der Gesellschaft rechtgültig bewirkt. Die Kommission ist von der Gesellschaft einzuberufen. Die von dem Obmann zu beurkundende Entscheidung der Kommission ist hinsichtlich der vorangeführten Tatfragen eine endgültige, so daß der Rechtsweg über diese Fragen ausgeschlossen ist. Dagegen steht der Kommission eine Entscheidung über die Rechtsfrage, ob überhaupt eine Entschädigungsverpflichtung der Gesellschaft besteht, nicht zu, hierüber haben vielmehr bei mangelnder Einigung die ordentlichen Gerichte zu entscheiden.

Die durch die Entscheidung einer Ärzte-Kommission erwachsenen Kosten werden, falls die Entschädigung nach der Kommissionsentscheidung den von der Gesellschaft angebotenen Betrag übersteigt, von dieser, sonst aber von dem Versicherten oder dessen Rechtsnachfolgern, indessen nicht über den Betrag von M. 50,- hinaus, getragen.

§ 8.

Die Zahlung einmaliger Entschädigungen erfolgt binnen 14 Tagen nach endgültiger Feststellung der Entschädigungspflicht der Gesellschaft und des Entschädigungsbetrages, die Zahlung nach § 6 Ziffer 2 zu leistender Zinsen je nach Ablauf von 3 Monaten.

Die Entschädigung für vorübergehende Arbeitsunfähigkeit wird nach Beendigung der ärztlichen Behandlung oder, wenn diese länger als einen Monat dauert, auf Verlangen des Versicherten am Schlusse eines jeden Monats gegen Vorlegung eines ärztlichen Attestes über den Grad der Arbeitsunfähigkeit und die ununterbrochene Fortdauer der ärztlichen Behandlung ausgezahlt.

Bei Auszahlung der Entschädigungen werden etwa noch rückständige Teilbeträge einer vollen Jahresprämie aufgerechnet.

Alle Zahlungen werden bei der Hauptkasse der Gesellschaft oder der Kasse der zuständigen Generalagentur kostenfrei geleistet. Es steht jedoch dem Empfangsberechtigten frei, nach vorheriger Einsendung der Quittung Zahlung durch die Post oder in anderer Weise auf seine Gefahr und Kosten zu verlangen.

§ 9

Wenn eine Invalidität des Versicherten anerkannt, bzw. endgültig oder erstmalig festgestellt ist (§ 6 Absatz 2 und § 7), so erlischt die Versicherung vorbehaltlich bereits erworbener Rechte.

Nach einem Schadenfalle, auch wenn derselbe eine Entschädigungspflicht der Gesellschaft nicht begründet, steht es der letzteren frei, die Versicherung durch einfache schriftliche Erklärung aufzuheben. Das gleiche Recht steht dem Versicherten zu, wenn er einen Entschädigungsanspruch auf Grund dieser Versicherung gegen die Gesellschaft klagend geltend gemacht hat. Das Aufhebungsrecht der Gesellschaft erlischt, wenn sie von demselben nicht spätestens innerhalb 14 Tagen nach dem Tage des Schadensersatzes oder der Ablehnung desselben Gebrauch macht, und das Aufhebungsrecht des Versicherten, wenn er davon nicht innerhalb 14 Tagen nach Klageerhebung Gebrauch macht.

§ 10

In allen Fällen vorzeitiger Auflösung dieses Versicherungsvertrages verbleibt die für das laufende Versicherungsjahr gezahlte Prämie der Gesellschaft.

War die Prämie mehrere Jahre vorausgezahlt, so wird die Prämie, welche ohne Vorauszahlung bis zum Aufhebungstermine zu zahlen gewesen wäre, festgestellt und der Mehrbetrag ohne Abzug zurückerstattet.

§ 11

Hat der Versicherte im Antrage oder in sonstigen Erklärungen, auf Grund deren die Versicherung abgeschlossen oder abgeändert worden ist, Umstände, welche auf den Entschluß der Gesellschaft, sich überhaupt oder bedungenermaßen auf die Versicherung einzulassen, von Einfluß gewesen sind oder von Einfluß hätten sein können, absichtlich oder fahrlässigerweise unrichtig angegeben oder verschwiegen, so ist die Gesellschaft berechtigt, jede Entschädigung abzulehnen. Das gleiche Recht steht der Gesellschaft zu, wenn der Versicherte oder seine Rechtsnachfolger die ihnen nach § 5 der Bedingungen obliegenden Pflichten nicht oder nicht rechtzeitig erfüllt haben, sofern sie nicht beweisen, daß ihnen ein Verschulden an der Nichterfüllung nicht zur Last fällt.

§ 12.

Für alle aus diesem Versicherungsvertrage entstehenden Rechtsstreitigkeiten sind neben den sonstigen gesetzlich zuständigen Gerichten die Gerichte des Wohnsitzes des Versicherten zuständig, sofern derselbe nicht im Ausland liegt.

Von der Gesellschaft nicht anerkannte Ansprüche auf Entschädigung, welche nicht spätestens innerhalb 3 Monate nach Abgabe der Erklärung der Gesellschaft gemäß § 7 oder, falls er zur Entscheidung durch die Kommission gekommen ist, innerhalb drei Monate, nachdem die Entscheidung der Kommission gefällt und durch die Gesellschaft dem Versicherten mitgeteilt ist, durch Zustellung der Klage geltend gemacht sind, erlöschen durch den bloßen Ablauf dieser Frist.

§ 13.

Die Rechte aus dieser Versicherung können vor ihrer endgültigen Feststellung ohne ausdrückliche Zustimmung der Gesellschaft seitens des Versicherungsnehmers weder übertragen noch verpfändet werden.

Der Versicherte bzw. die Empfangsberechtigten sind verpflichtet, gegen Zahlung der Entschädigung Schadensersatzansprüche gegen Dritte, die der Versicherte bzw. die Empfangsberechtigten aus einem Unfall haben, in Höhe dieser Entschädigung an die Gesellschaft abzutreten. Die Abtretung eines Schadensersatzanspruchs gegen ein Familienmitglied kann jedoch die Gesellschaft nur verlangen, wenn der Unfall durch eine vorsätzliche Handlung des Familienmitgliedes herbeigeführt ist.

§ 14.

Der Versicherungsvertrag wird für die in der Police festgesetzte Zeit mit der Maßgabe abgeschlossen, daß derselbe jeweilig auf ein Jahr fortgesetzt wird, sofern nicht einen Monat vor Ablauf desselben mittels eingeschriebenen Briefes von einem der Vertragsschließenden eine Kündigung des Vertrages erfolgt ist.

II. *Die Allgemeinen Versicherungsbedingungen für die Einzel-Unfallversicherung von 1910*

§ 1.
Beurkundung des Vertrags.

Der Antrag auf Versicherung ist schriftlich zu stellen; der Antragsteller, welcher persönlich für die Richtigkeit der hierbei abgegebenen Erklärungen verantwortlich ist, bleibt an seinen Antrag einen Monat lang, von der Unterzeichnung ab gerechnet, gebunden.

Die Gesellschaft händigt im Falle der Annahme des Antrags dem Versicherungsnehmer einen auf Grund des gestellten Antrags ausgefertigten Versicherungsschein aus. Inhalt und Umfang des Vertrages bestimmen sich unter Ausschluß mündlicher Nebenabreden nach dem Versicherungsschein und den sonstigen schriftlichen Erklärungen der Gesellschaft (Nachträgen). Weicht der Inhalt dieser Urkunden von demjenigen des Antrags ab, so gelten erstere als genehmigt, wenn der Versicherungsnehmer nicht binnen eines Monats, nachdem er dieselben empfangen hat und auf die Abweichungen hingewiesen worden ist, gegen ihre Richtigkeit Widerspruch erhoben hat.

§ 2.
Versicherung dritter Personen.

Bezieht sich die Versicherung auf Unfälle, welche dritten Personen zustoßen, so steht die Ausübung der Rechte aus dem Versicherungsvertrag ausschließlich dem Versicherungsnehmer zu. Derselbe ist auch für die Erfüllung der Obliegenheiten verantwortlich.

§ 3.
Gegenstand und Umfang der Versicherung.

Die Versicherung umfaßt die Unfälle des täglichen Lebens und die Unfälle, die der Versicherte in der gemäß § 1 beurkundeten Beschäftigung oder Tätigkeit erleidet.

Unfall im Sinne dieser Versicherung ist jede ärztlicherseits sicher erkennbare Körperbeschädigung, von welcher der Versicherte unfreiwillig durch ein plötzlich, von außen mechanisch auf seinen Körper wirkendes Ereignis betroffen wird. Als solche Ereignisse gelten auch Blitz und elektrischer Schlag.

Als Unfälle gelten auch Verbrennungen, Verätzungen und Blutvergiftungen, die der Versicherte durch ein plötzliches Ereignis unfreiwillig erleidet.

Als Unfälle gelten nicht:
a) alle gewöhnlichen Erkrankungen und Krankheitszustände, insbesondere Infektions- und Invasionskrankheiten sowie innere Vergiftungen;
b) Erkrankungen infolge psychischer Einwirkungen;
c) die Folgen von Temperatureinflüssen, insbesondere Erkältungen, Erfrieren, Sonnenstich, Hitzschlag;
d) Körperbeschädigungen, die der Versicherte beim Zweikampf sowie bei einer Beteiligung an einer Schlägerei oder einem Raufhandel erleidet;
e) Körperbeschädigungen infolge fortgesetzter oder wiederholter Anstrengungen und Kraftleistungen.

§ 4.

I. Eingeschlossen in die Versicherung sind:
1. Körperbeschädigungen, die der Versicherte bei rechtmäßiger Verteidigung oder bei Bemühung zur Rettung von Menschenleben erleidet;
2. Verrenkungen, sowie Zerrungen und Zerreißungen von Muskeln infolge plötzlicher Kraftanstrengungen;
3. Ersticken durch ausströmende Dämpfe oder Gase;
4. ohne erkennbare äußere Verletzungen eingetretene Blutungen aus inneren Organen, wenn sie lediglich durch einen Unfall unter Ausschluß der Mitwirkung irgendwelcher inneren Erkrankungen verursacht sind.

II. Ausgeschlossen von der Versicherung sind:
1. folgende Erkrankungen und krankhafte Zustände, auch wenn sie durch einen Unfall herbeigeführt sind, sowie deren Folgen; Krampfadern, Bauch- und Unterleibsbrüche aller Art, Darmverschließungen, Entzündungen des Blinddarms und seiner Anhänge, Schlag-, Krampf- und Epilepsieanfälle;
2. Unfälle infolge Geistes- oder Bewußtseinsstörungen irgendwelchen Grades (auch infolge von Ohnmachts- und Schwindelanfällen), es sei denn, daß diese Störung selbst durch einen Unfall hervorgerufen war; ferner Unfälle infolge offenbarer Trunkenheit;
3. Beschädigungen infolge von Eingriffen, die der Versicherte an seinem Körper vornimmt (wie Schneiden von Nägeln und Hühneraugen, sowie Kratzen), und bei Operationen, soweit dieselben nicht durch einen Unfall bedingt sind;
4. Unfälle, die der Versicherte infolge grober Fahrlässigkeit erleidet;
5. Unfälle, die der Versicherte erleidet bei der Ausführung oder dem Versuche von Verbrechen oder Vergehen, durch bürgerliche Unruhen, es sei denn, daß der Versicherte unwissentlich und nicht fahrlässigerweise in den Gefahrenbereich der Unruhen gekommen ist, sowie durch Kriegsereignisse, im mobilen Militär- oder Seedienst, durch Erdbeben;
6. Unfälle, die der Versicherte erleidet bei Wasserfahrten, ohne Begleitung eines Bootsführers (einer Bootsführerin) oder sonst einer erwachsenen männlichen Person, sowie beim Baden oder Schwimmen, soweit der Unfall den Tod zur Folge hat.

§ 5.

Nur auf Grund besonderer Vereinbarung werden eingeschlossen Unfälle beim Radfahren, Rollschuhlaufen, Jagen, Reiten, Selbstkutschieren, Fußballspielen, Segeln, Schneeschuhlaufen, Rodeln, Bobsligh- und bei sonstigen Sportschlittenfahrten, beim Fischen auf hoher See, bei regelmäßiger Benutzung privater, nicht dem öffentlichen Verkehre dienender Fahrzeuge jeder Art, beim Lenken von Kraftfahrzeugen jeder Art, bei Benutzung von Flugmaschinen und anderen Luftfahrzeugen oder sonstigen ungewöhnlichen Transportmitteln, bei Wettrennen, Parforce- und Schnitzeljagden, bei sonstigen Wettkämpfen und Wettspielen, bei equilibristischen und akrobatischen Übungen, bei Gebirgstouren, welche mit geprüften Führern gemacht zu werden pflegen.

§ 6.
Änderung der Berufstätigkeit und Beschäftigung.

Tritt im Laufe der Versicherung eine Änderung in der Berufstätigkeit oder Beschäftigung des Versicherten ein, so ist dies der Gesellschaft unverzüglich anzuzeigen. Bedeutet diese Änderung eine Verminderung der Gefahr, für welche nach dem zur Zeit des Abschlusses der Versicherung gültigen Tarife der Gesellschaft eine geringere als die bisher festgesetzte Prämie zu zahlen ist, so ist die Prämie vom nächsten Fälligkeitstermin an entsprechend zu ermäßigen. Erfordert die neue Berufstätigkeit oder Beschäftigung nach dem zur Zeit des Abschlusses der Versicherung gültigen Tarif eine höhere als die bisher festgesetzte Prämie, so wird die Versicherung auch auf das neue Risiko mit der Maßgabe erstreckt, daß sich die versicherten Beträge vom Eintritt der Änderung an im Verhältnisse der bisher festgesetzten zu der nach dem Tarif erforderlichen Prämie vermindern, solange nicht eine Vereinbarung über eine entsprechende Erhöhung der Prämie zustande gekommen ist.

Vorstehende Bestimmungen finden keine Anwendung auf die im § 5 aufgeführten Gefahren.

§ 7.
Örtliches Geltungsgebiet.

Die Versicherung ist gültig innerhalb der Grenzen Europas und auf Seereisen mit Dampfschiffen auf dem atlantischen Ozeane bis 15° westlich von Greenwich zwischen dem 35. und 72. Grade nördlicher Breite, ferner auf dem Mittelländischen, dem Schwarzen und dem Kaspischen Meere.

§ 8.
Prämienzahlung.

Die Leistungspflicht der Gesellschaft aus der Versicherung beginnt mit der Einlösung des Versicherungsscheins durch Zahlung der Prämie nebst Kosten und bar verauslagtem Stempel, wenn nicht ein späterer Zeitpunkt für den Beginn in dem Versicherungsscheine selbst bestimmt ist. Wird die erste Prämie von der Gesellschaft erst nach dem als Beginn der Versicherung festgesetzten Zeitpunkt eingefordert und die Zahlung ohne Verzug bewirkt, so gilt die Versicherung als mit dem vereinbarten Zeitpunkt in Kraft getreten.

Die später fällig werdenden Prämien sind am jeweiligen Fälligkeitstage zuzüglich einer Quittungsgebühr von 0,20 M und etwaiger Stempelkosten zu entrichten. Unterbleibt die Zahlung, so ist der Versicherungsnehmer auf seine Kosten unter Hinweis auf die Folgen fortdauernden Verzugs durch einen an seine letztbekannte Adresse gerichteten eingeschriebenen Brief zur Zahlung innerhalb einer Frist von zwei Wochen aufzufordern. Tritt der Versicherungsfall nach dem Ablaufe dieser Frist ein und ist der Versicherungsnehmer zur Zeit des Eintritts mit der Zahlung der Prämie oder der Kosten im Verzuge, so ist die Gesellschaft von der Verpflichtung zur Leistung frei. Nach dem Ablaufe der Frist ist die Gesellschaft, wenn der Versicherungsnehmer mit der Zahlung im Verzug ist, berechtigt, das Versicherungsverhältnis ohne Einhaltung einer Kündigungsfrist zu kündigen, oder, solange noch nicht 6 Monate seit Eintritt des Verzugs verstrichen sind, die rückständige Prämie nebst Kosten gerichtlich einzuziehen.

§ 9.
Pflichten nach Eintritt eines Unfalls.

Hat ein Unfall stattgefunden, so ist
1. unverzüglich nach dem Eintritte des Unfalls der Gesellschaft (s. § 18) schriftliche Anzeige zu machen und binnen einer Wo-

che nach dem Eintritte des Unfalls eine Schadenanmeldung auf dem von der Gesellschaft zu liefernden Formular unter wahrheitsgemäßer Beantwortung aller Fragen desselben an die Gesellschaft abzusenden und sind etwa weiter von der Gesellschaft oder einem Beauftragten derselben verlangte sachdienliche Auskünfte wahrheitsgemäß zu erteilen.

2. unverzüglich, spätestens am zweiten Tage nach dem Eintritte des Unfalls und demnächst dauernd bis zum Abschlusse des Heilverfahrens ein approbierter Arzt zuzuziehen und für angemessene Krankenpflege, sowie für Abwendung und Minderung der Folgen des Unfalls nach Möglichkeit zu sorgen;

3. der behandelnde Arzt zu veranlassen, binnen einer Woche nach Eintritt des Unfalls einen Bericht über den Schadenfall und binnen zwei Wochen nach Abschluß der ärztlichen Behandlung einen Schlußbericht auf den Formularen der Gesellschaft zu erstatten; außerdem ist dafür Sorge zu tragen, daß alle etwa weiter noch von der Gesellschaft eingeforderten Berichte des behandelnden Arztes geliefert werden;

4. den von der Gesellschaft beauftragten Ärzten jederzeit Zutritt und die Untersuchung zu gestatten und den von dem Gesellschaftsarzte nach gewissenhaftem Ermessen zur Beförderung der Heilung getroffenen sachdienlichen Anordnungen, auch derjenigen, sich in einer Heilanstalt behandeln zu lassen, gewissenhaft Folge zu leisten. Sofern sein Zustand es nicht unmöglich macht, ist der Verletzte auch verpflichtet, sich dem von der Gesellschaft bezeichneten Arzte gegen Erstattung der notwendigen Auslagen zur Untersuchung zu stellen. Die Kosten einer etwa von der Gesellschaft geforderten Behandlung und Verpflegung in einer von ihr zu bestimmenden Heilanstalt werden von der Gesellschaft aus eigenen Mitteln bestritten oder ersetzt;

5. der behandelnde Arzt und die Ärzte, von denen der Verletzte früher behandelt worden ist, zu ermächtigen, der Gesellschaft auf Verlangen Auskunft über dessen Gesundheitsverhältnisse und über alle beobachteten Erkrankungen zu erteilen.

Die Gesellschaft hat das Recht, durch einen von ihr beauftragten Arzt die Besichtigung und Sektion der Leiche vornehmen zu lassen.

Die durch den Schadensfall erwachsenden Regulierungskosten, wie insbesondere auch die Kosten einer von der Gesellschaft angeordneten Sektion und die Kosten der von der Gesellschaft hinzugezogenen Ärzte werden von der Gesellschaft getragen. Die Kosten der von der Gesellschaft geforderten Zeugnisse des vom Versicherten zugezogenen behandelnden Arztes werden von der Gesellschaft insoweit getragen, als die betreffenden Ärzte für ein Anfangs- oder Schlußzeugnis nicht mehr als 5 M, für ein Zwischenzeugnis nicht mehr als 3 M berechnen.

§ 10.
Höhe der Entschädigung.

Die Entschädigungen werden nach folgenden Grundsätzen geleistet:

1. Hat der Unfall binnen Jahresfrist den Tod des Versicherten zur Folge gehabt, so wird die versicherte Summe abzüglich der von dem Versicherten etwa vorher schon nach Ziffer 2 bezogenen Entschädigungen gezahlt.

Wenn zur Herbeiführung des Todes überwiegend solche Krankheiten oder Gebrechen mitgewirkt haben, welche für sich allein, d.h. ohne Hinzutreten des Unfalls in absehbarer Zeit den Tod herbeigeführt haben würden, so wird für den Todesfall eine Entschädigung nicht gezahlt.

2. Hat der Unfall binnen Jahresfrist eine dauernde Beeinträchtigung der Arbeitsfähigkeit (Invalidität) zur Folge gehabt, so wird bei gänzlichem Verluste der Arbeitsfähigkeit die der vollen versicherten Summe entsprechende lebenslängliche Rente, welche nach der am Schlusse der Bedin-

gungen abgedruckten Tabelle zu berechnen ist, und wenn die Arbeitsfähigkeit des Verletzten nur gemindert worden ist, nicht die volle, sondern nur eine dem Verhältnisse der Verminderung der Arbeitsfähigkeit entsprechende Teilrente gezahlt.

Die Rentenzahlung beginnt mit dem Tage, an dem die Zahlung der Entschädigung für vorübergehende Arbeitsunfähigkeit (Ziffer 3) aufhört oder, wenn eine solche nicht in Frage kommt, mit dem Eintritt der Invalidität. Die Feststellung der Invalidität erfolgt auf Grund der Bestimmungen des § 11.

Vermindert sich die Invalidität, so wird die etwa gewährte Rente (auch die durch Urteil festgesetzte) entsprechend herabgesetzt, bei Wegfall der Invalidität ganz aufgehoben. Eine Erhöhung der einmal festgesetzten Rente findet nicht statt.

Wenn zur Herbeiführung der Invalidität überwiegend solche Krankheiten oder Gebrechen mitgewirkt haben, welche für sich allein, d.h. ohne Hinzutreten des Unfalls in absehbarer Zeit eine erhebliche Invalidität herbeigeführt haben würden, so ist die Entschädigung für den Invaliditätsfall nach Verhältnis des nach Billigkeit abzuschätzenden prozentualen Anteils der Krankheit oder des Gebrechens zu kürzen.

Auf die Entschädigung für den Todesfall werden etwa vorher schon bezogene Invaliditätsrenten (auch Abfindungen auf solche), nicht aber bezogene Tagegelder angerechnet.

Invaliditätsrenten werden zunächst vom Eintritte der Invalidität an bis zum nächsten Quartalsende und alsdann in vierteljährigen Raten im voraus an jedem Quartalsersten gezahlt. Stirbt ein Rentenempfänger im Laufe eines Quartals, so findet eine Rückzahlung für die im voraus bezahlte Zeit nicht statt.

Für die Feststellung des Grades der Invalidität sind unter Ausschluß des Nachweises eines höheren oder geringeren Invaliditätsgrades im einzelnen Falle folgende Grundsätze allgemein maßgebend:

a) Vollständige Invalidität wird angenommen: bei gänzlichen Verlust der Sehkraft beider Augen, beim Verlust oder der vollständigen Gebrauchsbehinderung beider Arme oder Hände, beider Beine oder Füße, eines Armes oder einer Hand und eines Beines oder eines Fußes, bei unheilbarer Geistesstörung.
b) Bei vollständigem Verlust oder bei vollständiger Gebrauchsbehinderung der nachbezeichneten Körperteile wird der beigemerkte Invaliditätsgrad als festgestellt angenommen: für den rechten Arm oder die rechte Hand 60 %, für den linken Arm oder die linke Hand 40 %, für ein Bein oder einen Fuß 50 %, für ein Auge 30 %, für den Daumen der rechten Hand 25 %, für den Daumen der linken Hand 15 %, für den Zeigefinder der rechten Hand 15 %, für den Zeigefinger der linken Hand 10 %, für die übrigen Finger je 5 %, für die große Zehe eines Fußes 8 %, für die anderen Zehen je 3 %.

Bei nur teilweisem Verluste oder teilweiser Gebrauchsbehinderung der vorbenannten Körperteile wird ein entsprechend geringerer Grad von Invalidität angenommen.

Beim Verluste mehrerer der vorgenannten Körperteile wird der Invaliditätsgrad durch Zusammenrechnung der für die einzelnen Glieder festgesetzten Prozentsätze ermittelt, darf jedoch nie 100 % übersteigen.

Beim Verluste mehrerer Finger wird der Invaliditätsgrad durch Zusammenrechnung der für die einzelnen Finger festgesetzten Prozentsätze ermittelt.
Für den Verlust des Gehörs auf einem Ohre wird ein Invaliditätsgrad von 15 Prozent und für den Verlust des Gehörs auf beiden Ohren ein solcher von 60 Prozent festgesetzt.
c) Bei der Entschädigung für Nervenkrankheiten im Anschluß an einen Unfall

wird nur die Hälfte des festgesetzten Invaliditätsgrades zugrunde gelegt.

d) sofern der Invaliditätsgrad nach vorstehendem oder nach einer besonderen Vereinbarung nicht ohne weiteres feststeht, wird er nach der Beeinträchtigung bemessen, welche die Arbeitsfähigkeit des Versicherten unter Berücksichtigung seines Standes, seiner Berufstätigkeit und seiner Beschäftigung, wie solche im Versicherungsschein oder seinen Nachträgen angegeben sind, durch den Unfall erfahren hat.

e) Sind Körperteile bereits vor dem Unfall ganz oder teilweise verloren, verkrüppelt, verstümmelt oder gebrauchsunfähig gewesen, so wird bei der Feststellung des durch den Unfall bedingten Invaliditätsgrades der schon vorhandene, nach obigen Grundsätzen zu berechnende Invaliditätsgrad in Abzug gebracht.

3. Für Kurkosten und Arbeitsunfähigkeit wird für die Dauer der ärztlichen Behandlung, höchstens jedoch für die Dauer des auf den Unfall folgenden Jahres vom Beginne der ärztlichen Behandlung ab die versicherte tägliche Entschädigung vergütet, solange der Versicherte infolge des Unfalls vollständig arbeitsunfähig ist, wird ein der verminderten Arbeitsunfähigkeit entsprechender Teil dieser Entschädigung gezahlt. Für die Bemessung des Grades der Arbeitsunfähigkeit ist der im Versicherungsschein oder dessen Nachträgen angegebene Stand oder die angegebene Berufstätigkeit und Beschäftigung maßgebend.

Hat ein Unfall keine Arbeitsunfähigkeit zur Folge gehabt, so findet ein Ersatz der nachweislich aufgewendeten notwendigen Kosten der ärztlichen Behandlung, jedoch mit Ausschluß der Kosten für Badereisen, äußerstens bis zur Hälfte des für den Tag versicherten Betrags statt.

Durch besondere Vereinbarung, welche in den besonderen Bedingungen zu beurkunden ist, kann der Beginn der täglichen Entschädigung auf einen späteren Zeitpunkt als den Beginn der ärztlichen Behandlung verlegt werden.

Treffen Unfallfolgen mit anderen Krankheiten oder Gebrechen zusammen, so findet die Bestimmung unter Ziffer 2 Abs. 4 dieses Paragraphen sinngemäße Anwendung.

§ 11.
Zahlung der Entschädigung.

Die Gesellschaft ist verpflichtet, sich über ihre Entschädigungspflicht zu erklären, und zwar, soweit Ansprüche auf Entschädigung gemäß § 10 Ziffer 1 und 3 erhoben werden, binnen eines Monats, nachdem ihr der Eintritt des Todes oder die Beendigung der ärztlichen Behandlung angezeigt und ihr die erforderlichen ärztlichen Zeugnisse hierüber zugegangen sind. Soweit Ansprüche auf Invaliditätsentschädigung erhoben werden, so ist die Gesellschaft verpflichtet, sich spätestens 3 Monate nach Abschluß des Heilverfahrens oder- im Falle späterer Anmeldung – spätestens 3 Monate nach erfolgter Anmeldung über ihre Entschädigungspflicht zu erklären, sofern ihr die zur Prüfung der Invaliditätsfrage erforderlichen ärztlichen Zeugnisse zugegangen sind. Die Invaliditätsansprüche sind bei Meidung des Verlustes derselben spätestens bis 2 Wochen nach Ablauf des auf den Unfall folgenden Jahres unter Belegung durch ärztliches Zeugnis anzumelden.

Sofern der Versicherungsnehmer bzw. die Anspruchserhebenden nicht innerhalb 6 Monaten, nachdem ihnen die Erklärung der Gesellschaft zugegangen ist, Widerspruch erheben, gilt ihr Einverständnis mit der Erklärung als festgestellt. Auf diese Rechtsfolge muß von der Gesellschaft in ihrer Erklärung hingewiesen werden.

Im Falle des Widerspruchs hat auf Antrag des Versicherungsnehmers eine Ärztekommission darüber zu entscheiden, oder der Tod oder die Invalidität und in welchem Grade die letztere, soweit dieser Grad nicht schon nach den Bestimmungen des § 10 ohne weiteres als festgestellt gilt, ob und in welchem Grade und auf welche Zeit die Arbeitsunfähigkeit des Verletzten während der ärztlichen Behandlung durch den Unfall verursacht worden ist, ferner über den Grad der Gebrauchsfähigkeit nur teilweise verlorener, verstümmelter oder gelähmter Körperteile, sowie über die Frage, ob und mit welchem Tage die ärztliche Behandlung als beendet anzusehen ist, endlich ob und in welchem Verhältnisse hierbei Krankheiten oder Gebrechen mitgewirkt haben. Dagegen steht der Kommission eine Entscheidung über die Frage, ob überhaupt eine Entschädigungsverpflichtung der Gesellschaft besteht, nicht zu; hierüber haben vielmehr bei mangelnder Einigung die ordentlichen Gerichte zu entscheiden.

Das gleiche gilt für den Fall der Herabsetzung der Rente oder der Einstellung der Rentenzahlung.

Die Kommission ist von der Gesellschaft einzuberufen; sie wird zusammengesetzt aus einem Arzte, welchen die Gesellschaft benennt, einem zweiten Arzte, welchen der Versicherungsnehmer oder die Anspruchserhebenden zu benennen haben, und als Obmann dem Kreis-, Amts- oder Bezirksarzte des Wohnortes des Verletzten oder auf Verlangen einer Partei einem von der Gesellschaft zu benennenden leitenden Arzte eine öffentlichen Heilanstalt oder Lehrer an einer deutschen Hochschule. Lehnt der Versicherungsnehmer den von der Gesellschaft benannten Obmann ab, wozu ihm das Recht binnen einer Woche nach Mitteilung des Namens des benannten Obmanns zusteht, so wird der Obmann von dem Vorsitzenden der für den Wohnort des Versicherten zuständigen Ärztekammer ernannt. Sofern der Versicherungsnehmer oder die Anspruchserhebenden versäumen, binnen zwei Wochen nach erfolgter Aufforderung das zu ernennende Kommissionsmitglied schriftlich der Gesellschaft namhaft zu machen, wird dieses Kommissionsmitglied ebenfalls von dem Vorsitzenden der für den Wohnort des Versicherten zuständigen Ärztekammer ernannt. Die Entscheidung der Kommission ist von dem Obmanne zu beurkunden.

Die durch die Entscheidung einer Ärztekommission erwachsenden Kosten werden, falls die Entschädigung nach der Kommissionsentscheidung den von der Gesellschaft angebotenen Betrag übersteigt, von dieser, sonst aber von dem Versicherungsnehmer oder dessen Rechtsnachfolgern, indessen nicht über den Betrag von 150 M hinaus, getragen.

§ 12.
Zahlung der Entschädigung.

Die Zahlung einmaliger Entschädigungen erfolgt binnen zwei Wochen nach der gemäß § 11 erfolgten Festsetzung der Entschädigung. Die Entschädigung für vorübergehende Arbeitsunfähigkeit wird nach Beendigung der ärztlichen Behandlung ausgezahlt.

Werden auf Verlangen des Versicherungsnehmers schon früher Abschlagszahlungen geleistet, so gelten dieselben lediglich als Vorschüsse, aus denen die Anerkennung einer Entschädigungspflicht weder dem Grunde noch der Höhe nach hergeleitet werden darf.

§ 13.
Vorzeitige Beendigung des Versicherungsverhältnisses.

Sobald eine Invalidität des Versicherten erstmalig festgestellt ist, erlischt die Versicherung vorbehaltlich der durch den Versicherungsfall bereits erworbenen Rechte.

Der Versicherungsvertrag erlischt ferner, wenn der Versicherte in Siechtum oder in Geisteskrankheit verfällt, von Blindheit oder Taubheit befallen wird, an Epilepsie, Schlagfluß oder schweren Nervenleiden erkrankt, oder unabhängig von einem Unfalle Gliedmaßen verliert, deren Verlust unter § 10 mit einer Invalidität von 40 % oder darüber einzuschätzen sein würde.

Nach der Entschädigungsleistung und nach jeder Ablehnung eines Entschädigungsanspruchs steht der Gesellschaft das Recht zu, die Versicherung durch einfache schriftliche Erklärung mit Frist von einer Woche zu kündigen. Das gleiche Recht steht dem Versicherungsnehmer zu, wenn er einen Versicherungsanspruch klagend geltend gemacht oder die Einberufung einer Kommission beantragt hat. Das Kündigungsrecht der Gesellschaft erlischt, wenn sie von demselben nicht spätestens innerhalb eines Monats nach der Leistung der Entschädigung oder nach der Ablehnung derselben Gebrauch macht, und das Kündigungsrecht des Versicherungsnehmers, wenn er davon nicht innerhalb eines Monats nach Klageerhebung oder nach Stellung des Antrags auf Kommissionsentscheidung Gebrauch macht.

§ 14.

Kündigt der Versicherungsnehmer oder erlischt die Versicherung gemäß § 13 Abs. 1, so gebührt der Gesellschaft die Prämie für das laufende Versicherungsjahr.

Kündigt die Gesellschaft oder erlischt die Versicherung gemäß § 13 Abs. 2, so gebührt der Gesellschaft nur derjenige Teil der Prämie, welcher der abgelaufenen Versicherungszeit entspricht. Hat hiernach eine Rückerstattung von Prämien zu erfolgen, so ist die Gesellschaft berechtigt, von dem auf das laufende Versicherungsjahr entfallenden Teile der Rückerstattung 25 % für Verwaltungskosten in Abzug zu bringen.

§ 15.
Rechtsverlust.

Wird eine Obliegenheit verletzt, die nach dem Eintritte des Versicherungsfalls der Gesellschaft gegenüber zu erfüllen ist, so ist die Gesellschaft von der Verpflichtung zur Leistung frei, es sei denn, daß die Verletzung weder auf Vorsatz noch auf grober Fahrlässigkeit beruht.

§ 16.
Klagefrist.

Hat die Gesellschaft die Entschädigung abgelehnt, so ist sie von der Verpflichtung zur Leistung frei, falls der Anspruch auf Feststellung der Entschädigungspflicht nicht binnen 6 Monaten durch Erhebung der Klage geltend gemacht wird. Die Frist beginnt erst, nachdem die Gesellschaft dem Versicherungsnehmer gegenüber den erhobenen Anspruch unter Angabe der mit dem Ablaufe der Frist verbundenen Rechtsfolgen schriftlich abgelehnt hat.

§ 17.
Abtretung. Regreß.

Die Entschädigungsansprüche aus dieser Versicherung können von ihrer endgültigen Feststellung ohne ausdrückliche Zustimmung der Gesellschaft seitens des Versicherungsnehmers weder übertragen noch verpfändet werden.

Der Versicherte bzw. die Empfangsberechtigten sind verpflichtet, gegen Zahlung der Entschädigung Schadensersatzansprüche gegen Dritte, die der Versicherte bzw. die Empfangsberechtigten aus einem Unfalle haben, in Höhe dieser Entschädigung and die Gesellschaft abzutreten. Die Abtretung eines Schadensersatzanspruchs gegen ein Familienmitglied kann jedoch die Gesellschaft nur verlangen, wenn der Unfall durch eine vorsätzliche Handlung des Familienmitglieds herbeigeführt ist.

§ 18.
Einschränkung der Agentenvollmachten.

Alle Anzeigen und Erklärungen sind schriftlich an die Direktion der Gesellschaft oder diejenige Generalagentur, welche in dem Versicherungsschein oder dessen Nachträgen als zuständig bezeichnet ist, zu richten. Die Agenten sind zu deren Entgegennahme nicht bevollmächtigt.

§ 19.
Verlängerung des Vertrags.

Der Versicherungsvertrag ist zunächst für die in dem Versicherungsscheine festgesetzte Zeit abgeschlossen. Nach Ablauf dieser Zeit gilt derselbe jeweilig auf ein Jahr als fortgesetzt, sofern nicht drei Monate vor Ablauf der Vertragsdauer von einem der Vertragsschließenden eine Kündigung des Vertrags erfolgt ist. Die Kündigung ist schriftlich, möglichst durch eingeschriebenen Brief zu bewirken.

Tabelle über die lebenslängliche zahlbare Rente aus 1000 M Versicherungssumme.
[von einem Abdruck wurde abgesehen]

III. Die Allgemeinen Versicherungsbedingungen für die Unfallversicherung von 1920

I. Der Versicherungsschutz (§§ 1 – 8).

§ 1.
Gegenstand der Versicherung.

Die Gesellschaft gewährt auf Grund der nachfolgenden Bedingungen Versicherungsschutz gegen die Folgen der dem Versicherten während der Versicherungsdauer zustoßenden Unfälle.

Die Leistungen der Gesellschaft richten sich nach Höchstbeträgen, die für den Fall der vorübergehenden Arbeitsunfähigkeit, der dauernden Arbeitsunfähigkeit (Invalidität) und des Todes je besonders zu vereinbaren sind (Tagegeld, Invaliditätssumme, Todesfallsumme). Die einzelnen Höchstbeträge werden im Versicherungsschein vermerkt.

§§ 2 – 5. Umfang des Versicherungsschutzes.

§ 2.
Unfallbegriff. Grenzfälle.

I. Ein Unfall liegt vor, wenn der Versicherte durch ein plötzlich von außen auf seinen Körper wirkendes Ereignis unfreiwillig eine Gesundheitsbeschädigung erleidet.

II.1. Als Unfälle gelten auch:
a) durch plötzliche Kraftanstrengung hervorgerufene Verrenkungen, Zerrungen und Zerreißungen.
b) Wundinfektionen, bei denen der Ansteckungsstoff durch eine Unfallverletzung in den Körper gelangt ist.

2. Als Unfälle gelten nicht:
a) Vergiftung, Malaria, Flecktyphus und sonstige Infektionskrankheiten, Gewerbekrankheiten, Erkrankungen infolge psychischer Einwirkung;
b) Gesundheitsbeschädigung durch Licht-, Temperatur- und Witterungseinflüsse, es sei denn, daß der Versicherte diesen Einflüssen infolge eines Versicherungsfalls ausgesetzt war;
c) Gesundheitsbeschädigungen durch Röntgen-, Radium-, Finsen-, Höhensonnen-, und ähnliche Strahlen.

§ 3.
Ausschlüsse.

Ausgeschlossen von der Versicherung sind:
1. Unfälle durch Kriegsereignisse (vgl. § 21, B).

2. Unfälle, die der Versicherte erleidet bei der Ausführung oder dem Versuche von Verbrechen oder Vergehen, ferner durch bürgerliche Unruhen, sofern der Versicher-

te auf Seiten der Unruhestifter teilgenommen hat;

3. Beschädigungen des Versicherten bei Heilmaßnahmen und Eingriffen, die der Versicherte an seinem Körper vornimmt oder vornehmen läßt, soweit die Heilmaßnahmen bzw. Eingriffe nicht durch einen Versicherungsfall veranlaßt waren. Das Schneiden von Nägeln, Hühneraugen, Hornhaut gilt nicht als solcher Eingriff;

4. Unfälle infolge von Schlag-, Krampf-, Ohnmachts- und Schwindelanfällen, von Geistes- oder Bewußtseinsstörungen, es sei denn, daß diese Anfälle oder Störungen durch einen Versicherungsfall hervorgerufen waren;

5. Unfälle, soweit sie durch Bauch- und Unterleibsbrüche irgendwelcher Art, Wasserbrüche, Unterschenkelgeschwüre, Krampfadern, Darmverschlingungen oder Darmverschließungen, Entzündungen des Blinddarms oder seiner Anhänge herbeigeführt oder verschlimmert worden sind;

6. Unfälle, die der Versicherte erleidet, nachdem er von Geisteskrankheit, völliger Blindheit oder völliger Taubheit, von einer Lähmung durch Schlaganfall, von Epilepsie oder schweren Nervenleiden befallen oder durch Unfall oder Krankheit mehr als 60 Prozent dauernd arbeitsunfähig geworden ist. Für die Bemessung der Invalidität durch Unfall gelten die Bestimmungen des § 11. Ziffer II.

§ 4.

Gefahränderung. Sondergefahren.

1. Änderungen in der Berufstätigkeit oder Beschäftigung des Versicherten sind unverzüglich anzuzeigen. Solche Änderungen sind ohne Einfluß auf den Fortbestand der Versicherung, sofern die Gesellschaft für die neue Berufstätigkeit oder Beschäftigung überhaupt Versicherungsschutz gewährt.

a) Ergibt sich für die neue Berufstätigkeit oder Beschäftigung nach dem zur Zeit der Veränderung gültigen Tarif der Gesellschaft eine niedrigere Prämie, so ist vom nächsten Fälligkeitstage ab nur diese zu zahlen.

b) Ergibt sich eine höhere Prämie, so wird auf die Dauer eines Monats von dem Zeitpunkt an, an dem der Gesellschaft die Anzeige hätte zugehen müssen, auch für die erhöhte Gefahr der volle Versicherungsschutz gewährt. Tritt ein auf die erhöhte Gefahr zurückzuführender Versicherungsfall nach dem Ablauf dieses Monats ein, ohne daß inzwischen eine Einigung über die Mehrprämie erzielt worden wäre, so bemessen sich die Leistungen der Gesellschaft nach den im Verhältnis der neuerdings erforderlichen zu der bisherigen Prämie herabgesetzten Versicherungssummen.

2. Eine Verschlechterung in den Gesundheitsverhältnissen des Versicherten ist ohne Einfluß auf den Fortbestand der Versicherung. Die Bestimmungen des § 3, Ziffer 6 und § 7 werden hierdurch jedoch nicht berührt.

3. A. Die Versicherung erstreckt sich ohne weiteres auf Unfälle, welche der Versicherte erleidet:

a) als Fluggast eines Verkehrsflugzeuges, das sich im Dienste eines behördlich genehmigten Luftverkehrsunternehmens auf einem planmäßigen Streckenflug oder einem Rundflug befindet.

b) als Fahrgast eines Luftschiffes der Zeppelin-Gesellschaft.

B. In Abänderung des § 5 gilt diese Ausdehnung jedoch nur innerhalb der Grenzen Europas, sie ist ferner innerhalb der vereinbarten Versicherungssummen auf folgende Höchstbeträge begrenzt: RM 100.000,- für den Fall des Todes, RM 100.000,- für den Fall der Invalidität (Kapital- oder Rentenzahlung), RM 10.000,- feste Rente, RM 100,- Tagegeld für vorübergehende Arbeitsunfähigkeit, RM 1.000 für Kurkosten.

C. Für jede weitere Ausdehnung des Versicherungsschutzes bei Luftfahrten ist besondere Vereinbarung erforderlich.

4. Besondere Vereinbarung ist erforderlich für die Ausdehnung der Versicherung auf Unfälle beim Motorradfahren oder Mitfahren auf Motorrädern, ferner auf Unfälle bei Beteiligung an Preis-, Wettbewerbs-, Zuverlässigkeits- und Tourenfahrten mit Kraftfahrzeugen, sofern es bei diesen Fahrten auf Erzielung einer Höchst- oder Durchschnittsgeschwindigkeit oder Zuverlässigkeit ankommt, sowie bei Trainingsfahrten auf der Rennstrecke.

5. Für den Eintritt in die Reichswehr oder eine ähnliche Berufswehr und für den Kriegsdienst gelten die Vorschriften des § 21.

§ 5.
Örtliche Geltung.

Die Versicherung umfaßt Unfälle, die sich ereignen: innerhalb der Grenzen Europas, bei Seereisen auf dem Atlantischen Ozean bis 15 ° westlich von Greenwich zwischen dem 35. und 72. Grade nördlicher Breite, auf dem Mittelländischen, dem Schwarzen und dem Kaspischen Meer, einschließlich der außereuropäischen Hafenstädte an diesen Meeren, in Algier und Tunis, in Ägypten bis zum 25. Breitengrad, in Kleinasien und Palästina, auf Madeira und auf der direkten Seereise von einem europäischen Hafen nach dieser Insel und zurück.

§§ 6 – 8. Leistungen der Gesellschaft.

§ 6.
Vorübergehende Arbeitsunfähigkeit, Invalidität, Tod.

I. 1.Im Falle der Beeinträchtigung der Arbeitsfähigkeit wird für die Dauer der ärztlichen Behandlung Tagegeld gezahlt. Das Tagegeld wird nach dem Grade der Beeinträchtigung abgestuft (vgl. § 11, Ziffer I).

2. Wird geltend gemacht, daß die Arbeitsfähigkeit auch nach Abschluß der ärztlichen Behandlung noch beeinträchtigt sei, so sind weitere Leistungen der Gesellschaft davon abhängig, daß die Fortdauer der Beeinträchtigung von zwei zu zwei Wochen ärztlich bescheinigt wird, sofern der behandelnde Arzt nicht längere Zwischenräume für zweckmäßig hält. Die Kosten dieser Bescheinigungen hat der Versicherte zu tragen.

3. Ist die Arbeitsfähigkeit überhaupt nicht beeinträchtigt worden, so werden die notwendigen Kosten der ärztlichen Behandlung, äußerstens in Höhe des Tagesgeldes ersetzt.

4. Die in Ziffer 1 – 3 aufgeführten Leistungen werden höchstens für ein Jahr, vom Unfalltage an gerechnet, gewährt.

II. Ergibt sich innerhalb eines Jahres, vom Unfalltage an gerechnet, daß eine dauernde Beeinträchtigung der Arbeitsfähigkeit zurückbleibt, so wird Entschädigung nach der Invaliditätssumme und dem Invaliditätsgrade gewährt (vgl. § 11 Ziffer II).

III. Tritt innerhalb eines Jahres, vom Unfalltage an gerechnet, der Tod ein, so wird Entschädigung nach der Todesfallsumme geleistet. Auf die Todesfallentschädigung werden die gemäß Ziffer II gezahlten Beträge angerechnet.

§ 7.
Einschränkung der Leistungspflicht.

1. Haben zur Herbeiführung der vorübergehenden Arbeitsunfähigkeit, der Invalidität oder des Todes neben dem Unfall Krankheiten oder Gebrechen mitgewirkt, so wird die Versicherungsleistung im Verhältnis des auf diese Mitwirkung entfallenden Anteils gekürzt. Dieser Anteil bleibt jedoch unberücksichtigt, wenn er weniger als 25 % beträgt.

2. Bei Blutungen aus inneren Organen, sowie bei Störungen im Bereich der weiblichen Geschlechtsorgane wird eine Leistung nur gewährt, wenn diese Schäden ausschließlich durch einen Versicherungsfall, ohne Mitwirkung einer inneren Erkrankung, verursacht sind.

3. War der Versicherte schon vor Eintritt des Versicherungsfalles durch Krankheit oder Gebrechen in seiner Arbeitsfähigkeit dauernd beeinträchtigt, so wird von der nach dem Unfall vorhandenen Gesamtinvalidität der vorher bereits vorhanden gewesene Invaliditätsgrad abgezogen, soweit nicht für den Verlust der Sehkraft und des Gehörs in § 11, Ziffer II A, 1 b abweichende Bestimmungen getroffen sind.

Eine dauernde Beeinträchtigung ist ohne weiteres anzunehmen, wenn Körperteile bereits vor dem Unfall ganz oder teilweise verloren, verkrüppelt, verstümmelt oder gebrauchsunfähig gewesen sind. Der Grad der hierdurch bedingten Invalidität wird unter entsprechender Anwendung der Vorschriften des § 11 Ziffer II A, 1a, 2 und 3 berechnet.

4. Für psychische und nervöse Störungen, durch welche im Anschluß an einen Unfall die Arbeitsfähigkeit beeinträchtigt ist, wird eine Entschädigung nur gewährt, wenn und soweit diese Störungen auf eine durch den Unfall verursachte organische Erkrankung des Nervensystems oder auf eine im Anschluß an den Unfall neu entstandene Epilepsie zurückzuführen sind.

§ 8.
Nebenleistungen.

Neben den in §§ 6 und 7 aufgeführten Leistungen übernimmt die Gesellschaft:

1. alle notwendigen Kosten, die durch die Erfüllung der im § 9 Ziffer 6 aufgeführten Obliegenheiten erwachsen;

2. die Kosten der sonst von der Gesellschaft zugezogenen oder befragten Ärzte, dagegen die Gebühren für die zur Begründung des Versicherungsanspruches erforderlichen Zeugnisse nur bis zum Betrage des versicherten Tagegeldes, oder falls Tagegeld nicht versichert ist, bis zu 1 ‰ der Invaliditätssumme oder bei Versicherung einer festen Rente (§ 22) bis zu 1 % dieser Rente; etwaige Mehrkosten hat der Versicherungsnehmer zu tragen;

3. die Kosten der von der Gesellschaft angeordneten Besichtigung und Öffnung der Leiche.

II. Der Versicherungsfall (§§ 9 – 14).

§ 9.
Anzeige. Arzthilfe.

Ist ein Unfall eingetreten, so sind der Gesellschaft gegenüber folgende Obliegenheiten zu erfüllen:

1. Der Unfall ist unverzüglich anzuzeigen (§ 20).

2. Hat der Unfall den Tod zur Folge, so ist dies dem Vorstand der Gesellschaft binnen 24 Stunden telegrafisch anzuzeigen, und zwar auch dann, wenn der Unfall bereits angemeldet ist. Die Gesellschaft hat das Recht, durch einen von ihr beauftragten Arzt die Leiche besichtigen und öffnen zu lassen.

3. Spätestens am vierten Tag nach dem Unfall ist ein staatlich zugelassener Arzt (Ärztin) zuzuziehen; die ärztliche Behandlung ist bis zum Abschluß des Heilverfahrens regelmäßig fortzusetzen; ebenso ist für angemessene Krankenpflege sowie überhaupt nach Möglichkeit für Abwendung und Minderung der Unfallfolgen zu sorgen.
4. Binnen einer Woche nach Zustellung der von der Gesellschaft zu liefernden Vordrucks für Schadensanzeigen ist dieser sorgfältig auszufüllen und ihr zuzusenden;

außerdem sind alle weiter verlangten sachdienlichen Auskünfte zu erteilen.

5. Auf Verlangen der Gesellschaft ist der behandelnde Arzt zu veranlassen, auf den Vordrucken der Gesellschaft alsbald einen Bericht über den Schadensfall und nach Abschluß der ärztlichen Behandlung einen Schlußbericht zu erstatten; außerdem ist dafür Sorge zu tragen, daß alle etwa weiter noch von der Gesellschaft eingeforderten Berichte des behandelnden Arztes geliefert werden.

Die behandelnden Ärzte, auch diejenigen, von denen der Verletzte aus anderen Anlässen behandelt oder untersucht worden ist, sind zu ermächtigen, der Gesellschaft auf Verlangen Auskunft zu erteilen.

6. a) Der Verletzte ist verpflichtet, sich, sofern dies sein Zustand erlaubt, den von der Gesellschaft bezeichneten Ärzten zur Untersuchung zu stellen. Im Falle der aufgeschobenen Kapitalzahlung (§ 14 Ziffer I, 2 Abs. a) hat er sich auf Verlangen der Gesellschaft von sechs zu sechs Monaten einer ärztlichen Untersuchung und Begutachtung zu unterwerfen.

b) Den von der Gesellschaft beauftragten Ärzten ist jederzeit Zutritt zum Verletzten und dessen Untersuchung zu gestatten.

c) Den von den Ärzten nach gewissenhaftem Ermessen zur Förderung der Heilung getroffenen sachdienlichen Anordnungen ist Folge zu leisten. Dies gilt insbesondere auf für den Fall, daß die Behandlung oder Untersuchung des Verletzten in einer Heilanstalt angeordnet wird, wobei dem Versicherten nichts Unbilliges zugemutet werden darf.

§ 10.
Rechtsverlust.

Wird eine Obliegenheit verletzt, die nach dem Eintritt des Versicherungsfalles der Gesellschaft gegenüber zu erfüllen ist, so ist die Gesellschaft von der Verpflichtung zur Leistung frei, es sei denn, daß die Verletzung weder auf Vorsatz noch auf grober Fahrlässigkeit beruht, oder daß sie nachweislich der Gesellschaft keinerlei Nachteil gebracht hat.

§§ 11 – 14. Feststellung und Auszahlung der Entschädigung.

§ 11.
Maßstäbe für den Grad der Arbeitsunfähigkeit.

I. Im Falle vorübergehender Beeinträchtigung der Arbeitsfähigkeit ist für die Bemessung des Grades der Beeinträchtigung die Berufstätigkeit und Beschäftigung des Versicherten maßgebend.

II. Im Falle dauernder Beeinträchtigung der Arbeitsfähigkeit sind für die Bemessung des Invaliditätsgrades die nachfolgenden Bestimmungen maßgebend:

A. 1. Als feste Invaliditätsgrade werden unter Ausschluß des Nachweises eines höheren oder geringeren Grades angenommen:
a) bei vollständigem Verlust oder vollständiger Gebrauchsunfähigkeit eines Armes oder einer Hand 60 %, eines Beines oder eines Fußes 50 %, eines Daumens 20 %, eines Zeigefingers 10 %, eines anderen Fingers 5 %, einer großen Zehe 5 %, einer anderen Zehe 2 %,
b) bei gänzlichem Verlust der Sehkraft beider Augen 100 %, bei gänzlichem Verlust der Sehkraft eines Auges 30 %, sofern jedoch die Sehkraft des anderen Auges vor Eintritt des Versicherungsfalls bereits verloren war 50 %, bei gänzlichem Verlust des Gehörs auf beiden Ohren 60 %, bei gänzlichem Verlust des Gehörs auf einem

Ohr 15 %, sofern jedoch das Gehör auf dem anderen Ohr vor Eintritt des Versicherungsfalls bereits verloren war 30 %.

2. Bei teilweisem Verlust oder teilweiser Gebrauchsunfähigkeit der vorgenannten Körperteile oder Sinnesorgane werden die vorstehenden Sätze entsprechend herabgesetzt.

3. Bei dem Verlust oder der Gebrauchsunfähigkeit von mehreren der vorgenannten Körperteile oder Sinnesorgane werden die sich nach Ziffer 1 und 2 ergebenden Prozentsätze zusammengerechnet, jedoch nie mehr als 100 % angenommen.

B. Läßt sich der Invaliditätsgrad nach vorstehendem nicht bestimmen, so wird bei Bemessung desselben in Betracht gezogen, inwieweit der Versicherte imstande ist, Erwerb durch eine Tätigkeit zu erzielen, die seinen Kräften und Fähigkeiten entspricht und ihm unter billiger Berücksichtigung seiner Ausbildung und seines bisherigen Berufes zugemutet werden kann.

§ 12.
Parteierklärung. Ordentliches Gericht.

1. Die Gesellschaft ist verpflichtet, sich, soweit Tagegeld oder Todesfallsumme beansprucht werden, spätestens binnen eines Monats, soweit Invaliditätsentschädigung beansprucht wird, binnen dreier Monate darüber zu erklären, ob und inwieweit eine Entschädigungspflicht anerkannt wird. Diese Fristen beginnen je mit Eingang der von dem Anspruchserhebenden vorzulegenden Nachweise über den Abschluß des Heilverfahrens und die Unfallfolgen.

2. a) Im Falle von Meinungsverschiedenheiten über Art und Umfang der Unfallfolgen oder darüber, ob und in welchem Umfang der eingetretene Schaden auf den Versicherungsfall zurückzuführen ist, entscheidet die Ärztekommission (§ 13); für alle sonstige Streitpunkte sind die ordentlichen Gerichte (§ 19) zuständig.

b) In den der Ärztekommission vorbehaltenen Streitfällen hat der Versicherungsnehmer innerhalb zweier Monate, nachdem ihm die Erklärung der Gesellschaft zugegangen ist, Widerspruch zu erheben und binnen eines Monats nach Erhebung des Widerspruchs eine Kommissionsentscheidung zu beantragen; andernfalls sind weitergehende Ansprüche, als sie von der Gesellschaft anerkannt sind, ausgeschlossen. Auf diese Rechtsfolge hat die Gesellschaft in ihrer Erklärung hinzuweisen.

3. Das Recht, Kommissionsentscheidung zu beantragen, steht auch der Gesellschaft zu.

§ 13.
Ärztekommission.

I. Zusammensetzung. Die Kommission setzt sich regelmäßig zusammen aus zwei Ärzten, von denen jede Partei einen benennt, und aus dem für den Wohnort des Verletzten zuständigen Kreis-, Amts- oder Bezirksarzt als Obmann. Ist dieser behandelnder Arzt oder behindert, so tritt an seine Stelle der beamtete Arzt eines Nachbarbezirks.

Zum Obmann kann auf Verlangen einer Partei an Stelle des beamteten Arztes der leitende Arzt einer öffentlichen Heilanstalt oder ein deutscher Hochschullehrer berufen werden. In den Fällen des § 7, Ziffer 4 soll der Obmann ein hervorragender Nervenarzt oder Psychiater sein. Die Benennung der vorbezeichneten Ärzte ist Sache der Gesellschaft. Dem Versicherungsnehmer steht binnen zweier Wochen, nachdem ihm die Benennung zugegangen ist, das Recht der Ablehnung zu. Ist fristgemäße Ablehnung erfolgt, so wird der Obmann von dem Vorsitzenden der für den letzten inländischen Wohnort des Versicherten zuständigen Ärztekammer ernannt. Hat der Versicherte einen inländischen Wohnort nicht gehabt, so ist die für den Sitz der Gesellschaft zuständige Ärztekammer maßgebend.

Benennt eine Partei ihr Kommissionsmitglied nicht binnen zweier Wochen, nachdem sie von der anderen Partei hierzu aufgefordert ist, so erfolgt die Ernennung dieses Kommissionsmitgliedes gleichfalls durch den Vorsitzenden der oben bezeichneten Ärztekammer.

II. Verfahren. Sobald die Kommission zusammengesetzt ist, hat die Gesellschaft unter Einsendung der erforderlichen Akten den Obmann um die Durchführung des Verfahrens zu ersuchen.

Der Obmann bestimmt im Benehmen mit den beiden Kommissionsmitgliedern Ort und Zeit des Zusammentritts und gibt hiervon den Parteien mindestens eine Woche vor dem Termin Nachricht. Es bleibt ihm unbenommen, sich wegen weiterer Aufklärung des Sachverhalts an die Parteien zu wenden. In der Sitzung ist der Verletzte, soweit tunlich, zu hören und erforderlichenfalls zu untersuchen. Wenn er trotz rechtzeitiger Ladung nicht erscheint, aber sein Ausbleiben rechtzeitig und genügend entschuldigt hat, so ist ein neuer Termin anzuberaumen. Erscheint der Versicherte auch dann nicht, so kann die Kommission auf Grund der Akten entscheiden.

Die Entscheidung ist schriftlich zu begründen und vom Obmann zu beurkunden.

III. Kosten. Ist die Entscheidung der Ärztekommission für den Versicherten günstiger, als das vor ihrem Zusammentritt erfolgte Angebot der Gesellschaft, so sind die Kosten von dieser zu tragen; andernfalls werden sie, wenn nur Tagegeld streitig ist, bis zum 20fachen Betrage des Tagesgeldes, sonst bis zu 2 % der Invaliditäts- und Todesfallsumme oder 20 % der festen Rente dem Versicherungsnehmer auferlegt.

§ 14.
Zahlung der Entschädigung.

I. 1. Die Zahlung erfolgt binnen zweier Wochen, nachdem die Entschädigung gemäß §§ 12 und 13 festgestellt ist.

2. Im Falle der Invalidität steht jedoch der Gesellschaft, soweit es sich nicht um Gliedverluste handelt, das Recht zu, nach erfolgter Feststellung die Auszahlung des Kapitals auf drei Jahre, vom Abschluß der ärztlichen Behandlung an gerechnet, auszusetzen.
a) Nach Ablauf dieser Frist wird die nunmehr auszuzahlende Kapitalentschädigung nach dem für diesen Zeitpunkt festgestellten Invaliditätsgrad bemessen. Für die Zwischenzeit werden sechs von Hundert aus dem, dem jeweils festgesetzten Invaliditätsgrad entsprechenden Kapitalbetrag entrichtet, und zwar von dem Tage an, an dem die Zahlung des Tagegeldes aufhört, oder, wenn ein solches nicht in Frage kommt, vom Tage des Abschlusses der ärztlichen Behandlung an. Die Zahlung dieser Zinsen erfolgt je nach Ablauf von drei Monaten.
b) Stirbt der Versicherte, ehe die Kapitalentschädigung gezahlt ist, so hat die Gesellschaft, sofern nicht Entschädigung für den Fall des Todes zu leisten ist, die letztmalig festgestellte Kapitalentschädigung zu zahlen.

II. Auf Verlangen des Versicherungsnehmers werden frühestens nach Ablauf je eines Monats Vorschüsse auf das Tagegeld geleistet; jedoch darf hieraus die Anerkennung einer Entschädigungspflicht weder dem Grunde noch der Höhe nach hergeleitet werden.

III. Das Versicherungsverhältnis (§§ 15 – 20)

§ 15.
Antrag. Versicherungsschein.

Der Antrag auf Versicherung ist schriftlich zu stellen. Der Antragsteller, welcher persönlich für die Richtigkeit der hierbei abgegebenen Erklärungen verantwortlich ist, bleibt an seinen Antrag einen Monat lang, von der Unterzeichnung an gerechnet, gebunden.

Die Gesellschaft händigt im Falle der Annahme des Antrags dem Versicherungsnehmer einen Versicherungsschein aus, dem eine Abschrift des Antrags beigefügt ist. Der Inhalt des Vertrags bestimmt sich unter Ausschluß mündlicher Nebenabreden nach dem Versicherungsschein und seinen etwaigen Beilagen und Nachträgen. Weicht der Inhalt dieser Urkunden von demjenigen des Antrags ab, so gelten erstere als genehmigt, wenn der Versicherungsnehmer nicht binnen eines Monats, nachdem er dieselben empfangen hat und auf die Abweichungen schriftlich hingewiesen worden ist, gegen ihre Richtigkeit Widerspruch erhoben hat. Das Recht des Versicherungsnehmers, den Vertrag wegen Irrtums anzufechten, bleibt unberührt.

§ 16.
Rechtsverhältnis Dritter.

1. Ist die Versicherung gegen Unfälle genommen, die einem anderen zustoßen, so steht die Ausübung der Rechte aus dem Versicherungsvertrag ausschließlich dem Versicherungsnehmer zu. Dieser ist auch für die Erfüllung der Obliegenheiten verantwortlich.

2. Alle für den Versicherungsnehmer geltenden Vorschriften finden auf dessen Rechtsnachfolger und auf sonstige Anspruchserhebende entsprechende Anwendung.

3. Die Versicherungsansprüche können von ihrer endgültigen Bestellung ohne ausdrückliche Zustimmung der Gesellschaft weder übertragen noch verpfändet werden.

§ 17.
Prämienzahlung. Prämienverzug.
Prämienrückerstattung.

1. Die Leistungspflicht der Gesellschaft beginnt, wenn nicht ein späterer Zeitpunkt im Versicherungsschein selbst bestimmt oder ein früherer Zeitpunkt von der Gesellschaft schriftlich zugesagt ist, mit der Einlösung des Versicherungsscheins durch Zahlung der Prämie nebst den im Antrage angegebenen Kosten (Ausfertigungsgebühr) und etwaigen öffentlichen Abgaben (Reichsversicherungssteuer). Wird die erste Prämie erst nach dem als Beginn der Versicherung festgesetzten Zeitpunkt eingefordert, alsdann aber ohne Verzug gezahlt, so beginnt der Versicherungsschutz mit dem vereinbarten Zeitpunkt.

2. Die später fälligen Prämien sind am jeweiligen Fälligkeitstage zuzüglich etwaiger öffentlicher Abgaben und einer Hebegebühr zu entrichten. Unterbleibt die Zahlung, so ist der Versicherungsnehmer auf seine Kosten unter Hinweis auf die Folgen fortdauernden Verzugs durch einen an seine letztbekannte Adresse gerichteten Brief zur Zahlung innerhalb einer Frist von zwei Wochen aufzufordern. Tritt der Versicherungsfall nach Ablauf dieser Frist ein und ist der Versicherungsnehmer zur Zeit des Eintritts mit der Zahlung der Prämie oder der Kosten noch im Verzug, so ist die Gesellschaft von der Verpflichtung zur Leistung frei. Nach dem Ablauf der Frist ist die Gesellschaft, wenn der Versicherungsnehmer im Verzug ist, berechtigt, das Versicherungsverhältnis ohne Einhaltung einer Kündigungsfrist zu kündigen, oder, solange noch nicht sechs Monate seit Ablauf der zweiwöchigen Frist verstrichen sind, die rückständige Prämie nebst Kosten gerichtlich einzuziehen. Bei Teilzahlung der Jahresprämie werden die noch ausstehenden Raten der Jahresprämie sofort fällig, wenn der Versicherte mit der Zahlung einer Rate in Verzug gerät.

3. Endet das Versicherungsverhältnis infolge Kündigung durch den Versicherungsnehmer gemäß §§ 18, Ziffer II, 1a oder b, oder durch unter die Versicherung fallenden Tod des Versicherten, oder kommt das versicherte Interesse im Hinblick auf § 3 Ziffer 6 in Fortfall, so gebührt der Gesellschaft die Prämie für das laufende Versicherungsjahr, in allen übrigen Fällen der vorzeitigen Beendigung nur der Teil der Prämie, welcher der abgelaufenen Versicherungszeit entspricht.

War die Prämie mehrere Jahre vorausgezahlt, so ist der Berechnung des der Gesellschaft zustehenden Betrags die Prämie zugrunde zu legen, die bei Vorauszahlung auf die Zeit, während der die Versicherung tatsächlich in Kraft war, zu zahlen gewesen wäre.

§ 18.
Vertragsdauer. Kündigung.

I. Der Vertrag ist zunächst für die in dem Versicherungsschein festgesetzte Zeit abgeschlossen. Ist diese nach Jahren bemessen, so bewirkt die Unterlassung rechtswirksamer Kündigung eine Verlängerung des Vertrags jeweils um ein Jahr. Die Kündigung ist rechtswirksam, wenn sie spätestens drei Monate vor dem jeweiligen Ablauf des Vertrags schriftlich erklärt ist; sie soll durch eingeschriebenen Brief erfolgen.

II. 1. Das Versicherungsverhältnis kann ferner gekündigt werden:
a) wenn eine Entschädigung gezahlt worden ist,
b) wenn es zu einem Prozeß über den Entschädigungsanspruch oder zum Zusammentritt der Kommission (§ 13) gekommen ist.,
c) wenn einer der Fälle des § 3, Ziffer 6 eingetreten ist.

2. Das Recht zur Kündigung, die seitens der Gesellschaft mit einer Frist von 1 Monat, seitens des Versicherungsnehmers mit sofortiger Wirkung zu erfolgen hat, erlischt, wenn es nicht innerhalb eines Monats ausgeübt wird. Diese Monatsfrist beginnt mit dem Tage, an dem die Entschädigung gezahlt, der Rechtsstreit durch Klagerücknahme, Anerkenntnis oder Vergleich beigelegt, das Urteil rechtskräftig geworden oder der Spruch der Kommission dem Versicherungsnehmer zugestellt ist, bzw. mit dem Tage, an dem der kündigende Teil von dem Vorliegen eines der Fälle des § 3 Ziffer 6 Kenntnis erhalten hat.

§ 19.
Klagefrist. Gerichtsstand.

1. Ein von der Gesellschaft bestrittener Versicherungsanspruch ist, soweit nicht nach § 12, Ziffer 2 die Ärztekommission zuständig ist, bei Meidung des Verlustes durch Erhebung der Klage binnen einer Frist von sechs Monaten geltend zu machen. Die Frist beginnt mit dem Tage an dem der Anspruchsberechtigte durch eingeschriebenen Brief unter Hinweis auf die Rechtsfolgen der Fristversäumung davon in Kenntnis gesetzt worden ist, inwieweit sein Anspruch bestritten wird.

2. Für die aus diesem Versicherungsverhältnis entstehenden Rechtsstreitigkeiten ist neben den gesetzlich zuständigen Gerichten das Gericht des inländischen Wohnsitzes des Versicherten zuständig.

§ 20.
Anzeigen und Willenserklärungen.

Alle für die Gesellschaft bestimmten Anzeigen und Erklärungen sind schriftlich an den Vorstand der Gesellschaft oder an diejenige Geschäftsstelle, welche in dem Versicherungsschein oder dessen Nachträgen als zuständig bezeichnet ist, zu richten. Die Agenten sind zu deren Entgegennahme nicht bevollmächtigt.

Die für den Fall des Todes vorgeschriebene telegraphische Anzeige (§ 9, Ziffer 2) darf nur an den Vorstand der Gesellschaft gerichtet werden.

IV. Sonderbestimmungen (§§ 21 – 23)

§ 21.
Wehrdienst.

A. Im Frieden.

1. Dienstliche Unfälle in der Reichswehr oder ähnlichen Berufswehren sind nur eingeschlossen, wenn hierüber eine besondere Vereinbarung getroffen wurde.

2. Im Falle des Eintritts in eine solche Wehr sind beide Parteien berechtigt, die Versicherung mit einmonatiger Frist zu kündigen. Das Kündigungsrecht erlischt:
a) für die Gesellschaft einen Monat nach erhaltener Kenntnis vom Eintritt in die Wehr;
b) für den Versicherungsnehmer einen Monat nach erfolgtem Eintritt.

B. Im Kriege.

Für den Dienst während des Krieges gelten außer den unter A getroffenen Bestimmungen noch die folgenden:

I. In dem Antrag auf Abschluß einer die Fortsetzung des Versicherungsschutzes regelnden Vereinbarung muß ein nicht zum Kriegsdienst eingezogener Bevollmächtigter bezeichnet werden.

II. Versicherten, die einem mobilen Truppenteil angehören, wird Versicherungsschutz nur für außerdienstliche Unfälle unter Ausschluß der Entschädigung für vorübergehende Arbeitsunfähigkeit (§ 6, Ziffer I, 1 und 2) gewährt.

C. Gemeinsame Bestimmungen
für A und B.

Wird zwischen dienstliche und außerdienstlichen Unfällen unterschieden, so gelten als dienstlich solche, welche infolge einer Dienstverrichtung oder während der Ausübung des Dienstes eingetreten oder durch die dem Militärdienst eigentümlichen Verhältnisse verursacht worden sind. Die Bestimmungen des § 3 bleiben bestehen.

§ 22.
Rentenzahlung im Invaliditätsfalle.

Ist für den Fall der Invalidität vereinbart, daß die Entschädigung nicht durch einmalige Kapitalzahlung, sondern durch Entrichtung einer lebenslänglichen Rente zu erfolgen hat, so gelten folgende besonderen Bestimmungen:
Zu § 6 II 1. Ergibt sich innerhalb eines Jahres, vom Unfalltag an gerechnet, daß eine dauernde Beeinträchtigung der Arbeitsfähigkeit zurückbleibt, so wird Entschädigung nach folgenden Bestimmungen gewährt:
Für Versicherung mit vom Lebensalter abhängiger Rente: Die Rente wird nach der am Schluß ausgeführten Tabelle berechnet und hierbei für Ganzinvalidität die volle, für teilweise Invalidität die dem festgesetzten Invaliditätsgrade entsprechende Invaliditätssumme zugrundegelegt.
Für Versicherung mit fester Rente. Bei Ganzinvalidität wird die volle versicherte Rente, bei teilweiser Invalidität die dem festgesetzten Invaliditätsgrade entsprechende Teilrente gezahlt.

Tritt während der auf die erstmalige Festsetzung der Entschädigung folgenden fünf Jahre eine Änderung im Zustand des Versicherten ein, so haben beide Teile das Recht, eine Änderung der Rente zu verlangen. Die Vorschriften über Geltendmachung und Feststellung des Versicherungsanspruchs finden entsprechende Anwendung. Nach Ablauf von fünf Jahren seit erstmaliger Festsetzung der Rente findet weder eine Erhöhung noch eine Herabsetzung derselben statt.

Die Festsetzung der Rente bleibt in den ersten zwei Jahren mindestens je sechs Monate, später mindestens je ein Jahr in Kraft.

Zu § 9 6a) Der Verletzte ist verpflichtet, sich, sofern dies sein Zustand erlaubt, den von der Gesellschaft bezeichneten Ärzten zur Untersuchung zu stellen; ferner hat er im Laufe der auf die erstmalige Festsetzung der Entschädigung folgenden fünf Jahre sich auf Verlangen der Gesellschaft einer Untersuchung und Begutachtung seiner Arbeitsfähigkeit durch den von der Gesellschaft beauftragten Arzt zu unterwerfen, und zwar während der ersten zwei Jahre von sechs zu sechs Monate, dann von Jahr zu Jahr.

zu § 14. 2. Die Rente wird von dem Tage an, an dem die Zahlung des Tagesgeldes aufhört, oder, wenn ein solches nicht in Frage kommt, vom Tage des Abschlusses der ärztlichen Behandlung an, bis zum Ende des Vierteljahres, in dem der Versicherte stirbt, entrichtet und jeweils auf den Vierteljahresersten vorausgezahlt.

Die erstmalige Zahlung einer abgeänderten Rente erfolgt auf den der Änderung folgenden Vierteljahresersten.

Tabelle für Versicherung mit vom Lebensalter abhängiger Rente.
[Von einem Abdruck wurde abgesehen.]

§ 23.
Kurkostenersatz.

Bei Mitversicherung von Kurkosten gelten folgende Grundsätze:
Außer der auf Grund der Allgemeinen Versicherungsbedingungen zu leistenden Entschädigung werden im Versicherungsfalle die für die Behebung der Unfallfolgen innerhalb des ersten Jahres nach dem Unfall erwachsenen notwendigen Kosten des Heilverfahrens (Arzthonorare, soweit sie nach der amtlichen Medizinaltaxe unter Berücksichtigung der Verhältnisse des Versicherten begründet sind. Kosten für Arzneien und sonstige ärztlich verordnete Heilmittel, Verbandszeug, Verbringung zum Arzt oder in eine Heilanstalt, Behandlung und Verpflegung daselbst und für Röntgenaufnahmen) und für künstliche Glieder und anderweitige nach dem ärztlichen Ermessen erforderlichen Anschaffungen bis zum versicherten Betrage für jeden Versicherungsfall ersetzt.

Ausgeschlossen vom Ersatz sind die Kosten für Nahrungs- und Genußmittel, für Bade- und Erholungsreisen sowie für Krankenpflege, soweit nicht die Zuziehung von beruflichem Pflegepersonal ärztlich angeordnet wird.

IV. Die Allgemeinen Versicherungsbedingungen für die Unfallversicherung von 1937 (Fassung des Rundschreibens des Reichsaufsichtsamtes – RAA 66/40 – vom 22.12.1940)

I. Der Versicherungsschutz (§§ 1 – 8)

§ 1.
Gegenstand der Versicherung

Der Versicherer gewährt auf Grund der nachfolgenden Bedingungen Versicherungsschutz gegen die Folgen der dem Versicherten während der Versicherungsdauer zustoßenden Unfälle.

Die Leistungen des Versicherers richten sich nach Höchstbeträgen, die für den Fall vorübergehender Arbeitsunfähigkeit, der dauernden Arbeitsunfähigkeit („Invalidität“) und des Todes je besonders zu vereinbaren sind („Tagegeld“, „Invaliditätssumme“, „Todesfallsumme“). Die einzelnen Höchstbeträge werde im Versicherungsschein vermerkt.

§§ 2 – 5. Umfang des Versicherungsschutzes

§ 2.
Unfallbegriff. Grenzfälle.

I. Ein Unfall liegt vor, wenn der Versicherte durch ein plötzlich von außen auf seinen Körper wirkendes Ereignis unfreiwillig eine Gesundheitsbeschädigung erleidet.

II. 1. Als Unfälle gelten auch:
a) durch plötzliche Kraftanstrengung hervorgerufene Verrenkungen, Zerrungen und Zerreißungen;
b) Wundinfektionen, bei denen der Ansteckungsstoff durch eine Unfallverletzung in den Körper gelangt ist.

2. Als Unfälle gelten nicht:
a) Vergiftungen, Malaria, Flecktyphus und sonstige Infektionskrankheiten, Berufs- und Gewerbekrankheiten, Erkrankungen infolge psychischer Einwirkungen;
b) Gesundheitsbeschädigungen durch Licht-, Temperatur- und Witterungseinflüsse, es sei denn, daß der Versicherte diesen Einflüssen infolge eines Versicherungsfalls ausgesetzt war;
c) Gesundheitsbeschädigungen durch Röntgen-, Radium-, Finsen-, Höhensonnen- und ähnliche Strahlen.

§ 3.
Ausschlüsse.

Ausgeschlossen von der Versicherung sind:

1. Unfälle durch Kriegsereignisse (vgl. § 20, B);

2. Unfälle, die der Versicherte erleidet bei der Ausführung oder dem Versuch von Verbrechen oder Vergehen, ferner durch bürgerliche Unruhen, sofern der Versicherte auf Seiten der Unruhestifter teilgenommen hat;

3. Beschädigungen des Versicherten bei Heilmaßnahmen und Eingriffen, die der Versicherte an seinem Körper vornimmt oder vornehmen läßt, soweit die Heilmaßnahmen bzw. Eingriffe nicht durch einen Versicherungsfall veranlaßt waren. Das Schneiden von Nägeln, Hühneraugen, Hornhaut gilt nicht als solcher Eingriff;

4. Unfälle infolge von Schlag-, Krampf-, Ohnmachts- und Schwindelanfällen, von Geistes- oder Bewußtseinsstörungen, es sei denn, daß diese Anfälle oder Störungen durch einen Versicherungsfall hervorgerufen waren;

5. Unfälle, soweit durch sie Bauch- oder Unterleibsbrüche irgendwelcher Art, Wasserbrüche, Unterschenkelgeschwüre, Krampfadern, Darmverschlingungen oder Darmverschließungen, Entzündungen des Blinddarms oder seiner Anhänge herbeigeführt oder verschlimmert worden sind;

6. Unfälle, die der Versicherte erleidet, nachdem er von Geisteskrankheit, völliger Blindheit oder völliger Taubheit, von einer Lähmung durch Schlaganfall, von Epilepsie oder schweren Nervenleiden befallen oder durch Unfall oder Krankheit mehr als 60 Prozent dauernd arbeitsunfähig geworden ist. Für die Bemessung der Invalidität durch Unfall gelten die Bestimmungen des § 11, Ziffer II.

§ 4.
Gefahränderung.

1. Änderungen in der Berufstätigkeit oder Beschäftigung des Versicherten sind unverzüglich anzuzeigen. Solche Änderungen sind ohne Einfluß auf den Fortbestand der Versicherung, sofern der Versicherer für die neue Berufstätigkeit oder Beschäftigung überhaupt Versicherungsschutz gewährt.
a) Ergibt sich für die neue Berufstätigkeit oder Beschäftigung nach dem zur Zeit der Veränderung gültigen Tarif des Versicherers eine niedrigere Prämie, so ist vom

nächsten Fälligkeitstage ab nur diese zu zahlen.
b) Ergibt sich eine höhere Prämie, so wird auf die Dauer eines Monats von dem Zeitpunkt an, an dem dem Versicherer die Anzeige hätte zugehen müssen, auch für die erhöhte Gefahr der volle Versicherungsschutz gewährt. Tritt ein auf die erhöhte Gefahr zurückzuführender Versicherungsfall nach dem Ablauf dieses Monats ein, ohne daß inzwischen eine Einigung über die Mehrprämie erzielt worden wäre, so bemessen sich die Leistungen des Versicherers nach den im Verhältnis der neuerdings erforderlichen zu der bisherigen Prämie herabgesetzten Versicherungssummen.

2. Eine Verschlechterung in den Gesundheitsverhältnissen des Versicherten ist ohne Einfluß auf den Fortbestand der Versicherung. Die Bestimmungen des § 3, Ziffer 6 und § 7 werden hierdurch jedoch nicht berührt.

3. A. Die Versicherung erstreckt sich ohne weiteres auf Unfälle, welche der Versicherte erleidet:
a) als Fluggast eines Verkehrsflugzeuges, das sich im Luftverkehrsdienst eines behördlich genehmigten Luftverkehrsunternehmens auf einem Reise- oder Rundflug befindet,
b) als Fahrgast eines Luftschiffes der Deutschen Zeppelin-Reederei.

B. Diese Ausdehnung ist innerhalb der vereinbarten Versicherungssummen auf folgende Höchstbeträge begrenzt:
RM 100 000,- für den Fall des Todes,
RM 100 000,- für den Fall der Invalidität (Kapital- oder Rentenzahlung),
RM 100,- Tagegeld für vorübergehende Arbeitsunfähigkeit,
RM 1 000,- für Heilkosten.

Diese Höchstbeträge gelten auch, falls mehrere Versicherungen bei einem Versicherer oder bei mehreren in Deutschland zugelassenen Versicherern abgeschlossen sind. Werden in diesem Falle die Höchstbeträge von den gesamten vereinbarten Versicherungssummen überschritten, so ermäßigen sich die von den einzelnen Versicherern übernommenen Summen anteilsmäßig.

C. Für jede weitere Ausdehnung des Versicherungsschutzes auf Luftfahrten ist besondere Vereinbarung erforderlich.

4. Besondere Vereinbarung ist erforderlich für die Ausdehnung der Versicherung auf Unfälle beim Motorradfahren oder Mitfahren auf Motorrädern oder im Beiwagen, ferner auf Unfälle bei Beteiligung an Preis-, Wettbewerbs-, Zuverlässigkeits- und Tourenfahrten mit Kraftfahrzeugen, sofern es bei diesen Fahrten auf Erzielung einer Höchst- oder Durchschnittsgeschwindigkeit oder Zuverlässigkeit ankommt, sowie bei Trainingsfahrten auf der Rennstrecke.

5. Für den Eintritt in die Wehrmacht und für den Kriegsdienst gelten die Vorschriften des § 20.

§ 5.
Örtliche Geltung.

Die Versicherung umfaßt Unfälle, die sich ereignen: innerhalb der Grenzen Europas, bei Seereisen auf dem Atlantischen Ozean bis 15° westlich von Greenwich zwischen dem 35. und 72. Grade nördlicher Breite, auf dem Mittelländischen, dem Schwarzen und dem Kaspischen Meer, einschl. der außereuropäischen Hafenstädte an diesen Meeren, in Algier und Tunis, in Ägypten bis zum 25. Breitengrade, in Kleinasien und Palästina, auf Madeira und auf der direkten Seereise von einem europäischen Hafen nach dieser Insel und zurück.

(§§ 6 – 8)
Leistungen des Versicherers

§ 6.
Vorübergehende Arbeitsunfähigkeit, Invalidität, Tod.

I. 1. Im Falle der Beeinträchtigung der Arbeitsfähigkeit wird während der Dauer der ärztlichen Behandlung Tagegeld gezahlt. Das Tagegeld wird nach dem Grade der Beeinträchtigung abgestuft (vgl. § 11, Ziffer I).

2. Wird geltend gemacht, daß die Arbeitsfähigkeit auch nach Abschluß der ärztlichen Behandlung noch beeinträchtigt sei, so sind weitere Leistungen des Versicherers davon abhängig, daß die Fortdauer der Beeinträchtigung von zwei zu zwei Wochen ärztlich bescheinigt wird, sofern der behandelnde Arzt nicht längere Zwischenräume für zweckmäßig hält. Die Kosten dieser Bescheinigungen hat der Versicherte zu tragen.

3. Ist die Arbeitsfähigkeit überhaupt nicht beeinträchtigt worden, so werden während der Dauer der ärztlichen Behandlung deren notwendige Kosten bis zu ¼ des versicherten Tagegeldes ersetzt.

4. Die in Ziffer 1 – 3 aufgeführten Leistungen werden höchstens für ein Jahr, vom Unfalltage an gerechnet, gewährt.

II. Ergibt sich innerhalb eines Jahres, vom Unfalltage an gerechnet, daß eine dauernde Beeinträchtigung der Arbeitsfähigkeit zurückbleibt, so wird Entschädigung nach der Invaliditätssumme und dem Invaliditätsgrade gewährt (vgl. § 11, Ziffer II).
Ein Anspruch auf Invaliditätsentschädigung ist spätestens innerhalb einer Frist von 3 Monaten nach Ablauf des auf den Unfall folgenden Jahres anzumelden und unter Vorlage eines ärztlichen Attestes zu begründen.

III. Tritt innerhalb eines Jahres, vom Unfalltage an gerechnet, der Tod ein, so wird Entschädigung nach der Todesfallsumme geleistet. Auf die Todesfallentschädigung werden die gemäß Ziffer II gezahlten Beträge angerechnet.

§ 7.
Einschränkung der Leistungspflicht.

1. Haben zur Herbeiführung der vorübergehenden Arbeitsunfähigkeit, der Invalidität oder des Todes neben dem Unfall Krankheiten oder Gebrechen mitgewirkt, so wird die Versicherungsleistung im Verhältnis des auf diese Mitwirkung entfallenden Anteils gekürzt. Dieser Anteil bleibt jedoch unberücksichtigt, wenn er weniger als 25 Prozent beträgt.

2. Bei Blutungen aus inneren Organen, sowie bei Störungen im Bereich der weiblichen Geschlechtsorgane wird eine Leistung nur gewährt, wenn diese Schäden ausschließlich durch einen Versicherungsfall, ohne Mitwirkung einer inneren Erkrankung, verursacht sind.

3. War der Versicherte schon vor Eintritt des Versicherungsfalls durch Krankheit oder Gebrechen in seiner Arbeitsfähigkeit dauernd beeinträchtigt, so wird von der nach dem Unfall vorhandenen Gesamtinvalidität oder vorher bereits vorhanden gewesene Invaliditätsgrad abgezogen, soweit nicht für den Verlust der Sehkraft und des Gehörs in § 11, Ziffer II A, 1 b abweichende Bestimmungen getroffen sind.

Eine dauernde Beeinträchtigung ist ohne weiteres anzunehmen, wenn Körperteile bereits vor dem Unfall ganz oder teilweise verloren, verkrüppelt, verstümmelt oder gebrauchsunfähig gewesen sind. Der Grad der hierdurch bedingten Invalidität wird unter entsprechender Anwendung der Vorschriften des § 11, Ziffer II A, 1 a, 2 und 3 berechnet.

4. Für psychische und nervöse Störungen, durch welche im Anschluß an einen Unfall die Arbeitsfähigkeit beeinträchtigt ist, wird eine Entschädigung nur gewährt, wenn und soweit diese Störungen auf eine durch den Unfall verursachte organische Erkrankung des Nervensystems oder auf eine im Anschluß an den Unfall neu entstandene Epilepsie zurückzuführen sind.

§ 8.
Nebenleistungen.

Neben den in §§ 6 und 7 aufgeführten Leistungen übernimmt der Versicherer:

1. alle notwendigen Kosten, die durch die Erfüllung der in § 9, Ziffer 6 aufgeführten Obliegenheiten erwachsen;

2. die Kosten der sonst von dem Versicherer zugezogenen oder befragten Ärzte, dagegen die Gebühren für die zur Begründung des Versicherungsanspruches erforderlichen Zeugnisse nur bis zum Betrage des versicherten Tagegeldes oder, falls Tagegeld nicht versichert ist, bis zu 1 ‰ der Invaliditätssumme oder bei Versicherung einer festen Rente (§ 22, I B) bis zu 1 Prozent dieser Rente; etwaige Mehrkosten hat der Versicherungsnehmer zu tragen;

3. die Kosten der von dem Versicherer angeordneten Besichtigung und Öffnung der Leiche.

II. Der Versicherungsfall (§§ 9 – 14)

§ 9.
Anzeige. Arzthilfe.

Ist ein Unfall eingetreten, so sind dem Versicherer gegenüber folgende Obliegenheiten zu erfüllen:

1. Der Unfall ist unverzüglich anzuzeigen (§ 19).

2. Hat der Unfall den Tod zur Folge, so ist dies dem Vorstand des Versicherers binnen 24 Stunden telegraphisch anzuzeigen, und zwar auch dann, wenn der Unfall bereits angemeldet ist. Der Versicherer hat das Recht, durch einen von ihm beauftragten Arzt die Leiche besichtigen und öffnen zu lassen.

3. Spätestens am vierten Tage nach dem Unfall ist ein staatlich zugelassener Arzt (Ärztin) zuzuziehen; die ärztliche Behandlung ist bis zum Abschluß des Heilverfahrens regelmäßig fortzusetzen; ebenso ist für angemessene Krankenpflege, sowie überhaupt nach Möglichkeit für Abwendung und Minderung der Unfallfolgen zu sorgen.

4. Binnen einer Woche nach Zustellung des von dem Versicherer zu liefernden Vordrucks für Schadenanzeigen ist dieser sorgfältig auszufüllen und ihm zuzusenden; außerdem sind alle weiter verlangten sachdienlichen Auskünfte zu erteilen.

5. Der behandelnde Arzt ist zu veranlassen, auf den Vordrucken des Versicherers alsbald einen Bericht über den Schadenfall und nach Abschluß der ärztlichen Behandlung einen Schlußbericht zu erstatten; außerdem ist dafür Sorge zu tragen, daß alle etwa weiter noch von dem Versicherer eingeforderten Berichte des behandelnden Arztes geliefert werden.
Die behandelnden Ärzte, auch diejenigen, von denen der Verletzte aus anderen Anlässen behandelt oder untersucht worden ist, sind zu ermächtigen, dem Versicherer auf Verlangen Auskunft zu erteilen.

6. a) Der verletzte ist verpflichtet, sich, sofern dies sein Zustand erlaubt, den von dem Versicherer bezeichneten Ärzten zur Untersuchung zu stellen. Im Falle der aufgeschobenen Kapitalzahlung (§ 14, Ziffer II) hat er sich auf Verlangen des Versicherers von sechs zu sechs Monaten einer ärztlichen Untersuchung und Begutachtung zu unterwerfen.
b) Den von dem Versicherer beauftragten Ärzten ist jederzeit Zutritt zum Verletzten und dessen Untersuchung zu gestatten.

c) Den von diesen Ärzten nach gewissenhaftem Ermessen zur Förderung der Heilung getroffenen sachdienlichen Anordnungen ist Folge zu leisten. Dies gilt insbesondere auch für den Fall, daß die Behandlung oder Untersuchung des Verletzten in einer Heilanstalt angeordnet wird, wobei dem Versicherten nichts Unbilliges zugemutet werden darf.

§ 10.
Rechtsverlust.

Wird eine Obliegenheit verletzt, die nach dem Eintritt des Versicherungsfalles dem Versicherer gegenüber zu erfüllen ist, so ist der Versicherer von der Verpflichtung zur Leistung frei, es sei denn, daß die Verletzung weder auf Vorsatz noch auf grober Fahrlässigkeit beruht. Bei grobfahrlässiger Verletzung bleibt der Versicherer zur Leistung insoweit verpflichtet, als die Verletzung weder Einfluß auf die Feststellung des Versicherungsfalls noch auf die Feststellung oder den Umfang der dem Versicherer obliegenden Leistung gehabt hat.

(§§ 11 – 14). Feststellung und Auszahlung der Entschädigung.

§ 11.
Maßstäbe für den Grad der Arbeitsunfähigkeit.

I. Im Falle vorübergehender Beeinträchtigung der Arbeitsfähigkeit ist für die Bemessung des Grades der Beeinträchtigung die Berufstätigkeit und Beschäftigung des Versicherten maßgebend.

II. Im Falle dauernder Beeinträchtigung der Arbeitsfähigkeit sind für die Bemessung des Invaliditätsgrades die nachfolgenden Bestimmungen maßgebend:

A. 1. Als feste Invaliditätsgrade werden unter Ausschluß des Nachweises eines höheren oder geringeren Grades angenommen:

a) bei vollständigem Verlust oder vollständiger Gebrauchsunfähigkeit eines Armes oder einer Hand 60 Prozent, eines Beines oder eines Fußes 50 Prozent, eines Daumens 20 Prozent, eines Zeigefingers 10 Prozent, eines anderen Fingers 5 Prozent, einer großen Zehe 5 Prozent, einer anderen Zehe 2 Prozent,
b) bei gänzlichem Verlust der Sehkraft beider Augen 100 Prozent, bei gänzlichem Verlust der Sehkraft eines Auges 30 Prozent, sofern jedoch die Sehkraft des anderen Auges vor Eintritt des Versicherungsfalles bereits verloren war 50 Prozent, bei gänzlichem Verlust des Gehörs auf beiden Ohren 60 Prozent, bei gänzlichem Verlust des Gehörs auf einem Ohr 15 Prozent, sofern jedoch das Gehör auf dem anderen Ohr vor Eintritt des Versicherungsfalles bereits verloren war 30 Prozent.

2. Bei teilweisem Verlust oder teilweiser Gebrauchsunfähigkeit der vorgenannten Körperteile oder Sinnesorgane werden die vorstehenden Sätze entsprechend herabgesetzt.

3. Bei dem Verlust oder der Gebrauchsunfähigkeit von mehreren der vorgenannten Körperteile oder Sinnesorgane werden die sich nach Ziffer 1 und 2 ergebenden Prozentsätze zusammengerechnet, jedoch nie mehr als 100 Prozent angenommen.

B. Läßt sich der Invaliditätsgrad nach vorstehenden nicht bestimmen, so wird bei Bemessung desselben in Betracht gezogen, inwieweit der Versicherte imstande ist, Erwerb durch eine Tätigkeit zu erzielen, die seinen Kräften und Fähigkeiten entspricht und ihm unter billiger Berücksichtigung seiner Ausbildung und seines bisherigen Berufs zugemutet werden kann.

§ 12.
Parteierklärung. Ordentliches Gericht.

1. Der Versicherer ist verpflichtet, sich, soweit Tagegeld oder Todesfallsumme beansprucht werden, spätestens innerhalb eines Monats, soweit Invaliditätsentschädigung beansprucht wird, innerhalb dreier Monate darüber zu erklären, ob und inwieweit eine Entschädigungspflicht anerkannt wird. Diese Fristen beginnen je mit dem Eingang der Unterlagen, die der Anspruchserhebende zur Feststellung des Unfallhergangs und der Unfallfolgen sowie zum Nachweis des Abschlusses des Heilverfahrens beizubringen hat.

2. a) Im Falle von Meinungsverschiedenheiten über Art und Umfang der Unfallfolgen oder darüber, ob und in welchem Umfang der eingetretene Schaden auf den Versicherungsfall zurückzuführen ist, entscheidet die Ärztekommission (§ 13); für alle sonstigen Streitpunkte sind die ordentlichen Gerichte (§ 18) zuständig.
b) In den der Ärztekommission vorbehaltenen Streitfällen hat der Versicherungsnehmer innerhalb zweier Monate, nachdem ihm die Erklärung des Versicherers zugegangen ist, Widerspruch zu erheben und innerhalb eines Monats nach Erhebung des Widerspruchs eine Kommissionsentscheidung zu beantragen; andernfalls sind weitergehende Ansprüche, als sie von dem Versicherer anerkannt sind, ausgeschlossen. Auf diese Rechtspflege hat der Versicherer in seiner Erklärung hinzuweisen.
Das Recht, Kommissionsentscheidung zu beantragen, steht auch dem Versicherer zu.

§ 13.
Ärztekommission.

I. Zusammensetzung. Die Kommission setzt sich regelmäßig zusammen aus zwei Ärzten, von denen jede Partei einen benennt, und aus dem für den Wohnort des Verletzten zuständigen Kreis-, Amts- oder Bezirksarzt als Obmann. Ist dieser behandelnder Arzt oder behindert, so tritt an seine Stelle der beamtete Arzt eines Nachbarbezirkes.

Zum Obmann kann auf Verlangen einer Partei an Stelle des beamteten Arztes der leitende Arzt einer öffentlichen Heilanstalt oder ein deutscher Hochschullehrer berufen werden. In den Fällen des § 7, Ziffer 4 soll der Obmann ein hervorragender Nervenarzt oder Psychiater sein. Die Benennung der vorbezeichneten Ärzte ist Sache des Versicherers. Dem Versicherungsnehmer steht innerhalb zweier Wochen, nachdem ihm die Benennung zugegangen ist, das Recht der Ablehnung zu. Ist fristgemäße Ablehnung erfolgt, so wird der Obmann von dem Vorsitzenden der für den letzten inländischen Wohnort des Versicherten zuständigen Ärztekammer ernannt. Hat der Versicherte einen inländischen Wohnort nicht gehabt, so ist die für den Sitz des Versicherers zuständige Ärztekammer maßgebend.
Benennt eine Partei ihr Kommissionsmitglied nicht innerhalb zweier Wochen, nachdem sie von der anderen Partei hierzu aufgefordert ist, so erfolgt die Ernennung dieses Kommissionsmitgliedes gleichfalls durch den Vorsitzenden der oben bezeichneten Ärztekammer.

II. Verfahren. Sobald die Kommission zusammengesetzt ist, hat der Versicherer unter Einsendung der erforderlichen Akten den Obmann um die Durchführung des Verfahrens zu ersuchen.
Der Obmann bestimmt im Benehmen mit den beiden Kommissionsmitgliedern Ort und Zeit des Zusammentritts und gibt hiervon den Parteien mindestens eine Woche vor dem Termin Nachricht. Es bleibt ihm unbenommen, sich wegen weiterer Aufklärung des Sachverhalts an die Parteien zu wenden. In der Sitzung ist der Verletzte, soweit tunlich, zu hören und erforderlichenfalls zu untersuchen. Wenn er trotz rechtzeitiger Ladung nicht erscheint, aber sein Ausbleiben rechtzeitig und genügend entschuldigt hat, so ist ein neuer Termin anzuberaumen. Erscheint der Versicherte

auch dann nicht, so kann die Kommission auf Grund der Akten entscheiden.
Die Entscheidung ist schriftlich zu begründen und vom Obmann zu beurkunden.

III. Kosten. Ist die Entscheidung der Ärztekommission für den Versicherten günstiger als das vor ihrem Zusammentritt erfolgte Angebot des Versicherten, so sind die Kosten voll von diesem zu tragen; andernfalls werden sie dem Versicherungsnehmer auferlegt, wenn nur Tagegeld streitig ist, bis zum 20fachen Betrage des Tagegeldes, sonst bis zu 2 Prozent der Invaliditäts- oder Todesfallsumme, bei Versicherung einer festen Rente (§ 22 I B) bis zu 20 Prozent dieser Rente.

§ 14.
Zahlung der Entschädigung.

I. 1. Die Zahlung erfolgt binnen zwei Wochen, nachdem die Entschädigung gemäß §§ 12 und 13 festgestellt ist.

2. Steht die Entschädigungspflicht dem Grunde nach fest, so werden nach Ablauf eines Monats von der Anzeige des Unfalls an auf Verlangen des Versicherungsnehmers angemessene Vorschüsse geleistet. Vorher können auf Verlangen des Versicherungsnehmers schon nach Ablauf je eines Monats Vorschüsse auf Heilkosten und Tagegeld geleistet werden; jedoch kann hieraus die Anerkennung einer Entschädigungspflicht weder dem Grunde noch der Höhe nach hergeleitet werden.

II. Der Versicherer ist berechtigt, den Grad der Arbeitsbehinderung während der ersten drei Jahre nach Abschluß der ärztlichen Behandlung, längstens jedoch vier Jahre vom Unfalltage an, jährlich neu festzustellen. Will er von diesem Recht später als nach zwei Jahren vom Unfalltage an Gebrauch machen, so ist dazu ein Gutachten der Ärztekommission (§ 13) erforderlich; die Kosten hierfür trägt der Versicherer.

Macht der Versicherer von seinem Recht gemäß vorstehendem Absatz Gebrauch, so hat er von der noch ausstehenden Entschädigungssumme, die dem vorläufig festgestellten Grad der Arbeitsbehinderung entspricht, jährlich 4 v.H. Zinsen in vierteljährlichen Teilbeträgen zu entrichten. Stirbt der Versicherte nach Ablauf des auf den Unfall folgenden Jahres, aber vor endgültiger Feststellung der Entschädigung, so hat der Versicherer nach dem zuletzt festgestellten Grad der Arbeitsbehinderung Entschädigung zu leisten.

III. Das Versicherungsverhältnis
(§§ 15 – 19)

§ 15.
Rechtsverhältnis Dritter.

1. Ist die Versicherung gegen Unfälle genommen, die einem anderen zustoßen, so steht die Ausübung der Rechte aus dem Versicherungsvertrag ausschließlich dem Versicherungsnehmer zu. Dieser ist auch für die Erfüllung der Obliegenheiten verantwortlich.

2. Alle für den Versicherungsnehmer geltenden Vorschriften finden auf dessen Rechtsnachfolger und auf sonstige Anspruchserhebende entsprechende Anwendung.

3. Die Versicherungsansprüche können vor ihrer endgültigen Feststellung ohne ausdrückliche Zustimmung des Versicherers weder übertragen noch verpfändet werden.

§ 16.
Prämienzahlung. Prämienverzug.
Prämienrückerstattung.

1. Die Leistungspflicht des Versicherers beginnt, wenn nicht ein späterer Zeitpunkt im Versicherungsschein selbst bestimmt oder ein früherer Zeitpunkt von dem Versicherer schriftlich zugesagt ist, mit der Einlösung des Versicherungsscheins durch Zahlung der Prämie nebst den im Antrage

angegebenen Kosten und etwaiger öffentlicher Abgaben. Wird die erste Prämie erst nach dem als Beginn der Versicherung festgesetzten Zeitpunkt eingefordert, alsdann aber ohne Verzug gezahlt, so beginnt der Versicherungsschutz mit dem vereinbarten Zeitpunkt.

2. Die später fälligen Prämien sind am jeweiligen Fälligkeitstage zuzüglich etwaiger öffentlicher Abgaben und einer Hebegebühr zu entrichten. Unterbleibt die Zahlung, so ist der Versicherungsnehmer auf seine Kosten unter Hinweis auf die Folgen fortdauernden Verzugs durch einen an seine letztbekannte Adresse gerichteten Brief zur Zahlung innerhalb einer Frist von zwei Wochen aufzufordern. Tritt der Versicherungsfall nach Ablauf dieser Frist ein und ist der Versicherungsnehmer zur Zeit des Eintritts mit der Zahlung der Prämie oder der Kosten noch im Verzug, so ist der Versicherer von der Verpflichtung zur Leistung frei. Nach dem Ablauf der Frist ist der Versicherer, wenn der Versicherungsnehmer noch im Verzug ist, berechtigt, das Versicherungsverhältnis ohne Einhaltung einer Kündigungsfrist zu kündigen. Kündigt der Versicherer nicht, so ist er für die gerichtliche Geltendmachung der rückständigen Prämie nebst Kosten an eine Ausschlußfrist von 6 Monaten seit Ablauf der zweiwöchigen Frist gebunden.

3. Endet das Versicherungsverhältnis infolge Kündigung durch den Versicherungsnehmer gemäß § 17, Ziffer II, 1 a oder b oder durch unter die Versicherung fallenden Tod des Versicherten, oder kommt das versicherte Interesse im Hinblick auf § 3, Ziffer 6 in Fortfall, so gebührt dem Versicherer die Prämie für das laufende Versicherungsjahr, in allen übrigen Fällen der vorzeitigen Beendigung nur der Teil der Prämie, welcher der abgelaufenen Versicherungszeit entspricht.
War die Prämie auf mehrere Jahre vorausgezahlt, so ist der Berechnung des dem Versicherer zustehenden Betrags die Prämie zugrunde zu legen, die bei Vorauszahlung auf die Zeit, während der die Versicherung tatsächlich in Kraft war, zu zahlen gewesen wäre.

§ 17.
Vertragsdauer. Kündigung.

I. Der Vertrag ist zunächst für die in dem Versicherungsschein festgesetzte Zeit abgeschlossen. Beträgt diese mindestens ein Jahr, so bewirkt die Unterlassung rechtswirksamer Kündigung eine Verlängerung des Vertrags jeweils um ein Jahr. Die Kündigung ist rechtswirksam, wenn sie spätestens drei Monate vor dem jeweiligen Ablauf des Vertrags schriftlich erklärt ist; sie soll durch eingeschriebenen Brief erfolgen.

II. 1. Das Versicherungsverhältnis kann ferner gekündigt werden:
a) wenn eine Entschädigung gezahlt worden ist,
b) wenn es zu einem Prozeß über den Entschädigungsanspruch oder zum Zusammentritt der Kommission (§ 13) gekommen ist,
c) wenn einer der Fälle des § 3 Ziffer 6 eingetreten ist.

2. Das Recht zur Kündigung, die seitens des Versicherers mit einer Frist von einem Monat, seitens des Versicherungsnehmers mit sofortiger Wirkung zu erfolgen hat, erlischt, wenn es nicht innerhalb eines Monats ausgeübt wird. Diese Monatsfrist beginnt mit dem Tage, an dem die Entschädigung gezahlt, der Rechtsstreit durch Klagerücknahme, Anerkenntnis oder Vergleich beigelegt, das Urteil rechtskräftig geworden oder der Spruch der Kommission dem Versicherungsnehmer zugestellt ist, bzw. mit dem Tage, an dem der kündigende Teil von dem Vorliegen eines der Fälle des § 3, Ziffer 6 Kenntnis erhalten hat.

§ 18.
Klagefrist. Gerichtsstand.

1. Ein von dem Versicherer bestrittener Versicherungsanspruch ist, soweit nicht nach § 12, Ziffer 2 die Ärztekommission zuständig ist, bei Meidung des Verlustes durch Erhebung der Klage binnen einer Frist von sechs Monaten geltend zu machen. Die Frist beginnt mit dem Tage, an dem der Anspruchsberechtigte durch eingeschriebenen Brief unter Hinweis auf die Rechtsfolgen der Fristversäumung davon in Kenntnis gesetzt worden ist, inwieweit sein Anspruch bestritten wird.

2. Für die aus diesem Versicherungsverhältnis entstehenden Rechtsstreitigkeiten ist neben den gesetzlich zuständigen Gerichten das Gericht des inländischen Wohnsitzes des Versicherten zuständig.

§ 19.
Anzeige und Willenserklärungen.

Alle für den Versicherer bestimmten Anzeigen und Erklärungen sind schriftlich an den Vorstand des Versicherers oder an diejenige Geschäftsstelle, welche in dem Versicherungsschein oder dessen Nachträgen als zuständig bezeichnet ist, zu richten. Die Agenten sind zu deren Entgegennahme nicht bevollmächtigt.
Die für den Fall des Todes vorgeschriebene telegraphische Anzeige (§ 9, Ziffer 2) darf nur an den Vorstand des Versicherers gerichtet werden.

IV. Sonderbestimmungen (§§ 20, 21)

§ 20.
Wehrdienst.

§ 21.
Rentenzahlung im Invaliditätsfalle.

Ist für den Fall der Invalidität vereinbart, daß die Entschädigung nicht durch einmalige Kapitalzahlung, sondern durch Entrichtung einer lebenslänglichen Rente zu erfolgen hat, so gelten folgende besonderen Bestimmungen:

I. (Zu § 6). Die Rente wird nach der am Schlusse der Bedingungen abgedruckten Tabelle berechnet und hierbei für Ganzinvalidität die volle, für teilweise Invalidität die dem festgesetzten Invaliditätsgrade entsprechende Invaliditätssumme zugrunde gelegt.

II. 1. (Zu § 9, Ziffer 6 a). Der Versicherte ist verpflichtet, im Laufe der auf die erstmalige Festsetzung der Entschädigung folgenden fünf Jahre sich auf Verlangen des Versicherers einer Untersuchung und Begutachtung seiner Arbeitsfähigkeit durch den von dem Versicherer beauftragten Arzt zu unterwerfen, und zwar während der ersten zwei Jahre von sechs zu sechs Monaten, dann von Jahr zu Jahr.

2. (Zu § 12). Tritt während der fünf Jahre eine Änderung im Zustand des Versicherten ein, so haben beide Teile das Recht, eine Änderung der Rente zu verlangen. Die Vorschriften über Geltendmachung und Feststellung des Versicherungsanspruchs finden entsprechende Anwendung. Nach Ablauf von fünf Jahren seit erstmaliger Festsetzung der Rente findet weder eine Erhöhung noch eine Herabsetzung derselben statt.
Die Festsetzung der Rente bleibt in den ersten zwei Jahren mindestens je sechs Monate, später mindestens je ein Jahr in Kraft.

III. Die Rente wird von dem Tage an, an dem die Zahlung des Tagegeldes aufhört, oder, wenn ein solches nicht in Frage kommt, vom Tage des Abschlusses der ärztlichen Behandlung an bis zum Ende des Vierteljahres, in dem der Versicherte stirbt, entrichtet und jeweils auf den Vierteljahresersten vorausgezahlt.
Die erstmalige Zahlung einer abgeänderten Rente (Ziffer II, 2) erfolgt auf den der Änderung folgenden Vierteljahresersten.

Tabelle für Versicherung mit vom Lebensalter abhängiger Rente
[Von einem Abdruck wurde abgesehen.]

§ 22.
Heilkosten-Ersatz.

Bei Mitversicherung von Heilkosten gilt folgende Bestimmung:

Außer der auf Grund der Allgemeinen Versicherungsbedingungen zu leistenden Entschädigung werden im Versicherungsfalle die für die Behebung der Unfallfolgen innerhalb des ersten Jahres nach dem Unfall erwachsenen notwendigen Kosten des Heilverfahrens (Arzthonorare, soweit sie nach der amtlichen Medizinaltaxe unter Berücksichtigung der Verhältnisse des Versicherten begründet sind, Kosten für Arzneien und sonstige ärztlich verordnete Heilmittel, Verbandszeug, Verbringung zum Arzt oder in eine Heilanstalt, Behandlung und Verpflegung daselbst und für Röntgenaufnahmen) und für künstliche Glieder und anderweitige nach dem ärztlichen Ermessen erforderlichen Anschaffungen bis zum versicherten Betrage für jeden Versicherungsfall ersetzt.
Ausgeschlossen vom Ersatz sind die Kosten für Nahrungs- und Genußmittel, für Bade- und Erholungsreisen sowie für Krankenpflege, soweit nicht die Zuziehung von beruflichem Pflegepersonal ärztlich angeordnet wird.
Bei gleichzeitigem Bestehen einer Einzel-Krankheitskostenversicherung und einer Einzel-Unfallheilkostenversicherung wird Heilkostenersatz im Rahmen der Unfallversicherung nur insoweit gewährt, als der Krankenversicherer seine vertraglichen Leistungen voll erfüllt hat und diese zur Deckung der entstandenen Kosten nicht ausgereicht haben. Ist der Krankenversicherer leistungsfrei oder bestreitet er seine Leistungspflicht, so kann der Versicherungsnehmer sich unmittelbar an den Unfallversicherer halten. Sobald der Unfallversicherer von dem Zusammentreffen einer Einzel-Krankheitskosten- und einer Einzel-Unfall-Heilkostenversicherung Kenntnis erhalten hat, wird die anteilige Prämie für die Unfallheilkostenversicherung vom nächsten Monatsersten an auf die Hälfte herabgesetzt- Der Unfallversicherer hat die zuviel gezahlt Prämie zurückzuerstatten. Bei Wegfall einer Einzel-Krankheitskostenversicherung hat der Versicherungsnehmer vom nächsten Monatsersten an die volle Unfallheilkostenprämie zu zahlen und erwirbt damit Anspruch auf die vollen Leistungen. Der Versicherungsnehmer hat einen Wegfall der Einzel-Krankheitskostenversicherung dem Unfallversicherer unverzüglich anzuzeigen. Unterläßt der Versicherungsnehmer die Anzeige des Wegfalls der Einzel-Krankheitskostenversicherung oder ist er mit der erstmaligen Entrichtung des wegen des Wegfalls zu zahlenden weiteren Prämienanteils länger als einen Monat im Verzug, so hat er aus der Einzel-Unfallheilkostenversicherung nur Anspruch auf die halben Leistungen.

C) Die Risikolebensversicherungsbedingungen

I. Die Allgemeinen Versicherungsbedingungen der Lebensversicherungs-Aktien-Gesellschaft „Nordstern" in Berlin über Kapitalversicherung auf den Todesfall

§ 1
Inhalt der Police. Inkrafttreten der Versicherung.

Versicherter ist diejenige Person, auf deren Leben die Versicherung abgeschlossen ist. Als Versicherungsnehmer gilt diejenige Person, welche den Versicherungsvertrag bei der Gesellschaft beantragt und mit derselben abgeschlossen hat, beziehentlich der von der Gesellschaft anerkannte legitimierte Rechtsnachfolger dieser Person.

Der Inhalt des durch die Police verbrieften Vertrages richtet sich ausschließlich nach den in dieser Police enthaltenen Bestimmungen. Verabredungen über Änderung der Allgemeinen Versicherungs-Bedingungen oder der sonstigen in der Police getroffenen Bestimmungen verpflichten die Gesellschaft nur, wenn und nachdem sie von der Direktion der Gesellschaft in der Police oder in den Policen-Nachträgen vermerkt sind.

Der Inhalt der Police sowie etwaiger Nachträge gilt als anerkannt, wenn der Versicherungsnehmer nicht binnen vier Wochen, vom Tage des Inkrafttretens an gerechnet, direkt bei der Direktion der Gesellschaft die Berichtigung verlangt.

Die Zahlung der ersten Prämie kann rechtsgültig nur innerhalb eines Monats nach dem Datum der Policenausfertigung erfolgen. Erst nachdem die erste Prämie nebst etwaiger Stempelkosten vollständig gezahlt ist, und nur unter der Voraussetzungen, daß der Versicherte zu dem Zeitpunkt, an welchem die erste Prämie bezahlt wurde, noch lebte und seit Zustellung des Versicherungsantrags nicht krank oder lebensgefährlich verletzt war, tritt die Versicherung in Kraft.

§ 2

Rechte dritter Personen aus der Police.

Ist die Versicherung zugunsten Dritter Personen geschlossen, so erwerben diese dadurch, selbst wenn sie im Besitze der Police sind, kein anderes Recht, als den Anspruch auf die Versicherungssumme bei deren Fälligkeit, sofern nicht bis dahin der Versicherungsnehmer, der bis zur Fälligkeit der Versicherungssumme allein zur Verfügung über die Rechte aus dem Versicherungsvertrage berechtigt bleibt, andere Verfügung über die Zahlung der Versicherungssumme getroffen hat.

Durch die Zahlung der Prämie werden an sich keinerlei Rechte an der Police erworben. Von dritten Personen, welche eine Prämie zahlen, wird angenommen, daß sie es für Rechnung des Versicherungsnehmers tun. Die Gesellschaft ist nicht verpflichtet, von solchen Personen die Prämie anzunehmen.

Eine Übertragung des aus dem Versicherungsvertrage entspringenden Rechte erhält der Gesellschaft gegenüber nur dann rechtliche Geltung, wenn sie innerhalb dreißig Tagen von allen Beteiligten in beglaubigter Form vollzogen unter Beifügung der Police und der ausdrücklichen schriftlichen Genehmigung des Versicherten zur Fortsetzung der Versicherung mit der Angabe, wer fortan die Prämien zahlen wird, der Direktion der Gesellschaft angezeigt wird, und von dieser durch einen Vermerk auf der Police anerkannt ist. Für diesen Vermerk ist eine Schreibgebühr von 3 M zu entrichten. Die Gesellschaft darf die Anerkennung ohne Angabe von Gründen verweigern.

Die Bestimmungen des Absatzes 3 gelten auch von einer etwa beabsichtigten Fortsetzung der Versicherung zugunsten der Konkursmasse oder von Konkursgläubigern.

Personen, welche ohne ausdrückliche Genehmigung des Versicherten zur Fortsetzung der Versicherung eine Police erwerben, beispielsweise im Wege der Zwangsvollstreckung oder durch Ankauf aus einer Konkursmasse, erlangen lediglich den Anspruch auf den jeweiligen Rückkaufswert der Police.

Vollzieht sich ein von der Direktion nicht genehmigter Erwerb, oder ist die Anerkennung einer Übertragung der Police von der Gesellschaft verweigert worden, so gilt die Versicherung, vorbehaltlich des Anspruchs auf den etwaigen Rückkaufswert, als erloschen. Etwa nach dem Erlöschen noch gezahlte Prämien verbleiben der Gesellschaft und verpflichten sie zu einer Gegenleistung nur insoweit, als dadurch bei Fortbestand der Versicherung der in § 9 festgesetzte Rückkaufspreis der Police sich erhöht hätte.

§ 3
Allgemeine Bestimmung über Prämienzahlung.

Die Prämien sind im voraus auf ein ganzes Jahr zu entrichten, jedoch gestattet die Gesellschaft die Zahlung in halbjährlichen oder vierteljährlichen Raten mit einem Aufschlag von 2 Pfg. bei halbjährlicher und 3. Pfg. bei vierteljährlicher Prämienzahlung auf jede Mark Jahresprämie (angebrochene als voll zu rechnen); erlischt die Versicherung aus irgend einem Grund während eines Versicherungsjahres, so sind die an der betreffenden Jahresprämie etwa noch fehlenden Raten auf Aufforderung der Gesellschaft sofort und auf einmal nachzuzahlen, beziehentlich von der Gesellschaft bei einer ihr obliegenden Zahlung in Abzug zu bringen. Der Beginn eines Versicherungsjahres bestimmt sich nach dem Fälligkeitstage der Jahresprämie resp. der ersten Raten derselben.

Will der Versicherungsnehmer während der Dauer der Versicherung die Zahlungsweise der Prämien verändern, so hat er dies wenigstens vier Wochen vor dem nächsten Fälligkeitstermin bei der Direktion der Gesellschaft zu beantragen.

Alle Steuern oder Gebühren, welche von irgend einer Behörde jetzt oder später für die Police, oder für deren Nachträge oder für die zugehörigen Prämien-Rechnungen oder Quittungen erhoben werden, sind vom Versicherungsnehmer zu tragen.

§ 4
Wie und wann die Prämienzahlung zu erfolgen hat. Folgen unterlassener Prämienzahlung. Stundungen.

Über jede Prämienzahlung wird Quittung auf einer von der Direktion der Gesellschaft ausgestellten und mit dem Faksimile ihrer Unterschrift versehenen Prämien-Rechnung erteilt, welche bei der ersten Prämienzahlung sich auf der Police befindet. Die Zahlung ist rechtsgültig nur erfolgt, wenn sie gegen diese Prämienrechnung innerhalb von 30 Tagen nach deren Datum geleistet wurde. Wird eine Prämie innerhalb dieser Frist nicht vollständig berichtigt, so ist die Versicherung, wenn sie noch nicht 3 Jahre in Kraft war, ohne weiteres und stillschweigend erloschen (vgl. § 6), und die bereits bezahlten Prämien sind der Gesellschaft verfallen.

Wird die Zahlung einer Prämie im Widerspruch mit den vorstehend getroffenen Bestimmungen oder nach Ablauf der festgesetzten Frist von einem Agenten oder sonstigen Beauftragten der Gesellschaft angenommen, so erlangt diese Zahlung der Gesellschaft gegenüber nur dann rechtliche Geltung, wenn die Direktion der Gesellschaft ihre Genehmigung zur Zahlung dem Versicherungsnehmer ausdrücklich schriftlich angezeigt hat.

die Zahlung ist kostenfrei zu leisten, und zwar an den Agenten, der das Geschäft vermittelt oder die Police ausgehändigt hat, oder an den für den Wohnsitz des Versicherten zuständigen Agenten, muß aber, wenn dies aus irgend einer Ursache Anstand findet, etwa weil dem Versicherungsnehmer die Adresse des betreffenden Agenten unbekannt ist oder der Agent nicht im Besitze der von der Direktion vollzogenen Prämien-Rechnung ist, unmittelbar an die Direktion der Gesellschaft innerhalb der zugelassenen Frist und mit dem in der Police vermerkten Betrage geleistet werden.

Auf besonderen Antrag des Versicherten verpflichtet sich die Gesellschaft, an Entrichtung der fälligen Prämie durch eingeschriebenen Brief, unter Benutzung der letzten der Direktion bekannt gewordenen Adresse, zu erinnern. Hierfür ist bei jeder Prämienzahlung eine Gebühr von 0,50 M zu entrichten. Ist ein solcher Antrag nicht gestellt, oder wird die Gebühr von je 0,50

M nicht gezahlt, so ist die Gesellschaft zu einer solchen Mahnung nicht verpflichtet, und es kann niemals der Einwand erhoben werden, daß die Gesellschaft oder einer ihrer Agenten in anderen Fällen oder bei früheren Fälligkeitsterminen an die Entrichtung der Prämien gemahnt oder die letzteren eingezogen habe.

Stundungen einer Prämie zu gewähren, ist nur die Direktion berechtigt, der diesbezügliche Antrag ist spätestens 14 Tage vor dem Ablauf der Zahlungsfrist schriftlich zu stellen und kann durch Vermittlung des betreffenden Agenten eingereicht werden.

§ 5

Unverfallbarkeit der Einzahlungen nach dreijährigem Bestehen der Versicherung.

War die Versicherung schon drei Jahre in Kraft, und wird eine Prämienzahlung versäumt, so ermäßigt sich ohne weiteres und stillschweigend die Versicherungssumme auf denjenigen Betrag, welcher unter sonst gleichen Bedingungen nach dem Alter des Versicherten am Tage, an welchem die unbezahlt gebliebene Prämie fällig war, nach den Tarifen der Gesellschaft versichert werden kann für eine einmalige Prämienzahlung in Höhe der bis dahin auf die Police treffenden Prämienreserve abzüglich ein Prozent der ursprünglichen Versicherungssumme.

§ 6

Aufleben erloschener oder in der Summe herabgesetzter Versicherungen.

Die Gesellschaft wird eine nach § 4 erloschene Versicherung gegen Entrichtung der rückständigen Prämie und eines Aufgeldes von einer Mark vom Tausend der ursprünglichen Versicherungssumme wieder aufleben lassen, wenn dies vor Ablauf einer Frist von sechs Monaten von dem Tage an gerechnet, an welchem die unbezahlt gebliebene Prämie fällig war, bei der Direktion beantragt wird, und wenn die letztere aus den auf ihr Verlangen von dem Versicherungsnehmer beizubringenden Nachweisen die Überzeugung gewinnt, daß die Gesundheits- und sonstigen Verhältnisse des Versicherten sich nicht auf eine bei Fortdauer der Versicherung der Gesellschaft nachteilige Weise verändert haben. Die Quittung der Direktion über die erfolgte Zahlung der Prämie und des Aufgeldes dient alsdann zum Beweise der fortdauernden Gültigkeit der Police. Die Entscheidung über das Aufleben des Vertrages ist der freien Entschließung der Direktion vorbehalten; zur Angabe von Gründen für ihre Entscheidung ist diese nicht verpflichtet.

Bei einer gemäß § 5 prämienfrei gewordenen Police kann der Antrag auf Aufleben in voller Höhe jederzeit, als noch nach Jahren, gestellt werden, und es kommen alsdann die Bestimmungen des vorigen Absatzes zur Anwendung. Wird die Versicherung innerhalb eines Jahres seit Fälligkeit der unbezahlt gebliebenen Prämie wieder in voller Höhe in Kraft gesetzt, so läuft auch die Dividendenberechtigung ohne Unterbrechung weiter; wird der Aufhebensantrag erst später gestellt, so wird die Versicherung bzgl. der ferneren Gewinnbeteiligung als neu abgeschlossen angesehen.

§ 7

Berufs- und Aufenthalts-Änderungen. Reisen.

In folgenden Fällen ist der Versicherungsnehmer verpflichtet, Veränderungen, welche, wenn auch nur vorübergehend, bei dem Versicherten während der Dauer der Versicherung eintreten, der Direktion der Gesellschaft vor Eintritt der Veränderung schriftlich unter Einsendung der Police anzuzeigen:

a) wenn der Versicherte Seedienst in der Handels- oder Kriegsmarine leistet, wenn er in einer Werkstatt tätig wird, in welcher Pulver oder Sprengstoff hergestellt werden, oder in einer Brauerei oder Branntweinbrennerei, oder wenn er Wirt, Restaurateur oder Kellner wird;

b) wenn der Versicherte in ein Land reist, in welchem bekanntermaßen Krieg oder innere Unruhen herrschen;
c) bei Verlegung seines Wohnsitzes oder Reisen nach oder in außereuropäischen Ländern.

Die Gesellschaft entscheidet darüber, ob und unter welchen Bedingungen sie die Versicherung unter den so veränderten Verhältnissen fortsetzen will, ohne zur Angabe von Gründen für ihre Entscheidung verpflichtet zu sein.

Unterbleibt die rechtzeitige Anzeige einer Veränderung, welche nach dem Vorstehenden anzuzeigen war, oder wird die Fortsetzung der Versicherung unter den veränderten Verhältnissen abgelehnt, oder mit der Gesellschaft bis zum Eintritte der Veränderung nicht vereinbart, so gilt die Versicherung mit dem Eintritte der Veränderung vorbehaltlich des Anspruches auf den Rückkaufspreis (vgl. § 9), als erloschen. Etwa nach dem Erlöschen der Versicherung noch gezahlte Prämien verbleiben der Gesellschaft und verpflichten sie zu einer Gegenleistung nur insoweit, als dadurch bei Fortbestand der Rückkaufspreis sich erhöht hätte.

Reisen auf längstens ein Jahr sind, jedoch mit den sich aus den vorstehenden Bestimmungen zu a) und b) ergebenden Einschränkungen, ohne weiteres gestattet:
vom Anfang der Versicherung an in ganz Europa und in allen Ländern der Erde zwischen dem 33. Grad nördlicher Breite und dem nördlichen Polarkreise,
nach einjährigem Bestehen der Versicherung in allen Ländern der Erde.
Ausgeschlossen sind Polarfahrten und Forschungsreisen in unzivilisierten Ländern.

Solle eine Reise länger als ein Jahr dauern, oder will der Versicherte seinen Wohnsitz in Tropen- oder Polar-Gegenden verlegen, so ist vorher bei der Gesellschaft wegen Normierung entsprechender Zuschlagsprämie anzufragen. Die Höhe derselben richtet sich nach der bisherigen Versicherungsdauer und ist um so kleiner, je mehr von der Versicherungssumme durch Prämienreserve bereits gedeckt ist.

§ 8
Kriegsversicherung.

Die Versicherung behält ihre Gültigkeit, auch wenn der Versicherte innerhalb der Grenzen Europas Kriegsdienst im Deutschen Heere oder in dem Heere eines im Bunde mit Deutschland Krieg führenden Staates leistet, jedoch nur, wenn die Versicherung mit Beteiligung am Gewinn der Gesellschaft abgeschlossen ist und nur bis zur Höhe von 50.000 M bzw., sofern mehrere Versicherungen auf dasselbe Leben bestehen, bis zur Höhe von insgesamt 50.000 M. Erfolgt das Ableben des Versicherten während eines Krieges, in welchem er Kriegsdienst leistete, so zahlt jedoch die Gesellschaft zunächst nur die auf die betreffende Versicherung entfallende Reserve und ist zur Zahlung des Restbetrages, also der versicherten Summe (mit der Begrenzung auf 50.000 M) abzüglich Reserve – hier Kriegsschaden genannt – nicht vor Ablauf von drei Monaten nach dem Friedensschlusse verpflichtet.

Zur Zahlung derartiger Kriegsschäden dienen der Reihe nach:
a) die aus dem betreffenden Rechnungsjahre anteilig zur Verfügung stehenden rechnungsmäßigen Beträge;
b) die Kriegsreserve;
c) die statutgemäße Gewinnreserve;
d) die gemäß § 10 dieser Bedingungen zur Deckung von Kriegsschäden der Gesellschaft zur Verfügung stehenden Gewinnanteile.

Nur wenn die Summe dieser Beträge zur Zahlung sämtlicher der Gesellschaft erwachsenen Kriegsschäden nicht ausreicht, ist die Gesellschaft nicht zur Zahlung der vollen Kriegsschäden, sondern nur in dem Verhältnisse der Summe der Beträge ad a, b, c und d zur Gesamtsumme der Kriegsschäden verpflichtet.

Leistet der Versicherte Kriegsdienst unter andern als den oben angegebenen Voraussetzungen, so erlischt die Versicherung sofort mit Eintritt des Kriegsdienstes vorbehaltlich des Anspruchs auf den Rückkaufswert; bezüglich etwaiger nach dem Erlöschen noch gezahlter Prämien findet § 7 Abs. 3 Anwendung.

Der Fall von Kriegsdienst gilt als eingetreten, sobald derjenige Truppenteil, zu welchem der Versicherte gehört, mobil gemacht, oder kriegsbereit erklärt, oder auch ohne solche Erklärung in einer Tätigkeit gegen einen Feind verwendet wird, resp. sobald der Versicherte einem solchen Truppenteil als Kombattant oder Nicht-Kombattant in Erfüllung seiner gesetzlichen Wehrpflicht oder seines Berufes oder freiwillig sich anschließt.

§ 9
Rückkauf der Police und Vorauszahlungen auf dieselbe.

Die Gesellschaft wird, sobald die Versicherung drei Jahre in Kraft war, zum Schluß eines jeden Versicherungsjahres die Police unter gänzlicher Aufhebung des Versicherungsvertrages zurückkaufen und wird alsdann als Kaufpreis ¾ der nach ihren Rechnungsgrundlagen auf die Versicherung treffenden Prämienreserve zahlen. Ist die Prämienreserve schon bis auf 60, beziehentlich 80 oder mehr Prozent, der Versicherungssumme angewachsen, so zahlt die Gesellschaft 80, beziehentlich 85, beziehentlich 90 Prozent der Prämienreserve als Rückkaufspreis.

Der Rückkaufspreis wird unter Berechnung eines Diskonts von 5 %, sowie unter Abzug der etwa an der Jahresprämie noch fehlenden Prämienraten auch schon vor Ablauf des Versicherungsjahres ausgezahlt.

Bis zur Höhe des Rückkaufspreises wird die Gesellschaft auch Vorauszahlungen nach besonderem Regulativ auf die ihr obliegenden Verpflichtungen gewähren.

§ 10
Gewinnbeteiligung.

Die Beteiligung am Gewinn der Gesellschaft findet, wenn die Versicherung mit Anteil am Gewinn abgeschlossen ist, in der Weise statt, daß von dem alljährlich statutgemäß festgestellten Reingewinn mindestens ¾ an die am Gewinn beteiligten Versicherten verteilt werden. Die Verteilung erfolgt nach vollen Prozenten mit Weglassung der Bruchteile und nach Verhältnis der in dem betreffenden Rechnungsjahre fällig gewesenen Jahresprämie. Gegen die seitens der Gesellschaft erfolgte Berechnung des Gewinnanteils steht dem Versicherten keinerlei Widerspruchsrecht zu. Die Rechnungslegung über dem Gewinnanteil erfolgt durch den jährlichen allgemeinen Rechenschaftsbericht der Gesellschaft.

Beim Abschluß der Versicherung hat der Versicherungsnehmer zu erklären, ob der Gewinnanteil zur Erhöhung der Versicherungssumme oder zur Ermäßigung der Prämie verwendet werden soll.

Bei Verwendung des Gewinnanteils:
a) zur Erhöhung der Versicherungssumme erfolgt die Auszahlung beziehentlich Verrechnung des Gewinnanteils in der Weise, daß der auf jede Versicherung entfallende Gewinnanteil sofort nach Feststellung desselben dem Versicherungsnehmer gutgeschrieben und mit 3 ½ % jährlicher Zinsen und Zinseszinsen – vom Beginne des folgenden Versicherungsjahres an berechnet – in fünfjährigen Perioden, also der auf die ersten fünf Jahresprämien entfallende Gewinnanteil nach Ablauf der ersten fünf Versicherungsjahre, der auf die zweiten fünf Jahresprämien entfallende Gewinnanteil nach Ablauf der zweiten fünf Versicherungsjahre usw. als einmalige Prämie nach

den Tarifen der Gesellschaft zur Erhöhung der Versicherungssumme verrechnet wird. Diese Anrechnung muß seitens der Gesellschaft ohne weiteres und insbesondere ohne neue Prüfung des Gesundheitszustandes des Versicherten erfolgen. Über den Betrag, um welchen sich durch diese Verrechnung die Versicherungssumme erhöht, werden dem Versicherungsnehmer besondere schriftliche Bescheinigungen erteilt, welche für ihre Gültigkeit von der Direktion der Gesellschaft selbst vollzogen sein müssen. Erlischt die Versicherung aus irgend einem Grunde, so wird, wenn sie schon fünf Jahre bestanden hatte, der alsdann aus der gerade laufenden fünfjährigen Periode angesammelte und noch nicht verrechnete Gewinnanteil noch bar ausgezahlt;

b) zur Ermäßigung der Prämien vom 3. Versicherungsjahre an erfolgt die Vergütung des Gewinnanteils an jeden Versicherten zwei Jahre nach dem Termine, an welchem die am Gewinn beteiligte Jahresprämie fällig gewesen ist;

c) zur Ermäßigung der Prämien vom 6. Versicherungsjahre an erfolgt die Vergütung eines entsprechend höheren Gewinnanteils, sowie etwaiger Alterszulagen an jeden Versicherten fünf Jahre nach dem Termine, an welchem die am Gewinn beteiligte Jahresprämie fällig geworden ist. Bei dieser Verwendungsart wird der Gewinnanteil nur bis zur Höhe von 25 % der Prämie an alle Versicherte gleichmäßig nach Verhältnis der gewinnberechtigten Jahresprämie verteilt, während der darüber hinaus zur Verteilung stehende Gewinn den länger bestehenden Versicherungen als Alterszulage überwiesen wird.

In den Fällen zu b) und c) werden die Gewinnanteile nicht bar ausgezahlt, sondern auf die jeweils fälligen weiteren Jahresprämien angerechnet, und zwar ganz oder ratenweise, jenachdem die Jahresprämie auch ganz oder ratenweise gezahlt wird. Auf Versicherungen, welche zu der Zeit, wo der Gewinnanteil zur Anrechnung kommen würde, schon abgelaufen, erloschen oder aus irgend einem Grunde prämienfrei sind, wird kein Gewinnanteil mehr vergütet.

Soweit die Auszahlung beziehentlich Verrechnung von Gewinnanteilen nicht schon endgülitg erfolgt ist, ist die Gesellschaft berechtigt, dieselben zur Deckung von außerordentlichen Verlusten und Bedürfnissen, besonders auch zur Deckung von Kriegsschäden (§ 8) zu verwenden.

§ 11
Folgen unrichtiger Deklaration.

Für die Richtigkeit und Vollständigkeit der in der Police aufgeführten schriftlichen Deklarationen haftet der Versicherungsnehmer. Sind darin unrichtige oder unvollständige Angaben gemacht, oder sind erhebliche Umstände verschwiegen, so ist die Gesellschaft nicht zur Zahlung der Versicherungssumme verpflichtet (vgl. § 12 letzter Absatz). Es kommt hierbei nicht darauf an, ob die unrichtige oder unvollständige Angabe oder die Verschweigung auf Irrtum, Fahrlässigkeit oder böse Absicht zurückzuführen war; jedoch muß die falsche Deklaration einen Punkt von solcher Erheblichkeit betreffen, daß er für den Entschluß des Gesellschaft-Vorstandes, sich auf die Versicherung überhaupt oder in der beantragten Form einzulassen, hätte von Bedeutung sein können. Die Verschweigung eines früheren Lebensversicherungsantrages oder eines Arztes, welcher in den letzten fünf Jahren vor der Antragstellung vom Versicherten zu Rate gezogen war, gilt immer als erheblich.

Nach dem Ableben des Versicherten kann sich die Gesellschaft auf einen Verstoß des Versicherten gegen die Richtigkeit und Vollständigkeit der Deklaration nicht mehr berufen, wenn bei seinem Ableben die Versicherung schon fünf Jahre ununterbrochen in Kraft war.

Die vorstehenden Bestimmungen beziehen sich auch auf Deklarationen, auf Grund deren eine Versicherung umgeändert oder wieder in Kraft gesetzt worden ist. Die fünfjährige Frist läuft in diesen Fällen vom Tage des Inkrafttretens der Umänderung oder der Wiederinkraftsetzung ab.

§ 12
Unverbindlichkeit der Versicherung für die Gesellschaft.

Die Versicherung ist ferner für die Gesellschaft unverbindlich:
a) wenn in den Schriftstücken und Zeugnissen, welche zum Zwecke der Erhebung von Zahlungen der Gesellschaft vorgelegt werden, unter Mitwissen des Policenberechtigten unrichtige Angaben oder Erklärungen abgegeben sind, oder etwas verschwiegen ist, was die Verpflichtung der Gesellschaft zur Zahlung der versicherten Gelder ganz oder teilweise aufheben oder verändern würde, oder wenn solches Schriftstück oder Zeugnis gefälscht ist;
b) wenn derjenige, der aus dem Versicherungsvertrage Ansprüche an die Gesellschaft erhebt, den Tod des Versicherten durch eigenes Verschulden herbeigeführt oder beschleunigt hat;
c) wenn der Versicherte bei einer von ihm verübten oder versuchten verbrecherischen Handlung seine Gesundheit zerstört oder sein Leben eingebüßt hat, oder wenn er zum Tode oder zu einer Freiheitsstrafe von zweijähriger oder mehrjähriger Dauer rechtskräftig verurteilt worden ist;
d) wenn der Versicherte wegen eines Verbrechens oder Vergehens die strafrechtliche Verfolgung zu gewärtigen hatte, und sein Ableben unter Umständen erfolgt ist, welche Selbstentleibung nicht ausschließen;
e) wenn der Versicherte, gleichgültig aus welchem Grunde und gleichgültig, ob in zurechnungsfähigem oder unzurechnungsfähigem Zustande sich selbst das Leben nimmt, oder durch versuchte Selbstentleibung einen Nachteil an seiner Gesundheit sich zugefügt hat. Die Versicherung bleibt jedoch, falls nicht die Bestimmung ad d Anwendung findet, für die Gesellschaft verbindlich, sobald sie fünf Jahre ununterbrochen in Kraft war;
f) bei Tod infolge Duells zahlt die Gesellschaft die volle Versicherungssumme, insofern der Versicherte durch ehrengerichtlichen Anspruch zum Zweikampf genötigt worden war; doch ist ihr, solange die Versicherung noch nicht drei Jahre in Kraft war, von den Policenberechtigten der Nachweis zu erbringen, daß Anlaß und Umstände, welche den Zweikampf herbeigeführt haben, nicht vor Abschluß der Versicherung schon vorlagen.

In allen Fällen der Unverbindlichkeit der Versicherung bleibt den Policenberechtigten der Anspruch auf den bedingungsmäßigen Rückkaufswert gewahrt, mit Ausnahme der Fälle erwiesenen Betruges (wozu stets die Verschweigung eines früheren Antrages oder eines Arztes, welcher den Versicherten in den letzten fünf Jahren vor der Antragstellung beraten hatte, gehört), sowie der Fälle zu a und b des § 12.

§ 13
Was zur Begründung der Zahlungsverpflichtung der Gesellschaft beizubringen ist.

Wer eine Zahlung aus dem Versicherungsvertrage verlangt, hat den Nachweis der Empfangsberechtigung und ferner den Beweis zu führen, daß die Umstände eingetreten sind, welche die Zahlungsverpflichtung bedingen.

Das Ableben des Versicherten ist von denjenigen, welche auf Grund desselben einen Anspruch an die Gesellschaft erheben wollen, sofort nach erfolgter Kenntnis und möglichst noch vor der Beerdigung unter Angabe der Todesursachen schriftlich dem Agenten der Gesellschaft, an welchen die letzte Prämie gezahlt wurde, und der Direktion anzuzeigen. Weiter sind binnen längstens acht Wochen nach dem Todestage bei der Direktion der Gesellschaft einzureichen:

a) die Prämienrechnung über die zuletzt fällig gewesene Prämie,

b) eine von der zuständigen Behörde (Standesamt) ausgestellte Sterbeurkunde,

c) ein beglaubigtes Zeugnis eines approbierten Arztes, der die Leiche besichtigt hat, über den Befund der Leiche und die Ursache des Todes,

d) wenn der Verstorbene in der letzten Krankheit oder innerhalb eines Jahres vor seinem Tode ärztlich behandelt worden ist, ein von dem betreffenden Arzte ausgestellter beglaubigter ausführlicher Bericht über die Entstehung und den Verlauf der fraglichen Krankheiten beziehentlich die Ursache des Todes.

Die Kosten für die Beschaffung der die Auszahlung begründenden Schriftstücke und Atteste haben diejenigen zu bezahlen resp. zu ersetzen, welche Ansprüche aus der Versicherung erheben.

Die Gesellschaft ist berechtigt, weitere nach ihrem freien Ermessen von ihr zur Feststellung der Todesursache für erforderlich erachtete Aufklärungen oder Beweiserhebungen zu fordern oder selbst zu veranlassen.

§ 14
Altersnachweis.

Ist bei Abschluß oder während der Dauer der Versicherung ein glaubhaftes Zeugnis über das Alter des Versicherten nicht beigebracht worden, so muß dieses Zeugnis nachgeliefert werden und vor Einlieferung desselben kann keine Zahlung von der Gesellschaft verlangt werden. Ergibt sich aus solchem nachgebrachten Zeugnis, daß die versicherte Person bei dem Abschluß der Versicherung ihr Alter falsch angegeben und infolge davon eine zu niedrige Prämie gezahlt hat, so wird der Betrag des versicherten Kapitals nach dem Verhältnis der nach dem wirklichen Alter des Versicherten zur Zeit des Abschlusses der Versicherung zu zahlen gewesenen zu der wirklich gezahlten Prämie gekürzt.

§ 15
Zahlungen der Gesellschaft. Verjährungsfrist.

Alle Zahlungen aus dem Versicherungsvertrage erfolgen, sobald von der Gesellschaft die ihre Zahlungspflicht begründenden Nachweise und der Nachweis der Empfangsberechtigung für genügend erkannt sind, für gewöhnlich sofort und in längstens 14 Tagen, wenn aber Deutschland Krieg führt oder in Deutschland eine Epidemie herrscht, in längstens drei Monaten; zur Zahlung von Zinsen bis dahin ist die Gesellschaft nicht verpflichtet.

Die Zahlungen erfolgen gegen Einhändigung der Police und Quittung bei der Direktion der Gesellschaft in Berlin, können aber nach Wunsch des Empfangsberechtigten auf seine Gefahr und Kosten und gegen vorherige Einsendung der Police und Quittung auch in anderer Weise erfolgen.

Ohne Rückgabe beziehentlich Vorlage der Police ist die Gesellschaft nicht verpflichtet, irgend eine Zahlung aus der Police zu leisten, oder eine Disposition über dieselbe anzunehmen. Wird eine von der Gesellschaft geforderte Zahlung von ihr verweigert, so muß die Forderung binnen drei Monaten nach erklärter Verweigerung durch Beschreiten des Rechtsweges eingeklagt werden, widrigenfalls jeder Anspruch an die Versicherungsgesellschaft erlischt. Die Versicherungssummen, welche innerhalb zweier Jahre nach Fälligkeit nicht abgehoben worden sind, verfallen zugunsten des Gewinn-Reservefonds der Gesellschaft.

§ 16
Verlust der Police. Anzeige einer Verpfändung.

Ist eine Police in Verlust geraten, so kann dieselbe auf Antrag des Versicherungsnehmers von der Gesellschaft für kraftlos erklärt werden; zu diesem Zweck hat die Gesellschaft nach vorgängiger Sicherstellung wegen der Kosten des Aufgebots-Verfahrens der ihr angezeigten Verlust der Police im Deutschen Reichsanzeiger und in ein oder zwei von ihr zu bestimmenden Lokalblättern je zweimal mit der Ankündigung bekannt zu machen, daß sie die Police für kraftlos erklären und an ihrer Stelle ein Duplikat ausstellen werden, wenn sich innerhalb dreier Monate von der ersten Bekanntmachung ab nicht ein Policeninhaber bei ihr melden sollte. Erfolgt solche Meldung nicht, so wird die Gesellschaft die Police im Deutschen Reichsanzeiger für kraftlos erklären und dem Versicherungsnehmer ein Duplikat ausfertigen. Stempelkosten und Policegebühr sind vom Antragsteller zu tragen.

Wir die Verpfändung einer Police vom Versicherungsnehmer der Gesellschaft angezeigt, so nimmt dieselbe hiervon in ihren Police-Akten Vormerkung und es ist alsdann eine Kraftlos-Erklärung ohne Zustimmung des betreffenden Pfand-Gläubigers unzulässig.

§ 17
Gerichtsstand der Gesellschaft.

Alle Streitigkeiten aus der Police zwischen der Gesellschaft und dem Versicherungsnehmer sowie denjenigen Personen, welche aus einer Police Ansprüche erheben, gehören vor das Köngl. Landgericht I zu Berlin, und wenn der Gegenstand des Streits die Summe von 300 M nicht übersteigt, vor das Königl. Amtsgericht I zu Berlin, soweit die Gesellschaft nicht gegenüber einzelnen Staats-Regierungen die Gerichte des Wohnortes des betreffenden General-Agenten event. der Hauptstadt des betreffenden Landes mit der Wirkung als zuständig anerkannt hat, daß sie dort bei allen Streitigkeiten über Versicherungen von Angehörigen des betreffenden Landes Recht zu geben und zu nehmen hat.

II. Die Allgemeinen Versicherungsbedingungen für die Lebensversicherung von 1909 (Von dem Verband Deutscher Lebensversicherungs-Gesellschaften eingereichte Fassung)

§ 1.
Beginn der Versicherung.

1. Die Versicherung ist zwei Monate vom Tage der vertrauensärztlichen Untersuchung ab an den vom ihm gestellten Antrag gebunden. Er hat innerhalb zweier Wochen nach Empfang der Aufforderung gegen Aushändigung des Versicherungsscheins die darin gemäß § 12 Abs. 1 berechnete Prämie nebst etwaigen staatlichen Gebühren und den Aufnahmekosten von 1 ‰ der Versicherungssumme, mindestens jedoch 3 M und höchstens 30 M zu bezahlen.

2. Die Leistungspflicht der X aus der Versicherung beginnt mit der Zahlung, vorausgesetzt, daß der Versicherte alsdann noch lebt und seit der ärztlichen Untersuchung nicht erheblich erkrankte oder verletzt wurde. Die Anfechtung der Versicherung wegen einer derartigen Erkrankung oder Verletzung ist nur innerhalb Jahresfrist seit Aushändigung des Versicherungsscheins zulässig. Als Versicherer im Sinne dieser Bedingungen gilt die Person, auf deren Leben die Versicherung genommen ist.

3. Wird die Zahlung nicht rechtzeitig bewirkt, so kann die X die erste Jahresprämie nebst etwaigen staatlichen Gebühren und den Aufnahmekosten innerhalb dreier Monate vom Ausstellungsdatum des Versicherungsscheins ab einfordern oder die Versicherung unter Einhaltung einer Kündigungsfrist von einem Monate kündigen.

4. Der Inhalt des Versicherungsscheins gilt als von dem Versicherungsnehmer genehmigt, wenn dieser nicht innerhalb eines Monats nach erfolgter Aushändigung Widerspruch gegen die Richtigkeit des Scheins erhebt. Das Recht des Versicherungsnehmers, die Genehmigung wegen Irrtums anzufechten, bleibt unberührt.

§ 2.
Zahlung der laufenden Prämie.

1. Laufende Prämien werden zu Beginn jeden Versicherungsjahres fällig und sind im voraus zu zahlen.

2. Ist die Zahlung der Jahresprämie in Raten vereinbart, so gelten noch nicht bezahlte Raten als gestundet und werden bei einer auf die Versicherung zu bewirkenden Leistung der X angerechnet. Eine Änderung in der Zahlungsweise ist spätestens zwei Monate vor Beginn eines neuen Versicherungsjahres zu beantragen.

3. Laufende Prämien sind innerhalb zweier Wochen vom Zahlungstermin ab kostenfrei an die X oder an den durch den Besitz der Prämienrechnung zum Empfang ermächtigten Agenten zu bezahlen.

4. Die Prämienrechnungen haben die gedruckte Namensunterschrift des Vorstandes zu enthalten und sind von dem die Zahlung empfangenden Agenten oder Beamten unter Hinzufügung des Datums zu quittieren.

5. Eine Verlängerung der Zahlungsfrist ohne Einwilligung des Vorstandes der X ist für diese unverbindlich.

§ 3.
Zahlungsverzug. Beseitigung der Verzugsfolgen. Unverfallbarkeit.

1. Erfolgt die Zahlung laufender Prämien nicht innerhalb der zweiwöchigen Frist, so hat die X den Versicherungsnehmer unter Angabe der Rechtsfolgen weiterer Säumnis durch eingeschriebenen Brief aufzufordern, die rückständige Prämie mit fünfprozentigen Verzugszinsen vom Zahlungstermin ab und 1 M Kosten innerhalb einer Nachfrist von zwei Wochen nach Empfang der Aufforderung unmittelbar an die X oder an die in der Aufforderung bezeichnete Generalagentur portofrei zu zahlen.

2. Ist nach Ablauf der Nachfrist der Versicherungsnehmer mit der Zahlung der Prämie oder der geschuldeten Zinsen oder Kosten im Verzuge, so treten folgende Wirkungen ein:
a) Sind auf die Versicherung noch nicht drei Jahresprämien bezahlt, so ist die X beim Ableben des Versicherten von der Verpflichtung zur Leistung frei; sie kann die Versicherung unbeschadet ihres Anspruchs auf die laufende Jahresprämie ohne Einhaltung einer Kündigungsfrist kündigen.
b) Hat die Versicherung mindestens drei Jahre bestanden und ist die Prämie für diesen Zeitraum bezahlt, so bleibt nach Ablauf der Nachfrist die Versicherung in Kraft bis zum Ende des am Zahlungstermine der unbezahlt gebliebenen Prämie laufenden Versicherungsjahrs; rückständige Prämien und weiter zahlbar werdende Prämienraten dieses Versicherungsjahres gelten mit fünfprozentigen Verzugszinsen vom Zahlungstermin ab als gestundet. Stirbt der Versicherte nach Ablaufe des Versicherungsjahres, so ist die X nur zu der Leistung verpflichtet, die ihr obliegen würde, wenn sich mit dem Tod des Versicherten die Versicherung nach § 4 in eine prämienfreie umgewandelt hätte. Die X kann die Versicherung für das Ende des laufenden Versicherungsjahrs und, falls dieses abgelaufen ist, mit sofortiger Wirkung kündigen. In diesem Falle wandelt sich durch die Kündigung die Versicherung in eine prämienfrei nach § 4 um.

3. Die Wirkungen einer vor der X ausgesprochenen Kündigung werden aufgehoben, wenn innerhalb sechs Monate vom Zahlungstermine der erstmals unbezahlten Prämie ab diese und weiter zahlbar gewor-

dene Prämien mit fünfprozentigen Verzugszinsen vom Zahlungstermin an und mit einem Aufgelde von 1 %o der Versicherungssumme unmittelbar an die X portofrei gezahlt werden und der Versicherte beim Eingange der Zahlung noch lebt.

4. Ist die Frist von sechs Monaten seit dem Zahlungstermine verstrichen oder hat die X erst nach Ablauf dieser sechs Monate gekündigt, so hängt die Aufhebung der Wirkungen der Kündigung vom Ermessen der X ab; sie kann zu diesem Zwecke eine neue Prüfung der persönlichen und gesundheitlichen Verhältnisse des Versicherten auf Kosten des Versicherungsnehmers vornehmen.

§ 4.
Prämienfreie Versicherung.

1. Sind laufende Prämien für mindestens drei Jahre bezahlt, so kann der Versicherungsnehmer jederzeit für den Schluß des laufenden, frühestens des dritten Versicherungsjahres die Umwandlung der Versicherung in eine prämienfreie verlangen.

2. Der Antrag auf Umwandlung ist schriftlich unmittelbar bei der X unter Einreichung des Versicherungsscheins und der letzten Prämienquittung zu stellen.

3. Die Umwandlung erfolgt in der Weise, daß mit dem Schlusse des laufenden Versicherungsjahrs an die Stelle der bisherigen Versicherungssumme der Betrag tritt, der sich für das Alter des Versicherten als Leistung der X ergibt, wenn das auf die Versicherung entfallende Deckungskapital nach Maßgabe der Rechnungsgrundlagen der X als einmalige Prämie angesehen wird.

4. Ist auf die Versicherung nach § 6 eine Vorauszahlung gegeben oder sind Rückstände an Prämien, Zinsen, Kosten und Mahngebühren vorhanden, so gilt bei der Umwandlung die Versicherung in dem Umfang als gekündigt, als zur Tilgung der Vorauszahlung und der Rückstände durch die nach § 5 zu gewährende Rückvergütung erforderlich ist.

5. Die verbleibende Versicherungssumme muß sich auf mindestens 100 M belaufen und durch 100 ohne Rest teilbar sein. Aus dem hiernach nicht zur Verwendung kommenden Deckungskapitale wird die Rückvergütung des § 5 gewährt.

§ 5.
Kündigungsrecht des Versicherungsnehmers.

1. Der Versicherungsnehmer kann die Versicherung jederzeit für den Schluß des laufenden Versicherungsjahrs und bei Versicherungen mit laufender Prämie innerhalb des ersten Monats eines neuen Versicherungsjahrs auch für sofort ganz oder teilweise kündigen. Bei teilweiser Kündigung muß die verbleibende Versicherungssumme mindestens 1000 M betragen und durch 100 ohne Rest teilbar sein.

2. Die Kündigung ist schriftlich unter Einreichung des Versicherungsscheins und der letzten Prämienquittung unmittelbar an die X zu richten.

3. Wenn eine einmalige Prämie entrichtet ist, oder wenn laufende Prämien für mindestens drei Jahre bezahlt sind, gewährt die X eine Rückvergütung. Diese beträgt 60 % des für den Schluß des laufenden Versicherungsjahrs berechneten Deckungskapitals, so lange dieses 30 % der Versicherungssumme nicht überschreitet. Die Rückvergütung erhöht sich um so viel Prozent des Deckungskapitals, als dieses mehr als 30 % der Versicherungssumme beträgt, bis zu 95 %.

4. Wird eine nach § 4 umgewandelte Versicherung gekündigt, so beträgt die Rückvergütung so viele Prozent des Deckungskapitals, als nach Absatz 3 bei Fortdauer der ursprünglichen Versicherung zu vergüten gewesen wären.

5. Erfolgt die Kündigung innerhalb des ersten Monats eines neuen Versicherungsjahrs für sofort, so wird, wenn die Versicherung mindestens drei Jahre bestanden hat, die Rückvergütung für das Ende des vorhergehenden Versicherungsjahrs berechnet; in diesem Falle wird ein auf die Prämie des neuen Versicherungsjahrs bereits gezahlter Betrag abzüglich 5 % zurückgewährt.

6. Bei einer Kündigung für das Ende des laufenden Versicherungsjahrs kann die Rückvergütung schon vorher abzüglich 5 % Zwischenzinsen ausgezahlt werden; über das Fortbestehen der Versicherung bis zum Ende des laufenden Versicherungsjahrs ist dem Versicherungsnehmer eine Bescheinigung zu erteilen. Zwischenzinsen werden nicht berechnet, wenn die Versicherung mit der Zahlung der Rückvergütung erlöschen soll.

§ 6.
Vorauszahlungen.

1. Nach Zahlung von drei Jahresprämien können bis zur Höhe der nach § 5 bei Kündigung zu gewährenden Rückvergütung abzüglich der Prämie des folgenden Jahres von der X Vorauszahlungen auf die Versicherung gewährt werden, wodurch sich alle Verpflichtungen der X um den im voraus gezahlten Betrag verringern. Die geleistete Vorauszahlung ist auf dem Versicherungsscheine zu vermerken.

2. Von dem Tage ab, an dem die Vorauszahlung geleistet wird, erhöht sich die für die Versicherung zu zahlende laufende Prämie um soviel Prozent des im voraus gezahlten Betrags als der Geschäftsplan der X bestimmt; bei prämienfreien Versicherungen ist nunmehr eine laufende Prämie in dieser Höhe zu zahlen. Ist der Lombardzinsfuß der Deutschen Reichsbank höher als jener Prozentsatz, so kann die X außerdem eine einmalige Vergütung bis zur Höhe der Differenz auf ein Jahr verlangen.

3. Die Prämie für die Vorauszahlung ist nicht am Gewinne beteiligt und ist solange zu entrichten, bis die Vorauszahlung wieder eingezahlt oder bei einer Leistung der X gekürzt worden ist. Im übrigen kommen für die Zahlung dieser Prämie sowie für die Rechtsfolgen einer Nichtzahlung die Bestimmungen zur Anwendung, die nach §§ 2 und 3 für die Zahlung laufender Prämien nach dreijährigem Bestehen der Versicherung gelten. Kündigt hiernach die X eine beitragsfreie Versicherung, so wird dadurch die Versicherung beendet und es verbleibt nur der Anspruch auf die Rückvergütung nach § 5.

4. Der Versicherungsnehmer hat das Recht, zu jedem Prämienzahlungstermine den im voraus empfangenen Betrag wieder an die X einzuzahlen. Die Wiedereinzahlung kann nur im vollen Betrage und nur gegen ein vom Vorstande der X ausgestellte Quittung und nach einer unmittelbar an die X mindestens vierzehn Tage vor dem betreffenden Zahlungstermine zu richtenden Anzeige erfolgen.

§ 7.
Verletzung der Anzeigepflicht.

1. Hat der Versicherungsnehmer oder Versicherte bei Schließung, Abänderung oder Wiederinkraftsetzung der Versicherung ihm bekannte Umstände verschwiegen, die für die Übernahme der Gefahr erheblich sind, oder darüber falsche Angaben gemacht, so ist die X berechtigt, innerhalb eines Monats nach erlangter Kenntnis von dem Vertrage zurückzutreten. Waren die Gefahrenumstände an der Hand schriftlicher, von der X gestellter Fragen anzuzeigen, so kann die X wegen unterbliebener Anzeige eines Umstandes, nach welchem nicht ausdrücklich gefragt worden ist, nur im Falle arglistiger Verschweigung zurücktreten.

2. Der Rücktritt ist ausgeschlossen:

a) wenn nachgewiesen wird, daß weder den Versicherungsnehmer noch den Versicherten ein Verschulden trifft,

b) nach dem Tod des Versicherten, wenn nachgewiesen wird, daß der Umstand, in Ansehung dessen die Anzeigepflicht verletzt worden ist, keinen Einfluß auf den Eintritt des Todes und auf den Umfang der Leistung der X gehabt hat,

c) wenn seit Schließung, Abänderung oder Wiederinkraftsetzung der Versicherung drei Jahre verflossen sind.

3. Tritt die X von der Versicherung zurück, so verbleibt ihr der Anspruch auf die laufende Jahresprämie. Bei einer Versicherung mit einmaliger Prämienzahlung oder wenn laufende Prämien für mindestens drei Jahre bezahlt sind, ist die Rückvergütung nach § 5 zu gewähren.

4. Das Recht der X, die Versicherung wegen arglistiger Täuschung über Gefahrumstände anzufechten, wobei die Kenntnis und das Verhalten des Versicherten der Kenntnis oder dem Verhalten des Versicherungsnehmers gleichsteht, bleibt unberührt. Die bezahlten Prämien verbleiben der X.

§ 8.
Kriegsgefahr.

Stirbt der Versicherte während oder innerhalb Jahresfrist nach Beendigung des Krieges infolge seiner Teilnahme an Kriegsereignissen, ohne daß die Übernahme der Kriegsgefahr von der X mit dem Versicherungsnehmer vereinbart und auf dem Versicherungsscheine vermerkt worden ist, so ist die X nur zur Zahlung des am Todestage vorhandenen Deckungskapitals verpflichtet. Als Beginn des Krieges gilt der Tag, an dem die Kriegserklärung erfolgt oder ohne eine solche die Feindseligkeiten eröffnet werden.

§ 9.
Auslandsgefahr. Weltpolice.

Nach Ablauf von zwei Jahren seit Ausstellung des Versicherungsscheins ist dem Versicherten der Aufenthalt in allen Teilen der Welt freigegeben. Stirbt der Versicherte während oder innerhalb Jahresfrist nach seiner Rückkehr infolge eines in die ersten zwei Jahre fallenden Aufenthalts zwischen den beiden Wendekreisen, ohne daß er zu dem Aufenthalte die schriftliche Einwilligung der X erhalten hat, so ist die X nur zur Zahlung des am Todestage vorhandenen Deckungskapitals verpflichtet.

§ 10.
Selbstmord.

1. Begeht der Versicherte Selbstmord, so ist die X von der Verpflichtung zur Leistung frei und hat nur das auf die Versicherung am Todestage entfallende Deckungskapital zurückzuerstatten.

2. Die Verpflichtung der X bleibt bestehen, wenn beim Ableben des Versicherten seit Ausstellung des Versicherungsscheins zwei Jahre verstrichen sind oder wenn der Nachweis erbracht wird, daß die Tat in einem die freie Willensbestimmung ausschließenden Zustande krankhafter Störung der Geistestätigkeit begangen worden ist.

§ 11.
Todesfall.

1. Der Tod des Versicherten ist der X unverzüglich unter Angabe der Todesursache anzuzeigen, auch sind sobald als möglich eine amtliche Sterbeurkunde sowie ein ausführlicher Bericht des Arztes, der den Verstorbenen zuletzt behandelt hat, oder sofern eine solche Behandlung nicht stattgefunden hat, ein sonstiges ärztliches oder amtliches Zeugnis über die Todesursache und den Verlauf der letzten Krankheit oder die näheren Umstände des Todes einzureichen.

2. Die X kann fordern, daß die Zeugnisse auf ihren Formularen mit beglaubigter Abschrift ausgestellt werden, und nötigenfalls weitere Auskünfte oder nachweise verlangen oder selbst einziehen.

3. Sind noch nicht drei Jahre seit Ausstellung des Versicherungsscheins verstrichen, so kann die X zur Feststellung der Todesursache auf ihre Kosten die Besichtigung und Öffnung der Leiche durch einen von ihr bestimmten Arzt fordern.

4. Die sonstigen durch die vorstehenden Bestimmungen erwachsenden Kosten fallen dem, der auf Grund des Todes des Versicherten einen Anspruch gegen die X geltend macht, zur Last.

§ 12.
Altersnachweis.

1. Bei Festsetzung der Prämie wird ein begonnenes Lebensjahr als vollendet angenommen, wenn bei Abschluß der Versicherung mehr als sechs Monate dieses Lebensjahres verflossen sind.

2. Ein Anspruch aus der Versicherung kann gegen die X erst geltend gemacht werden, nachdem ihr das Alter des Versicherten durch ein amtliches Zeugnis nachgewiesen worden ist.

3. Im Falle unrichtiger Altersangabe wird, wenn das wirkliche Alter höher ist, die Versicherungssumme entsprechend der Prämiendifferenz unter Abrundung auf den nächstniedrigen durch 10 ohne Rest teilbaren Betrag herabgesetzt; bei niedrigerem Alter werden die künftigen Prämien berichtigt und eine Differenz des Deckungskapitals zurückvergütet.

§ 13.
Erfüllung.

1. Erfüllungsort für beide Teile sind die Geschäftsräume der X in Y.

2. Sämtliche Leistungen der X erfolgen gegen Einreichung des Versicherungsscheins und der letzten Prämienquittung; auf Verlangen der X ist die Quittung über die Leistung auf Kosten des Empfängers zu beglaubigen.

3. Zahlungen können auf Antrag des Empfängers auf dessen Kosten nach vorheriger Einsendung der Quittung durch Zusendung durch die Post oder auf andere Weise erfolgen.

§ 14.
Stempelkosten.

Alle für die Versicherung zur Erhebung kommenden Stempelkosten und sonstigen öffentlichen Angaben sind der X zu erstatten.

§ 15.
Rechte dritter Personen.

1. Der Versicherungsnehmer kann bei Abschluß der Versicherung oder später der X gegenüber dritte Personen als bezugsberechtigt bezeichnet. Diese erwerben ein Recht auf die Leistungen aus der Versicherung erst mit dem Eintritte des Versicherungsfalls. Bis dahin kann der Versicherungsnehmer über die Versicherung frei verfügen; er darf die Bezeichnung widerrufen oder ändern. Die bezeichneten Personen erwerben ein sofortiges und unwiderrufliches Recht auf die Leistungen aus dem Versicherungsvertrage, wenn die X auf Antrag des Versicherungsnehmers auf dem Versicherungsscheine vermerkt hat, daß der Widerruf ausgeschlossen ist.

2. Wegen arglistiger Täuschung über Gefahrumstände kann die X die Versicherung dritten Personen gegenüber anfechten, wenn diese selbst oder der Versicherungsnehmer oder der Versicherte die Täuschung kannten oder kennen mußten.

§ 16.
Verpfändung oder Abtretung.

1. Verpfändungen und Abtretungen der Ansprüche aus der Versicherung sind der X gegenüber nur dann rechtswirksam, wenn ihrem Vorstand eine schriftliche Anzeige des bisherigen Verfügungsberechtigten zugegangen ist.

2. Ist bei einer Versicherung der Versicherungsberechtigte nicht zugleich Versicherter, so ist eine Abtretung der Versicherung, sowie eine sonstige Verfügung über die Rechte aus der Versicherung nur bei schriftlicher Einwilligung des Versicherten gültig. Die X ist berechtigt, den Nachweis dieser Einwilligung zu verlangen.

§ 17.
Inhaberklausel.

Die X ist befugt, den Inhaber des Versicherungsscheins als berechtigt zur Verfügung über alle Ansprüche aus dem Versicherungsvertrag, insbesondere zur Empfangnahme der von der X zu leistenden Zahlungen, anzusehen, kann aber den Nachweis der Verfügungs- oder Empfangsberechtigung verlangen.

§ 18.
Willenserklärungen.

1. Hat der Versicherungsnehmer seine Wohnung geändert, die Änderung aber der X nicht mitgeteilt, so genügt für eine Willenserklärung, die dem Versicherungsnehmer gegenüber abzugeben ist, die Absendung eines eingeschriebenen Briefes nach der letzten, der X bekannten Wohnung. Die Erklärung wird in dem Zeitpunkt wirksam, in dem sie ohne die Wohnungsänderung bei regelmäßiger Beförderung dem Versicherungsnehmer zugegangen sein würde.

2. Verlegt der Versicherungsnehmer seinen Aufenthalt außerhalb Europas, so hat er der X einen innerhalb Europas wohnenden Zustellungsbevollmächtigten zu benennen. Ist ein solcher nicht benannt oder weggefallen, so kann die Erklärung an die letzte der X bekanntgegebene europäische Adresse des Versicherungsnehmers gerichtet werden und wird in dem Zeitpunkte wirksam, in dem sie bei regelmäßiger Beförderung dem Versicherungsnehmer dort zugegangen sein würde.

3. Alle Willenserklärungen und Anzeigen, die bei oder nach Schließung des Vertrags der X gegenüber abgegeben werden, haben nur dann rechtliche Wirkung, wenn sie dem Vorstand in schriftlicher Form zugegangen sind.

§ 19.
Kraftloserklärung.

1. Wird der X angezeigt, daß ein Versicherungsschein abhanden gekommen ist, so wird sie auf Antrag des Berechtigten eine Ersatzurkunde ausstellen, wenn der Verlust genügend glaubhaft gemacht wird und ein von der X im „Deutschen Reichsanzeiger" und, nach ihrem Ermessen, in anderen Blättern veröffentlichter Aufruf innerhalb zweier Monate ohne Erfolg geblieben ist.

2. Die Kosten hat der Antragsteller zu tragen und auf Verlangen vorzuschießen.

§ 20.
Klagefrist. Gerichtsstand. Verjährung.

1. Die X wird von der Verpflichtung zur Leistung frei, wenn der Anspruch auf die Leistung nicht innerhalb sechs Monaten bei dem zuständigen Gerichte geltend gemacht wird, nachdem die X ihn unter Angabe der mit dem Ablaufe der Frist verbundenen Rechtsfolge schriftlich abgelehnt hat.

2. Hat ein Versicherungsagent den Vertrag vermittelt, so ist für Klagen, die aus dem Versicherungsverhältnisse gegen die X erhoben werden, das Gericht des Ortes zuständig, wo der Agent zur Zeit der Vermittlung seine gewerbliche Niederlassung

oder in Ermangelung einer gewerblichen Niederlassung seinen Wohnsitz hat.

3. Die Ansprüche aus der Versicherung verjähren in fünf Jahren. Die Verjährung beginnt mit dem Schlusse des Jahres, in dem die Leistung verlangt werden kann.

III. Die Allgemeinen Versicherungsbedingungen für die Lebensversicherung von 1930

§ 1
Allgemeines.

1. Wer eine Lebensversicherung eingehen will, hat einen schriftlichen Versicherungsantrag zu stellen und alles wahrheitsgemäß und vollständig anzugeben, was für die Gefahr, welche die Versicherungsgesellschaft übernehmen soll, erheblich ist (s. § 8). An diesen Antrag ist der Antragsteller sechs Wochen lang gebunden; die Frist beginnt mit dem Tage der vertrauensärztlichen Untersuchung oder, falls eine solche nicht stattfinden soll, mit dem Tage der Antragstellung.

2. Versicherungsnehmer ist, wer die Versicherung beantragt hat, Versicherter der, auf dessen Leben die Versicherung abgeschlossen ist.

3. Bei Ablehnung eines Antrags ist die Gesellschaft zur Angabe von Gründen nicht verpflichtet. Alle Antragspapiere werden Eigentum der Gesellschaft.

4. Ueber den Versicherungsvertrag stellt die Gesellschaft einen Versicherungsschein aus. Dieser darf im Wege der mechanischen Vervielfältigung unterzeichnet werden. Sein Inhalt gilt als genehmigt, wenn der Versicherungsnehmer nicht innerhalb eines Monats, nachdem er den Versicherungsschein empfangen hat und auf etwaige Abweichungen vom Antrag schriftlich hingewiesen worden ist, Widerspruch (§ 14 Ziffer 3) gegen die Richtigkeit des Scheins erhebt; das Recht des Versicherungsnehmers, die Genehmigung wegen Irrtums anzufechten, bleibt unberührt.

5. Soweit in diesen Bedingungen nichts Abweichendes vereinbart ist, gelten die gesetzlichen Bestimmungen.

§ 2
Beginn des Versicherungsschutzes.

1. Der Versicherungsnehmer hat unverzüglich, nachdem ihm die Annahme seines Antrags angezeigt worden ist, gegen Aushändigung des Versicherungsscheins die Einlösungsprämie nebst Ausfertigungsgebühr von ..... und die etwaigen öffentlichen Abgaben zu bezahlen. Mit Eingang dieser Zahlung, jedoch nicht vor dem im Versicherungsschein angegebenen Zeitpunkt des Beginns der Versicherung, beginnt die Leistungspflicht der Gesellschaft. Sie tritt nicht ein, wenn der zu Versichernde in dem für den Beginn der Leistungspflicht maßgebenden Zeitpunkt nicht mehr lebt oder wenn er seit der Antragstellung erheblich erkrankt ist oder verletzt worden ist. Eine Erkrankung oder Verletzung zwischen Antragstellung und dem für den Beginn der Leistungspflicht an sich maßgebenden Zeitpunkt kann nur innerhalb eines Jahres von diesem Zeitpunkt ab geltend gemacht werden.

2. Wenn die Einlösungsprämie, die Gebühren und öffentlichen Abgaben nicht rechtzeitig gezahlt werden, kann die Gesellschaft binnen sechs Monaten vom Ausstellungsdatum des Versicherungsscheines ab eine volle Jahresprämie nebst Gebühren und öffentlichen Abgaben einfordern; sie kann auch die Versicherung mit einer Frist von einem Monat kündigen. Im letzteren Falle steht ihr neben dem Ersatz der Arztkosten eine Gebühr von ..... zu.

§ 3
Prämien (Beiträge).

1. Die Höhe der Prämien bemißt sich nach den Tarifen der Gesellschaft unter Berücksichtigung des Alters des Versicherten. Dabei wird ein begonnenes Lebensjahr als voll gerechnet, wenn davon am Tage, an welchem laut Versicherungsschein das erste Versicherungsjahr beginnt, mehr als sechs Monate verflossen sind.

2. Ist das Alter zu niedrig oder zu hoch angegeben, so wird die Versicherungssumme entsprechend dem Prämienunterschied herabgesetzt oder erhöht.

3. Die Gesellschaft kann die Versicherung einer Person, die einer erhöhten Sterblichkeitsgefahr ausgesetzt ist, von der Zahlung einer erhöhten Prämie oder von sonstigen besonderen Bedingungen abhängig machen.

4. Die Prämien sind einmalige oder Jahresprämien. Jahresprämien werden zu Beginn jedes Versicherungsjahres fällig; sie können mit Zustimmung der Gesellschaft gegen ein Aufgeld auch in Teilbeträgen gezahlt werden. Sind bei Eintritt des Versicherungsfalls Teilbeträge der laufenden Jahresprämie noch nicht gezahlt, so werden sie von der Leistung der Gesellschaft abgezogen. Die Zahlungsweise kann nur mit Beginn eines neuen Versicherungsjahres geändert werden.

5. Alle nach Beginn der Versicherung zu entrichtenden Prämien (Folgeprämien) sind innerhalb eines Monats, monatliche Teilbeträge innerhalb zweier Wochen, vom Fälligkeitstag an kostenfrei an die Gesellschaft oder an denjenigen ihrer Vertreter zu zahlen, der sich im Besitz der mit der Unterschrift des Vorstands versehenen Prämienrechnung befindet; die Unterschrift kann durch mechanische Vervielfältigung hergestellt sein. Jede Verlängerung der Zahlungsfrist ohne schriftliche Einwilligung des Vorstands der Gesellschaft ist für diese unverbindlich.

§ 4
Zahlungsverzug.

1. Wird eine Folgeprämie oder werden die dafür geschuldeten Zinsen, Kosten und öffentlichen Abgaben nicht rechtzeitig gezahlt, so fordert die Gesellschaft den Versicherungsnehmer unter Hinweis auf die Rechtsfolgen weiterer Säumnis schriftlich auf, „die Rückstände innerhalb einer Nachfrist von zwei Wochen unmittelbar an die Gesellschaft zu zahlen. Zinsen auf die Folgeprämie werden vom Fälligkeitstage ab in Höhe von ..... Kosten ..... in Höhe von ..... berechnet“ (oder: „die rückständige Prämie mit einem Aufschlag von 3% der Prämie und einer Gebühr von 1 RM innerhalb einer Nachfrist von zwei Wochen unmittelbar an die Gesellschaft zu zahlen“). Der Schriftform im Sinne vorstehender Bestimmung genügt auch eine Unterzeichnung durch mechanische Vervielfältigung.

2. Ist der Versicherungsnehmer nach Ablauf der Nachfrist im Verzug, so treten folgende Wirkungen ein:
a) Hat das Versicherungsverhältnis noch nicht drei Jahre bestanden, oder sind die Prämien für diesen Zeitraum noch nicht gezahlt, so ist die Gesellschaft im Versicherungsfall von der Verpflichtung zur Leistung frei. Sie kann außerdem das Versicherungsverhältnis fristlos kündigen; der Anspruch auf die Prämie des laufenden Versicherungsjahres bis zur Kündigung, mindestens aber auf die erste Jahresprämie, erlischt damit nicht.
b) Hat das Versicherungsverhältnis mindestens drei Jahre bestanden und sind die Prämien für diesen Zeitraum gezahlt, so kann die Gesellschaft die Versicherung ebenfalls fristlos kündigen. Durch die Kündigung wandelt sich die Versicherung mit sofortiger Wirkung in eine prämienfreie gemäß § 5 um. Stirbt der Versicherte, solange der Versicherungsnehmer im Verzug ist, aber vor der Kündigung, so braucht

die Gesellschaft nur das zu leisten, was sie im Falle einer Kündigung auf den Todestag zu leisten gehabt hätte.

3. Die Kündigung kann mit der Setzung der Nachfrist verbunden werden.

4. Die Wirkungen der Kündigung fallen fort, wenn der Versicherungsnehmer innerhalb eines Monats nach der Kündigung oder falls Mahnung und Kündigung verbunden wurden, innerhalb eines Monats nach Ablauf der Nachfrist sämtliche Rückstände nebst Zinsen und Kosten unmittelbar an die Gesellschaft zahlt und der Versicherte beim Eingang der Zahlung noch lebt.

§ 5
Prämienfreie Versicherung.

1. Hat das Versicherungsverhältnis mindestens drei Jahre bestanden und sind die Prämien für diesen Zeitraum gezahlt, so kann der Versicherungsnehmer jederzeit für den Schluß des laufenden Versicherungsjahres oder innerhalb des Versicherungsjahres mit Frist von drei Monaten auf den Monatsschluß verlangen, daß die Versicherung ganz oder teilweise in eine prämienfreie umgewandelt wird.

2. Der Antrag ist schriftlich unmittelbar bei der Gesellschaft zu stellen; dabei sind der Versicherungsschein und der Nachweis der letzten Prämienzahlung vorzulegen. Mit der Umwandlung ermäßigt sich die Versicherungssumme auf den Betrag, der sich ergibt, wenn ..... als einmalige Prämie angesehen wird. Sind Prämien rückständig, so werden zunächst an ..... die rückständigen Prämien, Zinsen und Kosten abgezogen. Dasselbe gilt für etwaige auf die Versicherung gegebene Darlehen (Vorauszahlungen) nebst Zinsen.

3. Die bei der Umwandlung sich ergebende prämienfreie Versicherungssumme muß die geschäftsplanmäßige Mindestsumme erreichen; andernfalls erfolgt Rückvergütung nach § 6. Teilumwandlung ist nur zulässig, wenn die verbleibende prämienpflichtige Versicherungssumme nicht unter die geschäftsplanmäßige Mindestsumme sinkt.

§ 6
Kündigungsrecht des Versicherungsnehmers. Rückvergütung.

1. Der Versicherungsnehmer kann die Versicherung jederzeit auf den Schluß des laufenden Versicherungsjahres oder innerhalb des Versicherungsjahres mit Frist von drei Monaten, auf den Monatsschluß, frühestens auf den Schluß des ersten Versicherungsjahres, ganz oder teilweise kündigen. Bei Teilkündigung darf die verbleibende Summe nicht unter die geschäftsplanmäßige Mindestsumme sinken und muß durch 100 ohne Rest teilbar sein.

2. Die Kündigung ist schriftlich unmittelbar an die Gesellschaft zu richten; Versicherungsschein und Nachweis der letzten Prämienzahlung sind miteinzureichen.

3. Sind Prämien für mindestens drei Jahre gezahlt, so wird auf die gekündigte Versicherung eine Rückvergütung gewährt. Diese beträgt....

§ 7
Darlehen (Vorauszahlung).

Die Fassung der Bestimmungen dieses Paragraphen wird wegen der großen Verschiedenheit der Einrichtungen den einzelnen Gesellschaften überlassen; jedoch sollen folgende Gesichtspunkte beachtet werden:
a) Der Versicherungsnehmer kann ein Darlehen erhalten, hat aber keinen Rechtsanspruch darauf.
b) Die oberste Grenze des Darlehens ist der Rückkaufswert der Versicherung; bevor ein Rückkaufswert besteht, kann also kein Darlehen gewährt werden.
c) Die Verzinsung des Darlehens muß unter Berücksichtigung der allgemeinen

Geldmarktlage festgesetzt werden; insbesondere sollte der Zinsfuß nicht, wie dies teilweise üblich ist, zu niedrig angesetzt werden, da ein solches Entgegenkommen zu Lasten der übrigen Versicherten geht.

§ 8
Verletzung der Anzeigepflicht.

1. Hat der Versicherungsnehmer oder der Versicherte bei Abschluß, Aenderung oder Wiederherstellung der Versicherung einen ihm bekannten Umstand, der für die Uebernahme der Gefahr erheblich ist, verschwiegen oder falsch angegeben, so ist die Gesellschaft berechtigt, innerhalb eines Monats, nachdem sie von der Verletzung der Anzeigepflicht Kenntnis erlangt hat, von dem Vertrag zurückzutreten. Als erheblich gelten im Zweifel alle Umstände, nach denen die Versicherungsgesellschaft ausdrücklich und schriftlich gefragt hat. Waren die Gefahrenumstände an der Hand schriftlicher von der Gesellschaft gestellter Fragen anzuzeigen, so kann die Gesellschaft wegen unterbliebener Anzeige eines Umstandes, nach welchem nicht gefragt worden ist, nur im Falle arglistiger Verschweigung zurücktreten.

2. Tritt die Gesellschaft zurück, so bleibt ihr der Anspruch auf die Prämie für das laufende Versicherungsjahr.

3. Der Rücktritt ist ausgeschlossen:
a) wenn die Gesellschaft den verschwiegenen Umstand kannte; Kenntnis eines Vermittlers der Versicherung steht der Kenntnis der Gesellschaft nicht gleich;
b) wenn weder den Versicherungsnehmer noch den Versicherten ein Verschulden trifft;
c) wenn der Versicherte gestorben ist und der verschwiegene oder falsch angegebene Umstand keinen Einfluß auf den Eintritt des Versicherungsfalls gehabt hat;
d) wenn seit Abschluß, Aenderung oder Wiederherstellung der Versicherung drei Jahre verstrichen sind.
Daß einer dieser Umstände vorliegt, hat derjenige zu beweisen, der die Berechtigung des Rücktritts bestreitet.

4. Das Recht der Gesellschaft, die Versicherung wegen arglistiger Täuschung anzufechten, bleibt unberührt. Hat der Versicherte die Täuschung verübt, so ist die Anfechtung dem Versicherungsnehmer und seinen Erben gegenüber auch dann zulässig, wenn diese die Täuschung nicht kannten.
5. Im Falle des Rücktritts und der Anfechtung hat die Gesellschaft lediglich Rückvergütung nach § 6 Abs. 3 zu gewähren.

§ 9
Kriegsklausel.

§10
Selbstmord.

1. Begeht der Versicherte Selbstmord, so ist die Gesellschaft von der Verpflichtung zur Leistung frei und hat nur das auf die Versicherung am Todestag entfallende Deckungskapital zurückzuerstatten.

2. Die Verpflichtung der Gesellschaft bleibt bestehen, wenn nachgewiesen wird, daß die Tat in einem die freie Willensbestimmung ausschließenden Zustand krankhafter Störung der Geistestätigkeit (oder schwerer körperlicher Leiden) begangen worden ist.

§11
Leistung der Gesellschaft.

1. Wer eine Leistung aus dem Versicherungsverhältnis verlangt, hat vorzulegen:
a) den Versicherungsschein oder den Hinterlegungsschein und den Nachweis der letzten Prämienzahlung;
b) ein amtliches Zeugnis über den Tag der Geburt des Versicherten.

2. Der Tod des Versicherten ist der Gesellschaft unverzüglich anzuzeigen. Außer den

obigen Nachweisen sind dann einzureichen:
a) eine amtliche, Alter und Geburtsort enthaltende Sterbeurkunde;
b) ein ausführliches Zeugnis des Arztes, der den Verstorbenen zuletzt behandelt hat oder, wenn eine solche Behandlung nicht stattgefunden hat, ein anderes ärztliches oder amtliches Zeugnis. Die Zeugnisse müssen die Todesursache sowie den Beginn und Verlauf der tödlichen Krankheit des Versicherten oder die näheren Umstände des Todes angeben.

3. Die Gesellschaft kann etwa notwendige weitere Nachweisungen verlangen oder selbst Erhebungen anstellen. Die Erhebungen dürfen sich jedoch nur auf die Zeit vor der Antragstellung, die nächsten drei Jahre nach der Antragstellung und das Jahr vor dem Tod erstrecken. Die Gesellschaft kann für die erforderlichen Nachweise und die Empfangsbescheinigung über die Leistung der Gesellschaft beglaubigte Unterschrift fordern.

4. Die durch die vorstehenden Bestimmungen entstehenden Kosten hat der zu tragen, welcher den Anspruch gegen die Gesellschaft geltend macht. Erhebungen und Nachweisungen, die zur Klärung der Todesursache, des Beginns und Vorlaufs der tödlichen Krankheit des Versicherten und der näheren Umstände des Todes nicht erforderlich waren, gehen zu Lasten der Gesellschaft.

§ 12
Erfüllung.

1. Erfüllungsort für beide Teile sind die Geschäftsräume des Vorstandes der Gesellschaft in ......
2. Leistungen der Gesellschaft werden auf Antrag dem Empfangsberechtigten auf seine Kosten übersandt. Die Art der Uebermittlung bestimmt die Gesellschaft.

§ 13
Inhaberklausel.

Die Gesellschaft darf den Inhaber des Versicherungsscheins (oder des von ihr erteilten Hinterlegungsscheins) als berechtigt ansehen, über alle Ansprüche aus dem Versicherungsvertrag zu verfügen, insbesondere die Leistung der Gesellschaft in Empfang zu nehmen; sie kann aber den Nachweis der Verfügungs- oder Empfangsberechtigung verlangen.

§ 14
Willenserklärung.

1. Eine Willenserklärung, welche die Gesellschaft in eingeschriebenem Brief an den Versicherungsnehmer unter seiner letzten ihrem Vorstand bekannten Anschrift abgesandt hat, gilt als in dem Zeitpunkt zugegangen, in welchem der Versicherungsnehmer im Falle seiner Anwesenheit am Orte der Anschrift von dem Inhalt der Erklärung hätte Kenntnis nehmen können.

2. Nimmt der Versicherungsnehmer seinen Aufenthalt außerhalb des geschäftsplanmäßigen Geschäftsgebiets der Gesellschaft, so hat er der Gesellschaft einen Zustellungsbevollmächtigten innerhalb dieses Geschäftsgebiets zu benennen. Solange ein solcher nicht vorhanden ist, kann die Gesellschaft nach Abs. 1 Erklärungen an die letzte ihrem Vorstand bekannte Anschrift innerhalb ihres Geschäftsgebiets rechtswirksam abgeben.

3. Alle Willenserklärungen und Anzeigen, die bei Abschluß des Vertrags oder später der Gesellschaft gegenüber abgegeben werden, brauchen von ihr nur dann als rechtswirksam angesehen zu werden, wenn sie dem Vorstand der Gesellschaft schriftlich zugegangen sind.

§ 15

Rechte dritter Personen.

1. Hat der Versicherungsnehmer eine dritte Person als bezugsberechtigt bezeichnet, so erwirbt diese ein Recht auf die Leistung „erst mit Eintritt des Versicherungsfalls“ (oder: „falls nichts anderes vereinbart ist, erst mit dein Ableben des Versicherten“). Bis dahin kann der Versicherungsnehmer über die Versicherung frei verfügen; er darf die Bezeichnung widerrufen oder ändern. Er kann auch bestimmen, daß der Bezugsberechtigte das Recht auf die Versicherungssumme sofort erwerben soll; in diesem Falle ist ein Widerruf oder eine Aenderung nur mit Zustimmung des Bezugsberechtigten möglich.
2. Verpfändungen und Abtretungen der Ansprüche aus der Versicherung sind der Gesellschaft gegenüber nur dann wirksam, wenn sie der bisherige Verfügungsberechtigte dem Vorstand schriftlich angezeigt. hat Bei Abtretungen kann statt der Anzeige die Abtretungsurkunde vorgelegt werden.
3. Die Gesellschaft kann den Rücktritt oder die Anfechtung des Versicherungsvertrags auch dritten Berechtigten gegenüber geltend machen.

§ 16

Oeffentliche Abgaben und Gebühren.

1. Alle öffentlichen Abgaben, die für die Versicherung erhoben werden, sind der Gesellschaft zu erstatten.

2. Auch ist die Gesellschaft berechtigt, für besondere Bemühungen, wie nachträgliche Eintragung oder Aenderung von Begünstigungsvermerken, Verpfändungsvormerkungen, Abtretungserklärungen, Aenderungen des Inhalts des Versicherungsscheins, Ausstellung von Ersatzurkunden usw.. neben dem Ersatz der Postgebühren eine Geschäftsgebühr von 1 RM. zu erheben und deren Vorauszahlung zu verlangen. Für Abschriften sind die ortsüblichen Sätze zu zahlen.
3. Für die Einziehung der Prämien kann eine angemessene geschäftsplanmäßige Gebühr gefordert werden.

§ 17

Verlust des Versicherungsscheins.

1. Ist ein Versicherungsschein (oder ein Hinterlegungsschein) vernichtet oder abhanden gekommen, so stellt die Gesellschaft auf Antrag eine Ersatzurkunde aus, nachdem entweder die Urkunde gerichtlich für kraftlos erklärt oder der Verlust genügend glaubhaft gemacht ist; im letzteren Falle kann die Gesellschaft verlangen, daß die Urkunde in einem oder mehreren von ihr bezeichneten Blättern aufgerufen wird.

2. Die Kosten hat der Antragsteller zu tragen und auf Verlangen vorzuschießen.

§ 18

Klage. Gerichtsstand. Verjährung.

1. Lehnt die Gesellschaft eine Leistung ab, so wird sie von ihrer Verpflichtung frei, wenn nicht der Berechtigte binnen sechs Monaten beim zuständigen Gericht Klage erhebt. Die Frist beginnt zu laufen, sobald die Gesellschaft die Leistung schriftlich abgelehnt und dabei auf die Rechtsfolgen der Fristversäumnis hingewiesen hat.

2. Hat ein Versicherungsagent den Vertrag vermittelt, so ist für Klagen, die aus dem Versicherungsverhältnis gegen die Gesellschaft erhoben werden, auch das Gericht des Orts zuständig, wo der Agent zur Zeit der Vermittlung seine gewerbliche Niederlassung oder in Ermangelung einer solchen seinen Wohnsitz hatte.

3. Die Ansprüche aus der Versicherung verjähren in fünf Jahren. Die Verjährung beginnt mit dem Schlüsse des Jahres, in dem die Leistung verlangt werden kann.

D) Die Haftpflichtversicherungsbedingungen

I. Die Allgemeinen Versicherungsbedingungen für die Haftpflichtversicherung von 1905

§ 1

Die Gesellschaft ist verpflichtet, dem Versicherungsnehmer entsprechend der Festsetzung in der Police entweder in unbegrenzter Höhe oder bis zu den dort genannten Beträgen diejenigen Entschädigungszahlungen, einschließlich einer etwaigen Buße, zu ersetzen, welche er in seinen in der Police näher bezeichneten Eigenschaften wegen der durch Unfall während der Dauer dieser Versicherung erfolgten Tötung oder Beschädigung von Menschen auf Grund gesetzlicher Haftpflichtbestimmungen zu leisten hat.

Die Versicherung umfaßt die gesetzliche Haftpflicht des Versicherungsnehmers für Unfälle sowohl der in seinem Betriebe angestellten oder beschäftigten Personen wie auch dritter, dem Betriebe nicht angehöriger Personen.

Die Versicherung wird zugleich, ohne daß es hierzu eines besonderen Vertragsabschlusses bedürfte, auch den Bevollmächtigten, Repräsentanten, Betriebs- oder Arbeitsaufsehern des Versicherungsnehmers gegen die ihnen in dieser Eigenschaft obliegende gesetzliche Haftpflicht gewährt und es finden die Bestimmungen des Versicherungsvertrages auf die von diesen Personen zu vertretenden Schadensfälle sinngemäße Anwendung.

Eingeschlossen in die Versicherung ist auch die Haftpflicht, welche dem Versicherungsnehmer als Haus- und Grundbesitzer bzw. Mieter obliegt, soweit sich diese Haftpflicht, welche den Versicherungsnehmer aus Anlaß von Neubauten und Umbauten von Betriebsstätten trifft, ist, sofern die Kosten der Neubauten und Umbauten den Betrag von 1000 M übersteigen, nur dann in die Versicherung eingeschlossen, wenn dies ausdrücklich vereinbart ist.

Die Versicherung umfaßt auch die gesetzliche Haftpflicht des Versicherungsnehmers für solche Fälle, welche durch Mängel der von ihm während der Versicherungsdauer gelieferten Arbeiten und Waren veranlaßt werden, sofern Ersatzansprüche daraus innerhalb dreier Jahre nach Lieferung gegen den Versicherungsnehmer geltend gemacht werden. Für Haftpflichtschäden dieser Art haftet die Gesellschaft aus dieser Police bis zum Gesamtbetrage von 60.000 M für ein mehrere Personen betreffendes Ereignis, jedoch nicht über den Betrag von 20.000 M für jede einzelne beschädigte Person.

Ist mit dem versicherten Betriebe ein Eisenbahn-, Schiffahrts- oder Fuhrwerksbetrieb verbunden, oder finden bei demselben Sprengungen statt, so ist dem Versicherungsnehmer darauf obliegende Haftpflicht in die Versicherung nur dann eingeschlossen, wenn dies unter den „Besonderen Bedingungen" dieser Police ausdrücklich beurkundet ist. Ist insbesondere mit dem landwirtschaftlichen Betrieb eine Zuckerfabrik, Brennerei, Mälzerei, Ziegelei, Müllerei, Steinbruch, Gräberei, Brauerei verbunden, so ist die dem Versicherungsnehmer daraus obliegende Haftpflicht in die Versicherung nur dann eingeschlossen, wenn dies unter den besonderen Bedingungen dieser Police ausdrücklich beurkundet ist. Dagegen ist der Fuhrwerksbetrieb von Landwirten in diese Versicherung stets eingeschlossen, insoweit es sich nicht um einen gewerbsmäßigen Lohnfuhrwerksbetrieb handelt.

Ausgeschlossen von der Versicherung sind Entschädigungszahlungen für Tötungen oder Beschädigungen, welche der Versicherungsnehmer oder der Versicherte vorsätzlich herbeigeführt hat, für alle im Ausland vorkommenden Schadensfälle, wenn sie nicht als Betriebsunfälle im Sinne des Gewerbe-Unfallversicherungsgesetzes von der Berufsgenossenschaft anerkannt sind oder wenn sie nicht durch besondere Bedingung in diese Versicherung ausdrücklich eingeschlossen sind; ausgeschlossen sind ferner Entschädigungszahlungen an Personen, welche bis zum dritten Grade mit dem Versicherten verwandt oder verschwägert sind. Zahlungen und Unterstützungen gemäß § 12 des Gewerbe-Unfallversicherungsgesetzes, § 50 des Krankenversicherungsgesetzes, § 617 des Bürgerlichen Gesetzbuches, auf Grund von Gesindeordnungen, auf Grund der §§ 27 und 165 des landwirtschaftlichen Unfallversicherungsgesetzes und ähnliche Unterstützungsleistungen fallen nicht unter die Haftpflichtversicherung.

Die Versicherung kann, sofern dies besonders beantragt und in der Police unter den „Besonderen Bedingungen" ausdrücklich beurkundet ist, gegen Bezahlung besonderer Prämie erstreckt werden:
1. auf die gesetzliche Haftpflicht für nicht durch Unfall verursachte Erkrankung,
2 auf alle und jede gesetzliche Haftpflicht wegen Tötung und Beschädigung von Menschen, welcher nach Stellung des Versicherungsantrages der Versicherungsnehmer auch in anderen Eigenschaften, als der in der Police genannten, ausgesetzt werden kann (Vorsorgeversicherung, § 5 der Allgemeinen Bedingungen),
3. auf diejenige gesetzliche Haftpflicht, welche dem Versicherungsnehmer wegen der durch Unfall erfolgten Beschädigung fremder Sachen – auch fremder Tiere – erwächst (§ 16 der Allgemeinen Bedingungen).

§ 2

Das Versicherungsjahr läuft je von dem ersten Tage eines Kalendervierteljahres bis zum entsprechenden Tage des nächstfolgenden Jahres. Für Versicherungen, welche im Laufe eines Kalenderjahres beginnen, ist mit der ersten Jahresprämie zugleich die Prämie bis zum Beginn des nächsten Kalenderjahres mit zu entrichten.

Die Verpflichtung der Gesellschaft beginnt mit der Einlösung der Police durch Zahlung der Prämie nebst Kosten und bar verauslagtem Stempel, wenn nicht ein späterer Zeitpunkt für den Beginn in der Police selbst bestimmt ist.

Die Kosten betragen für eine Police
mit einer Jahresprämie bis zu 5 M..0,50 M
mit einer Jahresprämie über 5 M bis zu 10 M..1,00 M
mit einer Jahresprämie über 10 M bis zu 100 M..2,00 M
mit einer Jahresprämie über 100 M..3,00 M

Die später fällig werdenden Prämien sind mit Beginn eines jeden Versicherungsjahres zuzüglich einer Quittungsgebühr von 0,20 M zu entrichten. Unterbleibt die Zahlung, so ist der Versicherungsnehmer auf seine Kosten durch eingeschriebenen Brief unter Hinweis auf die vertragsmäßigen Folgen fortdauernden Verzuges zur Einlösung der Prämienquittung aufzufordern. Erfolgt alsdann die Zahlung nicht innerhalb zwei Wochen nach Empfang der Aufforderung, so ruht von da ab auf die Dauer des Verzuges die Entschädigungsverpflichtung der Gesellschaft und tritt erst für später eintretende Schäden wieder in Kraft, nachdem die Prämie nebst Kosten bezahlt ist. Im Falle des Verzuges steht es der Gesellschaft frei, den Vertrag als aufgehoben zu betrachten oder die Prämie gerichtlich einzuziehen.

§ 3

Wird der Prämie einer der Veränderung unterliegende Zahl zugrunde gelegt (Gesamtsumme der Löhne und Gehälter, Areal, Kilometerzahl, Anzahl der Pferde usw.) so findet alljährlich am Schlusse des Versicherungsjahres eine endgültige Verrechnung der Prämie statt. Zu diesem Zwecke ist der Versicherungsnehmer verpflichtet, innerhalb zweiter Monate nach Ablauf des Versicherungsjahres der Gesellschaft auf einem von ihr zuzustellenden Formular die hierzu erforderliche Nachweisung zu liefern, wobei er berechtigt ist, hinsichtlich der von ihm gezahlten Löhne und Gehälter die von ihm der Berufsgenossenschaft gemäß § 99 des Gewerbe-Unfallversicherungs-Gesetzes vom 30. Juni 1900 zuletzt eingereichte Nachweisung zugrunde zu legen. Auf Grund der gelieferten Nachweise wird die endgültige Prämie für das abgelaufene Versicherungsjahr festgestellt.

Der Unterschied zwischen der auf Grund der Nachweisung festgestellten und in der Police verrechneten Jahresprämie ist von dem Versicherten nachzuzahlen bzw. von der Gesellschaft zurückzuerstatten, wobei – soweit die Prämie nach der Lohnssumme berechnet ist – mindestens eine Prämie für eine Lohnsumme von 10.000 M in Ansatz zu bringen ist.

Unterläßt der Versicherungsnehmer vorstehende Angaben rechtzeitig zu machen, so ist die Gesellschaft berechtigt, den Betrag der in der Police berechneten Prämie als Prämiennachzahlung für das verflossene Versicherungsjahr zu erheben. Werden die Angaben nachträglich, aber noch im Laufe des begonnen Versicherungsjahres gemacht, so ist die Gesellschaft verpflichtet, den hiernach etwa zuviel gezahlten Betrag der Prämie zurückzuerstatten.

Der Versicherungsnehmer ist verpflichtet, auf Erfordern der Gesellschaft die von ihm gemachten Angaben über seine Leistungen an Beamte und Arbeiter durch seine Bücher nachzuweisen.

§ 4

Der Versicherungsnehmer ist verpflichtet, gleichzeitig mit den nach § 3 einzureichenden Nachweisen der Gesellschaft auf einem von ihr zuzustellenden Formular über etwaige wesentliche Änderungen in der Beschaffenheit des Risikos Auskunft zu erteilen. Falls diese Änderungen eine erhebliche Erweiterung oder Erhöhung des Risikos in sich schließen, erstreckt sich die Versicherung auf das erweiterte oder erhöhte Risiko nicht mehr, wenn nicht innerhalb Monatsfrist nach erstatteter Anzeige eine Vereinbarung über eine entsprechende Erhöhung der Prämie mit dem Versicherungsnehmer zustande gekommen ist. Kommt eine solche Vereinbarung nicht zustande, so steht es beiden Teilen frei, die Versicherung mit einmonatlicher Frist aufzukündigen.

Wenn das versicherte Interesse dauernd in Wegfall kommt, steht es dem Versicherungsnehmer frei, die Versicherung ohne Frist aufzukündigen. Geht das versicherte Unternehmen in seiner Gesamtheit auf andere Personen über, so treten diese ohne weiteres in den Versicherungsvertrag ein, sofern der Versicherungsnehmer nicht von seinem Aufkündigungsrecht Gebrauch macht. Der Gesellschaft ist unverzüglich von dem Übergang des Unternehmens Anzeige zu machen, wonach dieselbe berechtigt ist, innerhalb 14 Tagen nach erhaltener Anzeige den Versicherungsvertrag mit einmonatlicher Frist zu kündigen.

§ 5

Sofern die Versicherung auf alle und jede gesetzliche Haftpflicht wegen Tötung oder Beschädigung von Menschen, welcher der Versicherungsnehmer nach Stellung des Versicherungsantrags auch in anderen Eigenschaften als den in der Police genannten ausgesetzt werden kann, erstreckt ist (Vorsorge-Versicherung), gelten hierfür folgende Bestimmungen:

a) Der durch die Police gegebene Versicherungsschutz wird auf alle Haftpflichtgefahren, die für den Versicherungsnehmer zur Zeit seiner Antragstellung noch nicht vorhanden waren, sondern erst nach Stellung des Antrags eintreten, ausgedehnt. Die Gesellschaft ist demgemäß verpflichtet, dem Versicherungsnehmer außer den in der Police näher bezeichneten Entschädigungszahlungen auch alle anderen Entschädigungszahlungen zu ersetzen, welche er wegen der Tötung oder Beschädigung von Menschen auf Grund gesetzlicher Haftpflichtbestimmungen leisten muß, sofern die Gefahr, aus welcher ihm die Haftpflicht erwachsen ist (das Risiko), erst nach Stellung des Versicherungsantrags eingetreten ist.

b) Diese Vorsorge-Versicherung beginnt sofort mit dem Eintritt eines neuen Risikos, ohne daß es einer besonderen Anzeige bedarf. Der Versicherungsnehmer ist aber verpflichtet, auf Aufforderung der Gesellschaft, die auch durch einen der Prämienquittung beigedruckten Hinweis erfolgen kann, binnen eines Monats jedes neu eingetretene Risiko anzuzeigen, den Einschluß dieses Risikos in die Versicherung zu beantragen und die entsprechende tarifmäßige Mehrprämie vom Eintritt des Risikos ab binnen 4 Wochen nach Empfang der Quittung zu entrichten.

c) Unterbleibt auf die vorstehend bezeichnete Aufforderung der Gesellschaft die Anzeige eines neuen Risikos, so wird angenommen, daß der Versicherungsnehmer die Versicherung für dieses Risiko nicht auszudehnen beabsichtigt hat. Die Vorsorge-Versicherung bleibt in Wirksamkeit für alle nach Ablauf der unter b) bestimmten Frist eintretenden Haftpflichtgefahren.

d) Die Vorsorge-Versicherung wird in derselben Begrenzung gewährt, welche für die Versicherung überhaupt durch die Police festgesetzt ist. Für diejenigen Risken jedoch, welche in der Anmerkung zu § 1 aufgeführt sind, und für das Risiko als Jäger wird die Haftung der Gesellschaft auf den Gesamtbetrag von M 60.000,- für ein mehrere Personen betreffendes Ereignis, jedoch nicht über den Betrag von M 20.000,- für jede einzelne beschädigte Person beschränkt.

e) Die Risiken der Eisenbahnen, Straßenbahnen und Schiffahrt werden von dieser Vorsorge-Versicherung nicht erfaßt.

f) Ausgeschlossen von dieser Vorsorge-Versicherung ist ferner die Haftpflicht wegen Sachbeschädigung, auch wenn dieselbe im übrigen in der Police eingeschlossen ist.

§ 6

Werden gegen den Versicherten Ersatzansprüche erhoben, welche Gegenstand dieser Versicherung bilden, so ist er verpflichtet, der Gesellschaft (Direktion oder Generalagentur) nach erlangter Kenntnis unverzüglich hiervon unter Beifügung alle Briefe, Klageakten und sonstige Schriftstücke, welche sich auf diese Ansprüche beziehen, mittels eingeschriebenen Briefes Kenntnis zu geben, ihr auch jede verlangte Auskunft zu erteilen sowie alle ihm später noch zugehenden diese Angelegenheit betreffenden Schriftstücke unverzüglich zu übersenden.

Dieselbe Verpflichtung liegt dem Versicherten ob, wenn wegen eines Ereignisses, aus welchem gegen ihn ein haftpflichtiger Anspruch hergeleitet werden könnte, ein strafrechtliches Verfahren eingeleitet wird.

§ 7

Dem Versicherten ist es nicht gestattet, irgendwelche Ersatzansprüche, die gegen ihn erhoben werden, ohne vorherige Genehmigung der Gesellschaft anzuerkennen oder zu befriedigen, oder einen Vergleich über dieselben abzuschließen oder sonstwie die Abwehr dieser Ansprüche zu erschweren.

Entsteht aus einem Schadensfall gegen den Versicherten ein Prozeß, so ist derselbe von der Gesellschaft im Namen des Versicherten zu führen. Der letztere ist verpflichtet, dem ihm von der Gesellschaft zu bezeichnenden Rechtsanwalt Vollmacht zu erteilen und die Führung des Prozesses lediglich der Gesellschaft zu überlassen. Er ist jedoch zu jeder von ihr verlangten Auskunftserteilung sowie zur Beschaffung aller Nachweise, die er liefern kann, verpflichtet. Die aus der Führung des Prozesses erwachsenden Kosten bestreitet die Gesellschaft, ohne dieselben auf die zu leistende Entschädigung in Anrechnung zu bringen.

§ 8

Wenn der Versicherte infolge veränderter Verhältnisse das Recht erlangt, die Aufhebung oder Verminderung einer zu zahlenden Rente zu fordern, so ist er verpflichtet, dieses Recht auf seinen Namen von der Gesellschaft ausüben zu lassen. Für den Fall, daß dies im Prozeßwege geschehen müßte, gelten hinsichtlich der Prozeßführung die im § 7 enthaltenen Bestimmungen.

§ 9

Sobald die Höhe der Entschädigung festgestellt ist, hat die Zahlung der danach fälligen Beiträge unverzüglich, jedenfalls aber spätestens innerhalb 8 Tagen, die Zahlung später fällig werdender Renten an den für dieselben bestimmten Fälligkeitstagen zu erfolgen. Die Zahlungen werden mangels anderer Vereinbarung bei der Hauptkasse der Gesellschaft geleistet.

Die Gesellschaft ist verpflichtet, den Versicherten gegen eine drohende Zwangsvollstreckung nach erlangter Kenntnis unverzüglich zu schützen. Die Gesellschaft ist ferner verpflichtet, Sicherheiten, zu deren Bestellung der Versicherte verurteilt werden sollte, zu bestellen und eine hypothekarische Eintragung auf Grund einer Verurteilung zu Rentenzahlungen durch Hinterlegung mündelsicherer Wertpapiere abzuwenden.

Soweit in dieser Police die Haftung der Gesellschaft auf einen Höchstbetrag beschränkt ist, gilt diese Beschränkung auch hinsichtlich der Erfüllung der vorstehenden Verpflichtungen.

§ 10

Sofern in dieser Police die Haftung der Gesellschaft auf einen Höchstbetrag beschränkt ist, findet eine Erstattung zu leistender Renten nur insoweit statt, als bei Anrechnung der Renten mit ihrem Kapitalwert dieser Höchstbetrag nicht überstiegen wird. Der Kapitalwert der Renten wird diesem Zweck auf Grund der im Kaiserlichen Statistischen Amt aufgestellten Sterblichkeitstafel für die männliche Gesamtbevölkerung des Deutschen Reiches (Novemberheft zur Statistik des Deutschen Reiches 1887) und eines Zinsfußes von jährlich 3 ½ % ermittelt.

§ 11

Regreßansprüche des Versicherungsnehmers aus dem stattgehabten Schadensfall gegen dritte Personen gehen bis zur Höhe der von der Gesellschaft gezahlten bzw. zu zahlenden Ersatzleistung auf die Gesellschaft über. Regreßansprüche gegen die eigenen Beamten und Angestellten des Versicherungsnehmers und die zu seiner Familie oder seinem Hausstande gehörigen Personen jedoch nur dann, wenn der Schadensfall durch eine vorsätzliche Handlung der genannten Personen verursacht ist. Für den Übergang der Ansprüche bedarf es keiner besonderen Zession; die Gesellschaft ist jedoch berechtigt, auf ihre Kosten noch eine besondere Zession in der von ihr vorgeschriebenen Form zu fordern.

§ 12

Hat der Versicherungsnehmer im Antrag oder in sonstigen Erklärungen, auf Grund deren die Versicherung abgeschlossen oder abgeändert worden ist, Umstände, welche auf den Entschluß der Gesellschaft, sich überhaupt oder bedungenermaßen auf die Versicherung einzulassen, von Einfluß gewesen sind oder von Einfluß hätten sein können, absichtlich oder fahrlässigerweise unrichtige angegeben oder verschwiegen, so ist die Gesellschaft berechtigt, jede Entschädigung abzulehnen. Das gleiche Recht steht der Gesellschaft zu,

1. wenn der Versicherte die ihm nach § 4 und § 6 obliegenden Pflichten nicht oder nicht rechtzeitig erfüllt hat, sofern er nicht beweist, daß ihm kein Verschulden an der Nichterfüllung zur Last fällt;
2. wenn der Versicherte den Bestimmungen des § 7 zuwider gehandelt hat, es sei denn, daß er durch seine Handlungsweise die Gesellschaft nachweislich nicht benachteiligt hat.

§ 13

Nach jedem Schadensersatzanspruch, welcher entweder von der Gesellschaft anerkannt wird, oder welcher zu einem Prozesse Veranlassung gegeben hat (§ 7 Abs. 2) steht es sowohl ihr, als auch dem Versicherungsnehmer frei, den Versicherungsvertrag durch einfache schriftliche Anzeige mit zweiwöchiger Frist aufzuheben, und zwar im ersteren Falle innerhalb vier Wochen nach geleisteter Entschädigung, im zweiten Falle spätestens vier Wochen nach eingetretener Rechtskraft des Urteils.

§ 14

In allen Fällen vorzeitiger Auflösung dieses Versicherungsvertrages verbleibt die für das laufende Versicherungsjahr gezahlte Prämie der Gesellschaft, unbeschadet der Verpflichtungen des Versicherungsnehmers gemäß § 3, die im Fall der Aufhebung sofort zu erfüllen sind.

War die Prämie für mehrere Jahre vorausgezahlt, so wird die Prämie, welche ohne Vorauszahlung bis zum Aufhebungstermine zu zahlen gewesen wäre, festgestellt und der Mehrbetrag ohne Abzug zurückerstattet.

§ 15

Für alle aus diesem Versicherungsvertrage entstehenden Rechtsstreitigkeiten sind neben den sonstigen gesetzlich zuständigen Gerichten die Gerichte des Wohnsitzes des Versicherten zuständig, sofern er nicht im Ausland liegt.

§ 16

Sofern diese Versicherung auch auf die gesetzliche Haftpflicht wegen Sachbeschädigung ausgedehnt worden ist, gelten dafür noch folgende besondere Bestimmungen:

a) Beschädigungen von Sachen, die dem Versicherungsnehmer zur Aufbewahrung, Bearbeitung, Reparatur, miet- oder leihweisen Benutzung oder Beförderung übergeben worden sind, sowie Beschädigungen von Waren, die verkauft, aber noch nicht abgeliefert worden sind, fallen nicht unter die Versicherung;

b) Beschädigungen von Sachen durch Explosion oder durch Feuer sowie Flurschäden durch Vieh fallen nur unter die Versicherung, wenn dies besonders beantragt und beurkundet ist;

c) 20 % des Schadens, mindestens aber M 20,- sind von dem Versicherten für eigene Rechnung zu tragen, gegen welche Verpflichtung er sich nicht durch anderweitige Versicherung decken darf.

§ 17

Der Versicherungsvertrag wird für die in der Police festgesetzte Zeit mit der Maßgabe abgeschlossen, daß derselbe jeweilig auf ein Jahr fortgesetzt wird, sofern nicht einen Monat vor Ablauf desselben mittels eingeschriebenen Briefes von einem der Vertragsschließenden eine Kündigung des Vertrages erfolgt ist.

II. *Die Allgemeinen Versicherungsbedingungen für die Haftpflichtversicherung von 1910*

§ 1.
Beurkundung des Vertrags

Der Antrag auf Versicherung ist schriftlich zu stellen; der Antragsteller, welcher persönlich für die Richtigkeit der hierbei abgegebenen Erklärungen verantwortlich ist, bleibt an seinen Antrag einen Monat lang, von der Unterzeichnung ab gerechnet, gebunden.

Die Gesellschaft händigt im Falle der Annahme des Antrags dem Versicherungsnehmer einen auf Grund des gestellten Antrags ausgefertigten Versicherungsschein aus. Inhalt und Umfang des Vertrages bestimmen sich unter Ausschluß mündlicher Nebenabreden nach dem Versicherungsschein und den sonstigen schriftlichen Erklärungen der Gesellschaft (Nachträgen). Weicht der Inhalt dieser Urkunden von demjenigen des Antrags ab, so gelten erstere als genehmigt, wenn der Versicherungsnehmer nicht binnen eines Monats, nachdem er dieselben empfangen hat und auf die Abweichungen hingewiesen worden ist, gegen ihre Richtigkeit Widerspruch erhoben hat.

§ 2.
Gegenstand und Umfang der Versicherung.

Die Gesellschaft gewährt Versicherungsschutz für den Fall, daß der Versicherungsnehmer in seinen gemäß § 1 beurkundeten Eigenschaft wegen der während der Dauer des Versicherungsschutzes erfolgten Tötung oder Beschädigung von Menschen auf Grund gesetzlicher Haftpflichtbestimmungen in Anspruch genommen wird.

Die Versicherung umfaßt sowohl die Abwehr unbegründeter als auch die Befriedigung begründeter Schadensersatzansprüche.

§ 3.
Eingeschlossen in die Versicherung sind

I. bei der Versicherung geschäftlicher Betriebe:

1. Haftpflichtansprüche, welche gegen den Versicherungsnehmer erhoben werden
a) als Eigentümer oder Besitzer (Mieter, Pächter, Nutznießer) aller dem geschäftlichen Betriebe dienenden und der sonstwie vom Versicherungsnehmer zu privaten (nicht Erwerbs-) Zwecken benutzten und am Sitz des versicherten Betriebs befindlichen Gebäude, Gebäudeteile und Grundstücke;
b) als Eigentümer oder Besitzer anderer als der vorstehend genannten Gebäude, Gebäudeteile und Grundstücke, welche vermietet (verpachtet) oder zur Vermietung (Verpachtung) bestimmt sind, falls sie insgesamt weniger als 1000 M Miet- oder Pachtwert haben;
c) aus Anlaß der Ausführung von Reparaturen, Umbauten, Abbruch- oder Grabarbeiten, sofern die Ausführung solcher Bauarbeiten nicht berufs- oder gewerbsmäßig geschieht;
d) aus Anlaß der Ausführung von Neubauten, sofern die Kosten dieser Neubauten auf weniger als 1000 M zu veranschlagen sind;

2. Haftpflichtansprüche, welche gegen die Vertreter des Versicherungsnehmers oder gegen solche Personen, welche er zur Leitung oder Beaufsichtigung des versicherten Betriebs oder eines Teils desselben angestellt hat, aus Anlaß der Ausführung ihrer dienstlichen Verrichtungen erhoben werden;

II. bei der Versicherung als Hausbesitzer:

1. Haftpflichtansprüche, der unter I, 1c und d bezeichneten Art;

2. Haftpflichtansprüche, welche gegen die mit der Verwaltung der Grundstücke beauftragten Personen aus Anlaß der Ausführung ihrer dienstlichen Verrichtungen erhoben werden;

3. Haftpflichtansprüche, welche gegen den Versicherungsnehmer auf Grund des § 836 Abs. 2 BGB innerhalb eines Jahres nach Beendigung seines Hausbesitzes erhoben werden, sofern sein Besitznachfolger in den Versicherungsvertrag eingetreten ist;

III. bei der Versicherung von Vereinen: Haftpflichtansprüche, welche gegen Mitglieder des Vorstandes oder gegen andere mit der Vornahme von Vereinsobliegenheiten beauftragte Vereinsmitglieder in dieser Eigenschaft erhoben werden;

IV. bei der Versicherung als Privatmann, Familien- und Haushaltungsvorstand: Haftpflichtansprüche, welche gegen die Ehefrau des Versicherungsnehmers in den gleichartigen Eigenschaften erhoben werden.

§ 4.

Soweit sich die Versicherung auf Haftpflichtansprüche gegen andere Personen als den Versicherungsnehmer selbst erstreckt, steht die Ausübung der Rechte aus dem Versicherungsvertrag ausschließlich dem Versicherungsnehmer zu. Derselbe ist auch für die Erfüllung der Obliegenheiten verantwortlich.

Ansprüche des Versicherungsnehmers selbst sowie seiner Angehörigen (§ 6 Ziffer 2) gegen die vorbezeichneten Personen sind von der Versicherung ausgeschlossen.

§ 5.

Die Versicherung kann gegen Bezahlung besonderer Prämien erstreckt werden auf diejenigen gesetzlichen Haftpflichtansprüche, welche wegen der während der Dauer des Versicherungsschutzes erfolgten Beschädigung (auch Verlust und Vernichtung) fremder Sachen (auch fremder Tiere) erhoben werden.

Sofern nicht eine andere Bestimmung getroffen wird, ist diese Versicherung auf 10000 M begrenzt mit der Maßgabe, daß der Versicherungsnehmer 20 % der Schadensumme, mindestens aber 10 M selbst zu tragen hat.

Beschädigungen von Sachen durch Explosion oder durch Feuer, durch Senkungen, Erdrutschungen, Unterfahrungen und Rammarbeiten, sowie Flurschäden durch Vieh fallen nur unter die Versicherung, wenn dies besonders beurkundet ist.

Nicht unter die Versicherung fallen Beschädigungen von Sachen durch Rauch, Ruß, Dämpfe, Abwasser, Schwammbildung, Niederschläge oder allmähliches Eindringen von Feuchtigkeit. Ferner fallen nicht unter die Versicherung Beschädigungen von Sachen, die dem Versicherungsnehmer oder seinen Angestellten zur Bearbeitung, Benutzung, Beförderung oder zu sonstigen Zwecken in Gewahrsam oder Obhut übergeben oder ihm übernommen worden sind, sowie Ansprüche wegen Beschädigung der von dem Versicherungsnehmer oder für dessen Rechnung gelieferten Sachen, sofern diese Beschädigung durch die Mangelhaftigkeit der gelieferten Sachen herbeigeführt ist. Bei der Haftpflichtversicherung in der Eigenschaft als Mieter ist jedoch die Haftpflicht wegen Beschädigung gemieteter unbeweglicher Sachen in die Versicherung eingeschlossen.

Durch besondere Bedingungen können Haftpflichtansprüche wegen Abhandenkommens und Beschädigung von Sachen, die eingebracht sind oder sich in Gewahrsam oder Obhut des Versicherungsnehmers befinden, in die Versicherung eingeschlossen werden.

§ 6.

Ausgeschlossen von der Versicherung sind

I. allgemein:

1.Versicherungsansprüche aller derjenigen Personen, welche den Schaden vorsätzlich herbeigeführt haben. Werden Haftpflichtansprüche erhoben auf Grund des Nahrungsmittelgesetzes oder wegen solcher Schäden, die durch Mängel der von dem Versicherungsnehmer gelieferten Waren oder Arbeiten verursacht sind, so steht die Kenntnis von der Mangelhaftigkeit oder Schädlichkeit der Waren und Arbeiten dem Vorsatze gleich;

2. Haftpflichtansprüche von Angehörigen bzw., falls eine Handelsgesellschaft versichert ist, von persönlich haftenden Teilhabern oder deren Angehörigen. Als Angehörige sind nur anzusehen Ehegatten, Eltern, Schwieger- und Großeltern, Kinder und Enkel, Adoptiv-, Pflege- und Stief-Eltern und -Kinder, ferner auch die mit dem Versicherten in häuslicher Gemeinschaft lebenden Geschwister, deren Ehegatten und Kinder.

II. bei der Versicherung geschäftlicher Betriebe:
Haftpflichtansprüche wegen der im Auslande vorkommenden Schadenfälle, wenn sie nicht als Betriebsunfälle im Sinne der deutschen Unfallversicherungsgesetze entschädigt oder durch besondere Bedingung in die Versicherung ausdrücklich eingeschlossen sind.

§ 7.

Ausgeschlossen sind ferner, wenn nicht etwas anderes beurkundet ist:
1. Haftpflichtansprüche, soweit sie auf Grund Vertrags oder besonderer Zusage über den Umfang der gesetzlichen Haftung hinausgehen;

2. Haftpflichtansprüche wegen Personenschäden, welche durch Mängel der vom Versicherungsnehmer während der Dauer des Versicherungsschutzes gelieferten Arbeiten, Erzeugnisse und Waren verursacht sind, soweit sie den Betrag von 50000 M für jede einzelne beschädigte Person oder den Betrag von 150000 M für ein mehrere Personen betreffendes Ereignis übersteigen. Ist die Versicherung allgemein auf geringere Deckungssummen begrenzt, so sind diese maßgebend.

§ 8.

Nicht unter die Haftpflichtversicherung fallen Ansprüche auf Grund des § 50 des Krankenversicherungsgesetzes, der §§ 27 bzw. 165 des landwirtschaftlichen Unfallversicherungsgesetzes, des § 6 Ziffer 3 und § 10 des Bau-Unfallversicherungsgesetzes, des § 155 des Seeunfallversicherungsgesetzes, der §§ 616, 617 BGB, des § 63 HGB, sowie der entsprechenden Fürsorgebestimmungen der Gesindeordnungen, der Gewerbe- und Seemannsordnung und des Unterstützungswohnsitzgesetzes.

Dagegen sind in die Versicherung eingeschlossen die Verpflichtungen aus § 12 des Gewerbeunfallversicherungsgesetzes; ausgenommen hiervon sind gewerbsmäßige Fuhrwerksbetriebe, Bergwerksbetriebe, Kellerei- und Lagereibetriebe, Spediteure, Möbeltransporteure, Schiffsbe- und entlader, Fensterputzer und Straßenreinigungsinstitute, bei denen diese Verpflichtungen jedoch gegen Bezahlung besonderer Prämien in die Versicherung eingeschlossen werden können.

§ 9.
Dauer des Versicherungsschutzes. Prämienzahlung.

Das Versicherungsjahr läuft je von dem ersten Tage eines Kalenderjahres bis zum entsprechenden Tage des nächstfolgenden Jahres. Für Versicherungen, welche im Laufe eines Kalendervierteljahres beginnen, ist mit der ersten Prämie zugleich die Prämie bis zum Beginn des nächsten Kalendervierteljahres mit zu entrichten.

Der Versicherungsschutz beginnt, wenn nicht ein späterer Zeitpunkt für den Beginn im Versicherungsschein selbst bestimmt ist, mit Einlösung des Versicherungsscheins und umfaßt, vorbehaltlich der Bestimmungen im nächsten Absatze, die von diesem Zeitpunkt an bis zur Beendigung des Versicherungsverhältnisses eintretenden Schadensereignisse. Die Einlösung erfolgt durch Zahlung der Prämie nebst Kosten und bar verauslagtem Stempel. Wird die erste Prämie von der Gesellschaft erst nach dem als Beginn der Versicherung festgesetzten Zeitpunkt eingefordert und die Zahlung ohne Verzug bewirkt, so gilt die Versicherung als mit dem vereinbarten Zeitpunkt in Kraft getreten.

Die später fällig werdenden Prämien sind am jeweiligen Fälligkeitstage zuzüglich einer Quittungsgebühr von 0,20 M und etwaiger Stempelkosten zu entrichten. Unterbleibt die Zahlung, so ist der Versicherungsnehmer auf seine Kosten unter Hinweis auf die Folgen fortdauernden Verzugs durch einen an seine letztbekannte Adresse gerichteten eingeschriebenen Brief zur Zahlung innerhalb einer Frist von zwei Wochen aufzufordern. Tritt das Schadensereignis nach dem Ablaufe dieser Frist ein und ist der Versicherungsnehmer zur Zeit des Eintritts und der Zahlung der Prämie oder der Kosten im Verzuge, so ist die Gesellschaft von der Verpflichtung zur Leistung frei. Nach dem Ablaufe der Frist ist die Gesellschaft, wenn der Versicherungsnehmer mit der Zahlung im Verzug ist, berechtigt, das Versicherungsverhältnis ohne Einhaltung einer Kündigungsfrist zu kündigen oder, solange noch nicht 6 Monate seit Eintritt des Verzugs verstrichen sind, die rückständige Prämie nebst Kosten gerichtlich einzuziehen.

Für Versicherungsfälle, welche später als ein Jahr nach Beendigung des Versicherungsverhältnisses angezeigt werden, tritt die Gesellschaft nur ein, wenn eine „Anschlußversicherung“ (Abs. 5) besteht.

Auf Antrag wird der Versicherungsschutz ohne Zeitbeschränkung gewährt („Anschlußversicherung“). Einem solchen Antrage muß gegen Entrichtung der tarifmäßigen Prämie entsprochen werden, wenn er innerhalb eines Jahres, von Beendigung des Versicherungsverhältnisses ab gerechnet, gestellt wird. Der Versicherungsnehmer ist hierauf aufmerksam zu machen; die Anschlußversicherung ist urkundlich zu bestätigen.

§ 10.
Erhöhungen und Erweiterungen des versicherten Risikos.

Der Versicherungsschutz wird ohne weiteres auf jede Erhöhung oder Erweiterung eines versicherten Risikos erstreckt. Der Versicherungsnehmer ist jedoch auf Aufforderung, welche auch durch einen der Prämienrechnung beigedruckten Hinweis erfolgen kann, verpflichtet, innerhalb eines Monats nach Ablauf eines Versicherungsjahrs schriftlich Anzeige darüber zu erstatten, ob und welche Änderungen in den Grundlagen der Prämienbemessung, sowie welche sonstigen Erweiterungen des Risikos gegenüber den Feststellungen im Versicherungsschein oder seinen Nachträgen eingetreten sind. Auf Grund dieser Anzeige wird die endgültige Prämie für das abgelaufene Versicherungsjahr und die Prämie für Erweiterung des Risikos festgestellt.

Der Unterschied zwischen der auf Grund der Anzeige festgestellten und der letztmals verrechneten Jahresprämie ist von dem Versicherungsnehmer nachzuzahlen oder von der Gesellschaft zurückzuerstatten. Dabei darf jedoch die Prämie nicht geringer werden, als die zur Zeit des Abschlusses der Versicherung in dem Tarife der Gesellschaft festgesetzte Mindestprämie.

Unterläßt es der Versicherungsnehmer, vorstehende Anzeige rechtzeitig zu erstatten, so ist die Gesellschaft berechtigt, den Antrag der letztmals berechneten Prämie als Prämiennachzahlung für das verflossene Versicherungsjahr zu erheben. Werden die Angaben nachträglich, aber noch im Laufe des begonnenen Versicherungsjahrs gemacht, so ist die Gesellschaft verpflichtet, den hiernach etwa zuviel gezahlten Betrag der Prämie zurückzuerstatten.

Der Versicherungsnehmer ist verpflichtet, auf Erfordern der Gesellschaft die von ihm gemachten Angaben durch seine Bücher und sonstige Beläge nachzuweisen.

Die vorstehenden Bestimmungen finden auch auf Versicherungen mit Prämienvorauszahlung für mehrere Jahre sinngemäße Anwendung.

§ 11.
Hinzutritt neuer Risiken
(Vorsorgeversicherung).

Die Versicherung kann gegen besondere Prämie auf alle und jede gesetzliche Haftpflicht wegen Personenbeschädigung, welcher der Versicherungsnehmer nach Stellung des Versicherungsantrags auch aus anderen Risiken als den gemäß § 1 beurkundeten, erstreckt werden (Vorsorgeversicherung). Auf die Haftpflicht wegen Sachbeschädigung kann diese Vorsorgeversicherung erstreckt werden, falls überhaupt Versicherung gegen die Haftpflicht wegen Sachbeschädigung genommen ist.

Für die Vorsorgeversicherung gelten neben den Allgemeinen Versicherungsbedingungen noch folgende besondere Bestimmungen:

1. a) Der Versicherungsschutz beginnt sofort mit dem Eintritt eines neuen Risikos, ohne daß es einer besonderen Anzeige bedarf. Der Versicherungsnehmer ist aber verpflichtet, auf Aufforderung der Gesellschaft, die auch durch einen der Prämienrechnung beigedruckten Hinweis erfolgen kann, binnen eines Monats nach Empfang dieser Aufforderung jedes neu eingetretene Risiko anzuzeigen, den Einschluß dieses Risikos in die Versicherung zu beantragen und die entsprechende, nach dem zurzeit gültigen Tarife zu berechnende Mehrprämie vom Eintritte des Risikos ab binnen eines Monats nach Empfang der Prämienrechnung zu entrichten.

Unterläßt es der Versicherungsnehmer, innerhalb der vorbezeichneten Fristen die Anzeige eines neuen Risikos zu erstatten oder die berechnete Mehrprämie zu entrichten, so kommt der Versicherungsschutz für dieses Risiko vom Gefahreintritt an in Wegfall. Für alle nach Ablauf der vorbestimmten Frist neueingetretenen Risiken bleibt jedoch die Vorsorgeversicherung in Wirksamkeit.

b) Der Versicherungsschutz der Vorsorgeversicherung wird auf den Betrag von 50000 M für jede einzelne beschädigte Person und den Betrag von 150000 M für ein mehrere Personen betreffendes Ereignis und für Sachbeschädigung auf 10000 M begrenzt, sofern nicht im Versicherungsscheine geringere Deckungssummen festgesetzt sind.

2. Für die Risiken der Bahnen, der Kraftfahrzeuge, der Wasser- und Luftschiffahrt und der Theater wird die Vorsorgeversicherung nicht gewährt.

§ 12.
Schadenanzeige.

Wird gegen den Versicherten ein Haftpflichtanspruch erhoben, welcher Gegenstand dieser Versicherung bildet, so ist innerhalb einer Woche der Gesellschaft (s. § 22) schriftlich Anzeige zu erstatten. Die Frist beginnt mit dem Zeitpunkt, in welchem der Haftpflichtanspruch geltend gemacht worden ist. Durch die Absendung der Anzeige wird die Frist gewahrt. Wird der Versicherte zu einer gerichtlichen Verhandlung über den Anspruch geladen, so ist, wenngleich die Frist noch läuft, die Anzeige unverzüglich nach Empfang der Ladung zu erstatten.

Der Versicherte ist verpflichtet, der Gesellschaft alle Briefe, Klageakten und alle ihm zugehenden Schriftstücke, welche sich auf einen gegen ihn erhobenen Haftpflichtanspruch beziehen, zu übermitteln und ihr jede von ihm verlangte Auskunft zu erteilen, die Nachweise die er liefern kann, zu verschaffen, sowie die Gesellschaft bei der Abwehr unbegründeter oder zu weit gehender Haftpflichtansprüche nach Kräften zu unterstützen.

Die gleiche Anzeige- und Auskunftspflicht besteht, wenn wegen eines Ereignisses, aus welchem ein Haftpflichtanspruch hergeleitet werden könnte, ein polizeiliches oder strafgerichtliches Verfahren eingeleitet wird.

§ 13.
Regulierung des Schadens.

Dem Versicherten ist es nicht gestattet, irgendwelche Haftpflichtansprüche, die gegen ihn erhoben werden, ohne vorherige Genehmigung der Gesellschaft anzuerkennen oder zu befriedigen, oder einen Vergleich über dieselben abzuschließen, widrigenfalls die Gesellschaft von der Verpflichtung zur Leistung frei ist, es sei denn, daß nach den Umständen der Versicherte die Befriedigung oder die Anerkennung nicht ohne offenbare Unbilligkeit verweigern konnte.

Entsteht aus einem Versicherungsfall ein Prozeß, so ist derselbe von der Gesellschaft im Namen des Versicherten zu führen. Der letztere ist verpflichtet, dem ihm von der Gesellschaft zu bezeichnenden Rechtsanwalt Vollmacht zu erteilen und die Führung des Prozesses lediglich der Gesellschaft zu überlassen. Die aus der Führung des Prozesses erwachsenden Kosten bestreitet die Gesellschaft, ohne dieselben auf die zu leistende Entschädigung in Anrechnung zu bringen.

Übersteigt der Haftpflichtanspruch die Versicherungssumme, so hat die Gesellschaft die Kosten nur in der Höhe zu tragen, als sie sich bei Berechnung nach der der Versicherungssumme entsprechenden Wertklasse stellen würde. Die Gesellschaft ist in solchen Fällen aber auch berechtigt, durch Bezahlung der Versicherungssumme und ihres Anteils an den bis dahin erwachsenen Kosten sich von weiteren Leistungen zu befreien.

Falls die von der Gesellschaft verlangte Beseitigung eines Haftpflichtanspruchs durch Anerkenntnis, Befriedigung oder Vergleich an dem Widerspruche des Versicherten scheitert, so hat die Gesellschaft für den von der Weigerung ab entstehenden Mehraufwand an Hauptsache, Zinsen oder Kosten nicht aufzukommen.

Wird in einem Strafverfahren wegen eines Ereignisses, das einen Haftpflichtanspruch im Sinne des Versicherungsvertrags zur Folge haben kann, die Bestellung eines Verteidigers für den Versicherten von der Gesellschaft angeordnet oder genehmigt, so hat die Gesellschaft die taxmäßigen, eventuell die mit ihr besonders vereinbarten höheren Kosten des Verteidigers zu tragen. Hat sich der Geschädigte der öffentlichen Klage als Nebenkläger angeschlossen, so ersetzt die Gesellschaft auch die durch die Nebenklage erwachsenden notwendigen Kosten. Im übrigen sind die Kosten des Strafverfahrens von der Ersatzpflicht ausgeschlossen.

§ 14.

Wenn der Versicherte infolge veränderter Verhältnisse das Recht erlangt, die Aufhebung oder Verminderung einer zu zahlenden Rente zu fordern, so ist er verpflichtet, dieses Recht auf seinen Namen von der Gesellschaft ausüben zu lassen. Für den Fall, daß dies im Prozeßwege geschehen müßte, finden die Bestimmungen der §§ 12 und 13 Anwendung.

§ 15.

Sobald die Höhe der Entschädigung festgestellt ist, hat die Zahlung der danach fälligen Beträge unverzüglich, die Zahlung später fällig werdender Renten an den für dieselben bestimmten Fälligkeitstagen zu erfolgen.

Ist dem Versicherten nachgelassen, die Vollstreckung einer gerichtlichen Entscheidung durch Sicherheitsleistung oder Hinterlegung abzuwenden, so hat auf sein Verlangen die Gesellschaft die Sicherheitsleistung oder Hinterlegung zu bewirken.

Hat der Versicherte für eine von ihm geschuldete Rente kraft Gesetzes Sicherheit zu leisten, so ist die Gesellschaft zur Leistung der Sicherheit an seiner Stelle verpflichtet.

Diese Verpflichtungen bestehen bei begrenzter Versicherung nur bis zum Betrage der Versicherungssumme.

§ 16.
Berechnung des Rentenkapitals.

Sofern die Haftung der Gesellschaft auf eine Höchstbetrag beschränkt ist, findet eine Erstattung zu leistender Renten nur insoweit statt, als bei Anrechnung der Renten mit ihrem Kapitalwerte dieser Höchstbetrag nicht überstiegen wird. Der Kapitalwert der Renten wird zu diesem Zwecke auf Grund der im Kaiserlichen Statistischen Amte aufgestellten Sterblichkeitstafel für die männliche Gesamtbevölkerung des Deutschen Reichs (drittes Vierteljahresheft zur Statistik des Deutschen Reiches 1908) und einen Zinsfußes von jährlich 3 ½ Prozent ermittelt.

§ 17.
Abtretung des Versicherungsanspruchs.

Vor erfolgter Feststellung des Haftpflichtanspruchs können Versicherungsansprüche nur mit Genehmigung der Direktion der Gesellschaft rechtswirksam an Dritte abgetreten oder verpfändet werden.

§ 18.
Rücktritt. Rechtsverlust.

Hat der Versicherungsnehmer im Antrag oder in sonstigen Erklärungen, auf Grund deren die Versicherung abgeschlossen oder abgeändert worden ist, Umstände, welche auf den Entschluß der Gesellschaft, sich überhaupt oder bedungenermaßen auf die Versicherung einzulassen, von Einfluß gewesen sind oder von Einfluß hätten sein können, absichtlich verschwiegen oder absichtlich unrichtig angegeben, so ist die Gesellschaft berechtigt, von dem Versicherungsvertrage zurückzutreten. Der Rücktritt kann wirksam nur innerhalb eines Monats erfolgen, nachdem von der Verletzung der Anzeigepflicht Kenntnis erlangt hat.

Tritt die Gesellschaft von dem Vertrage zurück, nachdem der Versicherungsfall eingetreten ist, so bleibt für diesen die Verpflichtung gleichwohl bestehen, wenn der Umstand, in Ansehung dessen die Anzeigepflicht verletzt ist, keine Einfluß auf den Eintritt des Versicherungsfalls und auf den Umfang der Leistung der Gesellschaft gehabt hat.

Wird eine Obliegenheit verletzt, die nach dem Eintritte des Versicherungsfalls der Gesellschaft gegenüber zu erfüllen ist, so ist die Gesellschaft von der Verpflichtung zur Leistung frei, es sei denn, daß die Verletzung dieser Pflichten weder auf Vorsatz noch auf grober Fahrlässigkeit beruht.

§ 19.
Vorzeitige Beendigung des Versicherungsverhältnisses.

Hat nach dem Eintritt eines Versicherungsfalls die Gesellschaft dem Versicherungsnehmer gegenüber ihre Verpflichtung zur Leistung anerkannt oder die Leistung der fälligen Entschädigung verweigert, so ist jeder Teil berechtigt, das Versicherungsverhältnis zu kündigen. Das gleich gilt, wenn es über den Anspruch des Dritten zum Rechtsstreite gekommen ist.

Die Kündigung muß, um gültig zu sein, spätestens innerhalb eines Monats nach geleisteter Entschädigung oder Verweigerung der Entschädigung oder nach Eintritt der Rechtskraft des im Rechtsstreite mit dem Dritten ergangenen Urteils schriftlich erklärt werden. Die Gesellschaft hat eine Kündigungsfrist von einem Monat einzuhalten. Der Versicherungsnehmer kann nicht für einen späteren Zeitpunkt als den Schluß des laufenden Versicherungsjahrs kündigen.

§ 20

Kündigt der Versicherungsnehmer, so gebührt der Gesellschaft gleichwohl die Prämie für das laufende Versicherungsjahr. Kündigt die Gesellschaft, so gebührt ihr nur derjenige Teil der Prämie, welcher der abgelaufenen Versicherungszeit entspricht. Hat hiernach eine Rückerstattung von Prämie zu erfolgen, so ist die Gesellschaft berechtigt, von dem auf das laufende Versicherungsjahr anfallenden Teile der Rückerstattung 25 Prozent für Verwaltungskosten in Abzug zu bringen.

§ 21.
Klagefrist.

Hat die Gesellschaft den Versicherungsschutz abgelehnt, so ist der Anspruch des Versicherungsnehmers bei Meidung des Verlustes binnen 6 Monaten durch Erhebung der Klage oder Streitverkündung geltend zu machen. Die Frist beginnt erst, nachdem die Gesellschaft dem Versicherungsnehmer gegenüber den erhobenen Anspruch unter Angabe der mit dem Ablaufe der Frist verbundenen Rechtsfolgen schriftlich abgelehnt hat.

§ 22
Einschränkung der Agentenvollmacht.

Alle Anzeigen und Erklärungen sind schriftlich an die Direktion der Gesellschaft oder an diejenige Generalagentur, welche in dem Versicherungsschein oder dessen Nachträgen als zuständig bezeichnet ist, zu richten. Die Agenten sind zu deren Entgegennahme nicht berechtigt.

§ 23.
Verlängerung des Vertrags.

Der Versicherungsvertrag ist zunächst für die in dem Versicherungsscheine festgesetzte Zeit abgeschlossen. Nach Ablauf dieser Frist gilt derselbe jeweilig auf ein Jahr als fortgesetzt, sofern nicht spätestens drei Monate vor Ablauf der Vertragsdauer von einem der Vertragsschließenden eine Kündigung des Vertrags erfolgt ist. Die Kündigung ist schriftlich, möglichst durch eingeschriebenen Brief, zu bewirken.

I. Der Versicherungsschutz (§§ 1 - 4)

§ 1.
Gegenstand der Versicherung

1. Die Gesellschaft gewährt dem Versicherungsnehmer Versicherungsschutz für den Fall, daß er wegen eines während der Wirksamkeit der Versicherung eingetretenen Ereignisses, das den Tod, die Verletzung oder Gesundheitsbeschädigung von Menschen (Personenschaden) oder die Beschädigung oder Vernichtung von (fremden) Sachen (Sachschaden) zur Folge hatte, für diese Folgen auf Grund gesetzlicher Haftpflichtbestimmungen privatrechtlichen Inhalts von einem Dritten auf Schadensersatz in Anspruch genommen wird.

2. Der Versicherungsschutz erstreckt sich auf die gesetzliche Haftpflicht
a) aus den im Versicherungsschein und seinen Nachträgen (§ 7) angegebenen Eigenschaften, Rechtsverhältnissen oder Tätigkeiten des Versicherungsnehmers (versichertes "Risiko");
b) aus Erhöhungen oder Erweiterungen des versicherten Risikos, soweit sie nicht in dem Halten oder Führen von Luft-, Kraft- oder Wasserfahrzeugen (abgesehen von Ruderbooten) bestehen;
c) aus Risiken, die für den Versicherungsnehmer nach Abschluß der Versicherung neu entstehen, gemäß § 2 (Vorsorge-Versicherung).

3. Der Versicherungsschutz kann durch besondere Vereinbarung ausgedehnt werden auf die gesetzliche Haftpflicht wegen Vermögensschädigung, die weder durch Personenschaden, noch durch Sachschaden entstanden ist, sowie wegen Abhandenkommens von Sachen. Auf die Versicherung wegen Abhandenkommens von Sachen finden die Bestimmungen über Sachschaden Anwendung.

§ 2.
Vorsorge-Versicherung

Für die Vorsorge-Versicherung (§ 1 Ziffer 2 c) gelten neben den sonstigen Vertragsbestimmungen folgende besondere Bedingungen:

1. Der Versicherungsschutz beginnt sofort mit dem Eintritt des neuen Risikos, ohne daß es einer besonderen Anzeige bedarf. Der Versicherungsnehmer ist aber verpflichtet, auf Aufforderung der Gesellschaft, die auch durch einen der Prämienrechnung beigedruckten Hinweis erfolgen kann, binnen eines Monats nach Empfang dieser Aufforderung jedes neu eingetretene Risiko anzuzeigen. Unterläßt der Versicherungsnehmer die rechtzeitige Anzeige oder kommt innerhalb Monatsfrist nach Eingang der Anzeige bei der Gesellschaft eine Vereinbarung über die Prämie für das neue Risiko nicht zustande, so fällt der Versicherungsschutz für dasselbe rückwirkend vom Gefahreneintritt ab fort. Tritt der Versicherungsfall ein, bevor die Anzeige des neuen Risikos erstattet ist, so hat der Versicherungsnehmer zu beweisen, daß das neue Risiko erst nach Abschluß der Versicherung und in einem Zeitpunkt eingetreten ist, in dem die Anzeigefrist nicht verstrichen war.

2. Der Versicherungsschutz wird auf den Betrag von 50.000 Reichsmark für Personenschaden und 5000 Reichsmark für Sachschaden begrenzt, sofern nicht im Versicherungsschein geringere Deckungssummen festgesetzt sind.

3. Der Versicherungsschutz erstreckt sich nicht auf die Gefahren, welche verbunden sind mit
a) dem Besitz oder Betrieb von Bahnen, von Theatern, Kino- und Filmunternehmungen, Zirkussen und Tribünen, ferner von Luft-, Kraft- oder Wasserfahrzeugen aller Art (abgesehen von Ruderbooten) und

dem Lenken solcher Fahrzeuge, sowie der Ausübung der Jagd;
b) der Verwendung von Röntgenapparaten;
c) Herstellung, Verarbeitung, Lagerung, Beförderung, Verwendung von und Handel mit explosiblen Stoffen, soweit hierzu eine besondere behördliche Genehmigung erforderlich ist.

§ 3.
Beginn und Umfang des Versicherungsschutzes.

I. Der Versicherungsschutz beginnt, vorbehaltlich einer anderen Vereinbarung, mit der Einlösung des Versicherungsscheins durch Zahlung der Prämie, der im Antrag angegebenen Ausfertigungs- und Zustellungsgebühren sowie etwaiger öffentlicher Abgaben. Wird die erste Prämie erst nach dem als Beginn der Versicherung festgesetzten Zeitpunkt eingefordert, alsdann aber ohne Verzug bezahlt, so beginnt der Versicherungsschutz mit dem festgesetzten Zeitpunkt.

II. 1. Die Leistungspflicht der Gesellschaft umfaßt die Prüfung der Haftpflichtfrage, den Ersatz der Entschädigung, welche der Versicherungsnehmer auf Grund eines von der Gesellschaft abgegebenen oder genehmigten Anerkenntnisses, eines von ihr abgeschlossenen oder genehmigten Vergleichs oder einer richterlichen Entscheidung zu zahlen hat sowie die Abwehr unberechtigter Ansprüche.
Wird in einem Strafverfahren wegen eines Ereignisses, das einen unter den Versicherungsschutz fallenden Haftpflichtanspruch zur Folge haben kann, die Bestellung eines Verteidigers für den Versicherungsnehmer von der Gesellschaft gewünscht oder genehmigt, so trägt die Gesellschaft die gebührenordnungsmäßigen, gegebenenfalls die mit ihr besonders vereinbarten höheren Kosten des Verteidigers. Hat sich der Geschädigte der öffentlichen Klage zwecks Erlangung einer Buße als Nebenkläger angeschlossen, so ersetzt die Gesellschaft auch die durch die Nebenklage erwachsenden notwendigen Kosten.
Hat der Versicherungsnehmer für eine aus einem Versicherungsfall geschuldete Rente kraft Gesetzes Sicherheit zu leisten, oder ist ihm die Abwendung der Vollstreckung einer gerichtlichen Entscheidung durch Sicherheitsleistung oder Hinterlegung nachgelassen, so ist die Gesellschaft an seiner Stelle zur Sicherheitsleistung oder Hinterlegung verpflichtet.
2. Für den Umfang der Leistung der Gesellschaft bilden die in dem Versicherungsschein (§ 7) angegebenen Versicherungssummen die Höchstgrenze bei jedem Schadensereignis. Dies gilt auch dann, wenn sich der Versicherungsschutz auf mehrere entschädigungspflichtige Personen erstreckt. Mehrere zeitlich zusammenhängende Schäden aus derselben Ursache oder mehrere Schäden aus Lieferungen der gleichen mangelhaften Waren gelten als ein Schadensereignis.

3. Kommt es in einem Versicherungsfall zu einem Rechtsstreit über den Anspruch zwischen dem Versicherungsnehmer und dem Geschädigten oder dessen Rechtsnachfolger, so führt die Gesellschaft den Rechtsstreit im Namen des Versicherungsnehmers auf ihre Kosten.

4. Die Aufwendungen der Gesellschaft für Kosten werden nicht als Leistungen auf die Versicherungssumme angerechnet (vgl. aber Ziffer III 1).

III. 1. Übersteigen die Haftpflichtansprüche die Versicherungssumme, so hat die Gesellschaft die Prozeßkosten nur im Verhältnis der Versicherungssumme zur Gesamthöhe der Ansprüche zu tragen, und zwar auch dann, wenn es sich um mehrere aus einem Schadensereignis entstehenden Prozesse handelt. Die Gesellschaft ist in solchen Fällen berechtigt, durch Zahlung der Versicherungssumme und ihres der Versicherungssumme entsprechenden Anteils an den bis dahin erwachsenen Kosten sich von weiteren Leistungen zu befreien.

2. Hat der Versicherungsnehmer an den Geschädigten Rentenzahlungen zu leisten und übersteigt der Kapitalwert der Rente die Versicherungssumme oder den nach Abzug etwaiger sonstiger Leistungen aus demselben Versicherungsfall noch verbleibenden Restbetrag der Versicherungssumme, so wird die zu leistende Rente nur im Verhältnis der Versicherungssumme bzw. ihres Restbetrages zum Kapitalwert der Rente erstattet. Der Kapitalwert der Rente wird zu diesem Zweck auf Grund der vom Statistischen Reichsamt aufgestellten allgemeinen deutschen Sterbetafel für die Jahre 1924 bis 1926 (Sonderheft zu "Wirtschaft und Statistik", Nr. 5, 1929) und eines Zinsfußes von jährlich 4 % ermittelt.

3. Falls die von der Gesellschaft verlangte Erledigung eines Haftpflichtanspruchs durch Anerkenntnis, Befriedigung oder Vergleich an dem Widerstand des Versicherten scheitert, so hat die Gesellschaft für den von der Weigerung an entstehenden Mehraufwand an Hauptsache, Zinsen und Kosten nicht aufzukommen.

§ 4.
Ausschlüsse.

I. Falls im Versicherungsschein oder seinen Nachträgen nicht ausdrücklich etwas anderes bestimmt ist, bezieht sich der Versicherungsschutz nicht auf:

1. Haftpflichtansprüche, soweit sie auf Grund Vertrags oder besonderer Zusage über den Umfang der gesetzlichen Haftpflicht des Versicherungsnehmers hinausgehen.

2. Ansprüche auf Gehalt, Ruhegehalt, Lohn und sonstige festgesetzte Bezüge, Verpflegung, ärztliche Behandlung im Falle der Dienstbehinderung, Fürsorgeansprüche (vgl. z.B. die §§ 616, 617 BGB., 63, 553 HGB., 59 Seem.-Ordn. und die entsprechenden Bestimmungen der Gew.-Ordn., R.-Vers.-Ordn. und Verordnung über Fürsorgepflicht) sowie Ansprüche auf Tumultschadensgesetzen.

3. Haftpflichtansprüche aus im Ausland vorkommenden Schadensereignissen; jedoch sind Ansprüche aus §§ 903, 1042, 1219 der R.-Vers.-Ordn. mitgedeckt.

4. Haftpflichtansprüche aus Schäden infolge Teilnahme an Pferde-, Rad-, oder Kraftfahrzeug-Rennen, Box- oder Ringkämpfen sowie den Vorbereitungen hierzu (Training).

5. Haftpflichtansprüche aus Sachschaden, welcher entsteht durch allmähliche Einwirkung der Temperatur, von Gasen, Dämpfen oder Feuchtigkeit, von Niederschlägen (Rauch, Ruß, Staub und dgl.), ferner durch Abwässer, Schwammbildung, Senkungen von Grundstücken (auch eines darauf errichteten Werkes oder eines Teiles eines solchen) durch Erdrutschungen, Erschütterungen infolge Rammarbeiten, durch Überschwemmungen stehender oder fließender Gewässer sowie aus Flurschaden durch Weidevieh und aus Wildschaden.

6. Haftpflichtansprüche wegen Schäden
a) an fremden Sachen, welche sich in Benutzung, Gewahrsam oder Obhut des Versicherungsnehmers, seiner Angestellten, Arbeiter, Bediensteten, Bevollmächtigten oder Beauftragten befunden haben oder bezüglich welcher der Versicherungsnehmer zur Zeit der Beschädigung die Gefahr trug;
b) an Sachen aus Anlaß ihrer Beförderung, Bearbeitung oder einer sonstigen Tätigkeit an oder mit ihnen, bei unbeweglichen Sachen wegen Schäden an dem Teil, der Gegenstand der Arbeit bzw. Tätigkeit war, oder an einem nahe mit ihm zusammenhängenden Teile der unbeweglichen Sache. Die Bestimmung unter a) findet auch in diesen Fällen Anwendung.

II. Ausgeschlossen von der Versicherung bleiben:

1. Versicherungsansprüche aller Personen, die den Schaden vorsätzlich herbeigeführt haben. Bei der Lieferung oder Herstellung von Waren, Erzeugnissen oder Arbeiten steht die Kenntnis von der Mangelhaftigkeit oder Schädlichkeit der Waren usw. dem Vorsatz gleich.

2. Haftpflichtansprüche aus Schadensfällen von Angehörigen des Versicherungsnehmers, gegenseitige Ansprüche zwischen mehreren Versicherungsnehmern des gleichen Versicherungsvertrags, bei geschäftsunfähigen oder beschränkt geschäftsfähigen Personen von gesetzlichen Vertretern, bei Gesellschaften und juristischen Personen, Ansprüche von Mitgliedern des Vorstandes, von Geschäftsführern und Liquidatoren, ferner von persönlich haftenden Teilhabern und Gesellschaftern sowie deren Angehörigen. Als Angehörige gelten Ehegatten, Eltern, Schwieger- und Groß-Eltern, Kinder (auch Schwiegerkinder) und Enkel, Adoptiv-, Pflege- und Stief-Eltern und -Kinder, ferner auch die mit dem Versicherungsnehmer in häuslicher Gemeinschaft lebenden Geschwister, deren Ehegatten und Kinder sowie Geschwister des Ehegatten des Versicherungsnehmers.

3. Haftpflichtansprüche, die darauf zurückzuführen sind, daß der Versicherungsnehmer besonders gefahrdrohende Umstände, deren Beseitigung die Gesellschaft billigerweise verlangen konnte und verlangt hatte, nicht innerhalb einer angemessenen Frist beseitigte. Ein Umstand, welcher zu einem Schaden geführt hat, gilt ohne weiteres als ein besonders gefahrdrohender.

4. Haftpflichtansprüche wegen Personenschaden, der aus der Übertragung einer Krankheit des Versicherungsnehmers ensteht sowie Sachschaden, der durch Krankheit der dem Versicherungsnehmer gehörenden, von ihm gehaltenen oder veräußerten Tiere entstanden ist, es sei denn, daß der Versicherungsnehmer weder vorsätzlich noch grobfahrlässig gehandelt hat.

5. Haftpflichtansprüche wegen Schäden, die an den vom Versicherungsnehmer (oder in seinem Auftrage oder für seine Rechnung von Dritten) hergestellten oder gelieferten Arbeiten oder Sachen infolge einer in der Herstellung oder Lieferung liegenden Ursachen entstehen.

II. Der Versicherungsfall (§§ 5, 6)

§ 5. Obliegenheiten des Versicherungsnehmers. Verfahren.

1. Wird ein unter den Versicherungsvertrag fallender Haftpflichtanspruch erhoben, so muß hiervon der Gesellschaft (vgl. § 12) innerhalb einer Woche durch eingeschriebenen Brief Anzeige erstattet werden. Durch Absendung der Anzeige wird die Frist gewahrt.

2. Der Versicherungsnehmer ist verpflichtet, unter Beachtung der Weisungen der Gesellschaft nach Möglichkeit für die Abwendung und Minderung des Schadens zu sorgen und alles zu tun, was zur Klarstellung des Schadensfalls dient, sofern ihm dabei nichts unbilliges zugemutet wird. Er hat die Gesellschaft bei der Abwehr des Schadens sowie bei der Schadensermittlung und -regulierung zu unterstützen, ihr ausführliche und wahrheitsgemäße Schadensberichte zu erstatten, alle Tatumstände, welche auf den Schadensfall Bezug haben, mitzuteilen und alle nach Ansicht der Gesellschaft für die Beurteilung des Schadensfalls erheblichen Schriftstücke einzusenden.
Die gleiche Verpflichtung besteht, wenn wegen eines Ereignisses, das einen Haftpflichtanspruch zur Folge haben könnte, gegen den Versicherungsnehmer ein polizeiliches oder strafgerichtliches Verfahren eingeleitet wird.

3. Kommt es zum Prozeß über den Haftpflichtanspruch, so hat der Versicherungsnehmer die Prozeßführung der Gesellschaft zu überlassen, dem von der Gesellschaft bestellten oder bezeichneten Anwalt Vollmacht und alle von diesem oder der Gesellschaft für nötig erachteten Aufklärungen zu geben. Gegen Zahlungsbefehle oder Verfügungen von Verwaltungsbehörden auf Schadensersatz hat er, ohne die Weisung der Gesellschaft abzuwarten, fristgemäß Widerspruch zu erheben oder die erforderlichen Rechtsbehelfe zu ergreifen.

4. Der Versicherungsnehmer ist nicht berechtigt, ohne vorherige Zustimmung der Gesellschaft einen Haftpflichtanspruch ganz oder zum Teil oder vergleichsweise anzuerkennen oder zu befriedigen. Bei Zuwiderhandlung ist die Gesellschaft von der Leistungspflicht frei, es sei denn, daß der Versicherungsnehmer nach den Umständen die Befriedigung oder Anerkennung nicht ohne offenbare Unbilligkeit verweigern konnte. Durch irrtümliche Annahme des Vorliegens einer gesetzlichen Haftpflicht oder der Nichtigkeit der erhobenen Ansprüche oder der behaupteten Tatsachen wird der Versicherungsnehmer nicht entschuldigt.

5. Wenn der Versicherungsnehmer infolge veränderter Verhältnisse das Recht erlangt, die Aufhebung oder Minderung einer zu zahlenden Rente zu fordern, so ist er verpflichtet, dieses Recht auf seinen Namen von der Gesellschaft ausüben zu lassen. Die Bestimmungen unter Ziffer 2 bis 4 finden entsprechende Anwendung.

6. Die Gesellschaft gilt als bevollmächtigt, alle zur Beilegung oder Abwehr des Anspruchs ihr zweckmäßig erscheinenden Erklärungen im Namen des Versicherungsnehmers abzugeben.

§ 6.
Rechtsverlust.

Wird eine Obliegenheit verletzt, die nach dem Eintritt des Versicherungsfalles der Gesellschaft gegenüber zu erfüllen ist, so ist die Gesellschaft von der Verpflichtung zur Leistung frei, es sei denn, daß die Verletzung weder auf Vorsatz, noch auf grober Fahrlässigkeit beruhte.

III. Das Versicherungsverhältnis (§§ 7 - 12)

§ 7.
Versicherungsschein.

Der Inhalt des Vertrages bestimmt sich unter Ausschluß mündlicher Nebenabreden nach dem Versicherungsschein, seinen Beilagen (Antragsabschrift) und Nachträgen, die Orginal- oder Faksimileunterschriften tragen müssen. Weicht der Inhalt dieser Urkunden von demjenigen des Antrags ab, so gilt ersterer als genehmigt, wenn der Versicherungsnehmer nicht binnen eines Monats, nachdem er die Urkunden empfangen hat und auf die Abweichungen schriftlich hingewiesen worden ist, dagegen Widerspruch erhoben hat. Das Recht des Versicherungsnehmers, den Vertrag wegen Irrtums anzufechten, bleibt unberührt. An seinen Antrag bleibt der Antragsteller einen Monat, vom Tag der Unterzeichnung an gerechnet, gebunden.

§ 8.
Versicherung für fremde Rechnung. Abtretung des Versicherungsanspruchs.

1. Soweit sich die Versicherung auf Haftpflichtansprüche gegen andere Personen als den Versicherungsnehmer selbst erstreckt, finden alle in dem Versicherungsvertrag bezüglich des Versicherungsnehmers getroffenen Bestimmungen auch auf diese Person sinngemäße Anwendung. Die Ausübung der Rechte aus dem Versicherungsvertrag steht ausschließlich dem Versicherungsnehmer zu; dieser bleibt neben

dem Versicherten für die Erfüllung der Obliegenheiten verantwortlich.

2. Ansprüche des Versicherungsnehmers selbst oder der in § 4 Ziffer II, 2 genannten Personen gegen die Versicherten sind von der Versicherung ausgeschlossen.

3. Die Versicherungsansprüche können vor ihrer endgültigen Feststellung ohne ausdrückliche Zustimmung der Gesellschaft nicht übertragen werden.

§ 9.
Prämienzahlung. Prämienregulierung.
Prämienrückerstattung.

I. Die nach Beginn des Versicherungsschutzes (§ 3, Ziffer 1) zahlbaren regelmäßigen Folgeprämien sind an den im Versicherungsschein festgesetzten Zahlungsterminen, sonstige Prämien bei Bekanntgabe an den Versicherungsnehmer zuzüglich etwaiger öffentlicher Abgaben und einer Hebegebühr bzw. einer Ausfertigungs- und Zustellungsgebühr für Verlängerungs- und Veränderungsscheine in dem jeweiligen Betrage, der dem Reichsaufsichtsamt für Privatversicherung durch geschäftsplanmäßige Erklärung der Gesellschaft bekanntgegeben ist, zu entrichten. Unterbleibt die Zahlung, so ist der Versicherungsnehmer auf seine Kosten unter Hinweis auf die Folgen fortdauernden Verzugs durch einen an seine letztbekannte Adresse gerichteten Brief zur Zahlung innerhalb einer Frist von 2 Wochen aufzufordern. Tritt der Versicherungsfall nach dem Ablauf dieser Frist ein und ist der Versicherungsnehmer zur Zeit des Eintritts mit der Zahlung der Prämie oder der Kosten in Verzug, so ist die Gesellschaft von der Verpflichtung zur Leistung frei. Nach dem Ablauf der Frist ist die Gesellschaft, wenn der Versicherungsnehmer mit der Zahlung der Prämie noch im Verzuge ist, berechtigt, das Vertragsverhältnis ohne Einhaltung einer Kündigungsfrist zu kündigen. Kündigt die Gesellschaft nicht, so ist sie für die gerichtliche Geltendmachung der rückständigen Prämie nebst Kosten an eine Ausschlußfrist von 6 Monaten seit Ablauf der zweiwöchigen Frist gebunden. Bei Teilzahlung der Jahresprämie werden die noch ausstehenden Raten der Jahresprämie sofort fällig, wenn der Versicherungsnehmer mit Zahlung einer Rate in Verzug gerät.

II. 1. Der Versicherungsnehmer ist verpflichtet, nach Erhalt einer Aufforderung der Gesellschaft, welche auch durch einen der Prämienrechnung aufgedruckten Hinweis erfolgen kann, Mitteilung darüber zu machen, ob und welche Änderung in dem versicherten Risiko gegenüber den zum Zweck der Prämienmessung gemachten Angaben eingetreten ist. Diese Anzeige ist innerhalb eines Monats nach Erhalt der Aufforderung zu machen. Auf Erfordern der Gesellschaft sind die Angaben durch die Geschäftsbücher oder sonstige Belege nachzuweisen. Unrichtige Angaben zum Nachteil der Gesellschaft berechtigen diese, eine Vertragsstrafe in dreifacher Höhe des festgestellten Prämienunterschieds vom Versicherungsnehmer zu erheben, sofern letzterer nicht beweist, daß die unrichtigen Angaben ohne ein von ihm vertretenes Verschulden gemacht worden sind.

2. Auf Grund der Änderungsanzeige oder sonstiger Feststellungen wird die Prämie entsprechend dem Zeitpunkt der Veränderung richtiggestellt, jedoch darf sie nicht geringer werden, als die in dem zur Zeit des Versicherungsabschlusses gültigen Tarif der Gesellschaft festgesetzte Mindestprämie. Beim Fortfall eines Risikos wird die etwaige Minderprämie vom Eingang der Anzeige an gerechnet.

3. Unterläßt es der Versicherungsnehmer, die obige Anzeige rechtzeitig zu erstatten, so kann die Gesellschaft für die Zeit, für welche die Angaben zu machen waren, an Stelle der Prämienregulierung (Ziffer II, 1) als nachzahlende Prämie einen Betrag in Höhe der für diese Zeit bereits gezahlten Prämie verlangen. Werden die Angaben

nachträglich, aber noch innerhalb zweier Monate nach Empfang der Aufforderung zur Nachzahlung gemacht, so ist die Gesellschaft verpflichtet, den etwa zu viel gezahlten Betrag der Prämie zurückzuerstatten.

III. Die vorstehenden Bestimmungen finden auch auf Versicherungen mit Prämienvorauszahlung für mehrere Jahre Anwendung.

IV. 1. Endet das Versicherungsverhältnis infolge Kündigung durch die Gesellschaft im Schadensfalle (§ 10, Ziffer II, 1), so gebührt ihr nur der Teil der Prämie, welcher der abgelaufenen Versicherungszeit entspricht; in allen übrigen Fällen vorzeitiger Beendigung steht der Gesellschaft die Prämie für das laufende Versicherungsjahr zu.

2. War die Prämie auf mehrere Jahre vorausbezahlt, so ist der Berechnung des der Gesellschaft zustehenden Betrages die Prämie zugrunde zu legen, die bei Vorauszahlung auf die Zeit, für welche der Gesellschaft nach Ziffer 1 die Prämie gebührt, zu zahlen gewesen wäre.

§ 10.
Vertragsdauer. Kündigung.

I. Der Vertrag ist zunächst für die in dem Versicherungsschein festgesetzte Zeit abgeschlossen. Beträgt diese mindestens ein Jahr, so bewirkt die Unterlassung rechtswirksamer Kündigung eine Verlängerung des Vertrages jeweils um ein Jahr. Die Kündigung ist rechtswirksam, wenn sie spätestens 3 Monate vor dem jeweiligen Ablaufe des Vertrages schriftlich erklärt wird; sie soll durch eingeschriebenen Brief erfolgen.

II. 1. Das Versicherungsverhältnis kann ferner gekündigt werden, wenn von der Gesellschaft auf Grund eines Versicherungsfalles eine Schadensersatzzahlung geleistet, oder der Haftpflichtanspruch rechtshängig geworden ist oder die Gesellschaft die Leistung der fälligen Entschädigung verweigert hat.

2. Das Recht zur Kündigung, die seitens der Gesellschaft mit einer Frist von einem Monat, seitens des Versicherungsnehmers mit sofortiger Wirkung zu erfolgen hat, erlischt, wenn es nicht spätestens einen Monat, nachdem die Zahlung geleistet, der Rechtsstreit durch Klagerücknahme, Anerkenntnis oder Vergleich beigelegt, oder das Urteil rechtskräftig geworden ist, ausgeübt wird.

III. Wenn versicherte Risiken vollständig und dauernd in Wegfall kommen, so erlischt die Versicherung bezüglich dieser Risiken.

IV. Außerordentliche Kündigung. 1. Wenn infolge von Veränderungen der allgemeinen wirtschaftlichen Verhältnisse die Grundlagen der Haftpflichtversicherung allgemein derart erschüttert werden, daß bei der unveränderten Fortsetzung der bestehenden Versicherungen die Durchführung einer geordneten und den Interessen der Versicherten auf die Dauer gerecht werdenden Geschäftsgebarungen des Unternehmers ernsthaft gefährdet erscheint, so kann auf Grund einstimmigen Beschlusses des Vorstandes und des Aufsichtsrats mit Genehmigung der Aufsichtsbehörde eine außerordentliche Kündigung bestehender Versicherungen zugelassen werden.

2. Das gleiche gilt, wenn die in Ziffer 1 erster Halbsatz bezeichneten Wirkungen durch die Änderung bestehender oder den Erlaß neuer Rechtsnormen herbeigeführt werden.

3. Die Aufsichtsbehörde bestimmt, für welchen Teil des Versicherungsbestandes die außerordentliche Kündigung zugelassen wird, sowie zu welchem Zeitpunkt und mit welcher Frist gekündigt werden kann.

4. Im Falle der außerordentlichen Kündigung ist die über den Schluß der laufenden Versicherungsperiode hinaus entrichtete Prämie vom Versicherer ohne Abzug einer Geschäftsgebühr zurückzuerstatten.

§ 11.
Klagefrist. Gerichtsstand.

1. Hat die Gesellschaft den Versicherungsschutz abgelehnt, so ist der bestrittene Versicherungsanspruch bei Meidung des Verlustes durch Erhebung der Klage binnen einer Frist von 6 Monaten geltend zu machen. Die Frist beginnt mit dem Tage, an dem der Anspruchsberechtigte durch eingeschriebenen Brief unter Hinweis auf die Rechtsfolgen der Fristversäumnis davon in Kenntnis gesetzt worden ist, inwieweit sein Anspruch auf Versicherungsschutz bestritten wird.

2. Für die aus diesem Versicherungsverhältnis entstehenden Rechtsstreitigkeiten ist neben den gesetzlich zuständigen Gerichten das Gericht des inländischen Wohnsitzes des Versicherungsnehmers zuständig.

§ 12.
Anzeige und Willenserklärungen.

Alle für die Gesellschaft bestimmten Anzeigen und Erklärungen sind schriftlich an den Vorstand der Gesellschaft oder an diejenige Generalagentur, welche im Versicherungsschein oder dessen Nachträgen als zuständig bezeichnet ist, zu richten. Die Agenten sind zu deren Entgegennahme nicht berechtigt.

IV. Die Allgemeinen Versicherungsbedingungen für die Haftpflichtversicherung von 1941

I. Versicherungsschutz (§§ 1 - 4).

§ 1.
Gegenstand der Versicherung.

1. Der Versicherer gewährt dem Versicherungsnehmer Versicherungsschutz für den Fall, daß er wegen eines während der Wirksamkeit der Versicherung eingetretenen Ereignisses, das den Tod, die Verletzung oder Gesundheitsbeschädigung von Menschen (Personenschaden) oder die Beschädigung oder Vernichtung von Sachen (Sachschaden) zur Folge hatte, für diese Folgen auf Grund gesetzlicher Haftpflichtbestimmungen privatrechtlichen Inhalts von einem Dritten auf Schadensersatz in Anspruch genommen wird.

2. Der Versicherungsschutz erstreckt sich auf die gesetzliche Haftpflicht
a) aus den im Versicherungsschein und seinen Nachträgen angegebenen Eigenschaften, Rechtsverhältnissen oder Tätigkeiten des Versicherungsnehmers (versichertes "Risiko");
b) aus Erhöhungen oder Erweiterungen des versicherten Risikos, soweit sie nicht in dem Halten oder Führen von Luft-, Kraft- oder Wasserfahrzeugen (abgesehen von Ruderbooten) bestehen;
c) aus Risiken, die für den Versicherungsnehmer nach Abschluß der Versicherung neu entstehen, gemäß § 2 (Vorsorge-Versicherung).

3. Der Versicherungsschutz kann durch besondere Vereinbarung ausgedehnt werden auf die gesetzliche Haftpflicht wegen Vermögensschädigung, die weder durch Personenschaden, noch durch Sachschaden entstanden ist, sowie wegen Abhandenkommens von Sachen. Auf die Versicherung wegen Abhandenkommens von Sachen finden die Bestimmungen über Sachschaden Anwendung.

§ 2.
Vorsorge-Versicherung

Für die Vorsorge-Versicherung (§ 1 Ziffer 2 c) gelten neben den sonstigen Vertragsbestimmungen folgende besonderen Bedingungen:
1. Der Versicherungsschutz beginnt sofort mit dem Eintritt eines neuen Risikos, ohne daß es einer besonderen Anzeige bedarf. Der Versicherungsnehmer ist aber verpflichtet, auf Aufforderung des Versicherers, die auch durch einen der Prämienrechnung beigedruckten Hinweis erfolgen kann, binnen eines Monats nach Empfang dieser Aufforderung jedes neu eingetretene Risiko anzuzeigen. Unterläßt der Versicherungsnehmer die rechtzeitige Anzeige oder kommt innerhalb Monatsfrist nach Eingang der Anzeige bei dem Versicherer eine Vereinbarung über die Prämie für das neue Risiko nicht zustande, so fällt der Versicherungsschutz für dasselbe, rückwirkend vom Gefahreneintritt ab, fort. Tritt der Versicherungsfall ein, bevor die Anzeige des neuen Risikos erstattet ist, so hat der Versicherungsnehmer zu beweisen, daß das neue Risiko erst nach Abschluß der Versicherung und in einem Zeitpunkt eingetreten ist, in dem die Anzeigefrist nicht verstrichen war.

2. Der Versicherungsschutz wird auf den Betrag von 50 000 RM. für Personenschaden und 5000 RM. für Sachschaden begrenzt, sofern nicht im Versicherungsschein geringere Deckungssummen festgesetzt sind.

3. Der Versicherungsschutz erstreckt sich nicht auf die Gefahren, welche verbunden sind mit
a) dem Besitz oder Betrieb von Bahnen, von Theatern, Kino- und Filmunternehmungen, Zirkussen und Tribünen, ferner von Luft- oder Wasserfahrzeugen aller Art (abgesehen von Ruderbooten) und dem Lenken solcher Fahrzeuge, sowie der Ausübung der Jagd;
b) der Verwendung von Röntgenapparaten;
c) Herstellung, Bearbeitung, Lagerung, Beförderung, Verwendung von und Handel mit explosiven Stoffen, soweit hierzu eine besondere behördliche Genehmigung erforderlich ist;
d) Führen oder Halten von Kraftfahrzeugen.

§ 3.
Beginn und Umfang des Versicherungsschutzes

I. Der Versicherungsschutz beginnt, vorbehaltlich einer anderen Vereinbarung, mit der Einlösung des Versicherungsscheins durch Zahlung der Prämie, der im Antrag angegebenen Kosten und etwaiger öffentlicher Abgaben.
Wird die erste oder einmalige Prämie nicht rechtzeitig gezahlt, so ist der Versicherer, solange die Zahlung nicht bewirkt ist, berechtigt, vom Vertrag zurückzutreten. Es gilt als Rücktritt, wenn der Anspruch auf die Prämie nicht innerhalb von 3 Monaten vom Fälligkeitstage an gerichtlich geltend gemacht wird.
Ist die Prämie zur Zeit des Eintritts des Versicherungsfalles noch nicht gezahlt, so ist der Versicherer von der Verpflichtung zur Leistung frei. Wird die erste Prämie erst nach dem als Beginn der Versicherung festgesetzten Zeitpunkt eingefordert, alsdann aber ohne Verzug gezahlt, so beginnt der Versicherungsschutz mit dem vereinbarten Zeitpunkt.

II. 1. Die Leistungspflicht des Versicherers umfaßt die Prüfung der Haftpflichtfrage, den Ersatz der Entschädigung, welche der Versicherungsnehmer auf Grund eines von dem Versicherer abgegebenen oder genehmigten Anerkenntnisses, eines von ihm geschlossenen oder genehmigten Vergleichs oder einer richterlichen Entscheidung zu zahlen hat, sowie die Abwehr unberechtigter Ansprüche. Bei Sachschäden ist die Leistungspflicht des Versicherers auf den Ersatz desjenigen Teils der Entschädigung begrenzt, der den Betrag von 20 RM. übersteigt, sofern im Versicherungsschein oder seinen Nachträgen nichts anderes bestimmt ist. Wird in einem Strafverfahren wegen eines Ereignisses, das einen unter den Versicherungsschutz fallenden Haftpflichtanspruch zur Folge haben kann, die Bestellung eines Verteidigers für den Versicherungsnehmer von dem Versicherer gewünscht oder genehmigt, so trägt der Versicherer die gebührenmäßigen, gegebenenfalls die mit ihm besonders vereinbarten höheren Kosten des Verteidigers. Hat sich der Geschädigte der öffentlichen Klage zwecks Erlangung einer Buße als Nebenkläger angeschlossen, so ersetzt der Versicherer auch die durch die Nebenklage erwachsenden notwendigen Kosten. Hat der Versicherungsnehmer für eine aus einem Versicherungsfall geschuldete Rente kraft Gesetz Sicherheit zu leisten oder ist ihm die Abwendung der Vollstreckung einer gerichtlichen Entscheidung durch Sicherheitsleistung oder Hinterlegung nachgelassen, so ist der Versicherer an seiner Stelle zur Sicherheitsleistung oder Hinterlegung verpflichtet.

2. Für den Umfang der Leistung des Versicherers bilden die im Versicherungsschein angegebenen Versicherungssummen die Höchstgrenze bei jedem Schadensereignis. Dies gilt auch dann, wenn sich der Versicherungsschutz auf mehrere entschädigungspflichtige Personen erstreckt. Mehrere zeitlich zusammenhängende Schäden aus derselben Ursache oder mehrere Schäden aus Lieferungen der gleichen mangelhaften Waren gelten als ein Schadensereignis.

3. Kommt es in einem Versicherungsfall zu einem Rechtsstreit über den Anspruch zwischen dem Versicherungsnehmer und dem Geschädigten oder dessen Rechtsnachfolger, so führt der Versicherer den Rechtsstreit im Namen des Versicherungsnehmers auf seine Kosten.

4. Die Aufwendungen des Versicherers für Kosten werden nicht als Leistungen auf die Versicherungssumme angerechnet (vgl. aber Ziff. III 1).

III. 1. Übersteigen die Haftpflichtansprüche die Versicherungssumme, so hat der Versicherer die Prozeßkosten nur im Verhältnis der Versicherungssumme zur Gesamthöhe der Ansprüche zu tragen, und zwar auch dann, wenn es sich um mehrere aus einem Schadensereignis entstehende Prozesse handelt. Der Versicherer ist in solchen Fällen berechtigt, durch Zahlung der Versicherungssumme und seines der Versicherungssumme entsprechenden Anteils an den bis dahin erwachsenen Kosten sich von weiteren Leistungen zu befreien.

2. Hat der Versicherungsnehmer an den Geschädigten Rentenzahlungen zu leisten und übersteigt der Kapitalwert der Rente die Versicherungssumme oder den nach Abzug etwaiger sonstiger Leistungen aus demselben Versicherungsfall noch verbleibenden Restbetrag der Versicherungssumme, so wird die zu leistende Rente nur im Verhältnis der Versicherungssumme bzw. ihres Restbetrages zum Kapitalwert der Rente erstattet. Der Kapitalwert der Rente wird zu diesem Zweck auf Grund der vom Statistischen Reichsamt aufgestellten allgemeinen deutschen Sterbetafel für die Jahre 1924 – 1926 (Sonderheft zu „Wirtschaft und Statistik" Nr. 5, 1929) und eins Zinsfußes von jährlich 4 % ermittelt.

3. Falls die von dem Versicherer verlangte Erledigung eines Haftpflichtanspruchs durch Anerkenntnis, Befriedigung oder Vergleich an dem Widerstand des Versicherten scheitert, so hat der Versicherer für den von der Weigerung an entstehenden Mehraufwand an Hauptsache, Zinsen und Kosten nicht aufzukommen.

§ 4.
Ausschlüsse.

I. Falls im Versicherungsschein oder seinen Nachträgen nicht ausdrücklich etwas anderes bestimmt ist, bezieht sich der Versicherungsschutz nicht auf:

1. Haftpflichtansprüche, soweit sie auf Grund Vertrags oder besonderer Zusagen über den Umfang der gesetzlichen Haftpflicht des Versicherungsnehmers hinausgehen.

2. Ansprüche auf Gehalt, Ruhegehalt, Lohn und sonstige festgesetzte Bezüge, Verpflegung, ärztliche Behandlung im Falle der Dienstbehinderung, Fürsorgeansprüche (vgl. z.B. die §§ 616, 617 BGB, 63, 533 HGB., 59 Seem.-Ordn. und die entsprechenden Bestimmungen der Gew.-Ordn., R.-Vers-Ordn. und der Verordnung über die Fürsorgepflicht), sowie Ansprüche aus Tumultschadensgesetzen.

3. Haftpflichtansprüche aus im Ausland vorkommenden Schadensereignissen; jedoch sind Ansprüche aus §§ 903, 1042, 1219 der R.-Vers.-Ordn. mitgedeckt.

4. Haftpflichtansprüche aus Schäden infolge Teilnahme an Pferde-, Rad-, oder Kraftfahrzeug-Rennen, Box- oder Ringkämpfen, sowie den Vorbereitungen hierzu (Training).

5. Haftpflichtansprüche aus Sachschaden, welcher entsteht durch allmähliche Einwirkung der Temperatur, von Gasen, Dämpfen oder Feuchtigkeit, von Niederschlägen (Rauch, Ruß, Staub und dgl.), ferner durch Abwässer, Schwammbildung, Senkungen von Grundstücken (auch eines darauf errichteten Werkes oder eines Teiles eines solchen), durch Erdrutschungen, Erschütterungen infolge Rammarbeiten, durch Überschwemmungen stehender oder fließender Gewässer, sowie aus Flurschaden durch Weidevieh und aus Wildschaden.

6. Haftpflichtansprüche wegen Schäden
a) an fremden Sachen, welche sich in Benutzung, Gewahrsam oder Obhut des Versicherungsnehmers, seiner Angestellten, Arbeiter, Bediensteten, Bevollmächtigten oder Beauftragten befunden haben oder bezüglich welcher der Versicherungsnehmer zur Zeit der Beschädigung die Gefahr trug;
b) an Sachen aus Anlaß ihrer Beförderung, Bearbeitung oder einer sonstigen Tätigkeit an oder mit ihnen, bei unbeweglichen Sachen wegen Schäden an dem Teil, der Gegenstand der Arbeit bzw. Tätigkeit war, oder an einem nahe mit ihm zusammenhängenden Teile der unbeweglichen Sache. Die Bestimmung unter a) findet auch in solchen Fällen Anwendung.

II. Ausgeschlossen von der Versicherung bleiben:

1. Versicherungsansprüche aller Personen, die den Schaden vorsätzlich herbeigeführt haben. Bei der Lieferung oder Herstellung von Waren, Erzeugnissen oder Arbeiten steht die Kenntnis von der Mangelhaftigkeit oder Schädlichkeit der Waren usw. dem Vorsatz gleich.

2. Haftpflichtansprüche aus Schadensfällen von Angehörigen des Versicherungsnehmers, gegenseitige Ansprüche zwischen mehreren Versicherungsnehmern des gleichen Versicherungsvertrags, bei geschäftsunfähigen und beschränkt geschäftsfähigen Personen von gesetzlichen Vertretern, bei Gesellschaften und juristischen Personen Ansprüche von Mitgliedern des Vorstandes, von Geschäftsführern und Liquidatoren, ferner von persönlich haftenden Teilhabern und Gesellschaftern sowie deren Angehörigen. Als Angehörige gelten Ehegatten, Eltern, Schwieger- und Großeltern, Kinder (auch Schwiegerkinder) und Enkel, Adoptiv-, Pflege- und Stiefeltern und -kinder, ferner auch die mit dem Versicherungsnehmer in häuslicher Gemeinschaft lebenden Geschwister, deren Ehegatten und Kinder sowie Geschwister des Ehegatten des Versicherungsnehmers.

3. Haftpflichtansprüche, die darauf zurückzuführen sind, daß der Versicherungsnehmer besonders gefahrdrohende Umstände,

deren Beseitigung der Versicherer billigerweise verlangen konnte und verlangt hatte, nicht innerhalb einer angemessenen Frist beseitigte. Ein Umstand, welcher zu einem Schaden geführt hat, gilt ohne weiteres als besonders gefahrdrohend.

4. Haftpflichtansprüche wegen Personenschaden, der aus der Übertragung einer Krankheit des Versicherungsnehmers entsteht, sowie Sachschaden, der durch Krankheit der dem Versicherungsnehmer gehörenden, von ihm gehaltenen oder veräußerten Tiere entstanden ist, es sei denn, daß der Versicherungsnehmer weder vorsätzlich noch grobfahrlässig gehandelt hat.

5. Haftpflichtansprüche wegen Schäden, die an den vom Versicherungsnehmer (oder in seinem Auftrage oder für seine Rechnung von Dritten) hergestellten oder gelieferten Arbeiten oder Sachen infolge einer in der Herstellung oder Lieferung liegenden Ursache entstehen.

II. Der Versicherungsfall (§§ 5, 6).

§ 5.
Obliegenheiten des Versicherungsnehmers. Verfahren.

1. Versicherungsfall im Sinne dieses Vertrages ist das Schadensereignis, das Haftpflichtansprüche gegen den Versicherungsnehmer zur Folge haben könnte.

2. Jeder Versicherungsfall ist dem Versicherer (§ 11) unverzüglich, spätestens innerhalb einer Woche, schriftlich anzuzeigen.

Wird ein Ermittlungsverfahren eingeleitet, so hat der Versicherungsnehmer dem Versicherer unverzüglich Anzeige zu erstatten, auch wenn er den Versicherungsfall selbst bereits angezeigt hat.

Macht der Geschädigte seinen Anspruch gegenüber dem Versicherungsnehmer geltend, so ist dieser zur Anzeige innerhalb einer Woche nach der Erhebung des Anspruchs verpflichtet.

Wird gegen den Versicherungsnehmer ein Anspruch gerichtlich geltend gemacht, das Armenrecht nachgesucht oder wird ihm gerichtlich der Streit verkündet, so hat er außerdem unverzüglich Anzeige zu erstatten. Das gleich gilt im Falle eines Arrestes, einer einstweiligen Verfügung oder eines Beweissicherungsverfahrens.

3. Der Versicherungsnehmer ist verpflichtet, unter Beachtung der Weisungen des Versicherers nach Möglichkeit für die Abwendung und Minderung des Schadens zu sorgen und alles zu tun, was zur Klarstellung des Schadens dient, sofern ihm dabei nichts Unbilliges zugemutet wird. Er hat den Versicherer bei der Abwehr des Schadens sowie bei der Schadensermittlung und –regulierung zu unterstützen, ihm ausführliche und wahrheitsgemäße Schadensberichte zu erstatten, alle Tatumstände, welche auf den Schadensfall Bezug haben, mitzuteilen und alle nach Ansicht des Versicherers für die Beurteilung des Schadensfalls erheblichen Schriftstücke einzusenden.

4. Kommt es zum Prozeß über den Haftpflichtanspruch, so hat der Versicherungsnehmer die Prozeßführung dem Versicherer zu überlassen, dem von dem Versicherer bestellten oder bezeichneten Anwalt Vollmacht und alle von diesem oder dem Versicherer für nötig erachteten Aufklärungen zu geben. Gegen Zahlungsbefehle oder Verfügungen von Verwaltungsbehörden auf Schadensersatz hat er, ohne die Weisung des Versicherers abzuwarten, fristgemäß Widerspruch zu erheben oder die erforderlichen Rechtsbehelfe zu ergreifen.

5. Der Versicherungsnehmer ist nicht berechtigt, ohne vorherige Zustimmung des Versicherers einen Haftpflichtanspruch ganz oder zum Teil oder vergleichsweise anzuerkennen oder zu befriedigen. Bei

Zuwiderhandlung ist der Versicherer von der Leistungspflicht frei, es sei denn, daß der Versicherungsnehmer nach den Umständen die Befriedigung oder Anerkennung nicht ohne offenbare Unbilligkeit verweigern konnte. Durch irrtümliche Annahme des Vorliegens einer gesetzlichen Haftpflicht oder der Richtigkeit der erhobenen Ansprüche oder der behaupteten Tatsachen wird der Versicherungsnehmer nicht entschuldigt.

6. Wenn der Versicherungsnehmer infolge geänderter Verhältnisse das Recht erlangt, die Aufhebung oder Minderung einer zu zahlenden Rente zu fordern, so ist er verpflichtet, dieses Recht auf seinen Namen von dem Versicherer ausüben zu lassen. Die Bestimmungen unter Ziff. 3 bis 5 finden entsprechende Anwendung.

7. Der Versicherer gilt als bevollmächtigt, alle zur Beilegung oder Abwehr des Anspruchs ihm zweckmäßig erscheinenden Erklärungen im Namen des Versicherungsnehmers abzugeben.

§ 6.
Rechtsverlust.

Wird eine Obliegenheit verletzt, die nach § 5 dem Versicherer gegenüber zu erfüllen ist, so ist der Versicherer von der Verpflichtung zur Leistung frei; es sei denn, daß die Verletzung weder auf Vorsatz noch auf grober Fahrlässigkeit beruht. Bei grobfahrlässiger Verletzung bleibt der Versicherer zur Leistung insoweit verpflichtet, als die Verletzung weder Einfluß auf die Feststellung des Versicherungsfalles noch auf die Feststellung oder den Umfang der dem Versicherer obliegenden Leistung gehabt hat. Handelt es sich hierbei um die Verletzung von Obliegenheiten zwecks Abwendung oder Minderung des Schadens, so bleibt der Versicherer bei grobfahrlässiger Verletzung zur Leistung insoweit verpflichtet, als der Umfang des Schadens auch bei gehöriger Erfüllung der Obliegenheit nicht geringer gewesen wäre.

III. Das Versicherungsverhältnis
(§§ 7 – 11).

§ 7.
Versicherung für fremde Rechnung.
Abtretung des Versicherungsanspruchs.

1. Soweit sich die Versicherung auf Haftpflichtansprüche gegen andere Personen als den Versicherungsnehmer selbst erstreckt, finden alle in dem Versicherungsvertrag bezüglich des Versicherungsnehmers getroffenen Bestimmungen auch auf diese Personen sinngemäße Anwendung. Die Ausübung der Rechte aus dem Versicherungsvertrag steht ausschließlich dem Versicherungsnehmer zu; dieser bleibt neben dem Versicherten für die Erfüllung der Obliegenheiten verantwortlich.

2. Ansprüche des Versicherungsnehmers selbst oder der in § 4, Ziff. II, 2 genannten Personen gegen die Versicherten sind von der Versicherung ausgeschlossen.

3. Die Versicherungsansprüche können vor ihrer endgültigen Feststellung ohne ausdrückliche Zustimmung des Versicherers nicht übertragen werden.

§ 8.
Prämienzahlung. Prämienregulierung.
Prämienrückerstattung.

I. Die nach Beginn des Versicherungsschutzes (§ 3 Ziff. I) zahlbaren regelmäßigen Folgeprämien sind an den im Versicherungsschein festgesetzten Zahlungsterminen, sonstige Prämien bei Bekanntgabe an den Versicherungsnehmer zuzüglich etwaiger öffentlicher Abgaben und einer Hebegebühr zu entrichten. Unterbleibt die Zahlung, so ist der Versicherungsnehmer auf seine Kosten unter Hinweis auf die Folgen fortdauernden Verzugs durch einen an seine letztbekannte Adresse gerichteten Brief zur Zahlung innerhalb einer Frist von zwei Wochen aufzufordern. Tritt der Versicherungsfall nach dem Ablauf dieser Frist ein und ist der Versicherungsnehmer zur

Zeit des Eintritts mit der Zahlung der Prämie oder der Kosten im Verzuge, so ist der Versicherer von der Verpflichtung zur Leistung frei. Nach dem Ablauf der Frist ist der Versicherer, wenn der Versicherungsnehmer mit der Zahlung der Prämie noch im Verzuge ist, berechtigt, das Versicherungsverhältnis ohne Einhaltung einer Kündigungsfrist zu kündigen. Kündigt der Versicherer nicht, so ist er für die gerichtliche Geltendmachung der rückständigen Prämie nebst Kosten an eine Ausschlußfrist von 6 Monaten seit Ablauf der zweiwöchigen Frist gebunden. Bei Teilzahlung der Jahresprämie werden die noch ausstehenden Raten der Jahresprämie sofort fällig, wenn der Versicherungsnehmer mit der Zahlung einer Rate in Verzug gerät.

II. 1. Der Versicherungsnehmer ist verpflichtet, nach Erhalt einer Aufforderung des Versicherers, welche auch durch einen der Prämienrechnung aufgedruckten Hinweis erfolgen kann, Mitteilung darüber zu machen, ob und welche Änderung in dem versicherten Risiko gegenüber den zum Zwecke der Prämienbemessung gemachten Angaben eingetreten ist. Diese Anzeige ist innerhalb eines Monats nach Erhalt der Aufforderung zu machen. Auf Erfordern des Versicherers sind die Angaben durch die Geschäftsbücher oder sonstige Belege nachzuweisen. Unrichtige Angaben zum Nachteil des Versicherers berechtigen diesen, eine Vertragsstrafe in Höhe des festgestellten Prämienunterschieds vom Versicherungsnehmer zu erheben, sofern letzterer nicht beweist, daß die unrichtigen Angaben ohne ein von ihm zu vertretendes Verschulden gemacht worden sind.

2. Auf Grund der Änderungsanzeige oder sonstiger Feststellungen wird die Prämie, entsprechend dem Zeitpunkt der Veränderung, richtiggestellt, jedoch darf sie nicht geringer werden als die in dem zur Zeit des Versicherungsabschlusses gültigen Tarif des Versicherers festgesetzte Mindestprämie. Beim Fortfall des Risikos wird die etwaige Minderprämie vom Eingang der Anzeige ab berechnet.

3. Unterläßt es der Versicherungsnehmer, die obige Anzeige rechtzeitig zu erstatten, so kann der Versicherer für die Zeit, für welche die Angaben zu machen waren, an Stelle der Prämienregulierung (Ziff. II, 1) nach nachzuzahlende Prämie einen Betrag in Höhe der für diese Zeit bereits gezahlten Prämie verlangen. Werden die Angaben nachträglich, aber noch innerhalb zweier Monate nach Empfang der Aufforderung zur Nachzahlung gemacht, so ist der Versicherer verpflichtet, den etwa zuviel gezahlten Betrag der Prämie zurückzuerstatten.

4. Die vorstehenden Bestimmungen finden auch auf Versicherungen mit Prämienvorauszahlung für mehrere Jahre Anwendung.

III. 1. Endet das Versicherungsverhältnis infolge Kündigung durch den Versicherer im Schadensfalle (§ 9 Ziff. II. 1), so gebührt ihm nur der Teil der Prämie, welcher der abgelaufenen Versicherungszeit entspricht.

Im Falle der Anfechtung des Versicherungsvertrages oder seiner Aufhebung wegen Verletzung einer Obliegenheit oder wegen Gefahrerhöhung gebührt dem Versicherer die Prämie bis zum Schluß lediglich der Versicherungsperiode, in der er von dem Anfechtungs- oder Aufhebungsgrund Kenntnis erlangt hat. Wird die Kündigung erst in der folgenden Versicherungsperiode wirksam, so gebührt ihm die Prämie bis zur Beendigung des Versicherungsverhältnisses.

Beim Rücktritt vom Vertrage gemäß § 3 Ziff. I Absatz 2 kann der Versicherer nur eine angemessene Geschäftsgebühr verlangen.

In allen übrigen Fällen vorzeitiger Beendigung des Versicherungsverhältnisses steht dem Versicherer die Prämie für das laufende Versicherungsjahr zu.

2. War die Prämie auf mehrere Jahre vorausbezahlt, so ist der Berechnung des dem Versicherer zustehenden Betrages die Prämie zugrunde zu legen, die bei Vorauszahlung auf die Zeit, für welche dem Versicherer nach Ziffer 1 die Prämie gebührt, zu zahlen gewesen wäre.

§ 9.
Vertragsdauer. Kündigung.

I. Der Vertrag ist zunächst für die im Versicherungsschein festgesetzte Zeit abgeschlossen. Beträgt diese mindestens ein Jahr, so bewirkt die Unterlassung rechtswirksamer Kündigung eine Verlängerung des Vertrages jeweils um ein Jahr. Die Kündigung ist rechtswirksam, wenn sie spätestens 3 Monate vor dem jeweiligen Ablaufe des Vertrages schriftlich erklärt wird; sie soll durch eingeschriebenen Brief erfolgen.

II. 1. Das Versicherungsverhältnis kann ferner gekündigt werden, wenn von dem Versicherer auf Grund eines Versicherungsfalles eine Schadensersatzzahlung geleistet oder der Haftpflichtanspruch rechtshängig geworden ist oder der Versicherer die Leistung der fälligen Entschädigung verweigert hat.

2. Das Recht zur Kündigung, die seitens des Versicherers mit einer Frist von einem Monat, seitens des Versicherungsnehmers mit sofortiger Wirkung zu erfolgen hat, erlischt, wenn es nicht spätestens einen Monat, nachdem die Zahlung geleistet, der Rechtsstreit durch Klagerücknahme, Anerkenntnis oder Vergleich beigelegt, oder das Urteil rechtskräftig geworden ist, ausgeübt wird.

III. Wenn versicherte Risiken vollständig und dauernd in Wegfall kommen, so erlischt die Versicherung bezüglich dieser Risiken.

§ 10.
Klagefrist. Gerichtsstand.

1. Hat der Versicherer den Versicherungsanspruch abgelehnt, so ist der bestrittene Versicherungsanspruch bei Meidung des Verlustes durch Erhebung der Klage binnen Frist von 6 Monaten geltend zu machen. Die Frist beginnt mit dem Tage, an dem der Anspruchsberechtigte durch eingeschriebenen Brief unter Hinweis auf die Rechtsfolgen der Fristversäumung davon in Kenntnis gesetzt worden ist, inwieweit sein Anspruch auf Versicherungsschutz bestritten wird.

2. Für die aus diesem Versicherungsverhältnis entstehenden Rechtsstreitigkeiten ist neben den gesetzlich zuständigen Gerichten das Gericht des inländischen Wohnsitzes des Versicherungsnehmers zuständig.

§ 11.
Anzeigen und Willenserklärungen.

Alle für den Versicherer bestimmten Anzeigen und Erklärungen sind schriftlich an den Vorstand des Versicherers oder an diejenige Generalagentur, welche im Versicherungsschein oder dessen Nachträgen als zuständig bezeichnet ist, zu richten. Die Agenten sind zu deren Entgegennahme nicht berechtigt.

E) Die Kraftfahrzeughaftpflichtversicherungsbedingungen

I. Die Allgemeinen Versicherungsbedingungen für die Kraftfahrversicherungen von 1929

A. Versicherungsarten.

§ 1.

Die Versicherung bezieht sich gemäß dem Inhalte des angenommenen Antrags bzw. etwaiger Nachträge
I. auf die gesetzliche Haftpflicht des Halters des Kraftfahrzeugs (§ 10);
II. auf Beschädigung und Verlust des Kraftfahrzeugs (§§ 11 – 14);
III. auf Unfälle, die berechtigte Insassen des Kraftfahrzeugs erleiden, entweder
a) im ursächlichen Zusammenhange mit dem Betriebe des Kraftfahrzeugs oder
b) dadurch, daß dem Kraftfahrzeug selbst ein Unfall durch ein von außen her plötzlich einwirkendes Ereignis zustößt;
sowie auf Unfälle, die namentlich bezeichnete Personen oder der angestellte Wagenführer oder Beifahrer bei Führung, Benutzung oder Behandlung irgendeines Kraftfahrzeugs erleiden (§§ 15 – 21);
IV. auf Beschädigung oder Verlust von Reisegepäck (§ 22).

B. Allgemeine Bestimmungen.

§ 2.
Beginn der Versicherung.
Versicherungsschein.

1. Der Versicherungsschutz beginnt mit Einlösung des Versicherungsscheins durch Zahlung der Prämie, Kosten und Versicherungssteuer. Soll der Versicherungsschutz vor diesem Zeitpunkte beginnen, bedarf es einer schriftlichen Zusage der Gesellschaft oder deren hierzu bevollmächtigten Organe (vorläufige Deckung). Die vorläufige Deckung tritt rückwirkend außer Kraft, wenn der Versicherungsschein nicht unverzüglich eingelöst wird. Die Gesellschaft ist berechtigt, innerhalb von 30 Tagen von Beginn der vorläufigen Deckung an den Versicherungsschutz mit Frist von einer Woche schriftlich zu kündigen. Der Gesellschaft gebührt in diesem Falle nur die auf die Zeit des Versicherungsschutzes entfallende anteilige Prämie.

2. Weicht der Inhalt des Versicherungsscheins oder der dazu ausgestellten Nachträge von demjenigen der Antragserklärungen ab, so gelten erstere als genehmigt, wenn der Versicherungsnehmer nicht binnen eines Monats, nachdem er dieselben empfangen hat und auf die Abweichungen schriftlich hingewiesen worden ist, gegen ihre Richtigkeit Widerspruch erhoben hat.

§ 3.
Örtliche Geltung.
Einschränkung des Versicherungsschutzes.

1. Die Versicherung gilt für Europa.

2. Der Versicherungsschutz wird nur dann gewährt, wenn der berechtigte Führer des Kraftfahrzeugs bei Eintritt des Schadens den zur Führung des Fahrzeugs vorgeschriebenen Führerschein hat oder der Versicherungsnehmer dies entschuldbarerweise annehmen konnte.

3. Ausgeschlossen von der Versicherung sind Schäden, entstanden
a) mittelbar oder unmittelbar durch Aufruhr, bürgerliche Unruhen, Kriegsereignisse, Verfügungen von hoher Hand und Erdbeben;
b) bei Beteiligung an Rennen sowie anderen Fahrtveranstaltungen, bei denen es auf Erzielung einer Höchstgeschwindigkeit ankommt, sowie bei den dazugehörigen Trainingsfahrten.

§ 4.
Rechtsverhältnisse Dritter.

1. Ist die Versicherung zugunsten Dritter abgeschlossen, so steht die Ausübung der Rechte aus dem Versicherungsvertrag ausschließlich dem Versicherungsnehmer zu; dieser ist auch für die Erfüllung der Obliegenheiten verantwortlich.

2. Alle für den Versicherungsnehmer geltenden Vorschriften finden auf dessen Rechtsnachfolger und auf sonstige Anspruchserhebende entsprechende Anwendung.

3. Die Versicherungsansprüche können von ihrer endgültigen Feststellung ohne ausdrückliche Genehmigung der Gesellschaft weder übertragen noch verpfändet werden.

§ 5.
Obliegenheiten im Schadenfalle.

1. Jeder Versicherungsfall ist unverzüglich der Gesellschaft (§ 9) anzuzeigen. Der Versicherungsnehmer ist verpflichtet, alles zu tun, was zur Aufklärung des Tatbestandes und zur Minderung des Schadens dienen kann; er hat hierbei die etwaigen Weisungen der Gesellschaft zu befolgen.

2. Bei Haftpflichtschäden ist der Versicherungsnehmer nicht berechtigt, ohne vorherige Zustimmung der Gesellschaft einen Anspruch ganz oder zum Teil anzuerkennen oder zu befriedigen. Wenn es zum Prozesse kommt, hat er die Prozeßführung der Gesellschaft zu überlassen, auch den von der Gesellschaft bestellten Anwälten Vollmacht und jede verlangte Aufklärung zu geben. Wird ein Strafverfahren aus einem Ereignisse, das einen Haftpflichtanspruch zur Folge haben kann, eingeleitet, so ist der Gesellschaft unverzüglich Anzeige zu erstatten.

3. Bei einer unter die Unfallversicherung (§ 15) fallenden Verletzung ist spätestens am vierten Tage nach dem Unfall ein staatlich zugelassener Arzt (Ärztin) zuzuziehen und die ärztliche Behandlung bis zum Abschlusse des Heilverfahrens regelmäßig fortzusetzen, ebenso ist für angemessene Krankenpflege zu sorgen. Die behandelnden Ärzte sowie diejenigen Ärzte, von denen der Verletzte aus anderen Anlässen behandelt oder untersucht worden ist, sind zu ermächtigen und zu veranlassen, die von der Gesellschaft geforderten Berichte zu liefern. Auf Verlangen der Gesellschaft hat der Verletzte sich den von der Gesellschaft bezeichneten Ärzten sowie der Ärztekommission (§ 20) zur Untersuchung zu stellen; im Falle aufgeschobener Kapitalzahlung (§ 21 Ziff. 2a) braucht diesem Verlangen nur von 6 zu 6 Monaten entsprochen zu werden. Ein Todesfall ist der Direktion der Gesellschaft binnen 24 Stunden telegraphisch anzuzeigen, auch wenn der Unfall bereits angezeigt ist. Die Gesellschaft hat das Recht, die Leiche durch Ärzte besichtigen und öffnen zu lassen.

4. Bei einem unter die Fahrzeugversicherung fallenden Schaden sind die Weisungen der Gesellschaft vor Beginn der Wiederinstandsetzung einzuholen. Ein Diebstahl oder Feuerschaden ist gleichzeitig auch der Polizeibehörde unverzüglich anzuzeigen.

§ 6.
Rechtsverlust.

Wird eine Obliegenheit verletzt, die nach dem Eintritte des Versicherungsfalls der Gesellschaft gegenüber zu erfüllen ist, so ist die Gesellschaft von der Verpflichtung zur Leistung frei, es sei denn, daß die Verletzung dieser Pflichten weder auf Vorsatz noch auf grober Fahrlässigkeit beruht.

§ 7.
Vertragsdauer. Kündigung.

I. Der Vertrag ist zunächst für die in dem Versicherungsscheine festgesetzte Zeit abgeschlossen. Verträgt diese mindestens ein Jahr, so bewirkt die Unterlassung rechtswirksamer Kündigung die Verlängerung des Vertrags jeweils um ein Jahr. Die Kündigung ist rechtswirksam, wenn sie spätestens 3 Monate vor dem jeweiligen Ablaufe des Vertrags schriftlich erklärt wird; sie soll durch Einschreibebrief erfolgen.

II. 1.Vor Ablauf der vereinbarten Versicherungsdauer kann im Schadenfalle Kündigung erfolgen, wenn der Versicherer dem Versicherungsnehmer gegenüber seiner Verpflichtung zur Leistung der Entschädigung anerkannt oder die Leistung der fälligen Entschädigung verweigert hat. Das gleiche gilt, wenn ein Haftpflichtanspruch rechtshängig geworden ist, wenn es zu einem Prozeß über den Versicherungsanspruch oder zu einem Kommissionsverfahren gekommen ist (§§ 8, 13, 19, 20).

Diese Kündigung hat seitens der Gesellschaft mit einer Frist von einem Monate, seitens des Versicherungsnehmers mit sofortiger Wirkung zu erfolgen. Das Kündigungsrecht erlischt, wenn es nicht innerhalb eines Monats von dem Tage ab ausgeübt wird, an dem die Entschädigung gezahlt, die Ablehnung dem Versicherungsnehmer zugestellt, der Rechtstreit durch Klagerücknahme, Anerkenntnis oder Vergleich beigelegt, das Urteil rechtskräftig geworden oder der Spruch der Kommission zugestellt ist.

2. Endet das Versicherungsverhältnis infolge Kündigung der Gesellschaft im Schadensfalle, so gebührt ihr nur der Teil der Prämie, welcher der abgelaufenen Versicherungszeit entspricht; in allen übrigen Fällen vorzeitiger Beendigung steht der Gesellschaft die Prämie für das laufende Versicherungsjahr zu. Die über das laufende Versicherungsjahr hinaus gezahlte Prämie wird anteilig ohne Abzug von Verwaltungskosten erstattet.

III. 1. Wenn infolge von Veränderungen der allgemein wirtschaftlichen Verhältnisse die Grundlagen der Haftpflichtversicherung allgemein derart erschüttert werden, daß bei unveränderter Fortsetzung der bestehenden Versicherungen die Durchführung einer geordneten und den Interessen der Versicherten auf die Dauer gerecht werdenden Geschäftsgebarung des Unternehmens ernsthaft gefährdet erscheint, so kann auf Grund einstimmigen Beschlusses des Vorstands und des Aufsichtsrats mit Genehmigung der Aufsichtsbehörde eine außerordentliche Kündigung bestehender Versicherungen zugelassen werden.

2. Das gleiche gilt, wenn die in Ziffer 1 erster Halbsatz bezeichneten Wirkungen durch die Änderung bestehender oder den Ersatz neuer Rechtsnormen herbeigeführt werden.

3. Die Aufsichtsbehörde bestimmt, für welchen Teil des Versicherungsbestandes die außerordentliche Kündigung zugelassen wird sowie zu welchem Zeitpunkt und mit welcher Frist gekündigt werden kann.

4. Im Falle der außerordentlichen Kündigung ist die über den Schluß der laufenden Versicherungsperiode hinaus entrichtete Prämie vom Versicherer ohne Abzug einer Geschäftsgebühr zu erstatten.

IV. Eine Kündigung gemäß I – III dieses Paragraphen kann sich sowohl auf den gesamten Vertrag als auf einzelne Versicherungsarten beziehen. Sind in einem Versicherungsscheine mehrere Fahrzeuge versichert, so kann sich eine Kündigung auch nur auf das einzelne vom Schadenfalle betroffene Fahrzeug beziehen.

§ 8.
Klagefrist. Gerichtsstand.

Hat die Gesellschaft im Schadensfalle den Versicherungsschutz dem Grunde nach abgelehnt, so ist der Anspruch des Versicherungsnehmers zur Vermeidung des Verlustes binnen 6 Monaten im Wege der ordentlichen Klage bei dem zuständigen Gericht geltend zu machen. Die Frist beginnt erst, nachdem die Gesellschaft dem Versicherungsnehmer den erhobenen Anspruch unter Angabe der mit dem Ablaufe der Frist verbundenen Rechtsfolgen schriftlich abgelehnt hat.

Für alle aus diesem Versicherungsvertrag entstehenden Rechtsstreitigkeiten sind neben den sonstigen gesetzlich zuständigen Gerichten die Gerichte des Wohnsitzes des Versicherungsnehmers zuständig, sofern er nicht im Auslande liegt.

C. Sonderbestimmungen für die einzelnen Versicherungsarten.

I. Haftpflichtversicherung.

§ 10.
Umfang der Versicherung.

I. 1. Der Versicherungsschutz umfaßt die Befriedigung begründeter und die Abwehr unbegründeter Entschädigungsansprüche, die auf Grunde gesetzlicher Haftpflichtbestimmungen privatrechtlichen Inhalts gegen den Versicherungsnehmer erhoben werden, wenn bei dem Betriebe des Kraftfahrzeugs Personen verletzt oder getötet oder Sachen beschädigt oder zerstört werden.

2. Der Versicherungsschutz umfaßt auch die Haftung des Führers – nicht nur des angestellten Führers – des Kraftfahrzeugs, es sei denn, daß eine Fahrt ohne Wissen und Willen des Halters vorbereitet, ausgeführt oder ausgedehnt worden ist oder daß der Führer bei Eintritt des Schadens nicht den zur Führung des Fahrzeugs vorgeschriebenen Führerschein hat.

3. Für den Umfang der Leistung der Gesellschaft bilden die beantragten Versicherungssumme die Höchstgrenze bei jedem Schadenereignisse. Dies gilt auch dann, wenn sich der Versicherungsschutz auf mehrere entschädigungspflichtige Personen erstreckt. Mehrere zeitlich zusammenhängende Schäden aus derselben Ursache gelten als ein Schadenereignis. Übersteigen die Haftpflichtansprüche die Versicherungssumme, so hat die Gesellschaft Prozeßkosten nur im Verhältnisse der Versicherungssumme zur Gesamthöhe der Ansprüche zu tragen. Die Gesellschaft ist berechtigt, durch Zahlung der Versicherungssumme und ihres der Versicherungssumme entsprechenden Anteils an den bis dahin erwachsenen Kosten sich von weiteren Leistungen zu befreien.

II. Ausgeschlossen von der Versicherung sind: 1. Haftpflichtansprüche, soweit sie auf Grund Vertrags oder besonderer Zusage über den Umfang des gesetzlichen Haftpflicht hinausgehen.

2. Haftpflichtansprüche des Versicherungsnehmers gegen mitversicherte Personen.

3. Haftpflichtansprüche von Angehörigen des Versicherungsnehmers, wenn sie sich bei Eintritt des Schadens in dem Kraftfahrzeuge selbst befanden. Als Angehörige des Versicherungsnehmers im Sinne dieser Bestimmung gelten bei Gesellschaften und juristischen Personen sowie geschäftsunfähigen oder beschränkt geschäftsfähigen Personen die gesetzlichen Vertreter und deren Angehörige.

Angehörige im Sinne dieser Bestimmung sind Ehegatten, Eltern, Schwieger- und Großeltern, Kinder (auch Schwiegerkinder) und Enkel, Adoptiv-, Pflege- und Stief-Eltern und -kinder, Geschwister, deren Ehegatten und Kinder sowie Geschwister des Ehegatten.

4. Haftpflichtansprüche wegen Beschädigung von Sachen, die dem Versicherungsnehmer oder seinen Angestellten zur Beförderung, Benutzung oder zu sonstigen Zwecken in Gewahrsam übergeben oder von ihnen übernommen worden sind oder sich in ihrer Obhut befanden.
[von einem Abdruck der weiteren Bestimmungen wurde abgesehen.]

II. *Die Allgemeinen Versicherungsbedingungen für die Kraftfahrversicherungen von 1940*

A. Allgemeine Bestimmungen

§ 1.
Beginn des Versicherungsschutzes.

(1) Der Versicherungsschutz beginnt mit Einlösung des Versicherungsscheins durch Zahlung des Beitrags und der Versicherungssteuer, jedoch nicht vor dem vereinbarten Zeitpunkt.

(2) Soll der Versicherungsschutz schon vor Einlösung des Versicherungsscheins beginnen, bedarf es einer besonderen Zusage des Versicherers oder der hierzu bevollmächtigten Personen (vorläufige Deckung). Die vorläufige Deckung endet mit der Einlösung des Versicherungsscheins. Sie tritt rückwirkend außer Kraft, wenn der Antrag unverändert angenommen, der Versicherungsschein aber nicht unverzüglich eingelöst wird. Der Versicherer ist berechtigt, die vorläufige Deckung mit Frist von einer Woche schriftlich zu kündigen. Dem Versicherer gebührt in diesem Falle der auf die Zeit des Versicherungsschutzes entfallende anteilige Beitrag.

§ 2.
Einschränkung des Versicherungsschutzes.

(1) Die Versicherung gilt für Europa.

(2) Der Versicherer ist von der Verpflichtung zur Leistung frei,
a) wenn das Fahrzeug zu einem anderen als dem im Antrag angegebenen Zweck verwendet wird;
b) wenn der Fahrer des Fahrzeugs bei Eintritt des Versicherungsfalls nicht die vorgeschriebene Fahrerlaubnis hat. Die Verpflichtung zur Leistung bleibt gegenüber dem Versicherungsnehmer oder Halter bestehen, wenn dieser das Vorliegen der Fahrerlaubnis bei dem berechtigten Fahrer ohne Verschulden annehmen durfte, oder wenn ein unberechtigter Fahrer das Fahrzeug geführt hat.

(3) Versicherungsschutz wird nicht gewährt
a) für Schäden, die mit Aufruhr, inneren Unruhen, Kriegsereignissen, Verfügungen von hoher Hand und Erdbeben unmittelbar oder mittelbar zusammenhängen;
b) für Schäden, die mit Beteiligung an Fahrtveranstaltungen, bei denen es auf Erzielung einer Höchstgeschwindigkeit ankommt, und bei den dazugehörigen Übungsfahrten entstehen.

§ 3.
Rechtsverhältnis am Vertrag beteiligter Personen.

(1) Die in § 2 Abs. 2, §§ 5, 7, 8, 9, 10 Abs. 5, § 11 Ziffer 4 u. 6, § 13 Abs. 5, § 14 Abs. 2 u. 5, §§ 15, 20 Abs. 3 u. 4, § 21 Abs. 1 und § 22 für den Versicherungsnehmer getroffenen Bestimmungen gelten sinngemäß für mitversicherte und sonstige Personen, die Ansprüche aus dem Versicherungsvertrag geltend machen.

(2) Die Ausübung der Rechte aus dem Versicherungsvertrag steht, wenn nichts anderes vereinbart ist (siehe insbesondere §§ 10 Abs. 2 und 16 Abs. 5), ausschließlich dem Versicherungsnehmer zu; dieser ist neben den Versicherten für die Erfüllung der Obliegenheiten verantwortlich.

(3) Die Versicherungsansprüche können von ihrer endgültigen Feststellung ohne ausdrückliche Genehmigung des Versicherers weder abgetreten noch verpfändet werden.

§ 4.
Vertragsdauer. Kündigung.

(1) Verträgt die vereinbarte Vertragsdauer mindestens ein Jahr, so verlängert sich der

Vertrag jeweils um ein Jahr, wenn er nicht drei Monate vor Ablauf gekündigt wird. Beträgt die Vertragsdauer weniger als ein Jahr, so endigt der Vertrag, ohne daß es einer Kündigung bedarf.

(2) Hat nach dem Eintritt eines Versicherungsfalls der Versicherer dem Versicherungsnehmer gegenüber seine Verpflichtung zur Leistung der Entschädigung anerkannt oder die Leistung der fälligen Entschädigungen verweigert, so ist jeder Teil berechtigt, den Versicherungsvertrag zu kündigen. Das gleiche gilt, wenn der Versicherer dem Versicherungsnehmer die Weisung erteilt, es über den Anspruch des Dritten zum Rechtsstreit kommen zu lassen, oder wenn der Ausschuß (§§ 14, 20) angerufen wird.

(3) Die Kündigung im Versicherungsfall ist nur innerhalb eines Monats seit der Anerkennung der Entschädigungspflicht oder der Verweigerung der Entschädigung, seit der Rechtskraft des im Rechtsstreit mit dem Dritten ergangenen Urteils oder seit der Zustellung des Spruchs des Ausschusses zulässig. Der Versicherer hat eine Kündigungsfrist von einem Monat einzuhalten. Der Versicherungsnehmer kann nicht für einen späteren Zeitpunkt als den Schluß des laufenden Versicherungsjahres (bzw. der vereinbarten kürzeren Vertragsdauer) kündigen.

(4) Kündigt der Versicherungsnehmer im Versicherungsfall, so gebührt dem Versicherer gleichwohl der Beitrag für das laufende Versicherungsjahr bzw. die vereinbarte kürzere Vertragsdauer. Kündigt der Versicherer, so gebührt ihm derjenige Teil des Beitrags, welcher der abgelaufenen Versicherungszeit entspricht.

(5) Eine Kündigung kann sich sowohl auf den gesamten Vertrag als auch auf einzelne Versicherungsarten beziehen; sie kann ferner, wenn sich ein Vertrag auf mehrere Fahrzeuge bezieht, sowohl für alle als auch für einzelne Fahrzeuge erklärt werden. Ist der Versicherungsnehmer mit der Kündigung von Teilen des Vertrags nicht einverstanden, was er dem Versicherer innerhalb von zwei Wochen nach Empfang der Teilkündigung mitzuteilen hat, so gilt der gesamte Vertrag als gekündigt.

(6) Ist in der Haftpflichtversicherung der Versicherer in Ansehung des Dritten zur Leistung verpflichtet, obgleich der Versicherungsvertrag nicht besteht oder beendet ist, so gebührt dem Versicherer der Beitrag für die Zeit dieser Verpflichtung.

(7) Alle Kündigungen sollen durch eingeschriebenen Brief ausgesprochen werden.

§ 5.
Vertragsunterbrechung.

Wird das Fahrzeug vorübergehend aus dem Verkehr genommen, so wird dadurch der Versicherungsvertrag grundsätzlich nicht berührt. Der Versicherungsnehmer kann jedoch eine Unterbrechung des Versicherungsschutzes verlangen, wenn ihm durch eine gegen ihn oder einen Mitversicherten unmittelbar wirkende behördliche Maßnahme (jedoch nicht durch Entziehung der Fahrerlaubnis, Entstempelung des Kennzeichens oder irgendwelche Maßnahmen strafrechtlicher Art) für mehr als einen Monat die Verfügungsgewalt über das Fahrzeug oder die Möglichkeit zu seiner Benutzung genommen wird und der Versicherungsschutz nicht auf einen Versicherungsberechtigten übergeht. In diesem Falle wird der Versicherungsvertrag um die Dauer der Unterbrechung verlängert.

§ 6.
Wagniswegfall.

(1) Wird das Fahrzeug veräußert, so tritt der Erwerber in die Rechte und Pflichten des Versicherungsnehmers aus dem Versicherungsvertrag ein; dies gilt nicht für Unfallversicherungen, die sich nicht ausdrücklich auf das veräußerte Fahrzeug beziehen (§ 16 Abs. 2 b, c, 3). Für den Beitrag, wel-

cher auf das zur Zeit der Veräußerung laufende Versicherungsjahr entfällt, haften Veräußerer und Erwerber als Gesamtschuldner. Die Veräußerung ist dem Versicherer unverzüglich anzuzeigen.

(2) Im Falle der Veräußerung sind Versicherer und Erwerber berechtigt, den Versicherungsvertrag zu kündigen. Das Kündigungsrecht des Versicherers erlischt, wenn es nicht innerhalb eines Monats, nachdem er von der Veräußerung Kenntnis erlangt, dasjenige des Erwerbers, wenn es nicht innerhalb eines Monats nach dem Erwerb bzw. nachdem er Kenntnis von dem Bestehen der Versicherung erlangt, ausgeübt wird. Der Erwerber kann nur mit sofortiger Wirkung oder zum Ende des laufenden Versicherungsjahres (bzw. der vereinbarten kürzeren Vertragsdauer), der Versicherer mit einer Frist von einem Monat kündigen. Kündigt der Erwerber, so hat der Veräußerer den Beitrag für das Versicherungsjahr (bzw. die vereinbarte kürzere Vertragsdauer) zu zahlen, das zur Zeit der Beendigung des Versicherungsvertrags läuft. Kündigt der Versicherer, so wird gemäß Abs. 3 verfahren. § 4 Abs. 5 bis 7 findet Anwendung.

(3) In allen sonstigen Fällen eines dauernden Wegfalls des versicherten Wagnisses wird entweder innerhalb eines Jahres der über den Tag des Wagniswegfalls hinaus bezahlte Beitrag auf eine gleichartige Kraftfahrversicherung angerechnet oder für die Zeit vom Beginn des letzten Versicherungsjahres bis zum Wagniswegfall der Beitrag nach Kurztarif berechnet.

§ 7.
Obliegenheiten im Versicherungsfall.

I. (1) Versicherungsfall im Sinne dieses Vertrages ist das Ereignis, das einen unter die Versicherung fallenden Schaden verursacht oder – bei der Haftpflichtversicherung – Ansprüche gegen den Versicherungsnehmer zur Folge haben könnte.

(2) Jeder Versicherungsfall ist dem Versicherer (§ 9) unverzüglich, spätestens innerhalb einer Woche, schriftlich anzuzeigen. Der Versicherungsnehmer ist verpflichtet, alles zu tun, war zur Aufklärung des Tatbestandes und zur Minderung des Schadens dienlich sein kann. Er hat hierbei die etwaigen Weisungen des Versicherers zu befolgen. Wird ein Ermittlungsverfahren eingeleitet oder eine Strafverfügung oder ein Zahlungsbefehl erlassen, so hat der Versicherungsnehmer dem Versicherer unverzüglich Anzeige zu erstatten, auch wenn er den Versicherungsfall selbst bereits angezeigt hat.

II. (1) Bei Haftpflichtschäden ist der Versicherungsnehmer nicht berechtigt, ohne vorherige Zustimmung des Versicherers einen Anspruch ganz oder zum Teil anzuerkennen oder zu befriedigen.

(2) Macht der Geschädigte seinen Anspruch gegenüber dem Versicherungsnehmer geltend, so ist dieser zur Anzeige innerhalb einer Woche nach der Erhebung des Anspruchs verpflichtet.

(3) Wird gegen den Versicherungsnehmer ein Anspruch gerichtlich geltend gemacht, das Armenrecht nachgesucht oder wird ihm gerichtlich der Streit verkündet, so hat er außerdem unverzüglich Anzeige zu erstatten. Das gleiche gilt im Falle eines Arrestes, einer einstweiligen Verfügung oder eines Beweissicherungsverfahrens.

(4) Gegen Zahlungsbefehl, Arrest und einstweilige Verfügung hat der Versicherungsnehmer zur Wahrung der Fristen, ohne die Weisung des Versicherers abzuwarten, die erforderlichen Rechtsbehelfe zu ergreifen.

(5) Wenn es zu einem Rechtsstreit kommt, hat der Versicherungsnehmer die Führung des Rechtsstreits dem Versicherer zu überlassen, auch dem vom Versicherer bestellten Anwalt Vollmacht und jede verlangte Aufklärung zu geben.

III. Bei einem unter die Fahrzeug- oder die Gepäckversicherung fallenden Schaden hat der Versicherungsnehmer vor Beginn der Wiederinstandsetzung die Weisung des Versicherers einzuholen, soweit ihm dies billigerweise zugemutet werden kann. Ein Entwendungs- oder Brandschaden ist auch der Polizeibehörde unverzüglich anzuzeigen.

IV. (1) Bei einem Unfallschaden ist spätestens am vierten Tage ein staatlich zugelassener Arzt zuzuziehen und die ärztliche Behandlung bis zum Abschluß des Heilverfahrens regelmäßig fortzusetzen, ebenso ist für angemessene Krankenpflege zu sorgen.

(2) Die behandelnden sowie diejenigen Ärzte, von denen der Unfallgeschädigte aus anderen Anlässen behandelt oder untersucht worden ist, sind zu ermächtigen und zu veranlassen, die vom Versicherer geforderten Berichte zu liefern. Auf Verlangen des Versicherers hat der Unfallgeschädigte sich den von der Gesellschaft bezeichneten Ärzte sowie dem Ärzteausschuß (§ 20, 2) zur Untersuchung zu stellen. Im Falle aufgeschobener Feststellung der Arbeitsbehinderung (§ 19, II, 4) braucht diesem Verlangen nur von sechs zu sechs Monaten entsprochen zu werden.

(3) Ein Todesfall ist dem Vorstand des Versicherers innerhalb 24 Stunden telegraphisch anzuzeigen, auch wenn der Unfall selbst bereits angezeigt ist. Der Versicherer hat das Recht, die Leiche durch Ärzte besichtigen und öffnen zu lassen.

V. Wird eine dieser Obliegenheiten verletzt, so ist der Versicherer dem Versicherungsnehmer gegenüber von der Verpflichtung zur Leistung frei, es sei denn, daß die Verletzung weder auf Vorsatz noch auf grober Fahrlässigkeit beruht. Bei grobfahrlässiger Verletzung bleibt der Versicherer zur Leistung insoweit verpflichtet, als die Verletzung weder Einfluß auf die Feststellung des Versicherungsfalls noch auf die Feststellung oder den Umfang der dem Versicherer obliegenden Leistung gehabt hat.

§ 8.
Klagefrist. Gerichtsstand.

(1) Hat der Versicherer einen Anspruch auf Versicherungsschutz dem Grunde nach abgelehnt, so ist der Anspruch vom Versicherungsnehmer zur Vermeidung des Verlustes innerhalb sechs Monaten durch Klage bei dem zuständigen Gericht geltend zu machen. Die Frist beginnt erst, nachdem der Versicherer den Anspruch unter Angabe der mit dem Ablauf der Frist verbundenen Rechtsfolgen schriftlich abgelehnt hat.

(2) Für alle aus diesem Vertrag entstehenden Rechtsstreitigkeiten sind neben den sonstigen gesetzlich zuständigen Gerichten die Gerichte des Wohnsitzes des Versicherungsnehmers zuständig, sofern er nicht im Auslande liegt.

§ 9.
Anzeigen und Willenserklärungen.

Alle Anzeigen und Erklärungen des Versicherungsnehmers sind schriftlich an den Vorstand des Versicherers oder an die im Versicherungsschein als zuständig bezeichnete Stelle zu richten; sonstige Vermittler sind zu deren Entgegennahme nicht bevollmächtigt. Für Anzeigen im Todesfall gilt jedoch § 7, IV, 3.

B. Haftpflichtversicherung

§ 10.
Umfang der Versicherung.

(1) Die Versicherung umfaßt die Befriedigung begründeter und die Abwehr unbegründeter Entschädigungsansprüche, die auf Grund gesetzlicher Haftpflichtbestimmungen privatrechtlichen Inhalts gegen den Versicherungsnehmer, den Halter und den berechtigten Fahrer erhoben werden, wenn durch den Gebrauch des Fahrzeugs
a) Personen verletzt oder getötet werden,

b) Sachen beschädigt oder zerstört werden oder abhanden kommen,
c) reine Vermögensschäden herbeigeführt werden, die weder mit einem Personen- noch mit einem Sachschaden mittelbar oder unmittelbar zusammenhängen.
Die Versicherung umfaßt auch Entschädigungsansprüche, die gegen die NSDAP an Stelle des berechtigten Fahrers erhoben werden.

(2) Mitversicherte Personen können ihre Versicherungsansprüche selbständig geltend machen.

(3) Der Versicherer gilt als bevollmächtigt, alle ihm zur Befriedigung oder Abwehr der Ansprüche zweckmäßig erscheinenden Erklärungen im Namen der versicherten Personen abzugeben.

(4) Für die Leistung des Versicherers bilden die vereinbarten Versicherungssummen die Höchstgrenze bei jedem Schadenereignis. Mehrere zeitlich zusammenhängende Schäden aus derselben Ursache gelten als ein Schadenereignis. Übersteigen die Haftpflichtansprüche die Versicherungssummen, so hat der Versicherer Kosten eines Rechtsstreites nur im Verhältnis der Versicherungssumme zur Gesamthöhe der Ansprüche zu tragen. Der Versicherer ist berechtigt, sich durch Hinterlegung der Versicherungssumme und des hierauf entfallenden Anteils an den entstandenen Kosten von weiteren Leistungen zu befreien.

(5) Falls die von dem Versicherer verlangte Erledigung eines Haftpflichtanspruchs durch Anerkenntnis, Befriedigung oder Vergleich an dem Verhalten des Versicherungsnehmers scheitert, ist der Versicherer für den von der Weigerung an entstehenden Mehrschaden an Hauptsache, Zinsen und Kosten dem Versicherungsnehmer gegenüber von der Verpflichtung zur Leistung frei.

§ 11.
Ausschlüsse.

Ausgeschlossen von der Versicherung sind:
1. Haftpflichtansprüche, soweit sie auf Grund Vertrags oder besonderer Zusage über den Umfang der gesetzlichen Haftpflicht hinausgehen;
2. Haftpflichtansprüche gegen Halter, die der Versicherungspflicht nicht unterliegen und nicht Versicherungsnehmer sind; der Ausschluß gilt nicht für Ansprüche gegen die NSDAP;
3. Haftpflichtansprüche des Versicherungsnehmers, des Halters oder – bei Vermietung ohne Stellung eines Fahrers – des Mieters und der Personen, denen der Mieter das Fahrzeug überläßt, gegen mitversicherte Personen;
4. Haftpflichtansprüche aus Schadenfällen von Angehörigen des Versicherungsnehmers, denen er auf Grund gesetzlicher Verpflichtung zur Zeit des Versicherungsfalles Unterhalt gewährt;
5. bei Gesellschaften, juristischen Personen, geschäftsunfähigen und beschränkt geschäftsfähigen Personen Haftpflichtansprüche aus Schadensfällen von gesetzlichen Vertretern und deren Angehörigen im Sinne der Ziffer 4;
6. Haftpflichtansprüche wegen Beschädigung, Zerstörung oder Abhandenkommen von Sachen, die dem Versicherungsnehmer oder seinen Angestellten zur Beförderung übergeben oder zur Benutzung überlassen worden sind oder die sich zu anderen Zwecken in ihrem Gewahrsam befanden;
7. Haftpflichtansprüche aus solchen reinen Vermögensschäden, die auf bewußt gesetz- oder vorschriftswidriges Handeln des Versicherten sowie auf Nichteinhaltung von Liefer- und Beförderungsfristen zurückzuführen sind.

[von dem Abdruck der weiteren Bestimmungen wurde abgesehen.]

Zweiter Teil: Rechtsprechungsübersicht

III 231/80	08.04.1881	RGZ 4, 156 – 162.
I 343/82	09.10.1882	RGZ 10, 158 – 161.
I 462/82	21.02.1883	RGZ 9, 237 – 243.
I 408/84	14.01.1885	RGZ 15, 338 – 340.
II 361/85	05.02.1885	Bolze 2, 266.
II 115/85	10.04.1885	Bolze 1, 246.
II 167/85	18.09./25.09.1885	Bolze 2, 264.
III 157/85	23.10./17.11.1885	Bolze 2, 272.
I 430/85	03.03.1886	Bolze 2, 269f.
V 87/87	04.05.1887	Bolze 4, 241; JW 1887, S. 275.
I 274/88	08.12.1888	Bolze 7, 225f.
I 159/89	18.09.1889	Bolze 9, 185 – 186; JW 1889, S. 502.
II 176/89	05.10.1889	Bolze 8, 239.
I 391/91	12.03.1892	Bolze 14, 310 – 312.
I 211/92	22.10.1892	Bolze 15, 264f.
I 449/92	11.03.1893	Bolze 16, 267f.
III 154/94	23.10.1894	Bolze 19, 330.
III 84/95	18.06.1895	Bolze 21, 263.
III 169/95	22.10.1895	Bolze 21, 256.
III 178/95	25.10.1895	Bolze 21, S. 265, Nr. 529.
VI 254/96	21.12.1896	Bolze 23, 294.
VIa 450/99	30.03.1900	RGZ 46, 184 – 192.

II 5/00	06.04.1900	JW 1900, S. 416; Schubert, Erkenntnisse 1900/01, S. 149, Nr. 13.
II 150/00	02.10.1900	JW 1900, S. 758; Schubert, Erkenntnisse 1900/01, S. 161, Nr. 1.
VII 405/01	30.12.1901	JW 1902, S. 152f.; Schubert, Erkenntnisse 1900/01, S. 820, Nr. 140.
VII 378/01	21.01.1902	JW 1902, S. 146; Schubert, Erkenntnisse 1902, S. 338, Nr. 30.
VI 399/01	20.02.1902	RGZ 50, 219 – 222.
VII 239/03	23.10.1903	RGZ 55, 408 – 411; JW 1903, S. 422; VA 1904, S. 66f., Nr. 45; Schubert, Erkenntnisse 1903, S. 471f., Nr. 39.
VII 335/03	22.12.1903	JW 1904, S. 122; Gruchot Bd. 48, 1054; Schubert, Erkenntnisse 1903, S. 485, Nr. 142.
VII 2/04	27.05.1904	JW 1904, S. 420; Schubert, Erkenntnisse 1904, S. 543, Nr. 90.
VII 12/04	03.06.1904	Schubert, Erkenntnisse 1904, S. 543f., Nr. 103.
VII 156/04	25.10.1904	JW 1905, S. 30; Schubert, Erkenntnisse 1904, S. 572f., Nr. 36.
VI 171/05	25.01.1906	Schubert/Glöckner, Nachschlagewerk, § 276, Nr. 36.
VII 276/05	27.02.1906	JW 1906, S. 206; LZ 1907, S. 62; Schubert, Erkenntnisse 1906, S. 544, Nr. 91.

VII 119/06	11.12.1906	JW 1907, S. 114; Schubert, Erkenntnisse 1906, S. 612, Nr. 101.
VI 101/06	15.01.1907	LZ 1907, Sp. 355 – 357.
VII 198/06	12.02.1907	JW 1907, S. 272; Recht 1907, Sp. 1335f., Nr. 3393; Schubert, Erkenntnisse 1907, S. 534, Nr. 57.
VII 154/06	12.02.1907	Recht 1907, S. 389; Schubert, Erkenntnisse 1907, S. 533, Nr. 56.
VII 281/06	02.04.1907	Recht 1907, Sp. 647f., Nr. 1377; Schubert, Erkenntnisse 1907, S. 549, Nr. 2.
VII 372/06	07.05.1907	LZ 1907, Sp. 600f.; Recht 1907, Nr. 841f.; Schubert, Erkenntnisse 1907, S. 561, Nr. 54.
VII 471/06	05.07.1907	LZ 1908, Sp. 78; Recht 1907, Sp. 1081, Nr. 2641; Schubert, Erkenntnisse 1907, S. 580f., Nr. 136.
VII 435/07	21.10.1907	LZ 1908, Sp. 170 – 172; Recht 1908, Sp. 28; Schubert, Erkenntnisse 1907, S. 594, Nr. 33.
VII 24/07	22.10.1907	JW 1907, S. 749; LZ 1908, Sp. 316; Recht 1907, Nr. 3876; Warneyer 1908, Nr. 11; DJZ 1908, Sp. 79f.; Schubert, Erkenntnisse 1907, S. 596, Nr. 37.
VII 78/07	15.11.1907	Recht 1908, Sp. 29, Nr. 166; Schubert, Erkenntnisse 1907, S. 603, Nr. 76.

VII 103/07	19.11.1907	JW 1908, S. 48; Recht 1908, S. 106f.; Schubert, Erkenntnisse 1907, S. 603, Nr. 80.
VII 175/07	06.12.1907	Recht 1908, Sp. 107, Nr. 632; Schubert, Erkenntnisse 1907, S. 610, Nr. 110.
VII 88/07	10.12.1907	Recht 1908, Sp. 107; Schubert, Erkenntnisse 1907, S. 610, Nr. 111.
VII 131/07	17.12.1907	Recht 1908, S. 107f., Nr. 634; Schubert, Erkenntnisse 1907, S. 612, Nr. 124.
VII 244/07	03.03.1908	Recht 1908, Sp. 287; Schubert, Erkenntnisse 1908, S. 524, Nr. 87.
VII 255/07	17.03.1908	JW 1908, S. 346; LZ 1908, Sp. 868f.; Recht 1908, Sp. 348 – 349; Schubert, Erkenntnisse 1908, S. 529, Nr. 105.
VII 306/07	24.03.1908	JW 1908, S. 790; LZ 1908, S. 623; Recht 1908, Sp. 350; Schubert, Erkenntnisse 1908, S. 532, Nr. 119.
VII 271/07	07.04.1908	JW 1908, S. 410; LZ 1908, Sp. 791f.; Recht 1908, Sp. 350; WarnRspr. 1908, Nr. 438; Schubert, Erkenntnisse 1908, S. 536, Nr. 9.
VII 334/07	24.04.1908	LZ 1908, Sp. 710; Recht 1908, Sp. 577; WarnRspr. 1908, Nr. 493; Schubert, Erkenntnisse 1908, S. 539, Nr. 23.

VII 324/07	28.04.1908	JW 1908, S. 432; LZ 1908, Sp. 616; Recht 1908, S. 384f.; WarnRspr. 1908, Nr. 499; Schubert, Erkenntnisse 1908, S. 540, Nr. 28.
VII 364/07	16.06.1908	RGZ 69, 175 – 177 ; JW 1908, S. 531; LZ 1908, Sp. 692; DJZ 1908, Sp. 874f. ; Recht 1908, Sp. 482. Schubert, Erkenntnisse 1908, S. 554, Nr. 96.
VII 412/07	07.07.1908	JW 1908, S. 564; Recht 1908, Sp. 551, Nr. 3092; WarnRspr. 1908, Nr. 604; Schubert, Erkenntnisse 1908, S. 560, Nr. 130.
VII 526/07	23.10.1908	LZ 1909, Sp. 78f.
VII 09/08	13.11.1908	JW 1909, S. 57; LZ 1909, Sp. 484f.; DJZ 1909, S. 211; WarnRspr. 1909, Nr. 126; Schubert, Erkenntnisse 1908, S. 577, Nr. 61.
VII 406/08	18.12.1908	Recht 1909, Nr. 597; Schubert, Erkenntnisse 1908, S. 587, Nr. 124.
VII 119/08	19.01.1909	LZ 1909, Sp. 402; Recht 1909, Nr. 913, 914; WarnRspr. 1909, Nr. 249; Schubert, Erkenntnisse 1909, S. 439, Nr. 29.
VII 114/08	29.01.1909	JW 1909, S. 198; LZ 1909, S. 403f.; Recht 1909 Nr. 1221, 1222; Schubert, Erkenntnisse 1909, S. 442, Nr. 43.

VII 134/08	02.02.1909	LZ 1909, Sp. 696 – 698; Recht 1909, Nr. 1223, 1224; WarnRspr. 1909, Nr. 187; Schubert, Erkenntnisse 1909, S. 443, Nr. 52.
VII 205/08	02.03.1909	LZ 1909, Sp. 787f.; Recht 1909, Nr. 1717, 1718; WarnRspr. 1909, Nr. 343; Schubert, Erkenntnisse 1909, S. 450f., Nr. 91.
VII 260/08	16.03.1909	LZ 1909, Sp. 699f.; Recht 1909 Nr. 3222; WarnRspr. 1910, Nr. 334; Schubert, Erkenntnisse 1909, S. 455, Nr. 114.
VII 517/08	06.07.1909	JW 1909, S. 487; DJZ 1909, S. 1330 – 1331; Recht 1909 Nr. 2851; Schubert, Erkenntnisse 1909, S. 481, Nr. 140.
VII 183/09	17.09.1909	Recht 1909, Nr. 3224, 3225, 3226; WarnRspr. 1909, Nr. 531; Schubert, Erkenntnisse 1909, S. 484, Nr. 198.
VII 26/09	19.11.1909	JW 1910, S. 33f.; Recht 1910 Nr. 215, 216; Schubert, Erkenntnisse 1909, S. 498, Nr. 79.
VII 52/09	03.12.1909	JW 1910, S. 70f.; Recht 1910 Nr. 421; Schubert, Erkenntnisse 1909, S. 501, Nr. 100.
VII 522/09	08.02.1910	JW 1910, S. 294; LZ 1910, Sp. 479f.; Recht 1910 Nr. 1450; Schubert, Erkenntnisse 1910, S. 486f., Nr. 57.

VII 387/09	13.05.1910	Recht 1910, Nr. 2411, 2412 VA 1910, S. 90f.; Gruchot 54, 812; Schubert, Erkenntnisse 1910, S. 509 Nr. 58.
VII 416/09	20.05.1910	RGZ 73, 359 – 362; JW 1910, S. 716; DJZ 1910, S. 965; Recht 1910 Nr. 2413; Schubert, Erkenntnisse 1910, S. 510f., Nr. 63.
VII 563/09	18.10.1910	DJZ 1911, Sp. 90f.; Recht 1910, Nr. 4183f. ; Schubert, Erkenntnisse 1910, S. 536, Nr. 28.
VII 490/10	14.03.1911	LZ 1911, 558f.; Recht 1911, Nr. 1830; Schubert, Erkenntnisse 1911, S. 581, Nr. 126.
VII 262/10	31.03.1911	JW 1911, S. 551; Recht 1911 Nr. 3126; Schubert, Erkenntnisse 1911, S. 586, Nr. 153.
VII 554/10	02.06.1911	VA 1911, S. 103 Nr. 624; LZ 1912, 244; Recht 1911, Nr. 3000, 3001; Schubert, Erkenntnisse 1911, S 607, Nr. 104.
VII 617/10	20.06.1911	LZ 1912, S. 86 – 88; Gruchot Bd. 55, S. 378; Schubert, Erkenntnisse 1911, S. 612, Nr. 131.
VII 130/11	10.11.1911	LZ 1912 Sp. 403 – 405; Recht 1912, Nr. 318; WarnRspr. 1912, Nr. 94; Schubert, Erkenntnisse 1911, S. 636, Nr. 66.
VII 383/11	22.12.1911	JW 1912, S. 312f.; Recht 1912, Nr. 24, 34; Schubert, Erkenntnisse 1911, S. 648, Nr. 137.

VII 249/12	06.12.1912	JW 1913, S. 274f.; LZ 1913, Sp. 314 – 316; Recht 1913 Nr. 605 – 607; WarnRspr. 1913 Nr. 110; Schubert, Erkenntnisse 1912, S. 594, Nr. 115.
VII 228/12	13.12.1912	RGZ 81, 117 – 120; JW 1913, S. 316; DJZ 1913, 354 – 355; Recht 1913, Nr. 309, 391; Schubert, Erkenntnisse 1912, S. 595, Nr. 125.
VII 301/12	28.01.1913	LZ 1913, S. 634 f.; VA 1913 S. 57f., Nr. 738.
VII 510/12	25.02.1913	JW 1913, 551; LZ 1914, Sp. 289 – 291; Recht 1913, Nr. 1232; WarnRspr. 1913, S. 277; Schubert, Erkenntnisse 1913, S. 554, Nr. 76.
VII 4/14	24.03.1913	JW 1914, S. 682f.
VII 60/13	04.04.1913	LZ 1914 Sp. 487f.; Schubert, Erkenntnisse 1913, S. 565, Nr. 7.
VII 6/13	04.04.1913	LZ 1914, Sp. 482f.; Recht 1913, Nr. 1534; Gruchot Bd. 57, 1145; Schubert, Erkenntnisse 1913, S. 565, Nr. 6.
VII 21/13	18.04.1913	JW 1913, S. 690 – 692; LZ 1914, Sp. 485; Recht 1913, Nr. 1943; Schubert, Erkenntnisse 1913, S. 568, Nr. 24.
VI 509/13	03.01.1914	LZ 1914, S. 764; Recht 1914, Nr. 593, 618; Schubert, Erkenntnisse 1914, S. 391; Nr. 2.

VII 484/13	03.03.1914	Recht 1914 Nr. 1490; Gruchot Bd. 58, 905; Schubert, Erkenntnisse 1914, S. 595, Nr. 84.
VII 6/14	27.03.1914	JW 1914, S. 678f.; Recht 1914, Nr. 1760 – 1762; Schubert, Erkenntnisse 1914, S. 501, Nr. 112.
I 169/14	07.11.1914	RGZ 86, 1 – 6; Recht 1915, S. 256; Schubert, Erkenntnisse 1914, S. 27, Nr. 34.
VII 306/14	15.01.1915	LZ 1915, Sp. 764f.; Recht 1915, Nr. 959 – 960.
VII 457/14	05.03.1915	LZ 1915, Sp. 839; Recht 1915, Nr. 1415, 1420.
VII 466/14	09.03.1915	Recht 1915, Nr. 1421 ; VA 1915, S. 42f.
VII 119/15	24.09.1915	JW 1915, S. 1363; LZ 1916, Sp. 168f. ; Recht 1916, Nr. 574, 575; VA 1915, S. 90f.
VII 392/15	17.03.1916	WarnRspr. 1916, S. 276 – 278.
VII 79/16	26.05.1916	LZ 1911, Sp. 54 – 56.
VII 97/16	30.06.1916	Recht 1916, Nr. 1802.
VII 128/16	04.07.1916	Recht 1917, Nr. 728.
VII 162/16	13.10.1916	LZ 1917, S. 56 – 59.
VII 187/16	13.10.1916	LZ 1917, S. 56 – 59.
VII 230/16	02.01.1917	LZ 1917, S. 545f.
VII 29/17	15.05.1917	LZ 1917, Sp. 1078 – 1079.
VII 46/17	15.06.1917	RGZ 90, 318 – 320.
VII 204/17	16.10.1917	LZ 1918, Sp. 218f.

VII 287/17	14.12.1917	RGZ 91, 324 – 328.
VII 367/17	25.01.1918	RGZ 92, 98 – 101.
VII 17/18	19.04.1918	RGZ 93, 84 – 88; JW 1918, S. 564f.
VII 30/18	10.05.1918	Recht 1918, Nr. 1106.
VII 64/19	20.05.1919	Recht 1919 Nr. 1757f.
VII 263/19	21.11.1919	RGZ 97, 189 – 191; JW 1921, S. 33f.; Recht 1920, Nr. 347f.
VII 48/20	20.06.1920	RGZ 99, 280 - 283.
VII 246/20	14.01.1921	JW 1921, S. 633f.; Recht 1921, Nr. 1221.
VII 125/21	18.10.1921	JW 1922, S. 98, Nr. 11.
VII 630/21	14.03.1922	JW 1923, S. 50f.; Recht 1923, Nr. 772.
VII 622/22	08.06.1923	RGZ 108, 188 – 191; JW 1925, S. 617f.
VII 317/22	04.12.1923	LZ 1924, Sp. 89f.
VI 341/25	26.01.1926	RGZ 112, 371 – 373; JR 1926, S. 753f.; Recht 1926, Nr. 200, 202; JRPV 1926, S. 49.
VII 462/27	10.01.1928	RGZ 120, 18 – 20; JW 1928, S. 556; HRR 1928, Nr. 1131.
VII 382/28	12.02.1929	HRR 1929, Nr. 1594.
VII 470/28	26.02.1929	HRR 1929 Nr. 1595.
VI 217/29	09.12.1929	RGZ 126, 333 – 337.
VII 183/29	13.12.1929	JW 1930, S. 3624f.
VI 499/29	08.05.1930	DAR 1930, Sp. 201.

VII 593/29	27.06.1930	HRR 1931, Nr. 25.
IX 54/30	12.07.1930	DJZ 1931, Sp. 359f.
VII 6/30	23.09.1930	RGZ 130, 55 – 58; JW 1931, S. 1457f.; Recht 1931, S. 32f.; VA 1930, S. 180f., Nr. 2147.
VII 88/31	10.11.1931	RGZ 134, 148 – 153; HRR 1932, Nr. 835; Recht 1931, S. 150f.
VII 562/30	11.12.1931	HRR 1932, Nr. 840.
VII 39/31	05.02.1932	RGZ 135, 136 – 139; JW 1932, S. 3328; HRR 1932, Nr. 1703; Recht 1932, S. 285.
VII 226/32	16.12.1932	JRPV 1933, S. 26.
VII 357/32	07.04.1933	JW 1933, S. 2125 – 2127; LZ 1933, Sp. 768; HRR 1933 Nr. 1499; Recht 1933, S. 346 – 348.
VII 9/33	13.06.1933	LZ 1933, Sp. 1204 – 1206; HRR 1933, Nr. 1501; JRPV 1933, S. 202 – 204.
III 128/33	17.10.1933	JW 1933, S. 346.
VII 328/33	13.02.1934	RGZ 143, 377 – 381; HRR 1934, Nr. 947; Recht 1934, S. 213.
VII 91/34	10.07.1934	HRR 1935, Nr. 200.
VII 110/34	06.11.1934	RGZ 145, 322 – 328; JW 1935. 351 – 353; HRR 1935, Nr. 192.
VII 196/34	09.11.1934	JW 1935, 697 – 701; HRR 1935, Nr. 196; Recht 1935, S. 57 VA 1935, S. 26f.

VII 199/34	07.12.1934	HRR 1935, Nr. 748; Recht 1935, S. 149.
VII 270/34	01.02.1935	VA 1935, S. 205f.
VII 319/34	22.02.1935	HRR 193, Nr. 941; JRPV 1935, S. 121f.
VII 17/35	26.07.1935	JRPV 1935, S. 262 – 264.
VII 203/35	03.01.1936	RGZ 150, 48 – 51; JW 1936, S. 1360f.
VII 67/36	23.10.1936	RGZ 152, 235 – 248.
III 44/36	08.12.1936	RGZ 153, 147 – 153; JW 1937, S. 874f.; HRR 1937, Nr. 719; Recht 1937, S. 136.
VII 231/36	19.02.1937	JW 1937, S. 1496f.; HRR 1937, Nr. 715.
VII 296/36	23.04.1937	RGZ 154, 340 – 343; JW 1937, S. 2362f.; HRR 1937, Nr. 1161; Recht 1937, S. 802
VII 45/37	23.07.1937	JW 1937, S. 2668f.; HRR 1937, Nr. 1328.
VII 168/37	11.01.1938	JW 1938, S. 684 – 686; Recht 1938, S. 180.
VII 151/37	14.01.1938	RGZ 156, 378 – 384; HRR 1938, Nr. 444; Recht 1938, S. 180.
VII 130/37	28.01.1938	Recht 1938, Sp. 390, Nr. 4233; SeuffA 92, 135f.
VII 146/37	18.02.1938	RGZ 157, 83 - 89.
VII 5/38	29.03.1938	JW 1938, S. 1658f.; HRR 1938, Nr. 1048.

VII 64/38	30.08.1938	Recht 1938, Sp. 742f., Nr. 7544, 7550; JRPV 1938, S. 308; DÖV 1938, S. 425.
VII 75/38	25.10.1938	RGZ 158, 284 – 291; JW 1938, S. 3231 – 3233; Recht 1938, S. 812.
VII 168/38	03.01.1939	JW 1939, S. 493f.
VII 138/38	24.02.1939	DR 1939, S. 871f.; Recht 1939, S. 330.
VII 6/39	04.05.1939	RGZ 160, 220 – 225; HRR 1939, Nr. 1523; Recht 1939, S. 404.
VII 31/39	27.06.1939	RGZ 161, 23 – 29; DR 1939, S. 2016f.; Recht 1939, S. 575; JRPV 1939, S. 249; DÖV 1939, S. 337.
VII 162/38	07.09.1939	RGZ 160, 48 – 52.
VII 230/39	10.05.1940	RGZ 164, 49 – 52; DR 1940, S. 1431f.; Recht 1940, S. 208.
VII 52/40	15.10.1940	RGZ 165, 54 – 62.
VII 132/40	29.04.1941	Recht 1941, S. 334; DR 1941, S. 1786 – 1788; HansRZ 41 A 157; JRPV 1941, S. 137.
VI (VII) 144/42	26.03.1943	RGZ 171, 43 – 51; DR 1943, S. 989f.
VI 69/44	29.09.1944	DR 1945 (Heft 5/8), s. 58f.

3.Teil: Literaturverzeichnis

Arps, Ludwig	Auf sicheren Pfeilern, Deutsche Versicherungswirtschaft vor 1914; Göttingen 1965.
Aubin, Hermann Zorn, Wolfgang (Hrsg.)	Handbuch der Deutschen Wirtschafts- und Sozialgeschichte, Band. 2, Stuttgart 1976.
Bähr, Otto	„Entwurf eines Reichsgesetzes über den Versicherungsvertrag", in: AfB, Band 7 (1893), S. 1 - 63.
Bauer, Günter	Die Kraftfahrtversicherung; 4. Auflage, München 1997.
Baumgärtel, Gottfried (Hrsg.)	Handbuch der Beweislast im Privatrecht; Band 5: Versicherungsrecht; bearbeitet von Jürgen Prölls; Köln, Berlin, Bonn, München 1993.
Behrend, R.	„Der Entwurf eines Reichsgesetzes über den Versicherungsvertrag", in: ZHR 55 (1904), S. 1 - 144.
Bennewitz, Karl	„Neue Ergebnisse über die Selbsttötung Lebensversicherter", in: ZVersWiss Bd. 34 (1934), S. 71 - 80.
Berliner Kommentar zum Versicherungsvertragsgesetz	Hrsg.: Heinrich Honsell; 1. Auflage; Berlin, Heidelberg, New York, Barcelona, Hongkong, London, Mailand, Paris, Singapur, Tokio 1999 [zit.: Verfasser, in: BK, §, Rn.].
Beume, Rudolg	„Der Einfluß des Krieges auf den Privatversicherungsvertrag", in: ZVersWiss 17 (1917), S. 155 - 191.
Braun, Heinrich	Geschichte der Lebensversicherung und der Lebensversicherungstechnik; Nürnberg 1925.
Brockhaus-Wahrig	Deutsches Wörterbuch; Wiesbaden, Stuttgart 1981.

Bruck, Ernst — Das Privatversicherungsrecht; Mannheim, Berlin, Leipzig 1930 [zit.: Brück, Privatversicherungsrecht, S.].

Bruck, Ernst.
Dörstling, Th. — Das Recht des Lebensversicherungsvertrages; 2. Auflage; Mannheim, Berlin, Leipzig 1933.

Bruck/Möller — Kommentar zum Versicherungsvertragsgesetz und zu den Allgemeinen Versicherungsbedingungen unter Einschluß des Versicherungsvermittlerrechts; begründet v. Ernst Bruck, neubearbeitet von Hans Möller; Bd. 1; 8. Auflage Berlin 1961 [zit.: B/M, Bd., Anm.].

Bruck/Möller/Johannsen — Kommentar zum Versicherungsvertragsgesetz und zu den Allgemeinen Versicherungsbedingungen unter Einschluß des Versicherungsvermittler-rechtes; begründet von Ernst Bruck; Hrsg.: Hans Möller; Band 4; Allgemeine Haftpflichtversicherung; Berlin 1970 [zit.: Verfasser, in: B/M/J, Bd. Anm.].

Bruck/Möller/Johannsen — Kommentar zum Versicherungsvertragsgesetz und zu den Allgemeinen Versicherungsbedingungen unter Einschluß des Versicherungsvermittler-rechtes; begründet von Ernst Bruck; Hrsg.: Hans Möller; Band 5, erster Halbband; Kraftfahrtversicherung; bearbeitet von Ralf Johannsen; Berlin, New York 1994 [zit.: Verfasser in: B/M/J, Bd., Hb. Anm.].

Bruck/Möller/Sieg/
Johannsen — Kommentar zum Versicherungsvertragsgesetz und zu den Allgemeinen Versicherungsbedingungen unter Einschluß des Versicherungsvermittler-rechtes; begründet von Ernst Bruck; Hrsg.: Hans Möller; Band III, Lieferung 1, Feuerversicherung, bearbeitet von Karl Sieg; 8. Auflage; Berlin, New York 1985 [zit.: Verfasser, in: B/M/S/J, Bd, Anm.].

Bruck/Möller/Wagner | Kommentar zum Versicherungsvertragsgesetz und zu den Allgemeinen Versicherungsbedingungen unter Einschluß des Versicherungsvermittlerrechts; begründet von Ernst Bruck; Hrsg.: Hans Möller; Band VI, 1. Halbband, Unfallversicherung, bearbeitet von Klaus Wagner, 8. Auflage Berlin, New York 1978 [zit.: Verfasser, in: B/M/W, Bd., Anm.].

Bruck/Möller/Winter | Kommentar zum Versicherungsvertragsgesetz und zu den Allgemeinen Versicherungsbedingungen unter Einschluß des Versicherungsvermittlerrechts; begründet von Ernst Bruck; Hrsg.: Hans Möller; Band 5, 2. Halbband, Lebensversicherung, bearbeitet von Gerrit Winter; 8. Auflage Berlin, New York 1988 [zit.: Verfasser, in: B/M/W, Bd., Hb., Anm.].

Buschmann, Arno | „100 Jahre Gründungstag des Reichsgerichts"; in: NJW 1979, S. 1966 - 1973.

Duden | Herkunftswörterbuch: Etymologie der deutschen Sprache; Red. bearb.: Anette Auberle, Annette Klosa; 3. Auflage, Mannheim 2001.

Duden | Das große Wörterbuch der deutschen Sprache in zehn Bänden; Red. bearb.: Werner Scholze-Stubenrecht (Projektleiter); 3. Auflage, Mannheim 1999.

Duvinage, Angela | Die Vorgeschichte und die Entstehung des Gesetzes über den Versicherungsvertrag; Molfsee 1986.

Eccius, M. | Preußisches Privatrecht auf der Grundlage des Werkes von F. Förster; Berlin 1892/93.

Ehrenzweig, Albert | „Kriegsversicherung", in: Assecuranz-Jahrbuch 1888, II. Theil, S. 19 - 37.

Ehrenzweig, Albert | „Über Kriegsversicherung", in: Assecuranz-Jahrbuch 1889, II. Theil, S. 38 - 68.

Elperting „Zwei grundsätzliche Fragen des Haftpflichtversicherungsrechts“, in: ZVersWiss Band 17 (1917), S. 662 - 671.

Emminghaus, A. „Die ‘Unanfechtbarkeit’ der Police in der Lebensversicherung”, in: Assecuranz-Jahrbuch 1888, II. Theil, S. 3 - 18.

Endemann, W. (Hrsg.) Handbuch des Deutschen Handels-, See- und Wechselrechts; 1. Band, Leipzig 1881 [zit.: Endemann, Bd. 1, S.].

Endemann, W. (Hrsg.) Handbuch des Deutschen Handels-, See- und Wechselrechts; 3. Band, Buch III: Die Handelsgeschäfte; Leipzig 1885. 10. Abschnitt: Die Versicherungsgeschäfte; bearbeitet von Dr. König [zit.: Endemann, Bd. 3, III. Buch, S.].

Enneccerus, Ludwig; Hans Carl Nipperdey Erster Teil: Allgemeiner Teil des bürgerlichen Rechts, Erster Halbband; 14. Auflage, Tübingen 1952.

Farny, Dieter Versicherungsbetriebslehre; 2. Auflage, Karlsruhe 1995.

Fischer, Otto „Die Reform des Rechtsmittels der Revision im Civilprozeß“, in: IheringsJB Bd. 38 (1898), S. 265 - 358.

Florschütz, Käthe Der Selbstmord der Versicherten in der Lebensversicherung; Würzburg 1934.

Förster Preußisches Privatrecht; 1. Band; Berlin 1865.

Fuld, Ludwig „Die Verwirkungsklausel im Versicherungsrecht”; in ZfVRW 1895, S. 193 - 216.

Gärtner, Rudolf Privatversicherungsrecht; 2. Auflage; Neuwied, Darmstadt 1980 [zit.: Gärtner, Privatversicherungsrecht, Seite].

Gerhard, Stephan — Anmerkung zu RG 13.12.1929 - VII 183/29 (JW 1930, S. 3624f.); JW 1930, S. 3624 f.

Gerhard, Stephan; Hagen, Otto; v. Knebel Doeberitz, Hugo Broecker, Hermann; Manes, Alfred — Kommentar zum Deutschen Reichsgesetz über den Versicherungs-Vertrag; Berlin 1908.

Gierke, Julius — „Die Haftpflichtversicherung und ihre Zukunft“, in: ZHR 60 (1907), S. 1 - 66.

Goldschmidt, Levi — Handbuch des Handelsrechts; 1. Band: Die geschichtlich-literarische Einleitung und die Grundlehren; 2. Auflage, Stuttgart 1875 [zit.: Goldschmidt, Handbuch, Bd., Seite].

Goldschmidt, Levi — „Zum Recht der Lebensversicherung“, in: ZHR 23 (1878), S. 179 - 224.

Grilli, Antonio — Die französische Justizorganisation am linken Rheinufer 1793 - 1803; Frankfurt/Main 1999.

Grimm, Jacob und Wilhelm — Deutsches Wörterbuch,
1. Band; A - Biermolke; Leipzig 1854;
4. Band, 1. Abt. II. Teil; Gefoppe - Getreibs; Leipzig 1897.
4. Band, 2. Abt.; H, I, J; Leipzig 1877;
5. Band; K; Leipzig 1873;
7. Band; N, O, P, Q; Leipzig 1889;
9. Band; Schiefeln - Seele; Leipzig 1899.
11. Band; I. Abt., I. Teil; T - Treftig; Leipzig 1935;
14. Band; II. Abt., Wilb - Ysop; Leipzig 1960;
16. Band; Zobel - Zypressenzweig; Leipzig 1954.

Gülde, Hermann Schmidt-Rost, Werner — Die Kraftfahrzeughaftpflichtversicherung; Berlin 1940.

Hartung, Hansrudolf — Die Allgemeine Haftpflichtversicherung, Deckungsbereich und Grenzen; Berlin 1957.

Hellwig, Konrad — System des Deutschen Zivilprozeßrechts; Erster Teil: ordentliches Verfahren, ausschließlich besondere Prozeßarten und Zwangsvollstreckung; Leipzig 1912.

Hentschel, Peter — Straßenverkehrsrecht; 36. Auflage, München 2001.

Herzfelder, Emil; Katsch, F. K. — Haftpflichtversicherung; 2. Auflage, Berlin 1932.

Hiestand, Paul — Grundzüge der Privaten Unfallversicherung; Stuttgart 1900.

Hofmann, Edgar — Privatversicherungsrecht; 4. Auflage, München 1998.

Hupka, Josef — Wie weit ist bei Versicherungsverträgen die Vertragsfreiheit zugunsten des Versicherten einzuschränken; Wien 1904 (zitiert: Hupka, Vertragsfreiheit, Seite).

Hüschelrath, C. — Betrachtungen zum neuen Bedingungsrecht der Kraftfahrt-Haftpflichtversicherung; Berlin 1941 (abgedruckt: Kleine versicherungsrechtliche Schriften, Band 23 Nr. 8).

Jacobs, Horst Heinrich Schubert, Werner — Materialien zur Entstehungsgeschichte des BGB; Einführung, Biographien, Materialien; Berlin, New York 1978 [zit.: Jacobs / Schubert, Beratung, Einführung, Seite].

Kisch, Wilhelm — Anmerkung zu RG Urt. v. 14.01.1921 - VII 246/20, in: JW 1921, S. 633.

Kluge, Friedrich — Etymologisches Wörterbuch der deutschen Sprache; 21. Auflage; Berlin, New York 1975.

Koenige, Heinrich; Petersen, A. — Gesetz über die privaten Versicherungsunternehmungen; 3. Auflage, Berlin und Leipzig 1927.

Labauve, G.	Entscheidungen des Reichs-Ober-Handels-Gerichts im Versicherungswesen; Oldenburg in G. 1880.
Larenz Karl; Wolf, Manfred	Allgemeiner Teil des Bürgerlichen Rechts; 8. Auflage, München 1997.
Laufs, Adolf	„Die Anfänge einheitlicher höchster Gerichtsbarkeit in Deutschland"; in: JuS 1969, S. 256 - 259.
Lewis, William	Lehrbuch des Versicherungsrechts; Stuttgart 1889.
Loppuch	„Die Anspruchsverwirkung wegen Obliegenheitsverletzung als Vertragsstrafe", in: JRPV 1937, S. 134 f.
Malß, Conrad	„Übersicht der neueren Rechtsprechung in nicht maritimen Versicherungssachen"; in: ZHR 13 (1869), S. 45 - 140, 418 - 515.
Millert, Karl	„Die Ausschlüsse in § 3 der Allgemeinen Unfallversicherungs-Bedingungen (AUB)"; in: VersR 1964, S. 118 - 121.
Möller, Hans	„Die Rechtsnatur der Führerscheinklausel", in: JRPV 1934, S. 49 - 52.
Motive zum Versicherungsaufsichtsgesetz	Hrsg. vom Bundesaufsichtsamt für das Versicherungs- und Bausparwesen; Berlin 1963.
Motive zum Versicherungsvertragsgesetz	Hrsg. vom Bundesaufsichtsamt für das Versicherungs- und Bausparwesen; Berlin 1963.
Münchener Kommentar	Münchener Kommentar zum Bürgerlichen Gesetzbuch; Bd. 2, Schuldrecht Allgemeiner Teil: §§ 241 – 432; hrsg. von Kurt Rebmann; 4 Auflage, München 2001.
Neugebauer, Ralph	Versicherungsrecht vor dem Versicherungsvertragsgesetz; Frankfurt/Main 1990.

Niemann	„Zum Begriff 'bei dem Betrieb eines Kraftfahrzeugs',,; in: DÖV 1938, S. 389.
Oberbach, Hans	Allgemeine Versicherungs-Bedingungen für Haftpflicht-Versicherung; §§ 1 - 4: Der Versicherungsschutz; Berlin 1938.
Oberbach, Hans	Allgemeine Versicherungs-Bedingungen für Haftpflicht-Versicherung; II. Teil; Berlin 1947.
Palandt, Otto	Bürgerliches Gesetzbuch; bearb. v. Peter Bassenge u.a.; 61. Auflage, München 2002.
Peters, V.	„Die Grenzen der gesetzlichen Haftpflicht im Sinne der Haftpflichtversicherung" AssJB 26 (1905), S. 160 - 172.
Pfeifer, Wolfgang, u.a.	Etymologisches Wörterbuch der Deutschen, Bd. 3, Q - Z; Berlin 1989.
Pienitz, Erich	Allgemeine Bedingungen für die Kraftverkehrsversicherung (AKB); 3. Auflage, Berlin 1963.
Planck, G.	„Zur Kritik des Entwurfes eines bürgerlichen Gesetzbuches für das Deutsche Reich", in: AcP 75 (1889), S. 327 - 429.
Planck, Julius Wilhelm	Lehrbuch des Deutschen Civilprozessrechts; Erster Band; Allgemeiner Theil; Nördlingen 1887 [zit.: Planck, CPR, 1. Band, §, S.].
Prange, Otto	Kritische Betrachtungen zu dem Entwurf eines Gesetzes über den Versicherungsvertrag zugleich eine Darstellung der herrschenden Feuerversicherungspraxis; Leipzig 1904.
Prölls, Erich	Anmerkung zu RG Urt. v. 10.11.1936 - III 59/36; JW 1937 S. 536 f.
Prölls Erich; Schmidt, Reimer (Hrsg.)	Versicherungsaufsichtsgesetz; 11. Auflage, München 1997.

Prölls, Erich; Martin, Anton — Versicherungsvertragsgesetz; 25. Auflage, München 1992.

Prölls, Erich — „'Kriegsereignisse' im Versicherungsrecht“, in: DRZ 1946, S. 48 - 52.

Prölls, Erich — Anm. zu RG 19.02.1937 - VII 231/36, in: JW 1937, S. 1497f.

Protokolle des Entwurfs des Bürgerlichen Gesetzbuchs — Band I, Allgemeiner Theil; Berlin 1897 (Nachdruck 1983).

Putzier, Dieter — „Streitverkündung 'gerichtliche Geltendmachung' im Sinne des § 12 Abs. 3 VVG?“, in: AnwBl. 1973. S. 377f.

Raiser, Rolf — Kommentar der Allgemeinen Feuerversicherungsbedingungen; 2. Auflage, Berlin 1937.

Reallexikon der Medizin — Reallexikon der Medizin und ihrer Grenzgebiete; München, Wien, Baltimore 1977.

Reich, Norbert; Tonner, Klaus; Wegener, Hartmut — Verbraucher und Recht; Göttingen 1976.

Renaud, Achilles — Lehrbuch des generellen deutschen Civilprozeßrechts; 2. Auflage, Leipzig und Heidelberg 1873.

Schimikowski, Peter — Versicherungsvertragsrecht; 2. Auflage; München 2001.

Schlosser, Hans — Grundzüge der neueren Privatrechtsgeschichte; 9. Auflage Heidelberg 2001.

Schmidt, Reimer — Versicherungsalphabet; 4. Auflage, Karlsruhe 1969.

Schott, Richard — Das Armenrecht in der deutschen Civilprozeßordnung; Jena 1900.

Schubert, Werner — Französisches Recht in Deutschland zu Beginn des 19. Jahrhunderts; Köln, Böhlau 1977 [Zit.: Schubert, Franz. Recht in Deutschland, S.].

Schubert, Werner; Glöckner, Hans Peter — Nachschlagewerk des Reichsgerichts; Bürgerliches Gesetzbuch; Band 2, §§ 134 - 157; Goldbach 1994 [zit.: Schubert/Glöckner, §, Nr.].

Schubert, Werner; Glöckner, Hans Peter — Nachschlagewerk des Reichsgerichts; Bürgerliches Gesetzbuch; Band 5, 1, §§ 256 - 319; Goldbach 1997 [zit.: Schubert/Glöckner, §, Nr.].

Schubert, Werner — Sammlung sämtlicher Erkenntnisse des Reichsgerichts in Zivilsachen; Jahrgang 1900 fortlaufend; Frankfurt / Main ab 1992 [Zit.: Schubert, Erkenntnisse, Bd., S.].

Schubert, Werner — „Zu einer Edition unveröffentlichter Materialien zum BGB"; in: AcP 175, S. 426 – 451.

Smith, Adam — An inquiry on the nature and causes of the wealth of nations; London 1910.

Soergel, Hans Theodor (Begr.); Siebert, Wolfgang (Hrsg.); Wolf, Manfred (Red.) — Bürgerliches Gesetzbuch mit Einführungsgesetz und Nebengesetzen; Bd. 1 Allgemeiner Teil; 12. Auflage; Stuttgart, Berlin, Köln, Mainz 1987 [zit.: Verfasser, in: Soergel, §, Rn.].

Späte, Bernd — Haftpflichtversicherung; München 1993.

Staudinger, J. v. — Kommentar zum Bürgerlichen Gesetzbuch; 12. Auflage; 1. Buch, Allgemeiner Teil, §§ 90 – 240; erläutert von Hermann Dilcher; Berlin 1980 [Zit.: Verf., in: Staudinger, Bd., §, Anm.].

Staub, Hermann — Kommentar zum Handelsgesetzbuch; bearb. v. Heinrich Könige u.a.; 12 u. 13. Auflage, Berlin 1926.

Steinbach, Emil — „Zur Frage der gesetzlichen Regelung des Versicherungsvertrages", in: Assecuranz-Jahrbuch 1885, S. 250 - 260.

Stiefel, Ernst; Hofmann, Edgar — Kraftfahrtversicherung, Kommentar zu den Allgemeinen Bedingungen für die Kraftfahrtversicherung; 16. Auflage, München 1995.

Süss, Theodor — Anm. zu RG 07.03.1939 - VII 162/38; in: DR 1939, S. 1089f.

Süss, Theodor — Die Privatversicherung im Kriege, Berlin 1940.

Thees — Anm. zu RG Urt. v. 11.01.1938 - VII 168/37, in: DJ 1938, S. 680f.

Tigges, Michael — Geschichte und Entwicklung der Versicherungsaufsicht; Karlsruhe 1985.

Vassel, Eick — Einflußnahme des Staates auf die Ausgestaltung von AVB; Karlsruhe 1971.

Wachsmuth, Walter — Der Versicherungsfall bei der Haftpflichtversicherung; Köln 1938 (in: Kleine versicherungsrechtliche Schriften, Bd. 19).

Wehn, Joachim; Schmidt, Reimer — Die neue Fassung der Obhuts- und Bearbeitungsschadenklausel in der Allgemeinen Haftpflichtversicherung (Besitz- und Tätigkeitsklausel); Hamburg 1950.

Wieacker, Franz — Privatrechtsgeschichte der Neuzeit; 2. Auflage, Göttingen 1967.

Wilhelm, Kurt — Die Beweislast bei Versicherungsansprüchen; Diss. Erlangen 1933; veröffentlicht in: Kleine versicherungsrechtliche Schriften, Bd. 13 / 14.

Wüstney, Detlef — Die private Unfallversicherung; Berlin 1936.

RECHTSHISTORISCHE REIHE

Band 1 Studien zu den germanischen Volksrechten. Gedächtnisschrift für Wilhelm Ebel. Vorträge gehalten auf dem Fest-Symposion anläßlich des 70. Geburtstages von Wilhelm Ebel am 16. Juni 1978 in Göttingen. Götz Landwehr (Hrsg.) 1982.

Band 2 Hans Poeschel: Die Statuten der Banken, Sparkassen und Kreditgenossenschaften in Hamburg und Altona von 1710 bis 1889. 1978.

Band 3 Thomas Kolbeck: Juristenschwemmen, Untersuchungen über den juristischen Arbeitsmarkt im 19. und 20. Jahrhundert. 1978.

Band 4 Norbert Hempel: Richterleitbilder in der Weimarer Republik. 1978.

Band 5 Rolf Stratmann: Die Scheinbußen im mittelalterlichen Recht. 1978.

Band 6 Martin C. Lockert: Die niedersächsischen Stadtrechte zwischen Aller und Weser. Vorkommen und Verflechtungen. Eine Bestandsaufnahme. 1979.

Band 7 Joachim Rückert/Wolfgang Friedrich: Betriebliche Arbeiterausschüsse in Deutschland, Großbritannien und Frankreich im späten 19. und frühen 20. Jahrhundert. Eine vergleichende Studie zur Entwicklung des kollektiven Arbeitsrechts. 1979.

Band 8 Peter Bender: Die Rezeption des römischen Rechts im Urteil der deutschen Rechtswissenschaft. 1979.

Band 9 Friedrich Karl Alsdorf: Untersuchungen zur Rechtsgestalt und Teilung deutscher Ganerbenburgen. 1980.

Band 10 Dietmar Willoweit/Winfried Schich (Hrsg.): Studien zur Geschichte des sächsisch-magdeburgischen Rechts in Deutschland und Polen (Sammelband). 1980.

Band 11 Brigitte Hempel: Der Entwurf einer Polizeiordnung für das Herzogtum Sachsen-Lauenburg aus dem Jahre 1591. 1980.

Band 12 Klaus-Detlev Godau-Schüttke: Rechtsverwalter des Reiches. Staatssekretär Dr. Curt Joël. 1981.

Band 13 Rainer Polley: Anton Friedrich Justus Thibaut (AD 1772-1840) in seinen Selbstzeugnissen und Briefen. Teil 1: Abhandlung. Teil 2: Briefwechsel. Teil 3: Register zum Briefwechsel. 1982.

Band 14 Michael Wettengel: Der Streit um die Vogtei Kelkheim 1275-1276. Ein kanonischer Prozeß.1981.

Band 15 Otto Wilhelm Krause: Naturrechtler des sechzehnten Jahrhunderts. Ihre Bedeutung für die Entwicklung eines natürlichen Privatrechts. 1982.

Band 16 Helga Spindler: Von der Genossenschaft zur Betriebsgemeinschaft. Kritische Darstellung der Sozialrechtslehre Otto von Gierkes. 1982.

Band 17 Holger Otte: Gustav Radbruchs Kieler Jahre 1919 - 1926. 1982.

Band 18 Rüdiger Teuner: Die fuldische Ritterschaft 1510 - 1656. 1982.

Band 19 Gerhard Dilcher/Rudolf Hoke/Gian Savino Pene Vidari/Hans Winterberg (Hrsg.): Grundrechte im 19. Jahrhundert. 1982.

Band 20 Karl-Hans Schloßstein: Die westfälischen Fabrikengerichtsdeputationen - Vorbilder, Werdegang und Scheitern. 1982.

Band 21 Birger Schulz: Der Republikanische Richterbund (1921-1933). 1982.

Band 22 Engelbert Krause: Die gegenseitigen Unterhaltsansprüche zwischen Eltern und Kindern in der deutschen Privatrechtsgeschichte. 1982.

Band 23 Meent W. Francksen: Staatsrat und Gesetzgebung im Großherzogtum Berg (1806-1813). 1982.

Band 24 Gerd von Sonnleithner: Bearbeitung des Handelsrechts durch Ignaz von Sonnleithner in seinem "Leitfaden über das österreichische Handels- und Wechselrecht". 1982.

Band 25 Rudolf Palme: Rechts-, Wirtschafts- und Sozialgeschichte der inneralpinen Salzwerke bis zu deren Monopolisierung. 1983.

Band 26 Helen Bosshard: Pestalozzis Staats- und Rechtsverständnis und seine Stellung in der Aufklärung. 1983.

Band 27 Jens Jessen: Die Selbstzeugnisse der deutschen Juristen. Erinnerungen, Tagebücher und Briefe. Eine Bibliographie. 1983.

Band 28 Günter Martin Jensen: Das Domanium Waldeck. Die rechtliche Zuordnung eines Fürstenvermögens. 1984.

Band 29 Johann Heinrich Kumpf: Petitionsrecht und öffentliche Meinung im Entstehungsprozeß der Paulskirchenverfassung 1848/49. 1983.

Band 30 Sabine Frey: Rechtsschutz der Juden gegen Ausweisungen im 16. Jahrhundert. 1983.

Band 31 Dietrich Joswig: Die germanische Grundstücksübertragung. 1984.

Band 32 Andreas Baryli: Konzessionssystem contra Gewerbefreiheit. Zur Diskussion der österreichischen Gewerberechtsreform 1835 bis 1860. 1984.

Band 33 Gerhard Oberkofler: Studien zur Geschichte der österreichischen Rechtswissenschaft. 1984.

Band 34 Rudolf Lauda: Kaufmännische Gewohnheit und Burgrecht bei Notker dem Deutschen. Zum Verhältnis von literarischer Tradition und zeitgenössischer Realität in der frühmittelalterlichen Rhetorik. 1984.

Band 35 Jens Jensen: Die Ehescheidung des Bischofs Hans von Lübeck von Prinzessin Julia Felicitas von Württemberg-Weiltingen AD 1648-1653. Ein Beitrag zum protestantischen Ehescheidungsrecht im Zeitalter des beginnenden Absolutismus. 1984.

Band 36 Horst Schröder: Friedrich Karl von Savigny. Geschichte und Rechtsdenken beim Übergang vom Feudalismus zum Kapitalismus in Deutschland. 1984.

Band 37 Andreas Hatzung: Dogmengeschichtliche Grundlagen und Entstehung des zivilrechtlichen Notstands. 1984.

Band 38 Matthias Klasen: Das Billwerder Landrecht. Landrecht und Landgericht in den Hamburger Elbmarschen. 1985.

Band 39 Rainer Jamin: Aufbau, Tätigkeit und Verfahren der Auseinandersetzungsbehörden bei der Durchführung der preußischen Agrarreformen. 1985.

Band 40 Henry Winter: Teilschuld, Gesamtschuld und unechte Gesamtschuld. Zur Konzeption der §§ 420 ff. BGB - Ein Beitrag zur Entstehungsgeschichte des BGB. 1985.

Band 41 Hermann Eichler: Verfassungsbewegung in Amerika und Europa. 1985.

Band 42 Dagmar Bandemer: Heinrich Albert Zachariae. Rechtsdenken zwischen Restauration und Reformation. 1985.

Band 43 Eva-Christine Frentz: Das Hamburgische Admiralitätsgericht (1623-1811). Prozeß und Rechtsprechung. 1985.

Band 44 Karl Lillig: Rechtsetzung im Herzogtum Pfalz-Zweibrücken während des 18. Jahrhunderts. Ein Beitrag zur Geschichte der territorialen Rechtsbildung. 1985.

Band 45 Walter Weber: Die Entwicklung der Sparkassen zu selbständigen Anstalten des öffentlichen Rechts. Ein Beitrag zur Entwicklung des Anstaltsbegriffs im 19. Jahrhundert. 1985.

Band 46 Bärbel Baum: Der Stabreim im Recht. Vorkommen und Bedeutung des Stabreims in Antike und Mittelalter. 1986.

Band 47 Hans Popp: Die nationalsozialistische Sicht einiger Institute des Zivilprozeß- und Gerichtsverfassungsrechts. 1986.

Band 48 John Karl-Heinz Montag: Die Lehrdarstellung des Handelsrechts von Georg Friedrich von Martens bis Meno Pöhls. Die Wissenschaft des Handelsrechts im ersten Drittel des 19. Jahrhunderts. 1986.

Band 49 Volker D. Anhäusser: Das internationale Obligationenrecht in der höchstrichterlichen Rechtsprechung des 19. Jahrhunderts. 1986.

Band 50 Udo Beer: Die Juden, das Recht und die Republik. Verbandswesen und Rechtsschutz 1919-1933. 1986.

Band 51 Herbert Grziwotz: Der moderne Verfassungsbegriff und die "Römische Verfassung" in der deutschen Forschung des 19. und 20. Jahrhunderts. 1986.

Band 52 Ralf Conradi: Karl Friedrich Eichhorn als Staatsrechtslehrer. Seine Göttinger Vorlesung über "Das Staatsrecht der deutschen Bundesstaaten" nach einer Kollegmitschrift aus dem Wintersemester 1821/22. 1987.

Band 53 Dieter Dannreuther: Der Zivilprozeß als Gegenstand der Rechtspolitik im Deutschen Reich 1871 - 1945. Ein Beitrag zur Geschichte des Zivilprozeßrechts in Deutschland. 1987.

Band 54 Stephan Felix Pauly: Organisation, Geschichte und Praxis der Gesetzesauslegung des (Königlich) Preußischen Oberverwaltungsgerichtes 1875 - 1933. 1987.

Band 55 Rüdiger Schulz: Die Entstehung des Seerechts des Allgemeinen Deutschen Handelsgesetzbuches unter besonderer Berücksichtigung der Bestimmungen über die Reederei, den Schiffer und die Schiffsmannschaft. 1987.

Band 56 Reinhold Reis: Deutsches Privatrecht in den Weistümern der Zenten Schriesheim und Kirchheim. 1987.

Band 57 Jürgen Christoph: Die politischen Reichsamnestien 1918 - 1933. 1987.

Band 58 Gerhard Oberkofler/Eduard Rabofsky: Hans Kelsen im Kriegseinsatz der k.u.k.-Wehrmacht. Eine kritische Würdigung seiner militärtheoretischen Angebote. 1988.

Band 59 Arne Wulff: Staatssekretär Prof. Dr. Dr. h.c. Franz Schlegelberger. 1876-1970. 1991.

Band 60 Gerhard Köbler (Hrsg.): Wege europäischer Rechtsgeschichte. Karl Kroeschell zum 60. Geburtstag. 1987.

Band 61 Rüdiger Hütte: Der Gemeinschaftsgedanke in den Erbrechtsreformen des Dritten Reichs. 1988.

Band 62 Markus Göldner: Politische Symbole der europäischen Integration. Fahne, Hymne, Hauptstadt, Paß, Briefmarke, Auszeichnungen. 1988.

Band 63 Wolfgang Kröner: Freiheitsstrafe und Strafvollzug in den Herzogtümern Schleswig, Holstein und Lauenburg von 1700 bis 1864. 1988.

Band 64 Werner Gaile: Die Norder Theelacht. 1988.

Band 65 Karl v. Kempis: Andreas Gaill (1526 - 1587). Zum Leben und Werk eines Juristen der frühen Neuzeit. 1988.

Band 66 Wolf-Rüdiger Osburg: Die Verwaltung Hamburgs in der Franzosenzeit. 1811-1814. 1988.

Band 67 Christian Schudnagies: Hans Frank. Aufstieg und Fall des NS-Juristen und Generalgouverneurs. 1988.

Band 68 Otmar Jung: Senatspräsident Freymuth. Richter, Sozialdemokrat und Pazifist in der Weimarer Republik. Eine politische Biographie. 1989.

Band 69 Joachim Lohner: Das landeshauptmannschaftliche Gericht in Oberösterreich zu Beginn der Neuzeit. Eine Darstellung des oberösterreichischen Prozeßrechts am obersten Territorialgericht des Landes anhand der oberösterreichischen Landtafel.1989.

Band 70 Bernd Klemann: Rudolf von Jhering und die Historische Rechtsschule. 1989.

Band 71 Adalbert Langer: Männer um die österreichische Zivilprozeßordnung 1895. Zusammenspiel / Soziales Ziel. 1990.

Band 72 Robert-Dieter Klee: Die Landessuperintendentur Lauenburg. Ursprung und Entwicklung sowie Ende der Sonderstellung des Kirchenkreises Herzogtum Lauenburg durch die nordelbische Kirchenvereinigung. 1989.

Band 73 Heinrich Herrmann: Die Gehöferschaften im Bezirk Trier. 1989.

Band 74 Wilhelm Brauneder, Franz Baltzarek (Hrsg.): Modell einer neuen Wirtschaftsordnung. Wirtschaftsverwaltung in Österreich 1914 - 1918. 1991.

Band 75 Thomas Dreyer: Die "Assecuranz- und Haverey-Ordnung" der Freien und Hansestadt Hamburg von 1731. 1990.

Band 76 Bernhard Sendler: Die Rechtssprache in den süddeutschen Stadtrechtsreformationen. 1990.

Band 77 Brigitte Lehmann: Ehevereinbarungen im 19. und 20. Jahrhundert. 1990.

Band 78 Michael Sunnus: Der NS-Rechtswahrerbund (1928-1945). Zur Geschichte der nationalsozialistischen Juristenorganisation. 1990.

Band 79 Stefan Schulz: Die historische Entwicklung des Rechts an Bienen. (§§ 961 - 964 BGB). 1990.

Band 80 Gerhard Lingelbach, Heiner Lück (Hrsg.): Deutsches Recht zwischen Sachsenspiegel und Aufklärung. Rolf Lieberwirth zum 70. Geburtstag dargebracht von Schülern, Freunden und Kollegen, herausgegeben von Gerhard Lingelbach und Heiner Lück. 1991.

Band 81 Manfred Krohn: Die deutsche Justiz im Urteil der Nationalsozialisten 1920 - 1933. 1991.

Band 82 Angelika Kühn: Privilegierung nationaler Minderheiten im Wahlrecht der Bundesrepublik Deutschland und Schleswig-Holsteins. 1991.

Band 83 Georg Brun: Leben und Werk des Rechtshistorikers Heinrich Mitteis unter besonderer Berücksichtigung seines Verhältnisses zum Nationalsozialismus. 1991.

Band 84 Wolfgang Simon: Claudius Freiherr von Schwerin. Rechtshistoriker während dreier Epochen deutscher Geschichte. 1991.

Band 85 Friedrich-Carl Wachs: Das Verordnungswerk des Reichsdemobilmachungsamtes. Stabilisierender Faktor zu Beginn der Weimarer Republik. 1991.

Band 86 Jens-Uwe Petersen: Die Vorgeschichte und die Entstehung des Mieterschutzgesetzes von 1923 nebst der Anordnung für das Verfahren vor dem Mieteinigungsamt und der Beschwerdestelle. 1991.

Band 87 Ulrike Haibach: Familienrecht in der Rechtssprache. Die historische Entwicklung zentraler Ausdrücke des geltenden Familienrechts. 1991.

Band 88 Joern Christian Nissen: Die Beratungen des Seeversicherungsausschusses der Akademie für Deutsches Recht zu einem neuen Seeversicherungsgesetz (1934-1939). Ein Beitrag zur Entwicklung der allgemeinen Lehren des Seeversicherungsrechts unter besonderer Berücksichtigung des Handelsgesetzbuchs und der Allgemeinen Deutschen Seeversicherungs-Bedingungen 1919. 1991.

Band 89 Diethard Bühler: Die Entstehung der allgemeinen Vertragsschluß-Vorschriften im Allgemeinen Deutschen Handelsgesetzbuch (ADHGB) von 1861. Ein Beitrag zur Kodifikationsgeschichte des Privatrechts im 19. Jahrhundert. 1991.

Band 90 Gerhard Oberkofler: Die Vertreter des Römischen Rechts mit deutscher Unterrichtssprache an der Karls-Universität in Prag. Vom Vormärz bis 1945. 1991.

Band 91 Ulrich Andermann: Ritterliche Gewalt und bürgerliche Selbstbehauptung. Untersuchungen zur Kriminalisierung und Bekämpfung des spätmittelalterlichen Raubrittertums am Beispiel norddeutscher Hansestädte. 1991.

Band 92 Heinz Marcus Hanke: Luftkrieg und Zivilbevölkerung. Der kriegsvölkerrechtliche Schutz der Zivilbevölkerung gegen Luftbombardements von den Anfängen bis zum Ausbruch des Zweiten Weltkrieges. 1991.

Band 93 Kirsten Kraglund: Familien- und Erbrecht. Materielles Recht und Methoden der Rechtsanwendung in der Rechtsprechung des Oberappellationsgerichts der vier Freien Städte Deutschlands zu Lübeck. 1991.

Band 94 Reinhard Lorenz: Die politische und rechtliche Stellung des Proletariats in Preußen in der Zeit zwischen den Reformen und der Revolution 1848/49. 1991.

Band 95 Eric Hilgendorf: Die Entwicklungsgeschichte der parlamentarischen Redefreiheit in Deutschland. 1991.

Band 96 Hans J. Reiter: Die Handelsgesellschaft Villeroy & Boch von der Gründung 1836 bis zum Jahr 1878. 1992.

Band 97 Martin Johannes Heller: Reform der deutschen Rechtssprache im 18. Jahrhundert. 1992.

Band 98 Michael Kotulla: Die Tragweite der Grundrechte der revidierten preußischen Verfassung vom 31.01.1850. 1992.

Band 99 Michael Siefener: Hexerei im Spiegel der Rechtstheorie. Das crimen magiae in der Literatur von 1574 bis 1608. 1992.

Band 100 Andreas Ebert-Weidenfeller: Hamburgisches Kaufmannsrecht im 17. und 18. Jahrhundert. Die Rechtsprechung des Rates und des Reichskammergerichtes. 1992.

Band 101 Enno Bommel: Die Entstehung der Verwirkungslehre in der Krise des Positivismus. 1992.

Band 102 Ralph Steppacher: Die Berücksichtigung der bäuerlichen Postulate bei der Entstehung des ZGB und der Revision des OR. Ein Beitrag zur schweizerischen Kodifikationsgeschichte (1893 - 1912). 1992.

Band 103 Martin Fleckenstein: Die Todesstrafe im Werk Carl Joseph Anton Mittermaiers (1787 - 1867). Zur Entwicklungsgeschichte eines Werkbereichs und seiner Bedeutung für Theorie- und Methodenbildung. 1992.

Band 104 Jörn Eckert: Der Kampf um die Familienfideikommisse in Deutschland. Studien zum Absterben eines Rechtsinstitutes. 1992.

Band 105 Jörg Grotkopp: Beamtentum und Staatsformwechsel. Die Auswirkungen der Staatsformwechsel von 1918, 1933 und 1945 auf das Beamtenrecht und die personelle Zusammensetzung der deutschen Beamtenschaft. 1992.

Band 106 Andreas Rohde: Die Garantiehaftung des Vermieters und ihr Verhältnis zum Unmöglichkeitsrecht in dogmengeschichtlicher und modernrechtlicher Sicht. 1992.

Band 107 Tjark Siefke Kunstreich: Gesamtvertretung. Eine historisch-systematische Darstellung. 1992.

Band 108 Jürgen Krüger: Blindheit und Königtum. Die Blindheit des Königs Georg V. von Hannover als verfassungsrechtliches Problem. 1992.

Band 109 Wolfgang Putschek: Ständische Verfassung und autoritäre Verfassungspraxis in Österreich 1933-1938 mit Dokumentenanhang. Verfassung und Verfassungswirklichkeit. Mit einem Anhang: Denkschriften von Rechtsanwalt Dr. Erich Führer 1936/37. 1993.

Band 110 Klaus Hofmann: Die Verdrängung der Juden aus öffentlichem Dienst und selbständigen Berufen in Regensburg 1933-1939. 1993.

Band 111 Franz Kilger: Die Entwicklung des Telegraphenrechts im 19. Jahrhundert mit besonderer Berücksichtigung der technischen Entwicklung. Telegraphenrecht im 19. Jahrhundert. 1993.

Band 112 Wilhelm Brauneder (Hrsg.): Heiliges Römisches Reich und moderne Staatlichkeit. 1993.

Band 113 Thomas Heinrich: Das preußische Nichtehelichenrecht: Von der Aufklärung zur Reaktion. 1993.

Band 114 Gerald Kohl: Jagd und Revolution. Das Jagdrecht in den Jahren 1848 und 1849. 1993.

Band 115 Christian Schudnagies: Der Kriegs- oder Belagerungszustand im Deutschen Reich während des Ersten Weltkrieges. Eine Studie zur Entwicklung und Handhabung des deutschen Ausnahmezustandsrechts bis 1918. 1994.

Band 116 Elisabeth Bellmann: Die Internationale Kriminalistische Vereinigung (1889-1933). 1994.

Band 117 Julia Pfannkuch: Volksrichterausbildung in Sachsen 1945-1950. 1993.

Band 118 Jörg Offen: Von der Verwaltungsgemeinschaft des BGB von 1896 zur Zugewinngemeinschaft des Gleichberechtigungsgesetzes von 1957. 1994.

Band 119 Dorothee Kohlhas-Müller: Untersuchungen zur Rechtsstellung Theoderichs des Großen. 1995.

Band 120 Monika Rose: Das Gerichtswesen des Herzogtums Pfalz-Zweibrücken im 18. Jahrhundert. Ein Beitrag zur territorialen Gerichtsbarkeit im Alten Reich. 1994.

Band 121 Jörn Eckert / Hans Hattenhauer (Hrsg.): Bibel und Recht. Rechtshistorisches Kolloquium 9. - 13. Juni 1992 an der Christian-Albrechts-Universität zu Kiel. 1994.

Band 122 Robert Martin Mizia: Der Rechtsbegriff der Autonomie und die Begründung des Privatfürstenrechts in der deutschen Rechtswissenschaft des 19. Jahrhunderts. 1995.

Band 123 Walther Graf von Plettenberg: Das Fortleben des Liber Iudiciorum in Asturien/León (8. - 13. Jh.). 1994.

Band 124 Wolfgang Schulz: Das deutsche Börsengesetz. Die Entstehungsgeschichte und wirtschaftlichen Auswirkungen des Börsengesetzes von 1896. 1994.

Band 125 Frank Hagemann: Der Untersuchungsausschuß Freiheitlicher Juristen. 1949 – 1969. 1994.

Band 126 Andreas Rethmeier: "Nürnberger Rassegesetze" und Entrechtung der Juden im Zivilrecht. 1995.

Band 127 Edith Grether: Die Poesie der Throne. Die Juristen in der Fruchtbringenden Gesellschaft. 1995.

Band 128 Anna Bartels-Ishikawa: Der Lippische Thronfolgestreit. Eine Studie zu verfassungsrechtlichen Problemen des Deutschen Kaiserreiches im Spiegel der zeitgenössischen Staats. 1995.

Band 129 Jörg Schmidt: Otto Koellreutter 1883-1972. Sein Leben, sein Werk, seine Zeit. 1995.

Band 130 Christian Hattenhauer: Wahl und Krönung Franz II. AD 1792. Das Heilige Reich krönt seinen letzten Kaiser - Das Tagebuch des Reichsquartiermeisters Hieronymus Gottfried von Müller und Anlagen. 1995.

Band 131 Jutta v. der Decken: Das Seearbeitsrecht im Hamburger Stadtrecht von 1301 bis 1603. 1995.

Band 132 Detlev Schmidt: Die Reform des Rechts der Handelsvertreter von 1953. 1995.

Band 133 Gabi Roßdeutscher: Privatautonomie im Scheidungsrecht. Scheidungsbezogene Vereinbarungen in den letzten 200 Jahren. 1995.

Band 134 Harald Kahlenberg: Leben und Werk des Rechtshistorikers Walther Merk. Ein Beispiel für das Verhältnis von Rechtsgeschichte und Nationalsozialismus. 1995.

Band 135 Michael Steitz: Adelbert Düringer am Reichsgericht (1902-1915). Seine aktienrechtlichen Entscheidungen und sein Einfluß auf das Aktienrecht in Deutschland. 1995.

Band 136 Christian Becker: Beata Justorum Translatio. Juristen in schleswig-holsteinischen Leichenpredigten. 1996.

Band 137 Christoph Seiler: Vom Allgemeinen Landrecht zum Bürgerlichen Gesetzbuch. Dargestellt am Beispiel der höchstrichterlichen Judikatur zum kaufrechtlichen Sachmängelgewährleistungsrecht. 1996.

Band 138 Bernd Mayer: Die Vertrauensmännerausschüsse auf den preußischen Steinkohlegruben an der Saar. Entstehung und Wirken. Eine rechtshistorische Untersuchung. 1996.

Band 139 Rochus Scholl: Juden und Judenrecht im Herzogtum Pfalz-Zweibrücken. Ein Beitrag zur Rechtsgeschichte eines deutschen Kleinstaates am Ende des alten Reiches. 1996.

Band 140 Meike Bursch: Judentaufe und frühneuzeitliches Strafrecht. Die Verfahren gegen Christian Treu aus Weener/Ostfriesland 1720-1728. 1996.

Band 141 Markus Hillenbrand: Fürstliche Eheverträge. Gottorfer Hausrecht 1544 - 1773. 1996.

Band 142 Ulf Häder: Das gemeinschaftliche Oberappellationsgericht thüringischer Staaten in Jena. Ein Beitrag zur Geschichte des Gerichtswesens im 19. Jahrhundert. 1996.

Band 143 Andreas Bauer: Das Gnadenbitten in der Strafrechtspflege des 15. und 16. Jahrhunderts. Dargestellt unter besonderer Berücksichtigung von Quellen der Vorarlberger Gerichtsbezirke Feldkirch und des Hinteren Bregenzerwaldes. 1996.

Band 144 Christian Wirth: Der Jurist Johann Andreas Georg Friedrich Rebmann zwischen Revolution und Restauration. 1996.

Band 145 Stefanie Müller: Die Rechtsprechung des Hanseatischen Oberlandesgerichts zum persönlichen Eherecht in Hamburgischen Gerichtsfällen von 1879 -1900. 1996.

Band 146 Jean-Nicolas Morisset: Der Frachtvertrag in der *Ordonnance de la marine* von 1681. 1996.

Band 147 Dirk Lentfer: Die Glogauer Landesprivilegien des Andreas Gryphius von 1653. 1996.

Band 148 Wencke Mull: Die Haftung für Einsturzschäden nach den §§ 836-838 BGB in der Rechtsprechung des Reichsgerichts. 1996.

Band 149 Renate Zelger: Teufelsverträge. Märchen, Sage, Schwank, Legende im Spiegel der Rechtsgeschichte. 1996.

Band 150 Guido Kraß: Das Arrestverfahren in Frankfurt am Main im Spätmittelalter. 1996.

Band 151 F. Benedict Heyn: Die Entwicklung des Eisenbahnfrachtrechts von den Anfängen bis zur Einführung des Allgemeinen Deutschen Handelsgesetzbuches (ADHGB). 1996.

Band 152 Thomas Lang: Die Staats- und Verfassungslehre Carl Salomo Zachariaes. 1996.

Band 153 Michael Hebeis: Karl Anton von Martini (1726-1800). Leben und Werk. 1996.

Band 154 Gerald Hubert: Die Diskussion um die rechtliche Natur der Bizone in den Jahren 1947-1949. 1996.

Band 155 Christof Horn: Die Rechtsprechung des Reichsgerichts in Ehescheidungssachen der Jahre 1900 bis 1905. 1996.

Band 156 Hermann Nehlsen / Georg Brun (Hrsg.): Münchener rechtshistorische Studien zum Nationalsozialismus. 1996.

Band 157 Jan Otto Clemens Kehrberg: Die Entwicklung des Elektrizitätsrechts in Deutschland. Der Weg zum Energiewirtschaftsgesetz von 1935. 1997.

Band 158 Johannes Tradt: Der Religionsprozeß gegen den Zopfschulzen (1791-1799). Ein Beitrag zur protestantischen Lehrpflicht und Lehrzucht in Brandenburg-Preußen gegen Ende des 18. Jahrhunderts. 1997.

Band 159 Dietmar Olsen: Das kaufrechtliche Sachmängelgewährleistungsrecht des Code civil in der Rechtsprechung deutscher Gerichte im 19. Jahrhundert. Ein Beitrag zur Ablösung der Partikularrechte durch das BGB. 1997.

Band 160 Ulrich Bernhardt: Die Deutsche Akademie für Staats- und Rechtswissenschaft „Walter Ulbricht" 1948-1971. 1997.

Band 161 Claudia Susan Hoppe: Die Bürgschaft im Rechtsleben Hamburgs von 1600 bis 1900. 1997.

Band 162 Franz-Rudolf Ecker: Die Entwicklung des Bergrechts im Saarbrücker Steinkohlenrevier bis zum Ende des 18. Jahrhunderts. Ein Vergleich mit dem älteren deutschen Bergrecht. 1997.

Band 163 Anne Katrin Rückert: Politik und Privatrecht in der „konservativen Revolution". 1997.

Band 164 Gisbert Laube: Der Reichskunstwart. Geschichte einer Kulturbehörde 1919-1933. 1997.

Band 165 Nicolas Lührig: Die Diskussion über die Reform der Juristenausbildung von 1945 bis 1995. 1997.

Band 166 Regula Gerber Jenni: Die Emanzipation der mehrjährigen Frauenzimmer. Frauen im bernischen Privatrecht des 19. Jahrhunderts. 1997.

Band 167 Mischa A. Färber: Das gemeinschaftliche Testament in der höchstrichterlichen Rechtsprechung zum Allgemeinen Preußischen Landrecht und zum BGB. Ein Beitrag zur Ablösung der Partikularrechte durch das BGB. 1997.

Band 168 Catherine Antoinette Gasser: Philipp Lotmar 1850-1922. Professor der Universität Bern. Sein Engagement für das Schweizerische Arbeitsrecht. 1997.

Band 169 Lars Immisch: Der sozialistische Richter in der DDR und seine Unabhängigkeit. Der Versuch eines Rechtsvergleiches zum Unabhängigkeitsbegriff in der bundesdeutschen Rechtsordnung. 1997.

Band 170 Jessica Jacobi: Besitzschutz vor dem Reichskammergericht. Die friedenssichernde Funktion der Besitzschutzklagen am Reichskammergericht im 16. Jahrhundert, dargestellt anhand von Kameralisten. 1998.

Band 171 Ewald Hügemann: Die Geschichte des öffentlichen und privaten Mietpreisrechts vom Ersten Weltkrieg bis zum Gesetz zur Regelung der Miethöhe von 1974. 1998.

Band 172 Lutz Rentzow: Die Entstehungs- und Wirkungsgeschichte der Vernewerten Landesordnung für das Königreich Böhmen von 1627. 1998.

Band 173 Sabine Stürmer: Mühlenrecht im Herzogtum Pfalz-Zweibrücken während des 18. Jahrhunderts. Ein Beitrag zum Wirtschaftsrecht eines deutschen Kleinstaates im Alten Reich. 1998.

Band 174 Mario Bogisch: *Nemo testis in re sua.* Das Problem der Zeugnisfähigkeit bei der Anwendung der deutschen Zivilprozeßordnung von 1877. 1998.

Band 175 Rainer Oßwald: Pactane sunt servanda? Freiwilligkeit, Zwang und Unverbindlichkeitserklärungen im islamischen Vertragsrecht malikitischer Schule. 1998.

Band 176 Bettina Kern: Der preußische BGB-Entwurf von 1842. 1998.

Band 177 Inken Fuhrmann: Die Diskussion über die Einführung der fakultativen Zivilehe in Deutschland und Österreich seit Mitte des 19. Jahrhunderts. 1998.

Band 178 Annette Rieck: Der Heilige Ivo von Hélory (1247-1303). Advocatus pauperum und Patron der Juristen. 1998.

Band 179 Frank Bottenberg: Die Hamburgische Strafprozeßordnung von 1869. 1998.

Band 180 Matthias Krauß: Das kursächsische Postrecht von seinen Anfängen bis zum Ende des Alten Reichs. 1998.

Band 181 Torsten Schmidt: Die Entmündigung von den Anfängen des BGB bis zu ihrer Ablösung durch das Institut der Betreuung. 1998.

Band 182 Christian Nunn: Rudolf Müller-Erzbach. 1874-1959. Von der realen Methode über die Interessenjurisprudenz zum kausalen Rechtsdenken (Leben und Werk). 1998.

Band 183 Christian Ortloff: Das staatskirchenrechtliche System Wilhelm Traugott Krugs. Glaubens- und Gewissensfreiheit – eine Forderung der Vernunft. 1998.

Band 184 Christian Hattenhauer: Schuldenregulierung nach dem Westfälischen Frieden. Der sog. § *de indaganda* und seine Umsetzung im Jüngsten Reichsabschied (AD 1648 und 1654). 1998.

Band 185 Werner Schubert: Preußen im Vormärz. Die Verhandlungen der Provinziallandtage von Brandenburg, Pommern, Posen, Sachsen und Schlesien sowie – im Anhang – von Ostpreußen, Westfalen und der Rheinprovinz (1841-1845). 1998.

Band 186 Silvia Schumacher: Das Rechtsverhältnis zwischen Eltern und Kindern in der Privatrechtsgeschichte. 1999.

Band 187 Kai Sommer: Die Strafbarkeit der Homosexualität von der Kaiserzeit bis zum Nationalsozialismus. Eine Analyse der Straftatbestände im Strafgesetzbuch und in den Reformentwürfen (1871-1945). 1998.

Band 188 Jan Erik Backhaus: Volksrichterkarrieren in der DDR. 1999.

Band 189 Ralf Ruhnau: Die Fürstlich Thurn und Taxissche Privatgerichtsbarkeit in Regensburg. Ein Kuriosum der deutschen Rechtsgeschichte. 1999.

Band 190 Antonio Grilli: Die französische Justizorganisation am linken Rheinufer 1797-1803. 1999.

Band 191 Stephanie Kammerloher-Lis: Die Entstehung des Gesetzes über die religiöse Kindererziehung vom 15. Juli 1921. 1999.

Band 192 Jan Telp: Ausmerzung und Verrat. Zur Diskussion um Strafzwecke und Verbrechensbegriffe im Dritten Reich. 1999.

Band 193 Kurt von Pannwitz: Die Entstehung der Allgemeinen Deutschen Wechselordnung. Ein Beitrag zur Geschichte der Vereinheitlichung des deutschen Zivilrechts im 19. Jahrhundert. 1999.

Band 194 Sylvia Busch: Die Entstehung der Allgemeinen Gerichtsordnung für die Preussischen Staaten von 1793/95. Ein Beitrag zur Geschichte der Kodifikationsbewegung und der Reform des Zivilprozesses in Preußen im 18. Jahrhundert. 1999.

Band 195 Dirk Bieresborn: Klage und Klageerwiderung im deutschen und englischen Zivilprozeß. Eine rechtshistorische und rechtsvergleichende Untersuchung unter besonderer Berücksichtigung der Beeinflussung durch das römisch-kanonische Verfahren. 1999.

Band 196 Andreas Thier / Guido Pfeifer / Philipp Grzimek (Hrsg.): Kontinuitäten und Zäsuren in der Europäischen Rechtsgeschichte. Europäisches Forum Junger Rechtshistorikerinnen und Rechtshistoriker München 22.-24. Juli 1998. 1999.

Band 197 Franz Smola: Die Fürstlich Liechtenstein'sche Kunstsammlung. Rechtsfragen zur Verbringung der Sammlung von Wien nach Vaduz in den Jahren 1944/45. 1999.

Band 198 Frank Martin Krauss: Das geteilte Eigentum im 19. und 20. Jahrhundert. Eine Untersuchung zum Fortbestand des Teilungsgedankens. 1999.

Band 199 Matthias Frey: Die spanische Aktiengesellschaft im 18. Jahrhundert und unter dem Código de Comercio von 1829. 1999.

Band 200 Alexandra Gilde: Die Stellung der Frau im Reichsstrafgesetzbuch von 1870/71 und in den Reformentwürfen bis 1919 im Urteil der bürgerlichen Frauenbewegung. Eine Analyse ausgewählter Straftatbestände. 1999.

Band 201 Malte Dießelhorst / Arne Duncker: Hans Kohlhase. Die Geschichte einer Fehde in Sachsen und Brandenburg zur Zeit der Reformation. 1999.

Band 202 Jörg Hillmann: Territorialrechtliche Auseinandersetzungen der Herzöge von Sachsen-Lauenburg vor dem Reichskammergericht im 16. Jahrhundert. 1999.

Band 203 Carsten Engler: Die Kommanditgesellschaft (KG) und die stille Gesellschaft im Allgemeinen Deutschen Handelsgesetzbuch (ADHGB) von 1861. 1999.

Band 204 Vesta Hoffmann-Steudner: Die Rechtsprechung des Reichsgerichts zu dem Scheidungsgrund des § 49 EheG (EheG 1938) in den Jahren 1938-1945. 1999.

Band 205 Michaela Thiele: Die Auflösung von Arbeitsverhältnissen aufgrund Anfechtung und außerordentlicher Kündigung nach der Rechtsprechung des Reichsarbeitsgerichts (1927-1945). 2000.

Band 206 Peter Landau / Hermann Nehlsen / Mathias Schmoeckel (Hrsg.): Karl von Amira zum Gedächtnis. 1999.

Band 207 Marcus Flinder: Die Entstehungsgeschichte des Zivilgesetzbuches der DDR. 1999.

Band 208 Boris Franz Leo Bromm: Die Entstehungsgeschichte des Berufs des Handelsvertreters. Unter besonderer Berücksichtigung der Sozialgesetzgebung in den Jahren von 1871-1933. 2000.

Band 209 Winfried C. J. Eberstein: Das Tierschutzrecht in Deutschland bis zum Erlaß des Reichs-Tierschutzgesetzes vom 24. November 1933. Unter Berücksichtigung der Entwicklung in England. 1999.

Band 210 Patrick Deller: Der „nach dem Vertrage" vorausgesetzte Gebrauch (§ 459 Absatz 1 Satz 1 BGB). Eine kaufrechtliche Untersuchung unter Berücksichtigung rechtshistorischer wie rechtsvergleichender Grundlagen. 2000.

Band 211 Eckard Freiherr von Bodenhausen: Haftung des Geschäftsherrn für Verrichtungsgehilfen im Straßen- und Schienenverkehr. Eine Analyse der Entscheidungen des Reichsgerichts zu § 831 BGB (1900-1945). 2000.

Band 212 Birte Gast: Der Allgemeine Teil und das Schuldrecht des Bürgerlichen Gesetzbuchs im Urteil von Raymond Saleilles (1855-1912). 2000.

Band 213 Hansjörg Michael Huber: Koloniale Selbstverwaltung in Deutsch-Südwestafrika. Entstehung, Kodifizierung und Umsetzung. 2000.

Band 214 Ulf Björner: Die Verfassungsgerichtsbarkeit im Norddeutschen Bund und Deutschen Reich (1867-1918). Eine rechtshistorische Untersuchung über Gerichtsbarkeit im Spannungsfeld von Politik und Recht innerhalb der von Bismarck geschaffenen deutschen Bundesstaaten. 2000.

Band 215 Mathias Freiherr von Rosenberg: Friedrich Carl von Savigny (1779-1861) im Urteil seiner Zeit. 2000.

Band 216 Reinhard Binder-Krieglstein: Österreichisches Adelsrecht 1868-1918/19. Von der Ausgestaltung des Adelsrechts der cisleithanischen Reichshälfte bis zum Adelsaufhebungsgesetz der Republik unter besonderer Berücksichtigung des adeligen Namensrechts. 2000.

Band 217 Claudia-Regine Nerius: Johannes Lehmann-Hohenberg (1851-1925). Eine Studie zur völkischen Rechts- und Justizkritik im Deutschen Kaiserreich. 2000.

Band 218 Ludger Meuten: Die Erbfolgeordnung des Sachsenspiegels und des Magdeburger Rechts. Ein Beitrag zur Geschichte des sächsisch-magdeburgischen Rechts. 2000.

Band 219 Christoph Alexander von Wilcken: Die Reformbestrebungen zum Genossenschaftsgesetz in der Frühzeit der Bundesrepublik. Die Beratungen der Sachverständigenkommission zur Überprüfung des Genossenschaftsrechts 1954 bis 1958 und der Referentenentwurf von 1962. 2000.

Band 220 Verein Junger RechtshistorikerInnen Zürich (Hrsg.): ¿Rechtsgeschichte(n)? ¿Histoire(s) du droit? ¿Storia/storie del diritto? ¿Legal Histori(es)? Europäisches Forum Junger Rechtshistorikerinnen und Rechtshistoriker Zürich 28.-30. Mai 1999. 2000.

Band 221 Hans Christian Schüler: Die Entstehungsgeschichte der Bundesnotarordnung vom 24. Februar 1961. 2000.

Band 222 Nils-Eberhard Schramm: Die Vereinigung demokratischer Juristen (1949-1999). 2000.

Band 223 Silke Anke Torp: Das Rechtsverhältnis zwischen den Eltern und ihren Kindern. Dienstleistungspflicht, Aussteuer und Ausstattung. Eine Analyse der Rechtsprechung des Reichsgerichts und des Reichsarbeitsgerichts zu den Vorschriften der §§ 1616 bis 1625 des Bürgerlichen Gesetzbuches in der Zeit von 1900 bis 1945. 2000.

Band 224 Martin Jürgen Maaß: Die Geschichte des Eigentumsvorbehalts, insbesondere im 18. und 19. Jahrhundert. 2000.

Band 225 Stefanie Langer: Rechtswissenschaftliche Itinerarien. Lebenswege namhafter europäischer Juristen vom 11. bis zum 18. Jahrhundert. 2000.

Band 226 Ulrich Schmitz: Der Unterhaltsanspruch des nichtehelichen Kindes gegen seinen Erzeuger. Die rechtsgeschichtliche und dogmatische Entwicklung im deutschen Recht. 2000.

Band 227 Sebastian Günther: Friedrich Carl von Savigny als Grundherr. 2000.

Band 228 Henning Ibs: Hermann J. Held (1890-1963). Ein Kieler Gelehrtenleben in den Fängen der Zeitläufe. 2000.

Band 229 Matthias Rücker: Wirtschaftswerbung unter dem Nationalsozialismus. Rechtliche Ausgestaltung der Werbung und Tätigkeit des Werberats der deutschen Wirtschaft. 2000.

Band 230 Hendrik Sandmann: Die Entwicklung von Begriff und Inhalt des Wirtschaftsrechts durch die Rechtswissenschaft in der Weimarer Republik. 2000.

Band 231 Sibylle Müller: Gibt es Menschenrechte bei Samuel Pufendorf? 2000.

Band 232 Karin Olechowski-Hrdlicka: Die gemeinsamen Angelegenheiten der Österreichisch-Ungarischen Monarchie. Vorgeschichte – Ausgleich 1867 – Staatsrechtliche Kontroversen. 2001.

Band 233 Johannes Mierau: Die juristischen Abschluß- und Diplomprüfungen in der SBZ/DDR. Ein Einblick in die Juristenausbildung im Sozialismus. 2001.

Band 234 Jörg Wolff (Hrsg.): Stillstand, Erneuerung und Kontinuität. Einsprüche zur Preußenforschung. 2001.

Band 235 Friedo Schröder: Die anwaltliche Tätigkeit während der nationalsozialistischen Herrschaft. Eine Analyse der anwaltlichen Argumentation in Zivilprozessen anhand der vorhandenen Prozeßakten der Landgerichte Frankenthal, Wiesbaden, Limburg und Frankfurt und der Handakten der *jüdischen Konsulenten* des OLG-Bezirks Frankfurt. 2001.

Band 236 Der Code pénal des Königreichs Westphalen von 1813 mit dem Code pénal von 1810 im Original und in deutscher Übersetzung. Herausgegeben und mit einer Einleitung versehen von Werner Schubert. 2001.

Band 237 Klaus Richter: Deutsches Kolonialrecht in Ostafrika 1885-1891. 2001.

Band 238 Kai von Lewinski: Deutschrechtliche Systembildung im 19. Jahrhundert. 2001.

Band 239 Alexander Herzog: Sittenwidrige Rechtsgeschäfte in der höchstrichterlichen Rechtsprechung aus den Jahren 1948-1965. 2001.

Band 240 Claudia Rönnau: Die Beratungen des Wasserrechtsausschusses der Akademie für Deutsches Recht zu einem Reichswassergesetz (1934-1941). Ein Beitrag zur Dogmatik der Begriffe *Gemeingebrauch* und *Sondergebrauch* in der Zeit des Nationalsozialismus. 2001.

Band 241 Momme Rohlack: Kriegsgesellschaften (1914-1918). Arten, Rechtsformen und Funktionen in der Kriegswirtschaft des Ersten Weltkrieges. 2001.

Band 242 Rolf Geyer: Der Gedanke des Verbraucherschutzes im Reichsrecht des Kaiserreichs und der Weimarer Republik (1871-1933). Eine Studie zur Geschichte des Verbraucherrechts in Deutschland. 2001.

Band 243 Felix Lorenz Benjamin Lehmann: Der Rote Adlerorden. Entstehung und rechtliche Grundlagen (1705-1918). 2002.

Band 244 Marc Ludwig: Der Pfändungsschutz für Lohneinkommen. Die Entstehungs- und Entwicklungsgeschichte der Vorschriften zum Schutz vor Lohnpfändung in Deutschland. 2001.

Band 245 Alexander Wachter: Dorfschule zwischen Pastor und Schulmeister. Zur Säkularisierung des niederhessischen Schulwesens im 19. Jahrhundert. 2001.

Band 246 Richard Scholz: Analyse der Entstehungsbedingungen der reichsgerichtlichen Aufwertungsrechtsprechung. Untersuchung unter besonderer Berücksichtigung der konservativen Geldpolitik der Reichsbank und der Inflationspolitik der Reichsregierung. 2001.

Band 247 Judith Laeverenz: Märchen und Recht. Eine Darstellung verschiedener Ansätze zur Erfassung des rechtlichen Gehalts der Märchen. 2001.

Band 248 Christina Schenk: Bestrebungen zur einheitlichen Regelung des Strafvollzugs in Deutschland von 1870 bis 1923. 2001.

Band 249 Nils Werner: Die Prozesse gegen die Landvolkbewegung in Schleswig-Holstein 1929/32. Ein Beitrag zur Justizkritik in der späten Weimarer Republik. 2001.

Band 250 Wolfgang Walter: Das Duell in Bayern. Ein Beitrag zur bayerischen Strafrechtsgeschichte. 2002.

Band 251 Jörn Eckert / Kjell Å. Modéer (Hrsg.): Geschichte und Perspektiven des Rechts im Ostseeraum. Erster Rechtshistorikertag im Ostseeraum 8.–12. März 2000. 2001.

Band 252 Jan Könighaus: Die Inauguration der Christian-Albrechts-Universität zu Kiel 1665. Symbolgehalt und rechtliche Bedeutung des Universitätszeremoniells. 2002.

Band 253 Andreas Görgen: Rechtssprache in der Frühen Neuzeit. Eine vergleichende Untersuchung der Fremdwortverwendung in Gesetzen des 16. und 17. Jahrhunderts. 2002.

Band 254 Ralf Schäfer: Die Rechtsstellung der Haigerlocher Juden im Fürstentum Hohenzollern-Sigmaringen von 1634-1850. Eine rechtsgeschichtliche Untersuchung. 2002.

Band 255 Regine Schmalhorst: Die Tierhalterhaftung im BGB von 1896. Die Entstehung und Änderung des § 833 BGB sowie eine Analyse der Rechtsprechung des Reichsgerichts bis 1908. 2002.

Band 256 Thomas Hense: Konrad Beyerle. Sein Wirken für Wissenschaft und Politik in Kaiserreich und Weimarer Republik. 2002.

Band 257 Christian Mahlmann: Die Strafrechtswissenschaft der DDR. Klassenkampftheorie und Verbrechenslehre. 2002.

Band 258 Henning Kahmann: Die Bankiers von Jacquier & Securius 1933–1945. Eine rechtshistorische Fallstudie zur "Arisierung" eines Berliner Bankhauses. Mit einem Geleitwort von John Kornblum. 2002.

Band 259 Volker Friedrich Drecktrah: Die Gerichtsbarkeit in den Herzogtümern Bremen und Verden und in der preußischen Landdrostei Stade von 1715 bis 1879. 2002.

Band 260 Andreas Klass: Standes- oder Leistungselite? Eine Untersuchung der Karrieren der Wetzlarer Anwälte des Reichskammergerichts (1693-1806). 2002.

Band 261 Wolfgang Eder: Das italienische Tribunale Speciale per la Difesa dello Stato und der deutsche Volksgerichtshof. Ein Vergleich zwischen zwei politischen Gerichtshöfen. 2002.

Band 262 Albrecht Cordes / Bernd Kannowski (Hrsg.): Rechtsbegriffe im Mittelalter. 2002.

Band 263 Thomas Hildebrandt: Die Brandenburgischen Provinziallandtage von 1841, 1843, und 1845 anhand ausgewählter Verhandlungsgegenstände. 2002.

Band 264 Jan Finzel: Georg Adam Struve (1619–1692) als Zivilrechtler. 2003.

Band 265 Björn Carsten Frenzel: Das Selbstverständis der Justiz nach 1945. Analyse der Rolle der Justiz unter Berücksichtigung der Reden zur *Wiedereröffnung* der Bundes- und Oberlandesgerichte. 2003.

Band 266 Nils Reichhelm: Die marxistisch-leninistische Staats- und Rechtstheorie Karl Polaks. 2003.

Band 267 Raik Schneider: Altrechtliche Personenzusammenschlüsse. Ihre Entwicklung unter besonderer Berücksichtigung des Rechts des Großherzogtums Sachsen-Weimar-Eisenach sowie der Herzogtümer Sachsen-Meiningen und Sachsen-Gotha. 2003.

Band 268 Anke Meier: Die Geschichte des deutschen Konkursrechts, insbesondere die Entstehung der Reichskonkursordnung von 1877. 2003.

Band 269 Stefan Jens Jordan: Leben und Werk des Tübinger Rechtsprofessors Wilhelm Gottlieb Tafinger 1760–1813. 2003.

Band 270 Stefanie Hubig: Die historische Entwicklung des § 23 ZPO. Zum Ursprung und Fortleben des Vermögensgerichtsstandes im deutschen Prozeßrecht des 19. Jahrhunderts. 2003.

Band 271 Michael G. Perband: Der Grundsatz der freien Beweiswürdigung im Zivilprozeß (§ 286 ZPO) in der Rechtsprechung des Reichsgerichts. 2003.

Band 272 Mathias Bouveret: Die Stellung des Staatsoberhauptes in der parlamentarischen Diskussion und Staatsrechtslehre von 1848 bis 1918. 2003.

Band 273 Barbara Széchényi: Rechtliche Grundlagen bayerischer Zensur im 19. Jahrhundert. 2003.

Band 274 Sylvia Scharfenberg: Die Entstehungsgeschichte des Beurkundungsgesetzes vom 28. August 1969. 2003.

Band 275 Urte Nesemann: Die schwedische Familiengesetzgebung von 1734 bis zu den Reformgesetzen von 1915 bis 1920 und deren Einfluss auf die Gesetzgebungsprojekte der Weimarer Republik. Unter besonderer Berücksichtigung der Rechtsstellung der Frau und des unehelichen Kindes. 2003.

Band 276 Alexandra Brück: Die Polizeiordnung Herzog Christians von Braunschweig-Lüneburg vom 6. Oktober 1618. 2003.

Band 277 Torsten Landwehr: Das Kommissionsgeschäft in Rechtswissenschaft, Gesetzgebung und Rechtspraxis vom 16. bis zum Ende des 18. Jahrhunderts. 2003.

Band 278 Tassilo Wilhelm Maria Englert: Deutsche und italienische Zivilrechtsgesetzgebung von 1933–1945. Parallelen in der Rechtsetzung und gegenseitige Beeinflussung unter besonderer Berücksichtigung des Familien- und Erbrechts. 2003.

Band 279 Tobias Prang: Der Schutz der Versicherungsnehmer bei der Auslegung von Versicherungsbedingungen durch das Reichsgericht. 2003.

Kolibri 360 GmbH
Ferdinand-Jühlke-Straße 7
99095 Erfurt, Deutschland
produktsicherheit@kolibri360.de

Druck:
CPI Druckdienstleistungen GmbH
im Auftrag der
Kolibri 360 GmbH
Ferdinand-Jühlke-Str. 7
99095 Erfurt